憲法

Sota Kimura

木村草太

[著]

東京大学出版会

CONSTITUTIONAL LAW
Sota KIMURA
University of Tokyo Press, 2024
ISBN 978-4-13-032399-4

はしがき

　あらゆる本について言えることだが，本の読者は，その本が扱うテーマを新たに学び始める人と，既によく知っている人とに分かれる．エーリヒ・ケストナー氏は，エーミールシリーズの第二作『エーミールと三人のふたご』の出版にあたり，第一作（『エーミールと探偵たち』）を読んでいない「初学者（Laien）」と，読了済みの「専門家（Fachleute）」に分けて，それぞれにはしがきを書いた．本書もそれに倣おうと思う．

初学者へのはしがき

　法学部に入学したての方や，憲法のことを一から学ぼうと本書を手に取った方へ．

　法には，体系性がある．だから，法を学ぶときには，法体系の全体像を地図のように捉え，自分の現在地を意識するのが肝要である．

　法の体系は，まず，国家と個人の関係に適用される「公法」と，市民同士の関係に適用される「私法」に大きく分かれる．憲法は，公法の基本となる法である．

　憲法学の体系は，全体を貫く原理を学ぶ「憲法総論」，個人の権利に関する「人権論・権利論」，立法・行政・司法などの統治組織を考える「統治機構論」からなる．本書は，第一編で西欧を含めた立憲主義と憲法の歴史を説明し，その後，第二編で憲法総論，第三編で人権論・権利論，第四編で統治機構論，第五編で憲法の改正と変動について検討する．第一編で歴史を扱ったため，第二編では理論面を重視した記述を心掛けた．

　日本国憲法のことを理解するだけなら，第二編から読めばよい．ただ，日本

国憲法は西欧で生まれた立憲主義を受け継いでいるため，日本の憲法をより深く理解するのに，歴史や外国法の知識が助けになることも多い．また，大学で憲法を教える先生方の多くは，アメリカやフランス，ドイツの憲法の専門家でもある．大学で憲法の講義を聴けば，外国の憲法に関する研究論文を読んでみたくなることもあろう．その際，この第一編が手助けになると思う．

　法学では，特に定義が大事である．そこで，本書では，用語の定義をゴチック体で示した．復習の際には，その確認から積み上げていくことをお勧めしたい．

　法律論を身に付けたと言えるには，筋の通った理論，内容の明確さ，それぞれの項目を体系的に結びつけること，の三点が重要である．本書の読者が，明解な理論と体系のある法律書を読む楽しさを感じてくれれば，これ以上に嬉しいことはない．

専門家へのはしがき

　一通り憲法を学んだことのある法学部卒業生・法科大学院入学者，弁護士や検察官，裁判官として活躍する法曹実務家，そして，専門家へのはしがきも読んでみたい初学者の方々へ．

　憲法の教科書を書く人には，従来の教科書に不満のある人とそうでない人がいる．私は前者である．自分の不満を解決するため，この教科書を執筆した．

1　英米独仏憲法史の概説

　まず，日本国憲法の理解には英米独仏憲法史の知識を必要とすることが多いが，従来の教科書にはそうした記述があまりに薄かった．そこで，本書第一編では，日本の憲法史とともに各国の憲法史を簡単に記述した．各国の専門家からすれば，「この出来事や判例も書くべきだ」とのご不満はあろう．しかし，「この議論の背後には，何かありそうだ」と気づきさえすれば，より深い専門書につながるのは容易である．本書では，最低限の簡潔な記述を心掛けた．

2 「公共の福祉」論から合憲性判断のプロセスへ

次に，憲法が保障する権利の総論では，「一元的内在制約説」の解説を見直した．内在的制約・外在的制約の概念は，実際の憲法解釈・適用にさほど有意義な概念ではないからである．本書では，より実践的に，自由権制約の合憲性の判断プロセスを丁寧に説明することを心掛けた．

3 今日の違憲審査基準論について

日本国憲法施行当初の憲法判例は，個人の権利と権利制約の理由となる公益を単純に比較し，大きく見える公益の側を漫然と勝たせるものが多かった．漫然と比較衡量すれば，社会全体の公益を重要と感じ，個人の権利の主張は「わがまま」と感じられてしまう．

芦部信喜教授らの展開した違憲審査基準論は，権利の性質や制約の程度を根拠に違憲審査基準を立ててから，公益を評価すべきとする手続論によって，これを是正しようとする試みだった．しかし，近年，その意図が忘れられ，「これだけの公益があるのだから，審査基準を緩めるべき」という形で，公益を視野に入れて基準を立てる議論を見かけるようになった．こうした危険な傾向が生じるのは，違憲審査基準の定立の理論にあいまいさが残っているからだろう．

そこで，本書では，違憲審査基準論の要素を分析し，いわゆる比例原則との関係を視野に入れて，個人の権利を尊重するための「公共の福祉」との調整手順を整理した．

4 教科書の体系について

従来の教科書では，国民主権・天皇制・平和主義が「憲法総論」として扱われてきた．しかし，なぜこれらの項目が「総論」なのかについて，明確な説明が欠けていたように思う．本書では，憲法に基づく統治の正統性調達原理と位置づけることで，憲法総論の体系的位置づけを明確にした．

また，憲法が保障する権利については，外国人や法人の人権，新しい人権，私人間効力論などが権利総論に置かれることが多かった．しかし，これらは，「国民の国家に対する権利」という原型を理解してからでなければ，その問題

iv　はしがき

の本質をとらえ難い．そこで，本書では，これらの項目は，基本的な権利の使い方を説明した後に，例外的な適用場面として説明することとした．

　さらに，統治機構論は，憲法の規定が詳細なため，条文の個別の解説になりがちである．本書では，各条項に体系を与えるため，組織法・作用法・統制法の三種類に分けて整理した．

5　おわりに

　従来の憲法教科書への不満は，理論と体系の不足にあった．本書では，理論によって整理され，関連付けられた体系的記述を心掛けた．専門家諸氏に，本書の記述から理論と体系を感じていただければ，大きな喜びである．

＊　　　　　＊　　　　　＊

謝　辞

　本書の企画自体は，およそ 10 年前から動き出した．しかし，多忙の上に力不足が重なり，執筆までに長い時間を要してしまった．本書は，多くの学恩に依拠している．数えれば果てがないが，特に 6 名の先生のお名前を挙げたい．

　高橋和之先生は，明確な定義とそれを前提にした一切のブレのない議論の凄みを示してくださった．長谷部恭男先生の理論的思考の鋭利さは，人間のなしうる限界を遥かに超えているように見えた．他者に理論を示すときには，どこまでも研ぎ澄ます努力をしなければならないと学んだ．石川健治先生は，その研究を通じ，広く深い知識がなければ，体系を編むための概念を立てることができないと教えて下さった．蟻川恒正先生は，一見するとつまらなく見える判例の行論の中に目が覚めるような輝きがあると訴え続けている．先生の研究に触れ，判例に向き合うときには，常に感覚を開き続けようと心掛けてきた．樋口陽一先生は，大学セミナーハウスのセミナーを通じ，学問を愛する心があって，初めて学術の知識と技術を有意義に使うことができると教えてくれた．

　抽象論で終わる原理論に力はなく，原理論なき各論は現実の追認にすぎない．

奥平康弘先生は，生涯の研究を通じ，明晰な原理論から核心を突く各論を導き，憲法解釈の模範を示し続けてくれた．先生の執筆した教科書は，私の生涯の座右の書である．

東京都立大学は，これ以上ない研究環境を与えてくれた．法学部・法科大学院での私の講義・演習に参加してくれた受講生たちは真剣に講義を聞き，けげんそうな表情，楽しそうな笑い声，そして深い頷きを通じて，私の講義内容の問題点も，自分では気づかなかった重要な点も教えてくれた．

各氏に厚く御礼申し上げたい．

東京大学出版会編集部の斉藤美潮氏は，本書の企画段階から何度も励ましてくださり，第一稿が完成した後は，驚異的な量の誤字・脱字を修正し，引用文献や判例などを丁寧に確認して下さった．おかげで，本書を多くの誤りから救ってくれた．本書が完成にこぎつけられたのは，斉藤さんのおかげである．心より御礼申し上げる．

2024 年 6 月 　　　　　　　　　　　　　　　　　　　　　木村 草太

目　次

はしがき

参考文献略語一覧

第1編　憲法序説 ………………………………………………… 1

第1章　主権国家と立憲主義 …………… 3

第1節　憲法の概念　　3

第2節　主権国家　　4
  ❶国家の歴史　　4
  ❷主権国家概念の限界　　7

第3節　立憲主義　　8

第2章　西欧における立憲主義の歴史 …………… 10

第1節　イギリス憲法史　　10
  ❶イギリス憲法の原型　　10
  ❷名誉革命以降の発展　　10
  ❸イギリス憲法の特徴　　11

第2節　アメリカ憲法史　　12
  ❶最古の成文憲法典　　12
  ❷違憲審査制の運用　　13

第3節　フランス憲法史　　14

❶19 世紀フランス憲法の展開　　14

❷第五共和政憲法の成立　　15

第 4 節　ドイツ憲法史　17

❶ビスマルク憲法とワイマール憲法　　17

❷ボン基本法の成立と東西ドイツ統一　　18

第 5 節　立憲的意味の憲法の標準的な内容　19

❶立憲主義の中核──人権保障と権力分立　　19

❷軍事活動の統制　　20

❸統治機構の民主化　　20

❹違憲審査制　　20

❺立憲主義の標準装備　　21

第 3 章　日本における立憲主義の歴史 ……………22

第 1 節　大日本帝国憲法　22

❶大日本帝国憲法の成立　　22

❷大日本帝国憲法の内容　　22

❸大日本帝国憲法の運用　　24

第 2 節　日本国憲法の成立　25

❶ポツダム宣言　　25

❷松本委員会案から GHQ 案へ　　26

❸日本国憲法の成立　　27

❹日本国憲法の定着　　27

第 2 編　憲法総論 …………………………………29

第 4 章　日本国憲法の国内的正統性 ……………31

第 1 節　国民主権　31

❶国民主権論の歴史　31

❷日本国憲法の国民「主権」──何を正統化するのか？　34

❸日本国憲法の「国民」主権──誰が正統化するのか？　37

第2節　象徴天皇制　39

❶天皇の歴史的正統性　39

❷消極的機能と積極的機能　40

第3節　単一国家と連邦国家　42

第5章　日本国憲法の国際的正統性 …………… 43

第1節　国際協調主義　43

第2節　平和主義と戦争放棄　44

❶侵略の歴史と国際的正統性　44

❷国際法の発展と武力不行使原則　44

❸憲法9条の内容　47

❹憲法9条の意義　53

第3編　憲法が保障する権利 ……………………… 55

第6章　憲法が保障する権利・総論 …………… 56

第1節　「人権」と「憲法が保障する権利」　56

❶人権保障の歴史　56

❷「人権」と「憲法が保障する権利」の関係　57

第2節　憲法が保障する権利の基本原理　58

❶誰の誰に対する権利か（憲法第三章章名）　58

❷国籍基準の法定（憲法10条）　58

❸権利の永久性と不断の努力の原理（憲法11条・12条）　59

❹個人の尊重の原理（憲法13条前段）　61

x 目次

第3節　憲法が保障する権利の分類法　61

❶権利を分類する必要性　61

❷歴史的分類　61

❸イェリネック方式の分類　62

❹自由権／請求権の分類　62

❺プログラム規定／抽象的権利／具体的権利の分類　63

第4節　自由権総論　64

❶防御権と特定行為排除権　64

❷防御権と二重の基準論・三段階審査論　65

❸保護範囲と制約　67

❹制約の正当化　67

❺公共の福祉による正当化　69

❻合憲の推定／違憲の推定　70

❼防御権制約の違憲審査基準　71

第5節　請求権総論　72

❶請求権の概念　72

❷請求権の要件と効果　74

❸抽象的権利と立法裁量　75

❹請求権の自由権的側面　76

第6節　平等権総論　76

第7章　憲法が保障する権利・各論 …………… 78

第1節　防御権　78

■ 第一款　基盤的諸自由　79

❶入国・在留の自由（憲法22条1項）　79

❷国籍離脱の自由（憲法22条2項）　79

❸生きる自由（憲法13条）　79

❹奴隷的拘束・意に反する苦役からの自由（憲法18条）　80

❺居住・移転の自由（憲法22条1項・2項）　81

■第二款　精神的自由権　82

❶事実と価値の二元論　82

❷思想・良心の自由（憲法 19 条）　82

❸信教の自由（憲法 20 条 1 項前段）　87

❹政教分離原則（憲法 20 条 3 項，20 条 1 項後段，89 条）　90

❺表現の自由（憲法 21 条 1 項）　96

❻知る自由（憲法 21 条 1 項）　115

❼学問の自由（憲法 23 条）　116

❽大学の自治（憲法 23 条）　119

■第三款　経済的自由権　121

❶職業選択・営業の自由（憲法 22 条 1 項）　121

❷財産権（憲法 29 条）　126

■第四款　結社の自由　133

❶団体の概念　133

❷結社の自由　133

第 2 節　特定行為排除権　133

■第一款　精神的自由に関する特定行為排除権　134

❶宗教活動を強制されない権利（憲法 20 条 2 項）　134

❷検閲されない権利（憲法 21 条 2 項前段）　134

❸通信の秘密（憲法 21 条 2 項後段）　135

■第二款　刑事法に関する諸権利　136

❶刑事法の法定と適正（憲法 31 条）　136

❷不当に逮捕されない権利（憲法 33 条）　141

❸理由告知・弁護人依頼権なき身柄拘束の禁止（憲法 34 条）　142

❹住居・所持品の不可侵（憲法 35 条）　143

❺拷問を受けない権利（憲法 36 条前段）　144

❻残虐な刑罰を受けない権利（憲法 36 条後段）　144

❼公平・公開・迅速な裁判を受ける権利（憲法 37 条）　145

❽自白を強要されない権利（憲法 38 条）　146

❾遡及処罰の禁止（憲法39条前段前半）　147

❿二重処罰されない権利（憲法39条前段後半・後段）　148

⓫刑事補償請求権（憲法40条）　150

第3節　請求権　151

■第一款　社会権　151

❶生存権（憲法25条1項）　152

❷教育を受ける権利（憲法26条）　158

❸労働に関わる権利（憲法27条・28条）　161

❹社会福祉・社会保障・公衆衛生の充実　163

■第二款　国務請求権　163

❶裁判を受ける権利（憲法32条）　163

❷国家賠償請求権（憲法17条）　166

❸請願権（憲法16条）　168

■第三款　参政権　168

❶国会議員の選挙権（憲法15条1項，憲法43条1項）　169

❷地方参政権（憲法15条1項・93条2項・95条）　176

❸選挙運動の自由（憲法21条1項）　177

❹最高裁判事の罷免権（憲法15条1項・79条2項・3項）　178

❺被選挙権　179

❻公務就任権　180

❼憲法改正国民投票権　181

第4節　平等権と差別されない権利　181

■第一款　平等権（憲法14条1項前段）　181

❶保障の根拠　181

❷平等権の要件　182

❸平等権の効果　184

❹平等権の具体的規定　185

❺平等権が問題となった事例　186

■第二款　差別されない権利（憲法14条1項後段）　192

❶差別の概念　192

❷差別されない権利の内容　194

■第三款　家庭内の男女平等（憲法 24 条）　198

❶婚姻の権利（憲法 24 条 1 項）　198

❷家族における個人の尊厳・男女の本質的平等（憲法 24 条 2 項）　202

第 5 節　包括的基本権　203

❶権利保障の要件　204

❷プライバシー権　205

❸知る権利　208

❹性同一性に適合する取扱いを求める権利　209

❺医療における自己決定権　211

❻一般的行為の自由　211

第 6 節　憲法が保障する権利の特殊な適用　212

■第一款　国民以外の主体　212

❶外国人　212

❷法人　218

❸天皇・皇族　221

■第二款　特殊な身分を持つ国民　223

❶公務員　223

❷被収容者　228

❸子ども・未成年者　229

■第三款　憲法が保障する権利の私人間効力　230

❶私人間効力が論じられる事案の類型　230

❷私人間効力に関する諸学説　231

❸私人間効力が問題となった事例　233

第 7 節　制度的保障　234

第 8 節　憲法上の義務　235

第4編 統治機構 ……………………………………………… 237

▌第8章▐ 統治機構・総論 …………… 238

第1節　統治機構に関する諸原理　238
- ❶国民主権と公共の福祉　238
- ❷権力分立　239
- ❸民主主義　239
- ❹法の支配・法治国原理　240

第2節　国法の諸形式と相互関係　241
- ❶憲法の最高法規性　241
- ❷国際法と国内法　242
- ❸国内法同士の関係　244

▌第9章▐ 統治機構・各論 …………… 249

第1節　有権者団　249
- ■第一款　設置の趣旨　249
- ■第二款　組織法　249
  - ❶組織の地位──国民の意思を直接表示する機関　249
  - ❷組織形態──投票の総計　249
  - ❸構成員──国民　250
- ■第三款　作用法　251
  - ❶国会議員の選挙（憲法43条）・最高裁判事の罷免（憲法79条2・3項）　251
  - ❷憲法改正（憲法96条）　251
- ■第四款　統制法　252

第2節　天皇　252
- ■第一款　設置の趣旨　252

■第二款　組織法　253

❶組織の地位——国民の総意に基づく地位　253

❷組織形態——独任制　254

❸構成員——即位した皇位継承権者　255

■第三款　作用法　255

❶国事行為　256

❷象徴行為　257

■第四款　統制法　258

❶内閣の助言と承認，補佐　258

❷国政に関する権能の否定　258

第3節　国会　259

■第一款　設置の趣旨　259

■第二款　組織法　259

❶組織の地位——国民の代表機関　259

❷組織形態——衆議院・参議院の二院制　260

❸構成員——国会議員　265

❹活動形態——会期と会議の準則　268

■第三款　作用法　270

❶立法　270

❷財政　276

❸行政・外交への関与　281

❹弾劾裁判所の設置　282

❺国民代表としての決議　283

❻憲法改正の発議　283

■第四款　統制法　284

❶有権者団による統制　284

❷内閣による統制　285

❸裁判所による統制　285

第4節　内閣　285

xvi 目 次

- ■ 第一款　設置の趣旨　285
  - ❶民主的執政の歴史と類型　285
  - ❷日本国憲法下の内閣　286
  - ❸日本国憲法の議院内閣制の実際　287
- ■ 第二款　組織法　288
  - ❶組織の地位——議院内閣制と国会に対する連帯責任　288
  - ❷組織形態——内閣総理大臣を首長とする会議体　288
  - ❸構成員——国務大臣　289
  - ❹活動形態——閣議　291
- ■ 第三款　作用法　291
  - ❶行政（広義の行政）　291
  - ❷外交　295
  - ❸財政　296
  - ❹他の国家機関に対する権能　296
  - ❺軍事権のカテゴリカルな消去　302
- ■ 第四款　統制法　303
  - ❶国民による統制　304
  - ❷国会による統制　304
  - ❸裁判所による統制　304
  - ❹会計検査院による統制　304
  - ❺地方公共団体による統制　305
- ■ 第五款　内閣以外の行政組織　305
  - ❶行政各部　305
  - ❷独立行政委員会　305
  - ❸国立の学術機関　306
  - ❹会計検査院　307

第5節　裁判所　308

- ■ 第一款　設置の趣旨　308
  - ❶法の支配と法律上の争訟　308

❷法律上の争訟の状況　308

■ 第二款　組織法　309

❶組織の地位——裁判所の独立　309

❷組織形態——最高裁判所と下級裁判所　309

❸構成員——裁判官と裁判員　310

❹活動形態——裁判　314

■ 第三款　作用法　314

❶司法　314

❷司法の限界　316

❸違憲審査　324

❹司法行政　331

■ 第四款　統制法　331

❶有権者団による統制　331

❷国会による統制　332

❸内閣による統制　333

❹法律家共同体による統制　333

第6節　地方公共団体　334

■ 第一款　設置の趣旨　334

❶地方公共団体の正統性　334

❷地方自治の意義　334

■ 第二款　組織法　335

❶組織の地位——地方自治の本旨　335

❷組織形態——大統領型の組織　337

❸構成員——住民　338

❹活動形態——住民の積極的な参加　339

■ 第三款　作用法　339

❶中央政府と地方政府の役割分担　339

❷自治権　340

❸地方特別法の承認権　341

■ 第四款　統制法　343

❶住民による統制　343

❷国会・内閣による統制　343

❸裁判所による統制　344

第5編　憲法の変動と保障 …………………………… 345

第10章　憲法の変動 ………… 346

第1節　憲法の改正　346

❶憲法改正の手続　346

❷憲法改正の限界　347

第2節　革命　348

第3節　憲法の保障　349

❶憲法保障の制度　349

❷国家緊急権と抵抗権　350

人名・事項索引　353

判例索引　361

参考文献略語一覧

青井＝山本・憲法 I	青井未帆＝山本龍彦『憲法 I 人権』（有斐閣，2016 年）
青井＝山本・憲法 II	青井未帆＝山本龍彦『憲法 II 総論・統治』（有斐閣，2022 年）
赤坂他・憲法	赤坂正浩＝大沢秀介＝井上典之＝工藤達朗『ファーストステップ憲法』（有斐閣，2005 年）
赤坂・人権	赤坂正浩『憲法講義（人権）』（信山社，2011 年）
芦部・憲法学 I	芦部信喜『憲法学 I 憲法総論』（有斐閣，1992 年）
芦部・憲法学 II	芦部信喜『憲法学 II 人権総論』（有斐閣，1994 年）
芦部・憲法学 III	芦部信喜『憲法学 III 人権各論（1）［増補版］』（有斐閣，2000 年）
芦部監・注釈（1）	芦部信喜監修『注釈憲法（1）』（有斐閣，2000 年）
芦部・憲法	芦部信喜（高橋和之補訂）『憲法［第八版］』（岩波書店，2023 年）
新井他・憲法 I	新井誠＝曽我部真裕＝佐々木くみ＝横大道聡『憲法 I 総論・統治［第2 版］』（日本評論社，2021 年）
新井他・憲法 II	新井誠＝曽我部真裕＝佐々木くみ＝横大道聡『憲法 II 人権［第 2 版］』（日本評論社，2021 年）
市川・憲法	市川正人『基本講義憲法［第 2 版］』（新世社，2022 年）
伊藤・憲法	伊藤正己『憲法［第三版］』（弘文堂法律学双書，1995 年）
岩間・綱要	岩間昭道『憲法綱要』（尚学社，2011 年）
宇賀・行政法 I	宇賀克也『行政法概説 I 行政法総論［第八版］』（有斐閣，2023 年）
宇賀・行政法 II	宇賀克也『行政法概説 II 行政法救済法［第七版］』（有斐閣，2021 年）
浦部・教室	浦部法穂『憲法学教室［第三版］』（日本評論社，2016 年）
大石・概論 I	大石眞『憲法概論 I　総説・統治機構』（有斐閣，2021 年）
大石・概論 II	大石眞『憲法概論 II　基本権保障』（有斐閣，2021 年）
大沢・入門	大沢秀介『憲法入門〔第 3 版〕』（成文堂，2003 年）
大林他・憲法	大林啓吾＝岡田順太＝白水隆＝鈴木敦編著『憲法』（法学書院，2019 年）
奥平・憲法 III	奥平康弘『憲法 III　憲法が保障する権利』（有斐閣法律学叢書，1993 年）
粕谷・憲法	粕谷友介『憲法改訂』（上智大学，2003 年）
加藤＝植村・講義	加藤一彦＝植村勝慶編著『現代憲法入門講義［新 7 版］』（北樹出版，2024 年）

xx 参考文献略語一覧

川岸他・憲法	川岸令和＝遠藤美奈＝君塚正臣＝藤井樹也＝高橋義人『憲法〔第4版〕』（青林書院，2016年）
木下＝只野・コメ	木下智史＝只野雅人編『新・コンメンタール憲法［第2版］』（日本評論社，2019年）
木村＝西村・再入門	木村草太＝西村裕一『憲法学再入門』（有斐閣，2014年）
木村・急所	木村草太『憲法の急所―権利論を組み立てる［第2版］』（羽鳥書店，2017年）
清宮・憲法I	清宮四郎『憲法I［第三版］』（有斐閣法律学全集，1979年）
小嶋＝大石・概観	小嶋和司＝大石眞『憲法概観［第7版］』（有斐閣双書，2011年）
駒村・転回	駒村圭吾『憲法訴訟の現代的転回―憲法的論証を求めて』（日本評論社，2013年）
小林・憲法	小林孝輔『憲法［新版］』（日本評論社，1998年）
小山＝駒村編・探求	小山剛・駒村圭吾編『論点探求　憲法（第2版）』（弘文堂，2013年）
小山・作法	小山剛『「憲法上の権利」の作法［第3版］』（尚学社，2016年）
佐藤・憲法論	佐藤幸治『日本国憲法論［第2版］』（成文堂，2020年）
佐藤・概説	佐藤功『日本国憲法概説（全訂第五版）』（学陽書房，1996年）
塩野・行政法I	塩野宏『行政法I行政法総論［第六版］』（有斐閣，2015年）
塩野・行政法II	塩野宏『行政法II行政救済法［第六版］』（有斐閣，2019年）
宍戸・展開	宍戸常寿『憲法　解釈論の応用と展開［第2版］』（日本評論社，2014年）
宍戸他・ゆくえ	宍戸常寿＝曽我部真裕＝山本龍彦編著『憲法学のゆくえ―諸法との対話で切り拓く新たな地平』（日本評論社，2016年）
宍戸＝林・70年	宍戸常寿＝林知更編『総点検日本国憲法の70年』（岩波書店，2018年）
渋谷・憲法	渋谷秀樹『憲法［第三版］』（有斐閣，2017年）
渋谷＝赤坂・憲法1	渋谷秀樹＝赤坂正浩『憲法1人権［第8版］』（有斐閣アルマ，2022年）
渋谷＝赤坂・憲法2	渋谷秀樹＝赤坂正浩『憲法2統治［第8版］』（有斐閣アルマ，2022年）
初宿・憲法2	初宿正典『憲法2基本権〔第3版〕』（成文堂，2010年）
杉原・憲法I	杉原泰雄『憲法I憲法総論』（有斐閣，1987年）
杉原・憲法II	杉原泰雄『憲法II統治の機構』（有斐閣，1989年）
芹沢他・コメ	芹沢斉＝市川正人＝阪口正二郎編『新基本法コンメンタール憲法』（日本評論社，2011年）
曽我部他・教室	曽我部真裕＝赤坂幸一＝新井誠＝尾形健編『憲法論点教室［第2版］』（日本評論社，2020年）

高橋・立憲	高橋和之『立憲主義と日本国憲法［第 5 版］』（有斐閣, 2020 年）
辻村・比較	辻村みよ子『比較憲法［第 3 版］』（岩波書店, 2018 年）
辻村・憲法	辻村みよ子『憲法［第 7 版］』（日本評論社, 2021 年）
戸松・憲法	戸松秀典『憲法』（弘文堂, 2015 年）
戸波・憲法	戸波江二『憲法［新版］』（ぎょうせい, 1998 年）
長尾・憲法	長尾一紘『日本国憲法［全訂第 4 版］』（世界思想社, 2011 年）
野中他・憲法 I	野中俊彦＝中村睦男＝高橋和之＝高見勝利『憲法 I［第 5 版］』（有斐閣, 2012 年）
野中他・憲法 II	野中俊彦＝中村睦男＝高橋和之＝高見勝利『憲法 II［第 5 版］』（有斐閣, 2012 年）
橋本・憲法	橋本公亘『日本国憲法』（有斐閣, 1980 年）
長谷部編・注釈 (2)	長谷部恭男編『注釈日本国憲法 (2) 国民の権利及び義務 (1) 10〜24 条』（有斐閣, 2017 年）
長谷部・理性	長谷部恭男『憲法の理性［増補新装版］』（東京大学出版会, 2016 年）
長谷部編・注釈 (3)	長谷部恭男編『注釈日本国憲法 (3) 国民の権利及び義務 (2) 国会 25〜64 条』（有斐閣, 2020 年）
長谷部・憲法	長谷部恭男『憲法［第 8 版］』（新世社, 2022 年）
長谷部・講話	長谷部恭男『憲法講話［第 2 版］―24 の入門講義』（有斐閣, 2022 年）
林・位相	林知更『現代憲法学の位相―国家論・デモクラシー・立憲主義』（岩波書店, 2016 年）
樋口他・注解 I	樋口陽一＝佐藤幸治＝中村睦男＝浦部法穂『注解法律学全集 1 憲法 I』（青林書院, 1994 年）
樋口他・注解 II	樋口陽一＝佐藤幸治＝中村睦男＝浦部法穂『注解法律学全集 2 憲法 II』（青林書院, 1997 年）
樋口他・注解 III	樋口陽一＝佐藤幸治＝中村睦男＝浦部法穂『注解法律学全集 3 憲法 III』（青林書院, 1998 年）
樋口他・注解 IV	樋口陽一＝佐藤幸治＝中村睦男＝浦部法穂『注解法律学全集 4 憲法 IV』（青林書院, 2004 年）
樋口・憲法 I	樋口陽一『憲法 I』（青林書院, 1998 年）
樋口・比較	樋口陽一『比較憲法［全訂第三版］』（青林書院, 2000 年）
樋口他・学問	樋口陽一＝石川健治＝蟻川恒正＝宍戸常寿＝木村草太『憲法を学問する』（有斐閣, 2019 年）
樋口・憲法	樋口陽一『憲法 第四版』（勁草書房, 2021 年）

xxii 参考文献略語一覧

樋口編・ホーン	樋口陽一編『ホーンブック憲法　改訂版』（北樹出版，2000 年）
法協・註解上	法学協会編『註解日本国憲法　改訂版　上巻』（有斐閣，1953 年）
法協・註解下	法学協会編『註解日本国憲法　改訂版　下巻』（有斐閣，1954 年）
松井・憲法	松井茂記『日本国憲法［第 4 版］』（有斐閣，2022 年）
南野・世界	南野森編『憲法学の世界』（日本評論社，2013 年）
美濃部・原論	美濃部達吉『日本国憲法原論』（有斐閣，1948 年）
宮沢・憲法Ⅱ	宮沢俊義『憲法Ⅱ—基本的人権［新版・改訂］』（有斐閣法律学全集，1974 年）
宮沢＝芦部・全訂	宮沢俊義著・芦部信喜補訂『全訂日本国憲法』（日本評論社，1978 年）
毛利他・憲法Ⅰ	毛利透＝小泉良幸＝淺野博宣＝松本哲治『Legal Quest 憲法Ⅰ　総論・統治［第 3 版］』（有斐閣，2022 年）
毛利他・憲法Ⅰ	毛利透＝小泉良幸＝淺野博宣＝松本哲治『Legal Quest 憲法Ⅱ　人権［第 3 版］』（有斐閣，2022 年）
本編・講義	本秀紀編『憲法講義［第 3 版］』（日本評論社，2022 年）
安西他・読本	安西文雄＝巻美矢紀＝宍戸常寿『憲法学読本［第 3 版］』（有斐閣，2018 年）
安西他・論点	安西文雄他『憲法学の現代的論点［第 2 版］』（有斐閣，2009 年）
山内編・入門	山内敏弘編『新現代憲法入門［第 2 版］』（法律文化社，2009 年）
横田＝高見編・ブリ	横田耕一＝高見勝利編『ブリッジブック憲法』（信山社，2002 年）
渡辺他・憲法Ⅰ	渡辺康行＝宍戸常寿＝松本和彦＝工藤達朗『憲法Ⅰ基本権』（日本評論社，2016 年）
渡辺他・憲法Ⅱ	渡辺康行＝宍戸常寿＝松本和彦＝工藤達朗『憲法Ⅱ総論・統治』（日本評論社，2020 年）

公法	公法研究
ジュリ	ジュリスト
論ジュリ	論究ジュリスト
法教	法学教室
法時	法律時報
法セ	法学セミナー

第 1 編
憲法序説

　憲法の成り立ちは，歴史に負うところが大きい．

　もともと憲法（constitution）とは，「国家の体制」ないし「国家を成り立たせるルール一般」を指す言葉である．そこでは，今日重視されるような，権力の制限や国民の権利保障といった内容を必ずしも伴わなかった．しかし，近代に入り国家が領域の権力を独占するようになると，強大な権力を制限するための法が必要であると考えられるようになった．こうした考え方を「立憲主義」（⇨7頁）と言い，「立憲主義に基づいて作られる法こそを憲法と呼ぶべき」と考えられるようになった．この意味での憲法は，それまでの憲法と区別して，「立憲的意味の憲法」とも呼ばれる．今日では多くの国で，立憲主義的な内容が憲法に盛り込まれている．

　もっとも，あらゆる国で立憲主義が憲法の最優先原理となっているわけではない．例えば，共産主義体制の憲法では，共産主義が立憲主義に優先する憲法の根本原則とされ，表現の自由は「共産主義を脅かさない範囲での表現の自由」，権力分立は「共産党一党支配の範囲内での権力分立」となる．日本国憲法は立憲主義を根本原則とする憲法であり，そうした国の憲法とは成り立ちが異なる．

　日本で憲法について考察する際には，英米独仏の憲法が参照されることが多い．それは，これらの国々が日本よりも早くから立憲的意味の憲法を有し，立憲主義の歴史を積み重ねてきたからである．これらの国の憲法史は，日本の憲法制定や憲法解釈に大きな影響を与えている．

　英米独仏では早くに立憲主義が生まれたとはいえ，その成立過程は単純では

なかった．イギリスでは，「下からの革命」の積み重ねが権利保障や議会制の
伝統を作った．他方，ドイツでは，君主や諸侯による「上からの革命」により
近代国家としての統一や議会制がもたらされ，ナチス時代には大きな破局を体
験している．フランスでは，民衆勢力と王政・帝政を目指す勢力がせめぎあい，
「下からの革命」と「上からの革命」との相克が，目まぐるしい体制変革の歴
史を生んだ．アメリカには，王政・帝政を求める勢力は存在しなかったが，連
邦と州との葛藤や，大統領と司法部との対立が憲法の動態を生んだ．

　日本国憲法は，こうした立憲主義諸国の憲法史を踏まえた上で，理解され，
解釈される必要がある．そこで，第1編では，諸々の基礎概念と合わせて，
立憲主義と憲法の歴史を検討する．

第1章　主権国家と立憲主義

　日本国憲法は，主権国家の概念を前提とした立憲的意味の憲法である．このため，日本国憲法を理解するには，「憲法とは何なのか」と合わせて，「主権国家とはどのような国家なのか」また「立憲主義とはどのような考え方なのか」を把握する必要がある．

■第1節　憲法の概念

　国家とは，**一定の規模を備えた権力団体**と定義される．**権力**とは，**相手の意思に関わりなく，人を従わせる力**を意味する．国家を成り立たせるには，その国家の権力はどのような人々に及ぶのか，国家の意思はどのような手続で決定されるのか，国民はどのような基準で租税を納め，労役を提供しなければならないか，といったルールが必要になる．最も広い意味での憲法とは，このような国家を成り立たせるルール一般を指す．

　国民の間で現に妥当している憲法を専門用語で**実質的意味の憲法**と呼ぶ．また，**実質的意味の憲法の主要部分を法典化したものと扱われている文書**を，憲法典ないし**形式的意味の憲法**と呼ぶ．日常用語で「憲法」という時には，通常は形式的意味の憲法を指す．例えば，日本の新聞が「憲法」と言及する時，通常その指示対象は「日本国憲法」である．

　実質的意味の憲法の全てを文書化するのは難しく，また，実質的意味の憲法を成文化したものと考えられていても，実際には，形式的意味の憲法に書いてあることとは異なるルールが憲法として妥当することもある．このため，実質的意味の憲法と形式的意味の憲法との間には離齬が生じることもあり，両者を区別する必要がある（美濃部・原論 62〜63 頁）．

　形式的意味の憲法を備えた実質的意味の憲法のことを，**成文憲法**という．これに対し，形式的意味の憲法がなく，国民の頭の中で共有されているに止まる実

4 第1編 憲法序説

質的意味の憲法を**不文憲法**という．憲法典に書かれた内容は，実質的意味の憲法の中でも主要な内容であると考えられているため，憲法典の改正には，一般の法律の改正よりも厳格な手続を要求することが多い．そうした**一般の法律よりも改正に厳格な手続を要する憲法典を硬性憲法**，**法律と同等の手続で改正できる憲法典を軟性憲法**と呼ぶ．

　現在，日本を含め多くの国では，成文・硬性の憲法典が制定されている．

■ 第2節　主権国家

❶ 国家の歴史

　現代の国家は，主権国家である．主権国家とそれまでの国家とがどう違うのか，歴史を踏まえて整理しよう．

（1）帝国

　主権国家との対比として，「帝国」について考えてみよう．歴史的には，古代ローマ帝国，秦・漢などの中華帝国，ペルシア帝国，オスマン帝国などが存在した．帝国と言うと，アウグストゥス（Augustus, B.C. 63-A.D. 14）や始皇帝（B.C. 259-B.C. 210）などの「皇帝」を戴く国家をイメージするかもしれない．しかし，「Emperor」や「皇帝」がいなくても，多様な言語・文化・民族を包摂する広大な領域を支配しようとする国家は，帝国と呼ばれる．例えば，冷戦時代の米ソ二大国は世界中で軍事力や影響力の行使をし，その活動は「ソ連帝国主義」や「アメリカ帝国主義」と呼ばれる．

　帝国は，地域を超えた問題を解決するためには有意義である．古代帝国は広大な領域を支配することで，そこに安全を保障し，多様な民族の交流・交易を促進した．しかし，その統治を維持するのは困難であり，辺境の反乱などから弱体化していった．

（2）前近代の国家秩序

　古代帝国崩壊後の領主や宗教指導者たちは，実際に支配している場所あるいは人のみを自らの支配領域と観念し，家・荘園・教会など中小規模の権力団体を作った．人々は団体内で与えられた貴族・騎士・聖職者・農民などの身分に

応じて，特別の義務と特権を持った．こうした時代は中世と呼ばれる．例えば，中世欧州の封建領主は，臣従契約の相手や，自らの荘園・領地を支配するに止まった．

　中小規模の権力団体が並立する状況は，日本にもあった．戦国時代には，公家や武家あるいは寺社はそれぞれに領地や兵を抱え，それらを統一する権力は成立しなかった．また，江戸時代に徳川政権が統一を果たしたとはいえ，各藩の自治が広く認められ，近代主権国家ほどの集権性はなかった．

　現代でも，中央政府の機能が弱く，軍閥が割拠して，国家と呼べる規模の権力団体が存在しない地域もある．そこでは，支配が及ぶ人間関係の「網の目」，あるいは，支配が及ぶ領地とそれを結ぶ道で観念される「線で結ばれた点」のような領域が錯綜する．

　こうした前近代の秩序の下では，中小の権力団体の上位に立つ権威は存在しないか，観念的に存在しても弱くしか機能しない．このため，権力団体同士の紛争は，決闘や自力救済等により解決するほかなく，紛争が絶えなかった．欧州では，そこにカソリックとプロテスタントの宗教対立が加わり，紛争が深刻化して，内戦を招いた．日本の戦国大名は，それぞれに支配領域の拡張を企図し戦が続いた．

　内戦が日常となれば，人々は暴力に怯えながら，不安定な生活を強いられることになる．

(3) 近代の主権国家

　近代に入り，前近代の秩序の問題を乗り越える構想が生み出された．中小規模の権力団体を抑制できる強い権力団体があれば，内戦を防げる．ここで制圧の対象となる中小規模の権力団体は，国家と個人の中間にある団体という意味で「中間団体」と呼ばれる．

　中間団体の制圧には，それらを包括的に支配する強力な国家が必要だが，古代帝国のように広範な領域を設定すれば，維持コストが膨大になる（樋口編・ホーン 100〜101 頁）．そこで近代では，世界全体を国境線で区切り，それぞれの国家が支配可能な地域のみを国家の領域とする仕組みが採用された．つまり，各国家の領域は，「世界全体」でも「網の目」・「点と線」でもなく，「区切られ

6 第1編 憲法序説

た面」として観念されることとなった．それぞれの権力は国境外には及ばない一方で，内部には強力な支配を及ぼした．また，地域領主や宗教団体などの中間団体は，長い時間をかけて解体されるか武装解除され，国家に従属した（樋口編・ホーン 134 頁）．

各国は自らの領域のみに関心を集中すべきで，他国への介入は実力以上の責任を背負い込むことになり好ましくないとされた．このような，「国家は互いに相互独立・不干渉であるべき」との考えに基づいて構想されたのが，主権国家である．**主権**とは，**国境線で区切られた領域内では最高で，かつ，対外的に干渉されない独立の権力**であり，**主権国家**とは，**主権を担う国家のことをいう．**

この国家構想は，近代初期から欧州に広まった．16 世紀フランスの法律家・政治思想家のボダン（Jean Bodin, 1530-1596）は『国家論』（Les six liveres de la République, 1576）において，宗教戦争の経緯を踏まえ，国家秩序の安定には絶対的かつ永続的な権力が必要だと説いた．ホッブズ（Thomas Hobbes, 1588-1679）も，内戦を終わらせるために絶対的な権力を創出する必要性を説いた．

主権国家構想の象徴とされるのが，ドイツ三十年戦争（1618〜48 年）の講和条約たるウェストファリア条約である．この条約では，神聖ローマ帝国を解体し，その下にあったドイツ諸侯がそれぞれ主権国家となることが認められた．18 世紀から 19 世紀にかけて，欧州各国では主権国家の構想に基づく秩序形成が進み，欧州国際政治も相互に対等な主権国家の並存を前提に進められるようになった（以上の経緯については，長尾龍一『リヴァイアサン――近代国家の思想と歴史』講談社学術文庫，1994 年，第 I 部参照）．

他方で，欧州の主権国家群は，欧州の外に対しては帝国主義政策をとった．他の地域は植民地となるか，主権国家となって欧州列強に対抗するかの対応を余儀なくされた．アメリカ合衆国は早い段階でイギリスから独立し，欧州列強と肩を並べる主権国家となった．日本も明治維新以降，近代化を進め，主権国家として独立を維持した．

2 つの世界大戦を経た 20 世紀半ば以降，欧米の植民地の多くは主権国家として独立し，現代の国際社会には 200 余りの主権国家が併存している．現在

の日本も主権国家であり，日本国憲法は日本国が主権国家であることを前提にした内容となっている．

❷ 主権国家概念の限界

　主権国家の構想は，国家が支配すべき領域を支配可能な範囲に限定し，過剰な責任を抱え込まないように領域外への干渉は止めようという発想に基づいている．この発想自体はいたって現実的だが，「主権（sovereignty）」の概念が一神教の神の「何者にも制約されない全能の力」に由来していることから，大きな副作用も生じた．

　第1の副作用は，権力分立の否定である．ギリシア神話や日本神話の下では，世界の現象は分割され，太陽・豊穣・海洋・死などの分野ごとに別々の神が分担する．これに対し，一神教の神は全てを司る絶対的な一者である．主権が全能の神の力に相当するなら，それは分割されることなく，単一の主権者によって担われなくてはならない．

　こうした主権の理解は，独裁に親和的である．主権者は，議会の立法でも裁判所の判決でも，意に沿わなければ決定を覆せるはずだ．このような「権力分立を覆す主権者」を想定すると，続いて，「その国の主権者は誰なのか」という問題が出てくる．国王，議会，有権者団などが，絶対的な一者の地位をめぐって苛烈な闘争を繰り広げ，その勝者は，しばしば法の制約を無視し，身勝手に権力を使おうとする．何者にも拘束されない唯一神のイメージは，主権者のふるまいを傲慢な方向に助長してしまう．

　第2の副作用は，国際問題への無力である．唯一神の支配領域は世界全体であり，その外部は存在しない．これに倣った主権国家は，国境外で起きていることに無関心になる．しかし，環境問題や難民問題など，地球規模で生じる問題が消えてなくなるわけではない．国家権力を唯一神の力になぞらえることは，人類の国境を超えた問題への対応能力を著しく低下させる．長尾龍一は，「世界の部分秩序である国家を，『主権』という，唯一神の『全能』の類比概念によって性格づける国家論は，基本的に誤った思想であり，また帝国の『主権国家』への分裂は，世界秩序に責任をもつ政治主体の消去をもたらした．人類

史上最大の誤りではないか」と述べる（長尾・前掲『リヴァイアサン』6〜7頁）．

　第3の副作用は，実際に国家権力が置かれた状況を誤解させることである．国家権力は，立憲主義やそれに基づく憲法・法律などにより制限される．また，どのような国家でも，国際法や他国との関係の中にある．そうした現実からかけ離れて，主権を絶対的な神のイメージに重ねれば，国家権力の担い手たちは，「本来絶対であるはずの我々がなぜ拘束されねばならないのか」と，鬱屈を抱えることになるだろう．

　ドイツの公法学者カール・シュミット（Carl Schmitt, 1888-1985）は，「近代国家学の重要概念の全ては，世俗化された神学概念だ」と指摘した（カール・シュミット『政治神学（Politische Theologie）』1922 年［田中浩，原田武雄訳，未來社，1971 年］，第三章）．主権概念はその最たるものの 1 つであり，そこから宗教色を抜くことには限界があろう．

　こうしてみると，国内最高・対外独立の近代国家の権力を，「主権」という神がかった言葉で表現したのが適切だったかは再考を要する．「管轄権」とか「領域内公益実現責任」といった言葉で呼んだ方が適切だったかもしれない．本書では慣例に従い，近代の国家権力を主権と呼ぶが，この言葉を見るときは十分な注意を払ってほしい．

▌第3節　立憲主義

　主権国家は極めて強力な権力を持つため，それが濫用された場合に，国民の精神・経済・生活全般に対して生じる害悪の危険が格段に高まった．そこで，西欧では，**実質的意味の憲法に国家権力を制限する規範を盛り込み，その濫用を防止しようとする考え方**が発展した．この考え方を**立憲主義**という．主権国家の概念が確立した近代以降に広まった考え方であるため，近代立憲主義と呼ばれることもある．

　16〜17 世紀の欧州では，プロテスタントの成立とともに，欧州全土で宗教戦争が続いた．その悲惨な歴史は，宗教をはじめとする人々の価値観を強制的に統一することはできないこと，したがって，それぞれの人を個人として尊重

し，その自律的な価値の形成を認め合わない限り，人々が安全に共存することはできないことを教えた．その反省を踏まえて成立した立憲主義に基づく憲法では，精神における自律的な価値形成の自由が重視され，個人の尊重や信教の自由をはじめとした精神活動の自由の保障が盛り込まれている．

立憲主義に基づき作られた憲法を，**立憲的意味の憲法**と呼ぶ．立憲的意味の憲法が盛り込むべき内容の中核に，自律的個人の尊重があるのは確かである．ただ，それ以外にどのような内容が必要かは，論理必然に定まるものではなく，西欧では政治家・法律家・思想家たちが実践と思考を繰り返してきた．次の章では，西欧における立憲主義の歴史を概観してみよう．

10 第1編 憲法序説

第2章 西欧における立憲主義の歴史

　憲法学においては，西欧，特に英米仏独の憲法史が重視される．それは，これらの国が近代の早い段階で主権国家を樹立し，立憲主義を発展させるとともに，それぞれに特色ある試みが諸外国の憲法に強い影響を与えたからである．

■ 第1節　イギリス憲法史

❶ イギリス憲法の原型

　イギリスは，最も古い立憲主義の歴史を持つ国だと言われる．

　別々の国家だったイングランド・ウェールズ・スコットランド・北アイルランドの4国は，中世の段階でウェールズ，1707年にスコットランド，1801年に北アイルランドがイングランドに統合され，「グレートブリテンおよび北部アイルランド連合王国（the United Kingdom of Great Britain and Northern Ireland）」となった．「UK」・「連合王国」などと呼ばれることもあるが，日本の慣例に従いイギリスと呼ぶ．

　イギリスでは中世から，法による王権の制限，適正手続や自由権の保障の萌芽が見られる．有名なマグナ・カルタ（大憲章・1215年）は，対外戦争の負担を押しつけられた諸侯の反発がきっかけとなって作られ，諸侯の権利保障を中心に国王の権力を抑制した．また，貴族代表と平民代表がそれぞれ国王の諮問会議を開催するようになり，これが貴族院（House of Lords）と庶民院（House of Commons）から成る議会政治の原型を作った．

❷ 名誉革命以降の発展

　17世紀，国王派と議会派に分かれて起こった大規模な内戦は，議会派の勝利に終わり，議会のリーダーたちは，オランダのオラニェ公ウィレム（Willem, 1650-1702）を国王に据えた（名誉革命・1689年）．ウィレムは，議会の起草し

た「権利宣言（Declaration of Rights）」を承認した．これ以降，国王は，王位継承を含め，議会の制定する法律に従わねばならないとする原則が成立し，主権は国王から議会に移ったとされる．ここに言う「議会」とは英語で King in Parliament と言い，国王・庶民院・貴族院から成る．議会主権は，イギリス憲法の根幹となった．

イギリス憲法の根幹として，議会主権と並び著名なのが議院内閣制である．18 世紀，イギリスは，ドイツ・ハノーヴァーから国王を迎え入れた．ドイツから来た国王は英語を解さず，当地の政情にも疎かったため，大臣たちの閣議で政治が進められるようになった．国王の権限は徐々に名目だけになっていき，国王の行政・外交・軍事の権限は大臣の助言に基づき行使され，その責任は大臣に属すると考えられるようになった（大臣助言制・大臣責任制）．

また，19 世紀に入ると，それまでは明確な優劣関係はなかった庶民院と貴族院との力のバランスに大きな変化が生じた．1832 年に選挙法が大改正され，選挙区の人口に比例した公正な議席配分が行われたことで，庶民院の民主的正統性が高まり，内閣は庶民院に責任を負うようになった．内閣が信任を失ったときは，総辞職するか，庶民院を解散するという慣行が出来上がり，議院内閣制が成立した．これにより，庶民院は，貴族院に対し優位するようになって行く．

❸イギリス憲法の特徴

イギリス憲法には，民衆の意思を尊重する議会主権，国民の権利保障，議院内閣制による行政の民主的統制といった権力の濫用を抑制する立憲主義的要素が含まれており，他国の憲法にも大きな影響を与えた（イギリス憲法の概説として，加藤紘捷『概説イギリス憲法——由来・展開そして EU 法との相克［第 2 版］』勁草書房，2015 年参照）．

他方，立憲主義の発展が他の立憲主義諸国に比べ著しく早かったため，現在の立憲主義の標準装備を備えていない部分がある．特に重要な 2 点を指摘しよう．

その第 1 は，成文・硬性憲法典の不在である．20 世紀以降，憲法の内容を

12　第1編　憲法序説

体系的に整理した硬性・成文の憲法典を作成することが国際標準となった．し
かし，イギリスでは，（実質的意味の）憲法が，憲法という名で法典化されてい
ない．また，憲法の内容の一部は権利章典や選挙法などで文書化されているが，
それらは法律の一種であり，通常の立法手続で改正可能とされる．

　第2に，司法制度の独特さである．20世紀半ば以降，議会から独立した裁
判所による違憲立法審査の制度は，立憲主義の重要な内容とみなされるように
なってきたが，イギリスにはそれがない．また，20世紀まで，最高の司法権
は貴族院が担うことになっていた．2005年の「憲法改革法」の成立で，最高
裁判所（UK Supreme Court）が設置され，ようやく三権が分立したが，今なお，
司法による違憲立法審査の仕組みは存在しない．イギリス国民が立法による人
権侵害を訴えるには，ヨーロッパ人権条約を介することとなる．具体的には，
条約を国内法化した1998年人権法に基づき裁判所に不適合宣言を求めるか，
ヨーロッパ人権裁判所に訴える．

▌第2節　アメリカ憲法史

❶最古の成文憲法典

　アメリカは，複数の州（State）が集まった連邦国家（United States）で，最も
古い成文かつ硬性の憲法典を持つ．

　イギリスに独立戦争（1783年）に勝利したアメリカでは，1787年にアメリ
カ合衆国憲法（Constitution of the United States）が起草され，翌年，成立手続が
完了した．アメリカは連邦国家で，それぞれの州の権限が強いため，連邦の政
策（例えば，奴隷制の廃止）をどこまで州が拒絶できるかは，重要な憲法問題に
なる．

　当初の憲法は統治機構のみを定め，連邦議会，連邦大統領，連邦裁判所と連
邦・州の権限配分の規定が置かれた．イギリスとは異なり，厳格な三権分立制
を採用した点が特徴的である．連邦議会は，各州に人口比例で議席が配分され
る人民代表の下院（House of Representatives）と，各州同数に議席が配分される
州代表の上院（Senate）から成る．大統領は，各州に割り当てられた選挙人の

間接選挙で選ばれる．もともとは選挙人自身が候補を選んでいたが，現在では，州民が大統領候補に投票し，1位の候補（勝者総取り方式，大部分の州）か比例配分（一部の州）で選挙人が投票する仕組みが取られており，事実上の直接選挙となったと言われる．連邦最高裁の裁判官は，上院の承認を得て大統領が任命する．

　オリジナルの憲法に人権規定がないのは，人権侵害が心配されるほど大きな権限を連邦に与えない想定だったからである．しかし，心配の声が強く，各州の憲法批准手続の中で，連邦側は人権規定の導入を約束した．1791年に人権規定を付加する10の修正が成立し，これらはアメリカ憲法の「権利章典（Bill of Rights）」と呼ばれる．

　さらに，南北戦争後，解放された奴隷たちを保護するため，奴隷制の禁止（第13修正），解放奴隷を含む州民への適正手続や平等保護の保障（第14修正），平等な選挙権の保障（第15修正）が追加された．これらは，南北戦争からの再建期の修正であるため，「再建期修正（Reconstruction Amendment）」と呼ばれる．再建期修正は，各州が権利保障を怠った際に，その州に是正を強制する権能を連邦に認めた点が特徴的である．

❷違憲審査制の運用

　19世紀初頭，連邦最高裁はMarbury v. Madison, 5 U.S. 137（1803）にて，連邦最高裁が連邦議会の制定した法律の合憲性を審査し，違憲の場合は無効を宣言できるという画期的な判断を示した．これにより，**裁判所が，具体的な民事・刑事事件に法律を適用するときに，その合憲性を審査できる制度**が確立した．この制度は，通常裁判所の事件処理に付随して違憲審査を行うので**付随的審査制**と呼ばれる．

　現在では，違憲立法審査制には「人権保障の最後の砦」のイメージがあるが，20世紀前半までの連邦最高裁の判例の多くは，州と連邦の権限のあり方に関するもので，人権保障のための違憲判決は多くなかった．しかし，20世紀半ばになると，精神的自由や差別禁止の分野で，連邦最高裁が積極的な判決を出すようになる．初等教育での人種別学を第14修正の平等保護条項違反とした

14 第1編 憲法序説

Brown v. Board of Education, 347 U.S. 483（1954），現実の悪意がない限り，公人の批判に損害賠償を課すのは表現の自由を保障した第1修正に反するとした New York Times v. Sullivan, 376 U.S. 254（1964）などがその代表である．

　他方で，連邦最高裁は，1930年代に経済政策（ニューディール政策）に違憲判決を出して大統領と深刻な対立を経験したことを反省して，社会経済立法の合憲性は緩やかな基準で審査をするようになった．精神的自由の規制は厳しく，社会経済立法の合憲性を緩やかに審査する態度は，「二重の基準論」と呼ばれる．

　アメリカの大統領制・連邦制と，日本の議院内閣制・単一国家制は大きく仕組みが異なるので，日本国憲法の統治機構条項の解釈で，アメリカ法の議論が直接参照されることは比較的少ない．これに対し人権分野では，アメリカ憲法は世界一長い違憲審査制の歴史を持っているため，日本国憲法の解釈には大きな影響を与えている（アメリカ憲法については，松井茂記『アメリカ憲法入門［第9版］』有斐閣，2023年，樋口範雄『アメリカ憲法［第2版］』弘文堂，2021年も参照）．

■第3節　フランス憲法史

❶19世紀フランス憲法の展開

　フランスは，目まぐるしく憲法の大改正を経験してきた．

　フランス革命（1789年）の中で憲法制定議会が採択した「人および市民の権利宣言（Déclaration des Droits de l'Homme et du Citoyen）」（フランス人権宣言）は，その1条で全ての人の「自由」と「諸権利の平等」を確認し，3条で「主権の淵源は，本来的に国民（Nation）にある」として国民主権原理を宣言し，16条で「権利保障が確保されず，権力の分立が定められていない全ての社会は，憲法を持つものではない」と規定した．これは，立憲主義の古典的定式として，今でもしばしば引用される．

　憲法制定議会は，立憲君主制の1791年憲法を制定した．しかし，翌年には，共和派が国王ルイ16世（LouisXVI, 1754-93）を幽閉し，王権を停止して，第一共和政が始まった．第一共和政の下で人民主権原理に基づく1793年憲法が

制定されたものの，施行されないままジャコバン派独裁へと移行し，1795年
憲法が制定された．さらに，1799年にはナポレオン（Napoléon Bonaparte,
1769-1821）がクーデターを起こし，第一帝政が成立した．ナポレオンも複数
の憲法を制定したが，1814年に追放され，1814年憲章が成立し，王政が復古
した．

　しかし，王政復古も長くは続かない．1848年に国王がイギリスに亡命し
（二月革命），1848年憲法により第二共和政が成立した．1848年憲法は王政の
代わりに大統領制を採用し，同年12月の大統領選挙でナポレオンの甥，ルイ
＝ナポレオン（Louis-Napoléon, 1808-1873）が選ばれた．議会と深刻な対立関係
に立ったルイ＝ナポレオンは，1851年12月にクーデターを決行し，議会を
解散し，反対派の議員を逮捕した．同月末には，ルイ＝ナポレオンに憲法制定
権力を委ねる旨の人民投票が実施され，有権者の圧倒的多数が「是（Oui）」と
投票した．その翌年には，ルイ＝ナポレオンは，人民投票で承認された原理に
基づき1852年憲法を制定し，フランス皇帝の地位に就き，「ナポレオン3世」
を名乗った．これが第二帝政だ．

　1870年に普仏戦争に敗れたナポレオン3世が捕虜となり，第二帝政は崩壊
し，第三共和政となった．1875年には，国政の基本を定める憲法典に相当す
る3つの法律が制定された（1875年憲法）．

　このように，19世紀のフランス憲法体制は，「王政→共和政→帝政」のサイ
クルを繰り返した．

❷ 第五共和政憲法の成立

　第二次世界大戦中の1940年，フランスはドイツに敗北し，パリを占領され
た．戦後の1946年，人民投票により共和政の憲法（1946年憲法）が承認され，
第四共和政が成立した．1946年憲法は，前文に社会権を含むなど，内容豊富
な権利宣言を置いた．

　1958年5月，植民地アルジェリアでクーデターが発生し，フランス本土に
も軍による政府への反乱が広がりそうになった（アルジェリア危機）．首相に就
任したド・ゴール（Charles de Gaulle, 1890-1970）は，大統領権限を強化する憲

16　第1編　憲法序説

法改正を提案し，9月28日の人民投票で承認されると（1958年憲法），第五共和政の大統領に就任した．現在も続くこの1958年憲法は，権利保障についてはフランス人権宣言と第四共和政憲法の権利規定を尊重する旨を定めるのみで，大統領や国会などの統治機構の規律が主たる内容である．

　1958年憲法では，大統領が外交・軍事に関する権限を担い，首相・大臣の任免権も持つ．首相と大臣によって構成される内閣が行政権を担い，国会（Parlement）に責任を負う．このため，内閣は大統領・議会双方の信任を得なければならない．これは大統領制と議院内閣制の中間的制度であるため，半大統領制と呼ばれる．国会は，国民議会（Assemblée nationale）と元老院（Sénat）の二院から成る．フランスは連邦国家ではないが，元老院議員は，国民議会議員と地方公共団体の議会議員・代表らによる間接選挙で選ばれ，地域代表的性質を持つ．

　制定当初の1958年憲法は，国会議員や地方議員らによる間接選挙で大統領を選ぶものとしていた．しかし，第五共和政下の大統領は強い権限を持つため，大統領の民主的正統性を強化する必要があった．ド・ゴール大統領は，1962年10月，大統領の直接選挙制を定めた憲法改正を提案したが，議会の反発が強かった．そこで，1958年憲法11条に基づく人民投票を強行し，可決された．ここで使われた11条は憲法改正規定ではなかったため，この人民投票は違憲とするのが一般的だったが（樋口・比較265頁），憲法院（Le Conseil constitutionnel）はこの問題について審査権限がないことを宣言した．こうして，大統領の直接選挙制が採用され，現在に至る第五共和政の基本構造が出来上がった．

　また，1958年憲法は，憲法院を創設し，選挙や人民投票の監視の他，法律の合憲性を審査することとした．憲法院は，当初，政府と議会の権限の枠づけを行うことが期待され，人権分野に関する審査をしていなかった．しかし，1971年7月16日の判決が，1789年の人権宣言の権利規定に基づく違憲審査を行い得ることを宣言し，現在では権利保障のための審査も行っている．

　フランス憲法史の特徴は，君主や皇帝などの「上からの革命」と，民衆の求める「下からの革命」がせめぎあい，何度も根本的な体制変更を行ってきたと

第 2 章　西欧における立憲主義の歴史　17

ころにある（樋口・比較 52 頁）．こうしたことから，フランス憲法史は憲法の
「実験場」とも言われる（フランス憲法については，辻村みよ子 = 糠塚康江『フラン
ス憲法入門』三省堂，2012 年も参照）．

▌第 4 節　ドイツ憲法史

❶ビスマルク憲法とワイマール憲法

　ドイツは，西欧の中では主権国家の樹立が遅れた．鉄血宰相として知られる
ビスマルク（Otto von Bismarck, 1815-98）は，複数の邦（Land）に分裂してい
たドイツの統一を進め，1871 年，プロイセン国王ヴィルヘルム 1 世（Wilhelm
I, 1797-1888）を戴くドイツ帝国が成立した．皇帝が認証した「ドイツ帝国憲
法（Verfassung des Deutschen Reichs・ビスマルク憲法）」では連邦制が採用され，
現在も続くドイツ憲法の基本原則となっている．ビスマルク憲法は，議会に立
法権を与えたものの，皇帝が宰相を任命して行政・外交・軍事を進めるものと
し，宰相は議会に対して責任を負わなかった．

　ビスマルク憲法の成立から半世紀近くが経った 1918 年，長期化する第一次
世界大戦に民衆は不満を募らせ，キール軍港での水兵蜂起をきっかけに，各地
で暴動が起こった．皇帝ヴィルヘルム 2 世（WilhelmII, 1859-1941）はオランダ
に亡命し，ドイツ連邦は帝政から共和政に移行した．1919 年，ワイマールの
国民劇場で国民議会が開催され，「ドイツ共和国憲法（Verfassung des Deutschen
Reichs・ワイマール憲法）」が制定された．ワイマール憲法には，平等権や各種
の自由権に加え，芸術や学問の国家による保護，青少年の教育への配慮，人た
るに値する生存の保障，労働者の団結権，社会保険制度の保障など，社会権・
社会保障に関する規定が置かれた．これらは，先進的な取り組みとして評価さ
れている．

　1920 年代には戦後の不安が落ち着き，経済的な安定が見えたものの，世界
大恐慌（1929 年）以降，失業者が増大し，ナチスと共産党という体制破壊的な
政党が勢力を伸ばした．1933 年には，ヒンデンブルク大統領（Paul
Hindenburg, 1847-1934）がヒトラー（Adolf Hitler, 1889-1945）を首相に任命し，

18　第1編　憲法序説

ナチスが政権を獲得した．ヒトラーは，ヒンデンブルクの死後，大統領と首相
を兼任し，「総統（Führer）」を名乗った．ナチス政権下では，憲法の基本権保
障を停止する「議事堂炎上令」，政府に議会の権限を与える「授権法」などが
定められ，ワイマール憲法は名目的な法となった．こうしたナチス憲法体制の
下，ユダヤ人の大量虐殺（ホロコースト），共産党員や社会民主党員をはじめと
する政権批判者への苛烈な弾圧，欧州全体への侵略戦争など，数々の非道な行
いがなされた．

❷ ボン基本法の成立と東西ドイツ統一

　第二次大戦に敗れたドイツは，東西に分裂した．西側の英米仏占領地域では，
1948年，ボンで「ドイツ連邦共和国基本法（Grundgesetz für die Bundesrepublik
Deutschland・ボン基本法）」が制定された．ボン基本法は，国民代表ではなく西
側各邦の代表者が定めたこと，ドイツ全体には適用されないことから，暫定的
なものとされ，法典の名称も「憲法（Verfassung）」ではなく「基本法
（Grundgesetz）」という言葉が選ばれた．

　ナチスの蛮行への反省から，ボン基本法1条1項は「人間の尊厳は不可侵
である」と規定し，各種の基本権を手厚く保障する（第1章）．また，侵略戦
争をはじめとした「諸国民の平和的共存」を破壊する行為も禁じる（26条）．

　統治機構では，伝統的な連邦制を採用している．連邦の議会は，国民代表か
ら成る連邦議会（Bundestag）と州代表から成る連邦参議院（Bundesrat）で構成
される．大統領職が置かれているものの，その権限は形式的・象徴的なものに
止まる．政府を率いるのは，連邦宰相（首相）である．連邦宰相は議会で選挙
され，大統領に任命されるので，議院内閣制に分類される．また，憲法解釈を
特別に扱う憲法裁判所（Bundesverfassungsgericht）が設置された．ボン基本法
では，**具体的な事件がなくとも憲法裁判所が立法や政府の行為の合憲性を判断す
る制度**が採用されている．これを**抽象的審査制**という．

　これに対し，東側のソ連占領地域では，1949年に「ドイツ民主共和国憲法
（Verfassung der Deutschen Demokratischen Republik）」が制定された．ドイツは長
らく東西分裂状態となったが，1989年にベルリンの壁が崩壊したことで，

1990 年に東ドイツが 5 つの州としてボン基本法の妥当範囲に加わり，ドイツ統一が果たされた．

ドイツ憲法史は，統治機構の工夫や社会権保障の試みなど，外国から見て参考になる内容が多い．また，ナチス台頭への強い反省から，人間の尊厳の不可侵を保障し，解散権や不信任決議に歯止めをかけたりしているのがボン基本法の特徴である（ドイツ憲法については，塩津徹『現代ドイツ憲法史——ワイマール憲法からボン基本法へ』成文堂，2003 年，高田敏 = 初宿正典編訳『ドイツ憲法集［第 8 版］』信山社，2020 年も参照）．

▌第 5 節　立憲的意味の憲法の標準的な内容

第二次世界大戦終結後，世界各国で体制変更や旧植民地の独立が相次ぎ，立憲主義諸国の歴史や憲法規定を参照した新しい憲法が制定された．立憲的意味の憲法の標準的なモデルは，20 世紀半ばに確立したと言ってよいだろう．その中身を見てみよう．

❶立憲主義の中核——人権保障と権力分立

第 1 に重要なのは，人権保障である．主権国家は国内では抵抗できる者がいない強大な権力を持つため，個人を弾圧しようとすればいくらでも非道なことができてしまう．そこで，立憲的意味の憲法には，個人の人権を保障する規定が必須と考えられるようになった．イギリスでは名誉革命の折に権利章典が作られ，フランスでは革命期に人権宣言が出された．アメリカ合衆国憲法やドイツのボン基本法にも，人権条項が盛り込まれている．

第 2 に重要なのが，権力の分立である．権力者が人権侵害をしたり，身内を優遇したりしても，国王や独裁者の下に権力が集中していたのでは，それを是正できない．そこで，立憲主義諸国は，政府と議会を分立したり，裁判所の独立を保障したりするなど，権力分立の仕組みを整えてきた．

20　第1編　憲法序説

❷軍事活動の統制

19世紀から20世紀半ばにかけて，たくさんの戦争が起こった．国際社会は，全ての人への脅威となる戦争を抑えるため，国際法を発展させてきた．

各国の憲法レベルでも，軍隊の統制は重大な関心事であり続けた．イギリスの立憲主義は，国王の対外戦争への不満から発展してきた．フランスでは，1791年憲法第6篇第1条に侵略不正戦争の禁止規定が置かれ，それ以降の憲法にも，侵略戦争の禁止規定が受け継がれた（辻村・比較227頁）．

20世紀半ば以降には，軍隊は軍人の身分を持たない者（文民）により統制されねばならないとする文民統制の規範が重要視されるようになった．その他に，侵略戦争の禁止や，軍隊の海外派遣に議会の同意を要求する内容などが盛り込まれることも多い．

❸統治機構の民主化

「立憲君主制」という言葉があることからもわかるように，立憲主義は必ずしも民主制とは結びつかない．しかし，20世紀半ば以降，民主的ではない統治は不正を招きやすく，人権保障や権力分立といった立憲主義の実現にも悪影響があると考えられるようになった．今日では，憲法で民主的な統治機構を定めるのが一般的である．

では，民主的な統治機構とは何か．まず重要なのは，選挙された議員が集う議会を政治決定の中心とすることである（議会制民主主義）．また，現代では，政府も民主的に構成されなくてはならないと考えられている．その方法としては，議会が政府の長を選ぶ議院内閣制（イギリス・ドイツ），政府の長を選挙で選ぶ大統領制（アメリカ），両者の融合形態である半大統領制（フランス⇨14頁）などがある．

❹違憲審査制

第二次世界大戦前は，議会が制定した法律の合憲性を審査し，違憲と判断されたものを無効にする制度を採用する国は多くなかった．「議会による人権弾圧」にはさほど強い関心が向かなかったからである．当時の議会は，国民の代

表としてその権利を保護する役割を期待されており，普通選挙の実現をはじめ，議会をいかに民主的なものにして権限を拡大するかが課題となっていた．ただし，アメリカは例外的で，建国当初から連邦政府の権限拡大に対する警戒が強く，連邦議会が憲法の枠を超えて立法を行わないよう監視すべきという考え方が強かった．

　第二次世界大戦後，ナチス政権の体験などから，議会も人権侵害の主体になり得ることが広く理解され，現在の多くの憲法では，議会から独立した裁判所等の機関による違憲審査制が採用されている（辻村・比較190頁）．

❺ 立憲主義の標準装備

　西欧で立憲主義が発展する中で，立憲的意味の憲法には，①人権宣言，②権力分立，③軍隊・戦争のコントロールを定める内容が必要であると考えられるようになった．また，現在では，④民主制や⑤違憲立法審査の仕組みが盛り込まれることが一般的になってきている．

22　第1編　憲法序説

第3章　日本における立憲主義の歴史

　日本では明治維新以降，立憲主義の重要性も認識されるようになり，1889年に大日本帝国憲法が制定された．第二次世界大戦を経た1946年，日本国憲法に改正され，現在に至っている．

　大日本帝国憲法が議会政治と立憲主義を導入した意義は大きく，また，その問題点に対する反省は，日本国憲法の基盤の1つとなっている．さらに，日本国憲法の制定経緯を知ることは，現在の憲法の解釈・運用を理解するためにも重要である．

■第1節　大日本帝国憲法

❶大日本帝国憲法の成立

　1868年，薩摩・長州などの辺境諸藩の反乱により江戸の徳川政権が瓦解し，明治政府が樹立された（明治維新）．欧米列強と渡り合うためには，様々な分野で近代化が必要だった．政治の面では，政府の権限を法で抑制することと，選挙された議員からなる議会を設置することとが必要と考えられ，欧米のような成文の近代憲法を制定する運動が活発化した．

　1886年から進められた憲法起草作業は，ドイツ人顧問ロエスレル（Karl Friedrich Rösler, 1834-94）の助言の下，伊藤博文（1841-1909），井上毅（1844-95）・伊東巳代治（1857-1934）・金子堅太郎（1853-1942）を中心に行われた．草案は枢密院での審議を経て完成し，1889年2月11日，大日本帝国憲法は天皇の定める欽定憲法として発布され，1890年11月29日より施行された．

❷大日本帝国憲法の内容

　大日本帝国憲法は，天皇が「皇祖皇宗ノ神霊」に「憲章ヲ履行シテ愆ラサラムコトヲ誓フ」告文から始まる．憲法制定の正統性は，歴代天皇の権威と天皇

の祖先たる天照大御神の威信に求められる（野中他・憲法Ⅰ・47頁）．天皇は「万世一系」で帝国の統治者であり（1条），「元首ニシテ統治権ヲ総攬」する（4条前段）．かなり神権的な内容だが，大日本帝国憲法にも立憲主義の側面はあり（長谷部・講和18〜19頁），天皇は「憲法ノ条規」に則り統治権を行使する（4条後段）とされた．

統治権の国内権限には，立法・行政・司法がある．立法権は帝国議会の協賛を以て行う（5条）が，天皇にも勅令発布権があり，緊急時には「法律ニ代ルヘキ」勅令を発令できる（8条）．行政権は「国務各大臣」の「輔弼」による（55条），司法権は裁判所が「天皇ノ名ニ於テ」行う（57条）とされた．

統治権の対外権限には，外交権と軍事権がある．外交権は元首としての天皇の権限であり，条約締結や宣戦布告などに帝国議会の承認などは不要とされた（13条）．また，軍の編成と（12条），軍事活動の際の統帥（指揮監督）も天皇大権に含まれていた（11条）．

臣民の権利は憲法第2章に規定され，まず，文武官と公務への就任の平等（19条）によって，血統や身分にとらわれず広く優秀な人材を登用する態度が示された．以下，居住移転の自由（22条），刑事法の法定主義（23条），裁判を受ける権利（24条），住居不可侵（25条），信書の秘密（26条），所有権（27条），信教の自由（28条），言論の自由（29条），請願権（30条）などが保障されている．

こうした権利条項は当時の憲法典としてはそれなりに網羅的だが，その保障は十分ではなかった．まず，国民の代表である帝国議会が法律への協賛を以て同意した場合には，言論の自由や信教の自由は制限された．また，臣民には「兵役ノ義務」（20条）があり，自由や権利を理由にこれを拒否することはできなかった．さらに，これらの権利は，戦時・緊急時の天皇大権を妨げないとされた（31条）．

大日本帝国憲法の特徴は，国政の中心をあえて定めていない点にある．天皇は統治権の総覧者なのだから，中心だろうと思うかもしれない．しかし，天皇は「神聖ニシテ侵スヘカラス」とされ（3条），皇室典範には生前退位の規定がなかった．つまり，天皇が政治判断を誤っても，責任をとって辞任することが

24　第1編　憲法序説

できない．政治責任を取れないのでは，実質的に権限を行使するにも限界がある．

　となると，内閣総理大臣や内閣が国政を指導することが期待されるが，憲法には内閣総理大臣や他の閣僚の任免方法の規定がない．内閣が議会に責任を負うのか否かも不明なため，議会と政府を断絶する超然主義で運用することもできれば，議院内閣制で運用することもできた．さらには，「文武官」の一種として大統領職を設け，国民が直接選挙する制度にすることすら，条文上は可能に見える．このため大日本帝国憲法の下では，その時々に成立する実践や慣行によって，政府は様々な体制が取られた．

❸大日本帝国憲法の運用

　大日本帝国憲法下の政治アクターには，明治維新の功労者（藩閥），民衆の支持を得る政党，高等教育と試験による選抜を経た官僚・軍部がいた．憲法制定直後は，藩閥政府の首脳が帝国議会の勢力を無視して超然内閣を結成する一方，衆議院で多数派を占める政党の党首が内閣を組織することもあり，〈藩閥と政党の対抗〉という図式が続いた．

　帝国議会は法律協賛権に加え，予算承認権まで握っており，政府がこれを無視することは土台無理であった．大正期（1912年～1926年）には，議会の支持がない純粋な超然内閣は成立しなくなり，衆議院多数派の党首に「組閣の大命」が下されるのが憲法の本義だ，という憲法理解が定着した．これは，「憲政の常道」と呼ばれた．また，超然主義の傾向が強い内閣が組織されると，「憲政擁護」をスローガンにした倒閣運動が起こったりした．

　しかし，世界大恐慌の影響により，政党の首脳は財閥と結びつき困窮する庶民を顧みないという不信が高まった．また，ロンドン海軍軍縮条約（1930年）は，軍部内に政党への強い反発を生んだ．さらに，満州事変（1931年）は，軍部を統制する能力が政党内閣にはないことを露呈させた．民政党と政友会の二大政党は，軍事問題を政局の道具に足の引っ張り合いをしたため，軍部に対抗できなかった．

　こうした中，1932年に軍部の青年将校と右翼運動家は政党内閣の排除を画

策するようになり，犬養毅首相（1855-1932）が青年将校に射殺される事件が起きた（5・15事件）．さらに，1936年には，天皇親政の実現を目指す皇道派青年将校が首相官邸・警視庁・霞が関一帯や新聞社などを襲い，複数の大臣が殺害された（2・26事件）．同年には軍部大臣現役武官制が復活し，陸軍・海軍は大臣の推薦を拒否することで，首相や首相候補の組閣を妨害できるようになった．軍部の影響力が増す中，その内部では大陸侵略を目指す勢力が力を握り，戦争に歯止めがかからない体制ができてしまった．

こうして，1937年には日中戦争，1941年には太平洋戦争が始まり，国内外に莫大な犠牲者を出す事態となった．一連の戦争では，中国や東南アジア・太平洋で2,000万人以上が亡くなり，日本国民の中にも約310万人の死者が生じた（2013（平成13）年8月28日・小泉純一郎首相答弁書）．

大日本帝国憲法は，日本に立憲主義を導入し，議会政治の基盤を築いた点で，重大な歴史的意義を持つ（大日本帝国憲法の歴史については，大石眞『日本憲法史』講談社学術文庫，2020年，長尾龍一『思想としての日本憲法史』信山社，1997年参照）．しかし，その運用には様々な問題があった．議会の同意さえあれば憲法上の自由を制限できてしまうことも問題だが，国政の中心が定まっておらず，軍部の独裁に近い状態を招いた点は特に深刻である．第二次世界大戦に至る中で，軍部の侵略活動を統制できなかった責任の一端は，大日本帝国憲法の内容にもあると言わざるを得ない．

▋第2節　日本国憲法の成立

❶ ポツダム宣言

第二次世界大戦中，日本軍の優勢は長くは続かず，1942年6月にはミッドウェー海戦で海軍空母4隻が沈没し，1944年7月には難攻不落と言われたサイパン島が陥落した．サイパン島は日本空爆の拠点となり，米軍は日本の主要都市に苛烈な爆撃を加えるようになった．1945年3月10日には東京下町の大空襲があり，10万人近くが死亡した．4月1日には米軍が沖縄に上陸し，激しい地上戦が始まった．沖縄戦は，米国側が約1万2,000人，日本側が9

26　第1編　憲法序説

万人以上の一般市民を含む約18万8,000人の犠牲を出し，6月23日に終結した．

　5月7日にドイツが連合国に降伏し，欧州戦が終結すると，連合国は日本に対しても降伏への圧力をかけ始めた．7月26日，米英中はポツダム宣言を出し，日本に降伏を求めた．日本は当初，この宣言を黙殺したが，8月に入り，合計20万人以上の死をもたらした二度の原爆投下，ソ連の参戦などを経て，8月14日にポツダム宣言受諾を決定，15日にそれを発表した．

　ポツダム宣言には，日本軍の降伏の他，「日本国政府ハ日本国国民ノ間ニ於ケル民主主義的傾向ノ復活強化ニ対スル一切ノ障礙ヲ除去スヘシ言論，宗教及思想ノ自由並ニ基本的人権ノ尊重ハ確立セラルヘシ」との条項があった（10項）．

　この課題は，大日本帝国憲法を維持したままでは解決し難い．そこで，憲法改正作業が進められることになった．

❷松本委員会案から GHQ 案へ

　10月25日，松本烝治（1877-1954）国務大臣を委員長として，憲法問題調査委員会（松本委員会）が発足した．メンバーは，日本を代表する憲法学者たる宮沢俊義（1899-1976，東大教授），清宮四郎（1898-1989，東北大教授）の他，楢橋渡長官以下，法制局幹部である．委員会は，当初，調査・研究を中心に活動していたが，憲法改正作業を求める政府・世論の動きを受けて，1946年初頭までに憲法改正案をとりまとめた．

　1946年2月1日，毎日新聞が松本委員会の案をスクープで報じ，極秘で行われていた松本委員会の作業の様子が，一般国民や GHQ の知るところとなった．GHQ 最高司令官マッカーサー（Douglas MacArthur, 1880-1964）は，その内容では民主化や人権尊重のために不十分と評価した．また，この時点では，GHQ が日本統治に関するほぼ全権を掌握していたものの，日本占領管理のための極東委員会（FEC）が設置されることは既に決まっていた．マッカーサーは，極東委員会を通じてソ連などが日本の憲法改正作業に介入することを嫌い，極東委員会の第1回会合予定日である2月26日を目前に控え，早急に憲法草

案を作成することとした.

　2月3日，マッカーサーは，①世襲の天皇を「元首（the head of the state）」とすること，②戦争を放棄すること，③当面は貴族制を残しつつ封建制度を廃止することの3点を内容とする「三原則（Three basic points）」をGHQ民政局に提示し，GHQ内で憲法の原案が作られた.

❸ 日本国憲法の成立

　2月13日にGHQ案を交付された日本政府関係者は，唐突な事態に驚いたものの，2月26日の閣議で草案受け入れを決定し，GHQ案を基にした政府案を作成することとした. GHQと日本政府との折衝の後，3月6日に「憲法改正案要綱」が閣議決定された. 報道でその内容を知った日本国民の多くは，急進的な内容に驚いたものの，強い反発はなかったとされる.

　要綱は，当時の法文では一般的だったカタカナ表記で書かれていた. 例えば，9条は「国ノ主権ノ発動トシテ行フ戦争及武力ニ依ル威嚇又ハ武力ノ行使ヲ他国トノ間ノ紛争ノ解決ノ具トスルコトハ永久ニ之ヲ抛棄スルコト」という表現だった. これに対し，国語の平易化運動を進める団体からの建議が契機となり，政府は，憲法を口語体とする方針を決定した.

　4月10日には，日本史上初の男女普通選挙での衆議院議員選挙が行われ，5月16日に第90帝国議会が召集された. 5月22日，第一次吉田茂（1878-1967）内閣が成立し，6月20日，同内閣は「帝国憲法改正案」を帝国議会に提出した. 大日本帝国憲法73条によれば，憲法改正には，衆貴両院で，総議員の3分の2以上が出席する会議で，出席議員の3分の2以上の賛成が必要である. 10月6日，衆議院で貴族院の修正を踏まえた最終可決がなされ，10月29日には，枢密院でも欠席者を除く全会一致で可決された. 天皇の裁可を経た改正憲法は，「日本国憲法」として11月3日に公布された. この憲法は，半年後の1947年5月3日に施行された.

❹ 日本国憲法の定着

　第2章に見たように，20世紀の半ば以降，立憲的意味の憲法には，①人権

保障，②権力分立，③軍隊・戦争のコントロール，④民主制，⑤違憲立法審査の仕組みが盛り込まれるようになった．日本国憲法は，これらの原理や仕組みを全て盛り込んでおり，立憲的意味の憲法の標準的な内容を全て備えている．

　この憲法は，占領軍の原案に基づいていたこと，また，内容面でも，天皇制を大きく変更し，「軍」の不保持を定めるなど革新的であったことから，日本国民に安定して受け入れられるかは不透明な部分もあった．しかし，日本国民は，1952年のサンフランシスコ講和条約発効による主権回復以降も，この憲法に基づいて選挙等を行い，運用を続けてきた．もちろん，憲法改正を主張する政治勢力もあるが，その多くは憲法の全面廃棄や大日本帝国憲法の復帰ではなく，部分修正を主張するに止まり，平和主義や基本的人権の尊重と継承を訴える．

　日本国憲法の基本的な内容や原理については，細かい意見の違いはあっても，多くの国民に定着したと言えるだろう（日本国憲法の成立過程については，国立国会図書館「日本国憲法の誕生」https://www.ndl.go.jp/constitution/ を参照）．

第2編

憲法総論

力任せに人々を服従させようとすれば，強い反感を招き，国家は崩壊するだろう．安定的な統治には，権力の正統性（legitimacy）が必要である（林・位相307頁）．そこで，憲法には，憲法自身とそれに基づく統治の正統性を調達するため，様々な原理や工夫が組み込まれる．例えば，君主制原理の憲法では，国王や皇帝といった君主の権威を正統性の核とし，立法や行政は君主の支配下にあることで正統性を獲得し，臣民の権利の内容は君主の権威を侵さない範囲で定められる．

正統性に関する憲法規定は，全ての憲法規定を解釈・適用する際の前提となるため，「憲法総論」と呼ばれる．

さて，ここまで当然のように「正統性」という言葉を使ってきたが，正統性とは何だろうか．これを理解するには，「正当性」との違いを意識する必要がある．

正当性（Rightness）とは，**内容的な正しさ**を意味する．他方，**正統性**とは，決定内容から独立して，**服従の動機を調達できる性質**を言う（興津征雄「正統性の構造分析（上）」法時93巻1号，2021年，106頁）．国家権力の行使方法には様々な選択肢がある．その中でどれが良いと考えるかは人それぞれに異なるが，実際に採用できる選択肢は1つだけである．このため，国家権力が行使されれば，常に「なぜ，従わなくてはならないのか」との不満が生じる．この不満は権力の内容への不満であり，「これが内容的に正しいのだ」といくら言っても平行線になりがちである．そこで，国家権力は，内容の正しさとは別に，権力に従うべき根拠を示す必要がある．その根拠こそが，権力の正統性である．

30   第2編　憲法総論

　日本国憲法にも，内容の正当性とは別に，権力の正統性を確保するために設けられた規定がある．これには，国内に向けられたものと，国外に向けられたものとがある．第4章では，国内における正統性調達規定としての国民主権と天皇制の規定を，第5章では，国際的な正統性を調達する原理としての国際協調主義と平和主義を検討する．

第4章　日本国憲法の国内的正統性

　日本国憲法の成立と，それに基づく国家権力の行使を正統化するのは，国民主権原理である．本章では，国民主権とはいかなる原理なのかを考察する．また，象徴天皇制の内容と単一国家制・連邦制の対比についても検討する．

第1節　国民主権

❶国民主権論の歴史

　国民主権とは，「国民が決定した」という理由で，**主権を正統化する原理**である．この原理は複雑な歴史の中で，多様に解釈され，様々な帰結が導かれてきた．まずは，国民主権の概念をめぐる議論展開を整理してみたい．

(1) 旧体制破壊の原理

　18世紀のフランス革命期には，国民主権は君主主権を否定する原理として用いられた．フランス革命の指導者シェイエス（Emmanuel-Joseph Sieyès, 1748-1836）は著名なパンフレット『第三身分とは何か』（Qu'est-ce que le Tiers État, 1789）にて，国民は国家の成立以前から「ただ自然法によって形成される」存在であり，主権者として憲法を作る権力（pouvoir constituant）を持つとの議論を展開した．この権力は憲法を超える存在であり，憲法によって作られた権力（pouvoir constitué）と区別される．他の国々でも，国民主権原理は，旧体制を破壊する原理として力を発揮した．

(2) 国民主権原理の抑制

　しかし，新たな憲法の成立後には，国民主権は，その新憲法をも破壊しかねない危険な原理となる．そこで，ドイツやフランスでは，国民主権の牙を抜く理論が提唱された．

　ドイツでは，国家法人説の理論が発展した．もともとの国家法人説は，国家を「君主の財産」ではなく「法人」だと説明することで，君主による国家の私

32　第2編　憲法総論

物化を防ぐ議論だった．ただ，19世紀末になり，国民主権の原理を背景に勢力を拡大した議会と君主との間に深刻な緊張関係が生じると，国家法人説は「主権は君主でも国民でもなく法人としての国家にある」との議論として展開されるようになった．これにより，君主と国民との間の対立を緩和したのである．国家法人説の下では，国民主権の原理は，体制破壊の議論ではなく，憲法が議会に与えた権力を正統化するスローガンとして用いられるに止まった．

　フランスでは，主権の担い手たる「ナシオン（nation, フランス語で国民の意）」を抽象的な法人とすることで，国民主権の破壊力を凍結する議論が展開された．その議論によれば，ナシオンは法人であり，「法人そのものの意思」は存在しない．法人の意思表示には議会などの「代表」が必要となる．ナシオンは自身の意思を持たないので，代表の意思がナシオンと一致しないという事態は想定すらできない．ナシオンの代表たる議員は選挙区の有権者から委任を受けるものの，それは命令を前提とした委任（命令委任）ではなく，命令に背いたことを理由に罷免されることもない．こうした議論をナシオン主権論と呼び，この議論の下での代表を「純粋代表」という．ナシオン主権論は，国民主権の原理を体制破壊の根拠として用いるのを許さず，憲法で定められた代表の権力をただ名目的にのみ正統化する理論と言えよう．

(3) 民主的統治の推進

　国家法人説やナシオン主権論は，国民主権原理による新体制の破壊を防いだものの，具体的な民衆の意思を軽視する国民主権原理では，統治を十分に正統化できない．そこで，民衆の意思を統治に反映させ，統治の正統性を高めようとする議論も発展した．

　そうした議論の例として，プープル主権論がある．「プープル（peuple, フランス語で人民の意）」は，具体的な意思を持ち，人民投票などの手段でそれを表明できる団体である．プープルが主権を持てば，国民投票に強い効力を持たせ，選挙された代表を選挙区の人民の命令に服させることが可能になる．フランスの1793年憲法は，プープル主権原理を採用した代表例である．ナシオン主権とプープル主権の対比は，フランス第三共和政期の公法学者カレ・ド・マルベール（Raymond Carré de Malberg, 1861-1935）による．

プープル主権原理は，人民による議員の罷免（リコール）や，立法や裁判を覆す国民投票を根拠づけ得る原理であり，かなり急進的である．これを緩和するため，ナシオン主権原理を前提としながら，有権者の意思を統治に反映させようとする半代表制の議論も発展していった．半代表とは，プープル主権的な直接民主制とナシオン主権的な純粋代表制の間にあるという趣旨だ．

国民の代表は，人民の意思に拘束されるわけではないが，有権者の多数派の意思と一致するように活動すべきとされる．その実現には，まず，一票の格差のない公正な定数配分や比例代表の採用など，有権者の多数派と代表の意思を事実上一致させる仕組みが必要である．また，政府が議会を休会させるのを制限するなど，政府による代表の妨害を防ぐ工夫も用意される．有権者の意思を背景に，議会の権限は強化され，政府と議会の関係は対等関係から議会優位の関係へと落ち着いていく．

こうした半代表制の論理は，第三共和政期を代表する憲法・法史学者エスマン（Adhémar Esmein, 1848-1913）によって整理された．半代表制はプープル主権原理とは異なるとされるが，有権者の多数派を主権者とみなすもので，プープル主権論の亜種に分類することもできよう．

このように，半代表制は，国民主権による体制破壊を封じつつ，国民代表に有権者の意思の尊重を求めることで，国民代表の正統性を高めている．

(4) 憲法制定権力論

この時期には，議会を否定し，より直接的な民衆の権力行使を正統化する議論も展開された．それが，カール・シュミットの憲法制定権力論である．

シュミットの主著『憲法論』（Verfassungslehre, 1928 [阿部照哉，村上義弘訳，新装版，みすず書房，2018 年]）によれば，現に妥当する憲法の上位には，人民（Volk）の憲法制定権力（verfassungsgebende Gewalt）がある．憲法制定権力は，いつでも憲法を破壊し，新たな憲法を制定できる．憲法制定権力は憲法以前のものである以上，その発動の要件となる法的形式や手続は存在し得ない．人民の自然な意思表示方法は，集合した群衆の喝采である．

シュミットの議論は，いかなる憲法も，人民の喝采によって，いつでも破壊・変動してよい，という帰結を招く．こうした超憲法的憲法制定権力の概念

34　第2編　憲法総論

に対しては，大きな危険が指摘されている．例えば，樋口陽一教授は，凍結された体制破壊の原理を復活させ，憲法の定める秩序の中に「ヌキ身で常駐」させるものと評する（同『近代立憲主義と現代国家』新装版，勁草書房，2016年，300-302頁）．長谷部恭男教授は，「憲法前の具体的実存たる人民というイメージがもたらす危険性，それが立憲主義の体制にとって持つ危険性は，いくら強調してもし過ぎることはない」と指摘し，自らの形を作るルールなくして存在できない者が「形なくして形作る者」として存在するという議論は筋の通ったものではあり得ないと論じ，憲法制定権力の概念は消去すべきだと主張する（同『憲法の境界』羽鳥書店，2009年，20-21頁）．

❷日本国憲法の国民「主権」──何を正統化するのか？

国民主権論の歴史を振り返ると，この原理で正統化される「主権」は，超憲法的な憲法制定権力を指す場合（シェイエス，シュミット）と，憲法により作られた権力を指す場合とがあることがわかった．続いて，日本国憲法における国民主権はどちらを指しているのかを検討しよう．

(1) 八月革命説と憲法制定権力論

日本国憲法の制定は，形式的には大日本帝国憲法の改正手続に則っている．しかし，天皇やその祖先の神的権威を正統性の根拠とする大日本帝国憲法から，国民主権を正統性の根拠とする日本国憲法に改正することは，不可能ではないか．

この疑問を解消するため，宮沢俊義教授は，1945年8月のポツダム宣言受諾を以て，一種の革命が生じたとする八月革命説を唱えた．この説は，同年3月7日の『毎日新聞』に骨子が発表され，さらに，雑誌『世界文化』1946年5月号（同年5月1日発行）に，「八月革命と国民主権主義」という題名の論文で発表された．

八月革命説によれば，ポツダム宣言を受諾したことで，日本に超憲法的な国民主権が成立した．日本国憲法の制定は，国民の憲法制定権力の行使によるものであり，貴族院の同意などは本来は不要な手続だった．宮沢はこの議論を展開する中で，「国民主権」における「主権」を「シエイエス流に，『憲法制定権

力』といってもいいかも知れない」と説明する（同『憲法の原理』岩波書店 1967年，285 頁）．

八月革命説に対しては，法哲学者尾高朝雄が 1947 年 10 月に出版した『国民主権と天皇制』（国立書院）において展開したノモス主権論の立場からの批判が有名だ．尾高は旧憲法と新憲法を革命によって断絶させる議論が日本人の「民族精神」を破砕し，新憲法下の民主主義が「流れ次第の風次第」的なものにする危険を感じ取った．そこで，尾高は，主権は天皇でも国民でもなく，正しい法の理念（これをノモスという）にあると説いた．この立場からすれば，旧憲法と新憲法の間に断絶はなく，旧憲法までに形成されてきた民族精神を受け継ぐこともできる．

もっとも，ノモス主権論では，肝心のノモスの内容が具体的に示されず，「誰がノモスの内容を決めるのか」という深刻な反問を招く．宮沢も，尾高の議論に対しそう反論した．

ただし，ノモス主権論に反駁できたからといって，八月革命説の憲法制定権力論が正しいということにはならない．

第 1 の問題は，日本国憲法が制定された 1946 年において，日本国民に憲法制定権力と呼べるような権力があったのかである．当時は GHQ の占領体制で，マッカーサーの意思に反する憲法を日本国民が制定できたとは言い難い．もちろん，主権回復後も，日本国憲法は破棄されることなく妥当し続けてきたことから，日本国民が憲法制定権力を以て「追認」したという見方はあり得る．ただ，そうだとすれば革命の時点は 1952 年 4 月のサンフランシスコ講和条約発効時，あるいはそれからしばらくたって，日本国憲法の妥当性が全く揺らがなくなった時点ということになる．八月革命説では，革命の時点を正しく特定できない．

第 2 の問題は，八月革命説が，シェイエス＝シュミット流の超憲法的な憲法制定権力を前提にしている点である．憲法改正手続によらない憲法破壊を可能にする権力がヌキ身で常駐しているとの考えは，あまりに危険である．

日本国憲法の成立について，あえて憲法制定権力の概念で正統化する必要はない．敗戦後の一連の経緯以降，ほとんどの国民が「新憲法に従うべきだ」と

いう規範を前提に行動したのは事実である．そうだとすれば，法学の認識は，日本国憲法の妥当性を前提に始めればよい．

(2) 権力性の契機と正統性の契機

日本国憲法における国民主権については，芦部信喜教授の整理が通説的とされている．それによれば，「主権」の語は，①統治権，②対外的な最高独立権，③対内的な最高決定権の3つの意味で使われ，憲法の国民主権とは，③対内的な最高決定権が国民に属することを表している．そして国民主権には，これに権力性の契機と正統性の契機の2つがある（芦部・憲法40-41頁）．

国民主権の**権力性の契機**とは，**国民が国の政治のあり方を最終的に決定する権力を持つこと**を指す．国民主権の権力性の契機には，憲法改正手続に則った憲法改正を正統化する意義と，「国民」の名を騙った憲法破壊を抑止する意義がある．

まず，国民が主権を持つ以上，国民が必要と判断したときには憲法を改正できなくてはならない．そこで，憲法96条は，衆参両院の総議員の3分の2の賛成による発議と，国民投票での承認を要求する憲法改正手続を定めた．憲法改正には，国民投票という形での国民の意思表示が必須である．

次に，日本国憲法は，この憲法を制定したのは国民自身だとしており（前文），この憲法以外の憲法は，国民の定めた憲法ではあり得ない．例えば，ナポレオンのような独裁者が登場し，日本国憲法やそれが定める改正手続を無視して，「これが国民の定めた憲法だ」と主張し新憲法を公布したとしても，それは国民の名を騙っているだけで，国民主権に基づく憲法ではないことになる（樋口他・注解I・21頁）．

国民主権の**正統性の契機**とは，**国民が，統治権の行使を正統化する権威を持つこと**を意味する．統治権の行使を正統化できるのは国民のみであり，立法や行政などあらゆる統治権の行使は，国民によって正統化されねばならない．国民が統治権を正統化する経路には，授権，任免，責任の3つの経路がある．

まず，国民は，憲法の形式で，国家機関に権能を授権する意思を示す．国会や内閣が立法権や行政権などの国家権力を行使できるのは，主権者の制定した憲法によって授権されているからである．

憲法は，全ての公務員を選定・罷免する権利を「国民固有の権利」とする（憲法 15 条 1 項）．これは，あらゆる公務員を直接選挙で選ぶという趣旨ではなく，公務員は国民によって直接・間接に任免されており，その選定・罷免の根拠を遡ると必ず国民の意思に行き着くという意味である．

権能を与えられた者は，与えた者に対し責任を負う．とすれば，全ての国家機関は，その権能の行使に関し，主権者たる国民に直接または間接に責任を負う．この責任は，権能行使について，国民に説明し，その評価を受けることで果たされる．国会議員は，選挙を通じて直接に説明責任を果たし，評価を受ける．内閣は，国会への連帯責任を通じ，国民に間接的に責任を負う．裁判所は，判決を公開の法廷で言い渡すことで国民に司法権の行使について説明し，絶えず公の評価にさらされる．

このように，日本国憲法の国民主権は，超憲法的な憲法制定ではなく，憲法により作られた憲法改正権力や立法・行政・司法などの統治権を正統化する原理と理解するのが妥当だろう．

❸日本国憲法の「国民」主権――誰が正統化するのか？

国民主権に言う「国民」とは，個人としての個々の国民ではなく，国籍を持つ全ての個人を構成員とする法人である．以下，法人としての国民を〈国民〉，国籍保有者個人を単に国民と表記しよう．〈国民〉の決定は，なぜ正統性を持つのか．

(1) 全ての国民を尊重する手続

この問題への 1 つの答えは，〈国民〉が神のごとき崇高な存在だから，という偏狭なナショナリズムである．〈国民〉が「皇祖皇宗の神霊」のような権威を持つ世界なら，その名前で行った決定は強い正統性を獲得するのは当然だ．しかし，それを前提にした国民主権の原理は，外国人を見下したり，思想的・宗教的・民族的少数派を非国民と排斥したりしかねず，危険である．

また，「国民は自ら決めたことに従うべきだ」という自己決定の理念から，国民主権の原理が説明される場合もある．しかし，法人としての〈国民〉と個人としての国民は異なる存在であり，〈国民〉の決定と個人としての意見が一

致しない場合も多い．両者を混同するのは，欺瞞だ．

では，どう説明すべきか．この点，〈国民〉は，全ての国民が意思決定に参加できることを前提にした法人と理解されている．自らが排除されたり，軽視されたりした決定は，どんなに正しいものでも反発を覚えるだろう．君主や皇帝の意思形成に関われる者は極端に限定されるのに対し，〈国民〉に主権があるとする理論は，意思形成過程において，全ての国民の意見表明や投票を尊重することにつながる．

だとすれば，国民主権原理に言う「国民」とは，その意思決定過程がそれに包摂される全ての国民に開かれた法人（〈国民〉）を指し，国民主権原理は，国民一人一人の意思を平等に尊重することで正統性を調達しようとする原理と理解できよう．

(2) 利益集団多元モデルと公共性一元モデル

ここに言う「全ての国民に開かれた意思決定過程」をどのようなものとして捉えるべきかについては，利益集団多元モデルと公共性一元モデルの２つの型がある（樋口・憲法 37-42 頁）．

利益集団多元モデルでは，〈国民〉の意思形成過程を，地域・職業・社会階層・性別・宗教などの属性で区切られた私的利益をもつ中間団体（国家と国民の間にある団体）の抗争と妥協の過程であると考える．ここでは，抗争と妥協の結果を越えた公共性の理念や，〈国民〉が目指すべき正しい価値を想定しない．ただ，どの中間団体にも，政治過程に参加する機会が与えられ，その競争は公正でなければならない．競争の公正さによって，〈国民〉意思の正統性が確保される．樋口教授は，この原型をトクヴィル（Alexis de Tocqueville, 1805-1859）のアメリカ論に求め，「トクヴィル＝アメリカ型国家」と呼ぶ．

これに対し，公共性一元モデルの理念型は，ルソー『社会契約論』に現れる．ルソー（Jean-Jacques Rousseau, 1712-78）は，「一体となった人民の意思（la volonté du corps du peuple）」を「一般意思（volonté générale）」と呼ぶ．一般意思は，私的利益の単なる集計結果である全体意思とは区別され，公共性の理念に従って形成される．公共性とは，全ての者に開かれているという意味である．一般意思は，一部の国民だけではなく，全ての国民にその正当性を示せるもの

でなければならない.

一般意思を形成するには, どうすればよいか. まず, 特殊意思が投票に反映されることを防ぐため, 国民は, 徒党を組むことなく独立して投票に参加しなければならない. また, それぞれの国民は, 私的な利害関係を生じさせる居住地や性別, 年齢, 職業など様々な属性から離れて, 全ての国民に対し正当性を示せる決定を考えて投票しなければならない. こうした投票の結果, 発見されるのが一般意思である.

ルソーによれば, 〈国民〉の意思形成に参加する者は公共性の理念に従わねばならず, 一般意思としての正しさが想定される. この理論では, 〈国民〉の意思は, 公共性の理念に適合している, あるいは正しい価値に合致しているとの理由で正統化される. 樋口教授は, これを「ルソー＝ジャコバン型国家」と呼ぶ.

(3) 〈国民〉の正統性

〈国民〉の意思形成過程に関する 2 つのモデルのうち, 第 1 の利益集団多元モデルは, 〈国民〉の意思に公共性を認めない. 公共性がないとは, 特定の者にとってしか価値がないということである. これでは, その決定に反対する者に対して服従の動機を調達できるはずもなく, 正統性の理論として致命的な欠陥がある.

とすれば, 〈国民〉の意思の正統性は, 第 2 の公共性一元モデルによって説明されるべきである. 日本国憲法の国民主権原理は, それぞれの国民が等しく尊重され, それぞれの国民が公共性を目指して関与したことをもって, 主権を正統化する原理と考えるべきである.

▌第 2 節　象徴天皇制

❶天皇の歴史的正統性

日本国憲法は, 天皇に, 日本国の象徴としての地位を認め (1 条), 憲法改正や法律の公布, 首相の任命, 衆議院の解散などの国事行為 (6~7 条) を行う権能を与える. もっとも, 天皇は「国政に関する権能を有しない」(4 条) から,

国事行為の実質的決定は天皇以外の機関が行う．天皇の国事行為は，他機関の決定に形式を与えるだけの行為である．こうした制度を象徴天皇制と呼ぶ．

　天皇が統治の内容的正当性に寄与しないので，象徴天皇制は，統治の正統性調達にのみ関わる制度だということになる．他方で憲法は，正統性調達の原理として，既に，国民主権を規定している．国民主権に加えて象徴天皇制を定める意義は，どこにあるのだろうか．

　ドイツの社会学者マックス・ヴェーバー（Max Weber, 1864-1920）は，統治の正統性の調達方法を，①伝統的支配，②カリスマ的支配，③合法的支配の3種類に整理した．天皇制は，①伝統的支配の典型だろう（戸松・憲法44頁）．日本史の中では，天皇が実質的な政治権力を握り続けてきたとは到底言えない（石井良助『天皇——天皇の生成および不親政の伝統』講談社学術文庫，2011年参照）．しかしながら，それぞれの時代の権力者たちは，多かれ少なかれ天皇やそれが授ける官職の権威を利用して，自らの権力を正統化した（美濃部・原論77-78頁）．大日本帝国憲法も，天皇の権威によって，憲法と統治を正統化していた．

　そうだとすれば，象徴天皇制の意義は，天皇が持つ歴史的正統性との関係で考察する必要がある．

❷消極的機能と積極的機能

　天皇を正統性の淵源とする明治国家の体制は「国体」と呼ばれた．太平洋戦争末期，政府内に，国体を護持しない限り降伏を受け入れるべきでない，という主張が強かったことからわかるように，日本国憲法の草案審議時においても，天皇は強い権威を保っていた．憲法の象徴天皇制は，この現実を踏まえて作られている．

　象徴天皇制がはたす機能については，2つの理解があり得る（この点については，西村裕一「『国民の代表者』と『日本国の象徴』」法時86巻5号，2014年）．

(1) 天皇制の消極的機能

　第1は，天皇制は，消極的機能を果たす制度だという理解である．

　憲法上の制度としての天皇制を廃止しても，皇族は民間の一家族として存在し続け，「天皇」の地位も，天皇家の家法，私的なハウスルールの中で継続す

る可能性がある．私人となれば，天皇も表現の自由や結社の自由を享受することとなり，国家はその表現活動や政治活動を規制できない．天皇の名で，選挙の度に「勅任候補」が発表されたり，特定の内閣が「朝敵」と認定されたりすることもあり得る．天皇や皇族が政党を組織することも可能となろう．天皇独自の正統性調達機能が私的に使われれば，日本政治がかく乱されるので，それを防ぐ工夫が必要である．

象徴天皇制は，そうした天皇の歴史的権威を封じ込める制度と理解できる．この制度の下では，天皇は内閣の助言と承認がない限り，権能を行使できない．内閣は国民の代表により選ばれるから，天皇の権能は民主的にコントロールされる．これを「（象徴天皇制の）消極的機能」と呼ぶ．

象徴天皇制の目的を消極的機能に限定するなら，天皇は，憲法の定めた国事行為以外の行為をする必要はない．その権威が濫用されないよう，できる限り人前に姿を現すことなく，歴史的権威の封印のため，自制・自粛の生活を送ってもらう必要がある．

(2) 天皇制の積極的機能

第2は，天皇制は，国民主権による正統性調達を補完する積極的な機能を持つという理解である．

国民主権は，日本では20世紀半ばに初めて導入された原理である．国民主権に反感を持つ者や，天皇の歴史的権威に帰依する者に対してその正統性を示すには，天皇の権威が有効である．統治の根幹となる行為を天皇が国事行為として行うことにすれば，「国民が決めた」ことに正統性を感じない者に対しても，「これは天皇がなさったことだ」という形で正統性を示すことができる．これを「（象徴天皇制の）積極的機能」と呼ぶ．

天皇が積極的機能を果たすには，国事行為以外にも様々な活動を行い，天皇の影響力を高める必要がある．そうなれば，天皇の権威を封じ込めようとする消極的機能は害されやすくなり，国民主権の正統性も弱まってしまう．このため，象徴天皇制の目的に，積極的機能を含めるべきか否かは議論が分かれる．積極的機能を期待するにしても，それを使いすぎないようにする必要があろう．

42　第2編　憲法総論

▌第3節　単一国家と連邦国家

　国家の形態には，単一国家と連邦国家という2つの形態がある．単一国家では，国家が全体として1つの正統性調達システムを備える．地方政府の正統性は，国家がその権能や自治を認めたことを根拠とする．

　これに対し，連邦国家は，それ自体で正統性調達システムを持つ州が，連合体である連邦国家を形成する．連邦政府は，連邦全体で選挙された国民代表からなる議会を設置したり，連邦全体の皇帝を戴いたりして，連邦自身の正統性調達システムを備える．他方，連邦を構成する各州も，それぞれに民主的な議会を設置したり，伝統的正統性を持つ国王を置いたりすることで，固有の正統性を備える．その各州が連邦の統治に関与することで，連邦はさらに正統化される．このように，2つの正統化の経路を備えるのが連邦制である（林・位相第12章）．

　例えば，ドイツやアメリカでは，連邦全体の選挙により国民代表の議会を作る一方（アメリカ下院，ドイツ連邦議会），各州が民主的に統治され，その代表が集まる州代表の議会（アメリカ上院，ドイツ連邦参議院）が作られている．連邦全体の民主主義と，州単位の民主主義により，連邦を正統化するわけである．

　日本国憲法には地方政府固有の正統性を定める規定はなく，また，参議院議員も州や地域ではなく「全国民の代表」（憲法43条）とされている．このため，日本国憲法は単一国家制を採用したものと理解されている．

第5章 日本国憲法の国際的正統性

　国家権力は国家内部からだけでなく，外部からも正統性を認められないと安定しない．例えば，侵略で獲得した領土を実力で支配したとしても，外国から解放を要求されるだろう．国際法を無視し続ければ，他国や国際機関から制裁を受ける．国際的な圧力が続けば，国内での反乱も起きやすくなる．

　ここまで見てきたように，日本国憲法は国民主権と象徴天皇制の組み合わせにより，憲法とそれに基づく統治の正統性を調達している．しかし，「日本国民が決めた」というだけでは，必ずしも外国人に正しさを示せない．また，外国から見れば「天皇とは何か」を理解することは困難であろう．

　そこで，日本国憲法は，対外的正統性を調達するための原理も規定している．

■第1節　国際協調主義

　憲法前文は，第一段で国民主権を宣言し，第二段で，「日本国民は，恒久の平和を念願し，人間相互の関係を支配する崇高な理想を深く自覚する」とし，「平和を維持し，専制と隷従，圧迫と偏狭を地上から永遠に除去しようと努めてゐる国際社会において，名誉ある地位を占めたいと思ふ．われらは，全世界の国民が，ひとしく恐怖と欠乏から免かれ，平和のうちに生存する権利を有することを確認する」と宣言する．また，第三段で「いづれの国家も，自国のことのみに専念して他国を無視してはならないのであつて，政治道徳の法則は，普遍的なものであり，この法則に従ふことは，自国の主権を維持し，他国と対等関係に立たうとする各国の責務である」とも言う．

　ここでは，日本国が，国際平和の維持に貢献し，全世界の者の平和的生存権を侵害しないこと，専制・隷従・圧迫・偏狭を除去し，国際公共価値の実現に向けて努力することが宣言される．**諸外国と協力して国際公共価値を実現しようとする原理を，国際協調主義**と言う．

44　第2編　憲法総論

　憲法は国際協調主義を前提に，98条2項で「日本国が締結した条約及び確立された国際法規は，これを誠実に遵守する」と定める．国際社会には各国を拘束する立法機関が存在しないため，国際法は各国の合意や慣習によって成立する．「条約」とは，複数の主権国家が文書形式で合意をした取り決めであり，「確立された国際法規」とは，慣習により成立した国際法を言う．憲法は，これらの誠実な遵守の義務を規定することで，日本国の対外的な信用を高め，対外的正統性を確保しようとしている．

■ 第2節　平和主義と戦争放棄

❶ 侵略の歴史と国際的正統性

　平和主義とは，全ての者が国家間の戦争や国内の紛争により生存を脅かされないよう，平和を尊重し，その実現に向け最大の努力を行う考え方を言う．憲法前文は，「全世界の国民が」「平和のうちに生存する権利を有することを確認する」とし（第二段），平和の維持に努める国際社会において「名誉ある地位を占めたい」と規定し（第二段），この憲法が平和主義に立脚することを宣言する．また，憲法第二章は「戦争の放棄」と題され，平和主義を具体化する第9条を置いている．

　大日本帝国は，軍事力を用いた侵略を数多く行った．特に，1937年からの日中戦争，1941年からの太平洋戦争では凄まじい犠牲者を出し，日本は国際社会での正統性を自ら大きく傷つけた．

　戦後日本が国際社会で信頼を得て，国家としての正統性を獲得するためには，軍事面での強い反省を示し，平和主義の理念を強く打ち出す必要があった．日本国憲法が，前文で平和主義を宣言し，憲法9条という強力な軍事力統制規定を置いたのには，こうした背景がある（憲法9条と日本国の国際的正統性の関係については，江藤祥平『近代立憲主義と他者』岩波書店，2018年をも参照）．

❷ 国際法の発展と武力不行使原則

　日本国憲法の平和主義の具体的内容を理解するには，武力行使に関する国際

法を理解しておく必要がある.

(1) 20世紀初頭まで：無差別戦争観

20世紀初頭までの国際法は，戦争の開始から終了までの手続や，戦闘の手段・方法を規制するのみで，戦争そのものは違法としていなかった．戦争は，自国の要求を実現する国際紛争解決の手段と位置づけられていたのである．これは，**戦争を正しい戦争とそうでない戦争とに区別しない考え方**であり，**無差別戦争観**と呼ばれる．欧米列強は無差別戦争観を前提に，領土獲得や債権回収，外交上の要求実現などのために戦争を繰り返した．

そうした国際環境の中，各国は安全保障を得るために，軍事同盟による勢力均衡を目指した．軍事同盟とは，同盟国が攻撃された場合に，他の全ての同盟国が反撃を加える国家間の協定である．小国であっても，大国と同盟すれば自国の安全を確保できる．また，敵対する同盟の軍事力が均衡していれば，どちらの側も侵略の成功は見込めない．勢力均衡は，国際社会の安定に寄与すると考えられた．

(2) 20世紀前半——不戦条約と世界大戦の時代

しかし，20世紀に入ると，戦争や武力行使自体を国際法違反と評価すべきだという議論が広まった．正式な宣戦布告なしに商船を襲ったり，正当な理由なしに「復仇」と称して武力行使したりするのは違法である一方で，宣戦布告して戦争を開始しさえすれば，敵国全体への攻撃や，首都占領，国全体の植民地化が合法とされるのはおかしいのではないか．国際法学者としても著名な公法学者ケルゼン（Hans Kelsen, 1881-1973）は，これを「コソ泥は処罰され，武装強盗は自由放任」とするようなものだと非難した（Kelsen, *General Theory of Law and State*, 1961, p. 340）.

国際社会では，武力行使を禁じる不戦条約を締結する動きが広まった．その発端になったのは，債権回収に武力を用いるのを禁じる「契約上ノ債務回収ノ為ニスル兵力使用ノ制限ニ関スル条約」（1907年）である．また，国際連盟規約（1919年）では，戦争を紛争解決の最終的手段と位置づけた上で（前文），平和的手段により紛争が解決された場合の戦争を禁じた（12条，13条）．さらに，戦争により相手国に要求を通すのは不当な侵略行為であるとの認識から，パリ

不戦条約（ケロッグ＝ブリアン協定・1928年）が締結された．これにより，「国際紛争解決」のために武力を用いることは禁じられ，外交紛争はあくまで外交を通じて解決すべきこととされた．

パリ不戦条約の目的は，侵略戦争の禁止である．しかし，侵略国家が，侵略であることをわざわざ宣言することは希であり，「侵略戦争を禁じる」という文言では法規範として機能しない．「国際紛争解決」のための戦争一般の禁止という文言を採用したことは有意義だったといえる．

(3) 20世紀半ば以降——武力不行使原則の確立

こうした国際社会の努力にもかかわらず，2つの世界大戦を防ぐことはできなかった．この悲劇を受け，1945年に国際連合が設立された．国際連合憲章では，**「武力による威嚇又は武力の行使」が一般的に禁止**された（同2条4項）．これを**武力不行使原則**という．では，この原則に反して侵略国家が登場した場合は，どう対応するのか．

この点，20世紀初頭までの勢力均衡政策による侵略の抑制には，重大な欠点があった．まず，軍事同盟に侵略抑止機能があるのは確かだが，他方で，軍事同盟維持のため，仮想敵国・敵同盟への敵愾心を常に煽っておく必要がある．また，一度衝突が起きれば，それがたとえ局地的なものであったとしても，同盟国全体を巻き込む世界大戦に直結する．この危険が現実化したのが2つの世界大戦であった．

そこで，国際連合は**集団安全保障**を基調とすることとした．**全ての主権国家が加盟する組織を作り，侵略国には全加盟国が連帯して対応しようとする政策**である．これは，一見すると勢力均衡政策と同じように見えるが，全ての主権国家が1つの組織を作ろうとする点が異なる．1つの組織であることによって，敵同盟への敵愾心を煽り続ける必要はなく，また，侵略国への強力な制裁も期待できる．国連憲章42条は，武力行使以外の方法では解決し難い侵略が生じた場合には，安全保障理事会の決議に基づき，国連軍ないし加盟国の軍事的措置を認める．

もっとも，国連が措置をとるまでには，一定の時間がかかる．また，安全保障理事会では五大国が拒否権を持つこと，加盟国の利害も一様ではないことか

ら，適切な決議が得られないこともある．そこで，国連憲章51条は，安全保障理事会が対応をとるまでのつなぎの措置として，各国による個別的自衛権・集団的自衛権の行使を認める．**個別的自衛権**とは，**武力攻撃を受けた被害国が，自らの防衛のために武力を行使する権利**を指し，**集団的自衛権**とは，**武力攻撃を受けた国から救援の要請を受けた国が，被害国の防衛のために武力を行使する権利**を指す．

　現在，国連憲章が明文で認める武力不行使原則の例外は，①安保理決議に基づく集団安全保障措置，②個別的自衛権，③集団的自衛権の3つに限定されている．

❸憲法9条の内容

　国際法は3つの武力不行使原則の例外を規定するが，それらの例外にあたる場合でも，武力を行使する法的義務が発生するわけではない．武力行使するか否かは，国際法の範囲で，各国の政策判断や憲法・法律の内容に委ねられる．

　では，憲法9条は，武力行使についてどのように規定しているのか．

(1) 憲法9条1項の理解

　憲法9条1項について，あらゆる武力行使を禁じている，と読む見解もある．しかし，同項には，「国際紛争を解決する手段としては」との文言がついている．この文言はパリ不戦条約に由来しており，それと適合するように読むのが説得的である．そうすると，1項は，相手国に自国の要求を実現させる戦争・武力行使を禁止したものと理解するのが妥当だろう（芦部・憲法学I 260頁）．

　現在の国際法では，侵略からの防衛のための武力行使のみが認められ，国際紛争解決のための戦争や武力行使・威嚇が認められる余地はない．9条1項は現在の国際社会の常識を定めたものであり，これを削除するのは妥当でない．同項自身，「永久に」「放棄」という強い文言を採用している．「永久」の文言に特別な意味はないとする見解もあるが，改正禁止の趣旨を読みこむのも説得的である．

(2) 憲法9条2項の理解

次に，9条2項は，軍・戦力の保有と交戦権の保持を禁じる．この規定には，2つの見解がある．

第1の見解は，同項に「前項の目的を達するため」との文言があることを理由に，あらゆる軍や戦力の保有が禁じられるわけではなく，国際紛争解決に使う軍や戦力の保有のみを禁じていると理解する．この目的文言は第90帝国議会の衆議院において芦田均議員（1887-1959）の修正提案で盛り込まれたものであるため，芦田修正説と呼ばれる．

第2の見解は，同項が「国際紛争解決のための軍」や「侵略用の戦力」という文言ではなく，軍一般・戦力一般の保有を禁じる文言を採用していることから，あらゆる軍・戦力の保有を禁じていると理解する（杉原・憲法Ⅱ 141頁）．軍・戦力がなければ，それを使った武力行使もできないため，憲法9条はあらゆる武力行使を禁ずるものと解される．

第1の見解には深刻な欠点がある．まず，第2の見解の根拠が示すように，2項自体が軍・戦力を限定する文言を採用していない点は重要である．また，芦田修正説によれば軍を保有できることになるが，日本国憲法の統治機構規定には，軍の編成権や指揮権の所在，海外に軍を派兵する際に踏むべき手続などの規定が全くない．つまり，憲法は軍の保有を認めない前提で制定されているのであり，第2の見解が妥当だろう．

この点については，広範な合意がある．学説の多くは芦田修正説を否定しており，政府も，憲法9条の文言そのものは「実力の行使及び保持の一切を禁じているようにも見える」としてきた（2003（平成15）年7月15日・小泉純一郎首相答弁書）．

(3) 憲法9条の例外

このように，9条の文言だけを読むならば，自衛の場合を含め，あらゆる武力行使が禁じられるように思われる．しかし，外国から侵略的な武力攻撃を受けた場合にまで武力行使を否定するのは，不条理ではないか．そこで，憲法9条の要請に例外は認められるのかが問題となる．この点についても，2つの見解がある．

第 1 の見解は，憲法 9 条は絶対平和主義の規定であり，一切の例外を認めないとする．絶対平和主義とは，**相手国による侵略の場合を含め，武力を一切行使してはならないという考え方**である．この見解によれば，日本国が個別的自衛権を行使するのは違憲であり，そのために自衛隊のような実力組織を編成することも違憲無効となる（著名な見解として芦部・憲法学 I・266 頁）．

　第 2 の見解は，憲法 13 条が「生命，自由及び幸福追求に対する国民の権利については」「立法その他の国政の上で，最大の尊重を必要とする」と定めていることを根拠に，日本国の主権が及ぶ領域に存在する個人の生命や自由に急迫不正の侵害があった場合，それを保護するための必要最小限度の実力の行使は憲法 9 条に違反しないと解する．政府も，この考え方を採用している（2014 年 7 月 1 日閣議決定「国の存立を全うし，国民を守るための切れ目のない安全保障法制の整備について」等参照）．また，第 2 の見解の方向性を基本的に妥当としつつ，憲法 13 条を根拠条文とするのを避け，条理により憲法 9 条の禁止範囲を限定する見解もある．

　では，いずれが妥当か．

　第 1 の見解が依拠する絶対平和主義は，個人道徳としては崇高な考え方ではある．しかし，国家が，それに殉ずることを全ての国民に要求するのは，個人の自律的な価値判断を否定するもので，憲法 13 条の規定する個人尊重の理念に反する．

　他方で，第 1 の見解を妥当としつつ，自衛のための軍・戦力は必要だから，憲法 9 条 2 項を改正すべきと主張する者もいる．しかし，そうした論者が，「改憲成立までは自衛隊を解散し，外国からの武力攻撃があっても自衛権を行使すべきではない」と明言することはほとんどない．こうした主張は，憲法の文言を変えたいという欲望のために，あえて否定しやすい憲法解釈を採用する藁人形論法の一種であって，まともな法解釈とは言い難い．

　以上からすれば，日本国憲法の解釈としては，第 2 の見解を支持すべきである．この見解を採用する場合，憲法 9 条 2 項に言う「軍」・「戦力」の理解が問題となる．これには 2 つの説明がある．

　第 1 は，「軍」・「戦力」を，日常用語のそれと同様に，外国に行使し得るあ

らゆる実力と理解した上で，憲法 13 条を根拠に，自衛のための必要最小限度の「軍」・「戦力」の保有が認められる，とする説明．第 2 は，憲法 9 条と憲法 13 条を調和させるため，「軍」・「戦力」の概念を日常用語よりも狭く理解する説明である．これによれば，憲法 9 条 2 項に言う「軍」・「戦力」は，自衛のための必要最小限度の実力を超えるものを言い，自衛隊などの組織はそれにあたらない．

日本国憲法には，「軍」を指揮したり，統制したりする条項が全くないことからすると，第 1 の理解では，「軍」を指揮・統制する憲法上の根拠が欠け，あまりに危険である．第 2 の理解に依拠するほかなく，日本政府もこれを採用する．

(4) 憲法 9 条の例外の範囲——武力攻撃事態と存立危機事態

では，憲法 9 条の下での例外的な武力行使は，どのような範囲で認められるべきか．これにも 2 つの見解がある．

第 1 は，①日本国への武力攻撃という事態において，自衛のための必要最小限度の実力行使を認める見解である．第 2 は，①に加え，②「我が国と密接な関係にある他国に対する武力攻撃が発生し，これにより我が国の存立が脅かされ，国民の生命，自由及び幸福追求の権利が根底から覆される明白な危険がある事態」に，武力行使を認める見解である．①を武力攻撃事態，②を存立危機事態と言う．

政府は，かつては第 1 の見解を採っていたが，2014 年 7 月 1 日の閣議決定で，第 2 の見解を採用することとした．この解釈に基づき 2015 年に自衛隊法が改正され，①武力攻撃事態に加え，②存立危機事態でも，防衛出動し武力行使ができると規定された（自衛隊法 76 条 1 項 2 号）．

武力行使には，日本法のみならず国際法上の根拠も必要である．武力攻撃事態における武力行使は，個別的自衛権で根拠づけられるのに対し，存立危機事態においては，その国と日本が同時に攻撃を受けている場合を除き，集団的自衛権や安保理決議によって根拠づけられる．したがって，2014 年の閣議決定による解釈変更は，「集団的自衛権の限定容認」と呼ばれる．

しかし，この解釈変更には無理がある．

まず，存立危機事態は憲法 13 条に依拠して定義されたため，外国への武力攻撃があっただけでは存立危機事態を認定できず，「国民の生命，自由及び幸福追求の権利が根底から覆される明白な危険」が必要である．しかし，日本国内にいる国民の生命等への「明白な危険」は，日本への武力攻撃がない限り認定できないだろう．また，外国にいる国民が武力攻撃に巻き込まれた場合でも，日本自身が武力攻撃を受けていなければ，日本に入国・在留させるという安全保障の手段がある以上，「国民の生命等が根底から覆される」とは言えない．

　さらに，主権国家たる日本国の「存立が脅かされ」たと認定されるには，主権が攻撃されている必要がある．主権とは国家の領域内での最高・独立の権力であることからすれば，日本の主権が及ぶ領域が攻撃されない限り，存立の危機は認定できない．

　とすれば，存立危機事態の文言は，他国への武力攻撃があり，それが同時に，日本への武力攻撃となる事態を指すものと読むしかない．日本への武力攻撃があるなら，武力攻撃事態として個別的自衛権を行使できるのであり，文言通りに理解するなら，2014 年の閣議決定は，許容される武力攻撃の範囲を変更していないことになる．

　そのような立場をとるのであれば，わざわざ閣議決定をした不可解さは残るものの，条文解釈としては十分に成立している．ところが，政府は，日本が武力攻撃を受けてない場合でも，外国への武力攻撃により日米同盟が揺らいだり，石油危機が生じたりした場合には，存立危機事態を認定できるという解釈指針を示した．この指針では，存立危機事態が何を指すかが全くあいまいである．こうなると，政府解釈や自衛隊法の防衛出動の要件は，憲法 9 条との関係を論じるまでもなく，あいまい不明確ゆえに違憲無効と判断すべきである．

　結局，憲法の解釈としては，憲法 9 条の下での例外的な武力行使として認められるのは，武力攻撃事態における防衛のための武力行使に限られると理解すべきである．その場合の武力行使は，国際法上，個別的自衛権で根拠づけられる．他方，日本が攻撃を受けていない場合は，たとえ武力攻撃を受けた外国からの要請があっても武力行使できない．集団的自衛権を根拠とした武力行使は，憲法 9 条に反する（長谷部・憲法 61 頁）．

(5) 憲法9条に関する裁判所の判断

幸いにして日本国憲法施行下で日本国は外国から武力攻撃を受けたことはなく，個別的自衛権を行使したことは一度もない．このため，個別的自衛権行使の合憲性が訴訟で問題となったことはなく，裁判所の判断もない．

他方，自衛隊の設置については，これを違憲とした裁判例（札幌地判昭和48年9月7日民集36巻9号1791頁・長沼ナイキ事件第一審判決）と合憲とした裁判例（水戸地判昭和52年2月17日民集43巻6号506頁・百里基地訴訟第一審判決）とがある．ただ，これらの事件でも，上告審判決（最一判昭和57年9月9日民集36巻9号1679頁・長沼ナイキ事件，最三判平成元年6月20日民集43巻6号385頁・百里基地訴訟）では自衛隊の「戦力」（憲法9条2項）該当性の判断は示されず，それ以外にも最高裁が自衛隊の合憲性について判断をした例はない．

(6) 武力行使以外の実力行使・海外派遣

以上は，自衛隊など日本国の実力組織が外国に武力行使を行う場合の議論である．これに対して，海賊やテロリストなど，外国以外の主体に対して武力行使することは，憲法9条に言う「武力の行使」や「戦争」には該当しない．また，武力行使を伴わない任務を目的に自衛隊などを海外に派遣することも，憲法9条は禁止していない．例えば，海賊を取り締まったり，外国の治安維持や復興事業のために国連 PKO 要員として自衛隊を海外に派遣したりすることは，必ずしも違憲ではない．国連軍への参加も，その任務の性質によっては許容される（佐藤・概説111-112頁）．

もっとも，政府軍と非政府武装組織の区別が相対的な場合もあるし，相手が外国軍でないとしても国連 PKO の任務には高い危険が伴う．自衛隊がそうした活動に頻繁に従事すれば，本来的任務の範囲があいまいになっていくという指摘もある（渋谷＝赤坂・憲法2・337頁）．自衛隊の海外派遣は，たとえ憲法9条に違反しない場合でも，慎重な手続や国会での丁寧な審議が必要である．

(7) 憲法9条と外国・国連からの防衛援助

憲法9条は，日本への武力攻撃があった場合の防衛を超えた武力行使を禁じる．他方で，日本国の防衛のために他国に集団的自衛権を行使してもらったり，国連軍に支援してもらったりすることを禁止してはいない．

現在，日本はアメリカと日米安全保障条約を締結し，国内に米軍基地を置くことも認めている．最大判昭和34年12月16日刑集13巻13号3225頁（砂川事件）は，「外国の軍隊は，たとえそれがわが国に駐留するとしても」，憲法9条にいう「戦力には該当しない」とする．ただし，砂川事件判決は，日本自身が自衛隊を持つこと，個別的自衛権や集団的自衛権を行使することの合憲性については判断していない．

❹憲法9条の意義

このような憲法9条の存在意義をどのように捉えるべきか．

第1に，憲法9条は，日本の武力行使を強く抑制する機能を果たしている．自国防衛は認められるものの，そのための実力保有は必要最小限度であることを求められる．このため，新たな部隊編成や装備を整えようとする場合には，時の政権はその都度，それが必要最小限度であることを説明すべき責任が課される．また，日本が攻撃を受けていない場合の武力行使も抑制される．本来，日本への武力攻撃の着手がない段階での武力行使は違憲と評価すべきところではあるが，不当に集団的自衛権を限定容認した政府ですら，それを根拠に海外での派兵や空爆を行ったりはしていない．

第2に，憲法9条は，日本外交の基本指針となっている．憲法9条は，前文と相まって，全ての国家が平和的に共存できる国際社会を究極の理想とし，日本国民がそれを実現するための努力をすると宣言している．国際社会の現実は理想とは程遠い状況にあるが，憲法9条は，それでもなお理想を放棄しないよう戒めとなっている．

憲法9条は，侵略の反省に立脚して制定された．その位置づけについては，「特別に悪いことをした日本特有の規定」と考える見解と，「反省をきっかけに国際社会の普遍的な理念を先取りした規定」と考える見解とが対立する．

国際法が安保理決議や集団的自衛権などによる武力行使を認めることとの対比からすれば，憲法9条を侵略の前科に対する日本特有の戒めと考える見解には一定の説得力がある．

しかし，近時，憲法9条が不保持を宣言した「戦力 war potential」とは，

54 第2編 憲法総論

核武装をはじめとした大量破壊兵器の保有や，周辺国の脅威をあおるような強度の軍事化（占有線外の脅威となる「火の玉」軍事化）のことではないか，とする見解が示されている（木庭顕『憲法9条へのカタバシス』みすず書房，2018年）．そうした強度の軍事化は，今日の国際社会ではどの国が行っても非難の対象となるのは明らかである．

　憲法9条からは，普遍的な理念を読み取ることができる．その理念を，どのように継承し，広めていくかを考えることが重要だろう．例えば，日本政府が指針としてきた防衛費のGDP 1% 枠，敵基地攻撃能力の不保有，非核三原則などの枠組みは，強度の軍事化を回避するための重要な指針として，国際社会をリードする枠組みにすることができるかもしれない．

第3編
憲法が保障する権利

　憲法はなぜ人々に権利を保障するのか．

　まず，国家といえども侵してはならない個人の権利がある．

　また，メンバーが顔なじみであるような小さな集団ならば，リーダーが独裁的に決定するシステムでもうまく機能するかもしれない．しかし，近代国家は点と線ではなく面で支配するため，その支配対象となる国民は多様かつ多数になる．

　そのような国家では，それぞれの国民が形成した自律的価値観を尊重するとともに，それに基づく行為の自由を最大限認める必要がある．人種や居住地による差別も許されない．

　さらに，国民主権による正統性調達が機能するには，それぞれの国民が主権者を構成する主体として尊重され，政治に参加するための様々な権利が保障されなければならない．

　そこで，憲法は国民の権利を保障した．教科書・体系書では，そうした権利を「人権」・「基本権」・「憲法が保障する権利」などと呼ぶ．本書の第3編の表題は，奥平康弘教授に倣い「憲法が保障する権利」とした（奥平・憲法Ⅲ）．

　第6章では総論を，第7章では各論を検討する．これまでの教科書・体系書では，外国人や法人などの権利享有主体性は，総論の冒頭で扱われてきた．しかし，憲法が保障する権利は，原則として国民の国家に対する権利であり，外国人や法人の権利行使はその修正・例外であることから，本書では国民の権利を説明した後に説明する．

56　第3編　憲法が保障する権利

第6章　憲法が保障する権利・総論

▌第1節　「人権」と「憲法が保障する権利」

❶人権保障の歴史

　主権国家の時代には，それまで人間の生活を拘束してきた身分制が解体され，国家こそが最大の人権への脅威となった．そこで，立憲的意味の憲法には，国家による人権侵害を禁ずる規定が必要と考えられるようになった．人権と国家の主権は，1つのセットになって発展してきた概念といえる（横田＝高見編・ブリ254頁）．

　立憲的意味の憲法における権利保障条項は，**自然権思想**を背景に発展した．これは，**国家の存在しない自然状態でも保障されるべき，自然の本性に由来する権利があるという思想**である．自然権は，必ずしも全ての人間に保障される権利とは限らない．例えば，「強き者が弱き者を支配する自然権」も考え得る．しかし，近代以降，自然状態では人間はみな平等で，全ての人間に普遍的に保障される自然権があるという思想が広まった．**その者が人間であるという理由だけで生まれながらにして保障されるべき権利のことを人権**と呼ぶ．

　18世紀末に作られたアメリカ諸州の憲法やアメリカ独立宣言，フランス人権宣言などは，国家以前に天から与えられた人権があるという思想を背景にしている．フランス人権宣言の「人間の不可譲・神聖な自然権（les droits naturels, inaliénables et sacrés de l'Homme）」という表現は有名である．

　19世紀に自然権思想は一時弱まったが，第二次世界大戦，ファシズム，ナチズムの反省から，自然権思想・人権思想の影響が復活した．1948年のドイツのボン基本法第1条が「人間の尊厳（Würde des Menschen）」の不可侵性から始まるのは象徴的である（初宿・憲法2第一編）．日本国憲法も，「この憲法」では「基本的人権」が保障され，それは「侵すことのできない永久の権利」と規定する（11条）．

第 6 章　憲法が保障する権利・総論　57

　人権が，人間が人間であるという理由で保障されるべきものなら，それは国単位ではなく世界中で実現すべきである．このため，20 世紀に入ると，**各国憲法とは別に，国際社会で人権を保障しようとする動き**が生まれた（**人権の国際化**）．国連は世界人権宣言を採択し（1948 年），法的拘束力を持つ多国間条約として国際人権規約も採択された（1966 年）．欧州では欧州人権条約が成立した（1950 年）．欧州人権裁判所が設置されたことで，参加国の国民は自国を同裁判所に訴えることもできるようになった．

❷ 「人権」と「憲法が保障する権利」の関係

　憲法第三章は，権利保障のための章である．章名は「国民の権利及び義務」となっているが，権利と義務とは単純に並列されるわけではない．権利保障が原則であり，義務は権利制限の許される例外事項として規定されている．

　憲法が保障する権利の規定は，人権思想の発展を踏まえて制定されたもので，その多くは人権に分類できる．ただ，例外もある．例えば，子どもの権利は「子ども」の権利で，あらゆる人間が持つ権利であるとは言い難い（奥平康弘「"ヒューマン・ライツ"考」和田英夫教授古稀記念論集刊行会『戦後憲法学の展開』日本評論社，1988 年）．また，労働者の権利は，「労働者の身分を持つ者」の権利であり，経営者や年金生活者には保障されない．選挙権も，国家のない自然状態に選挙はないこと，選挙が行われる国の国籍や永住権を持つ者に限り認められることから，厳密には人権ではない．しかし，これらの権利は，人権と並んで，憲法で強く保障すべき理由がある．

　日本国憲法制定以降，「人権」と「憲法が保障する権利」の 2 つの言葉は，相互互換的に用いられることが多かった．しかし，両者を適切に区別する必要があると考えられるようになり（奥平康弘「人権総論について」公法研究 59 号，1997 年），教科書などでも「憲法が保障する権利」（奥平・憲法Ⅲ）や「基本権」（渡辺他・憲法Ⅰ・16 頁など）と呼ぶことが増えてきている．本書でも，「憲法が保障する権利」という用語を採用する．

58　第3編　憲法が保障する権利

▌第2節　憲法が保障する権利の基本原理

　憲法が保障する権利や義務について定める憲法第三章の内，その章名及び第10条から第13条は，憲法が保障する権利の基本原理を定める．

❶誰の誰に対する権利か（憲法第三章章名）

　憲法第三章は「国民の」権利・義務と題されている．つまり，この章が保障する権利は，国民（日本国民）の国家（日本国）に対する権利である．

　国民以外の主体は，原則として憲法が保障する権利を行使できない．また，憲法が保障する権利は，国以外の主体（外国政府や私人など）には行使できない．ただし，例外として，外国人や法人等の国民以外の主体による権利行使，及び私人に対する権利行使が認められる場合もある．

❷国籍基準の法定（憲法10条）

　原則として，憲法が保障する権利を行使できるのは，日本国籍の保有者である．では，国籍はどのように配分されるのか．

　国籍配分の基準は国家の最重要事項の1つであり，個人の生存や権利にも重大な影響を与える．このため，憲法10条は「日本国民たる要件は，法律でこれを定める」とした．ここだけを読むと，国会は日本国民の範囲を裁量で決定でき，例えば，現職国会議員とその親族だけを日本国民とし，それ以外の者には国籍を認めないといった恣意的な国籍配分は憲法に違反しないようにも見える．

　しかし，それは国際法に照らして，妥当な理解ではない．というのも，各国家は，国民の入国・在留を認め，保護する義務を負う一方，国籍を持たない者の入国・在留をどのような範囲・条件で認めるかについて裁量を持つ（長谷部・理性第8章参照）．このシステムでは，無国籍者は居住国の裁量で存在の場を奪われる可能性もあるほど不安定な地位に置かれる．**無国籍者の発生**は，**国籍の消極的抵触**と呼ばれる．各国家には可能な限り無国籍者を生じさせないようにする国際法上の義務が課される．憲法98条2項は「確立された国際法規

は，これを誠実に遵守する」と規定し，国会はこの義務を誠実に履行するよう立法権を行使する責任を負うことから（法協・註解上315頁），無国籍者を大量に生じさせるような立法は，国際法違反であり，憲法98条2項違反となる．

　生まれた時から，あらゆる人が国籍を持てるようにするため，多くの国は**血統主義（親の国籍を基準に国籍を付与する方法）**又は**出生地主義（自国の領域内で出生した者に国籍を付与する方法）**によって国籍を認める．言語・文化等と異なり，血統と出生地は出生時点で全ての人が持つ要素である．現在の日本の国籍法は，血統主義を原則とし（同法2条1号・2号），父母不明の場合に出生地主義を採用している（2条3号）．また，一定の場合には，届出又は帰化による国籍取得を認める（3条以下参照）．

　また，他国の国籍を持たない国民から，日本国籍を剥奪すれば無国籍者になってしまうので，非多重国籍者から一度付与した国籍を剥奪することは，今見た国際法上の義務に違反する．さらに，たとえ多重国籍者でも，日本国籍剥奪は生活に重大な影響を与える可能性が高いため，国籍剥奪には慎重であるべきである．

　このように，国籍配分基準の立法裁量は，国際法と憲法の国際協調主義の規定により制限される．また，一度付与された国籍を剥奪されない権利は，憲法13条が保障する不文の権利と位置づけることができ，国籍法に不平等な点があれば平等権（憲法14条1項）により是正を求められる．

　他方で，**二重国籍者の発生**は**国籍の積極的抵触**という．二重国籍は，その者を庇護する責任が分散しやすく，好ましい状態ではないと評価されてきた．国籍法11条は，他国の国籍を取得した者は，自動的に日本国籍を失うものと規定している．ただし，現在では，二重国籍にもメリットがあり，兵役などの義務，国政選挙権などの調整規定を置いた上で，それを認めるべきとの主張も強まっている．

❸権利の永久性と不断の努力の原理 （憲法11条・12条）

　憲法11条・12条は，権利保障の原理を規定する．第11条は，基本的人権を「侵すことのできない永久の権利」と位置づけ，「国民は，すべての基本的

60 第3編 憲法が保障する権利

人権の享有を妨げられない」と定める．全ての国民が人権を享有し，行使できることを確認した規定である．

続く，第12条前段は，「この憲法が国民に保障する自由及び権利は，国民の不断の努力によって，これを保持しなければならない」と定める．憲法が保障する権利は，憲法に書かれただけでは実現できない．国民は国家権力を監視し，権力者が不当な権利制限を行おうとする場合には，選挙や政府批判言論などによって，それを抑止しなければならない．また，国民同士の議論を通じて権利についての理解を深めるとともに，子どもたちを教育し，権利保障を後の世代に受け継いでゆく必要がある．

また，第12条後段は，「国民は，これを濫用してはならない」と定める．「濫用」とは，権利保障の趣旨に反する利用を言う．例えば，表現の自由を保障する理由の1つに，権力者に対する自由な批判の確保がある．このため，大臣を批判する表現がその大臣を不快にさせたとしても，「不快にさせた」という事実のみを理由に権利濫用になることはない．これに対し，殺人や強盗を教唆する表現は，表現の自由の濫用に該当する．

第12条後段は，国民は，憲法が保障する権利を「常に公共の福祉のためにこれを利用する責任を負ふ」と定める．一般に，権利行使は，その人自身の個人的利益を実現しているだけに思えるかもしれない．しかし，「国に迷惑をかけてはいけない」とか「生存権を行使し，国に頼るのは恥だ」などと考え，国民が権利行使をためらえば，他の国民も権利を行使しにくくなってしまう．憲法が保障する権利を行使できる立場にある国民が，積極的に権利行使することは，権利を行使しやすい環境という「公共の福祉」の実現につながる．憲法12条後段は，権利を行使することに公共的価値があることを示したものと理解できる．

以上の条項は，必ずしも，国会に特定の立法を義務づけたり，憲法訴訟の場で裁判の根拠となる規範になったりするわけではない．しかし，憲法が保障する権利規定は，ここに見た原理を前提に，解釈・適用されねばならない．

❹個人の尊重の原理（憲法13条前段）

憲法13条前段は，「すべて国民は，個人として尊重される」と定める．この規定は，憲法が保障する権利規定の中核的原理を定めたものと理解されている．14条以下に規定される諸々の権利は，突き詰めれば，全ての国民を個人として尊重するために保障されている．

では，「個人として尊重」とはどのような意義か．長谷部恭男教授は，それぞれの個人が何に価値を認め，いかなる生き方を選択するかは，当人が自律的に決定すべきであり，公権力が，それぞれの個人が固有の価値を持つことを否定したり，当人の自律的な価値判断を「それは誤っている」と否定したりすることは，個人の尊重原理に違反するとする（長谷部・理性第5章）．

他方，個人が，他者の価値判断を否定的に評価したり，批判したりすることは自由であり，むしろ，その判断をも尊重するのが個人尊重の原理である．もっとも，個人が暴力を用いて個人の尊重を否定することは許されず，国家には暴力から保護する責任がある．

▌第3節　憲法が保障する権利の分類法

❶権利を分類する必要性

憲法が保障する権利の中には，拷問されない権利（憲法36条）のように，一切の制約を許さず，絶対的に保障すべき権利もある．絶対保障を受ける権利は，他の権利などとの調整を考えなくてよいため，その定義を理解するだけで行使できる．

しかし，多くの権利は，一定の制約を認めたり，権利行使の要件を必要な範囲に限定したりする調整が必要である．調整方法は権利の性質によって変わるため，性質に応じた権利の分類が有益である．では，どのような分類が妥当か．

❷歴史的分類

まず，歴史的経緯に基づく分類を見てみよう．

18世紀末の人権宣言では，信教の自由や表現の自由，あるいは人身の自由

を適正手続なしに奪われない権利など，自由権が重視された．続く19世紀は，普通選挙制への期待が高まり，参政権の保障が拡大した．20世紀に入ると，都市問題や労働問題が深刻化し，社会保障に関する権利の重要性が高まった．その代表例は，社会権保障規定を盛り込んだワイマール憲法（1919年）である．

　こうした歴史を踏まえ，憲法教科書では，18世紀的人権（自由権）→19世紀的人権（参政権）→20世紀的人権（社会権）という発展図式と分類が採用されることがある（芦部・憲法学Ⅰ第一章参照）．この分類は，権利行使や権利制約の要件を整理するためのものではない．

❸イェリネック方式の分類

　19世紀末から20世紀初頭に活躍したドイツの国法学者のイェリネック（Georg Jellinek, 1851-1911）は，『公権論（System Der Subjektiven Öffentlichen Rechte, 1905)』にて国民身分の分析を行った．

　近代国家の国民には，①国家に自由を侵害されない自由人の身分（消極的身分），②国家に対して裁判などの業務の履行を求める国民の身分（積極的身分），③国家の意思形成に参加する能動的国民の身分（能動的身分）の3つの身分が与えられる（石川健治「人権論の視座転換――あるいは「身分」の構造転換」ジュリ1222号，2002年参照）．

　宮沢俊義教授は，憲法が保障する権利をどの身分に由来するかで整理する「イェリネック方式」を示した．①消極的身分からは自由権，②積極的身分からは国家に裁判を提起する権利（訴権），③能動的身分からは参政権が生じる（宮沢・憲法Ⅱ・88〜95頁）．生存権などの社会権を②に含めることもできよう．

　イェリネック方式はもろもろの権利を形式面から平板に並べるものになりがちで，権利が発展する動態や権利相互の関係を記述しにくいという問題がある（奥平・憲法Ⅲ第1章）．

❹自由権／請求権の分類

　20世紀半ばになると，日本を含む多くの国で司法が議会の立法を憲法に基づいて審査する違憲審査制が導入されるようになった．そこで，憲法が保障す

る権利も，司法の場でどのように実現されるかを意識して組み立てる必要が生じた．

　司法の場では，その権利に基づいて，国家に何かをしないこと（不作為）を求めるのか，何かをすること（作為）を求めるのかの区別が重要である．このため，憲法が保障する権利は，その効果を基準に，自由権と請求権に分類されるようになった．**自由権**とは，**ある国家行為を「しない」ことを要求する権利（不作為請求権）**であり，**請求権**とは，**ある国家行為を「する」ことを要求する権利（作為請求権）**である．

　両者の区分が重要なのは，国が自由権を実現する場合には根拠法は不要だが，請求権を実現する場合には根拠法が必要という違いがあるからである．

　例えば，国家が違憲な刑罰や命令を止めるには，その刑罰や命令の根拠法を違憲無効にするだけでよい．これに対して，国家が請求権を実現するには，国家が権利を実現していない状態を違憲と認定するだけでなく，権利を実現する根拠法が必要になる．A 県に衆議院議員の議席を配分する法律がない場合を考えてみよう．A 県民の選挙権（憲法 15 条 1 項）が侵害されているので違憲状態だが，A 県民が投票権を行使できるようにするには，違憲を確認するだけでなく，A 県民に議席を配分する法律の規定を作らねばならない．

　この分類法は，権利の性質を分析したり，他の権利や公共の福祉との調整方法を整理したりするのに有意義である．本書でも，この分類を採用する．

❺ プログラム規定／抽象的権利／具体的権利の分類

　司法との関係では，それぞれの権利が規範としてどれだけの具体性を持つかの違いも重要である．

　プログラム規定とは，**その条項から何ら法的効果が発生せず法的意義のない規定**を言う．かつての判例や学説には，生存権を保障する憲法 25 条や国家賠償請求権を保障する同 17 条をプログラム規定だと解するものも存在した．しかし，現在では，それらの条項を含め憲法第 3 章の全規定は何らかの法的効果を持つものであり，プログラム規定は存在しないとの見解が一般的になっている．

64 第3編 憲法が保障する権利

　法的意義のある規定により保障された権利のうち，**その権利の具体的内容が，憲法だけでは定まらず，法律によって規定される権利を，抽象的権利**と呼ぶ．これに対し，**その権利の具体的内容が，憲法自体によって規定されている権利を具体的権利**と呼ぶ．

　自由権の規定は，国家がどのような行為をしてはならないかを定義している．つまり，憲法が保障する自由権は，全て具体的権利に分類される．他方，請求権の規定の多くは，抽象的な内容を定めるに止まり，権利の具体的内容は法律によって定めることを予定している．このため，憲法上の請求権は，一部の例外を除き抽象的権利に分類される．

　本書では，自由権と請求権に分けてそれぞれの総論を解説する．また，平等権はいずれにも分類できないため，別途項目を立てて解説したい．

▌第4節　自由権総論

❶防御権と特定行為排除権

　憲法上の自由権は，国家に不作為を請求する権利である．この権利は，さらに防御権と特定行為排除権に分かれる．

　防御権とは，**国家行為の類型を問わず，あらゆる国家行為から〈国民の特定の行為〉を保護する自由権**である．例えば，表現の自由（21条1項）の保障により，国民は，直接強制・行政処分・刑罰など，表現を妨害するあらゆる類型の国家行為の停止を請求できる．防御権は，信教の自由（19条），表現の自由，営業の自由（22条1項）など「○○の自由」と呼ばれることが多い．

　特定行為排除権とは，**〈特定の国家行為〉を禁止する自由権**である．例えば，検閲されない権利（21条2項前段）や拷問されない権利（36条）等は，「検閲」や「拷問」という特定の国家行為を禁止する．この自由は，「○○をされない権利」と呼ばれることが多い．

　後で見るように，防御権に基づき不作為を請求できるか否かは，制約の有無と正当化の可否という二段階を経て判断される．これに対し，同じ自由権でも特定行為排除権は，禁止すべきことが明らかな国家行為を特定し，絶対的に禁

止するために保障されている.

このため,権利の内容は,「奴隷的拘束」(18 条前段)・「検閲」(21 条 2 項前段)などといった「禁止された行為の定義にあてはまるか」という一段階だけで画定される.「奴隷的拘束」や「検閲」に該当する国家行為が,「公共の福祉」の観点から正当化されることはない.ただし,「検閲」については,それを絶対禁止としない少数説もある.

❷防御権と二重の基準論・三段階審査論

(1) 防御権の思考様式(権利の二段階画定方式)

憲法上の防御権の保障により,国家による妨害・制裁が禁止される国民の行為の範囲のことを,その防御権の**保護範囲**と呼ぶ.保護範囲をあらかじめ特に重要なものに限定したならば,「保護範囲に含まれる行為である」と認定されただけで,それを侵害する国家行為は不当と判断されやすくなる.しかし,保護範囲から漏れた行為の規制は,たとえ不当であっても放任されてしまう.自由主義の理念からすると,防御権の保護範囲を広く設定した上で,その制約の正当性を個別の事案ごとに丁寧に吟味する方式を採ることが好ましい.

この方式の下では,防御権の制約(保護範囲に含まれる行為について,国家が妨害・制裁を加えたこと)を認定するだけでなく,その制約を正当化できるか否かを判断しないと,その場面で自由権に依拠して何を請求できるかが定まらない.こうした①制約の認定と②その正当化の可否の判断という二段階を経て,**権利に基づく請求の内容を画定する方式**は,**権利の二段階画定方式**と呼ばれ,一般的な解釈となっている(樋口・憲法 199-202 頁.ただし,樋口は,防御権について二段階画定方式を採ることに消極的な姿勢を示す).

例えば,国民の「表現」や「宗教活動」等を制約する国家行為は,憲法 21 条 1 項や同 20 条 1 項の保障する権利の制約であり(①制約の認定),原則として無効とされる.ただし,それが「公共の福祉」のためにやむを得ない制約であれば,許容される(②正当化の可否の判断).

(2) 二重の基準論(芦部理論)

防御権の制約が正当化される場合と,そうでない場合とをどのように区別す

ればよいのか．この点を体系化したのが芦部信喜教授の理論であり，1980年代以降，学説・司法実務に大きな影響を与えた．芦部理論は，防御権の制約の正当性を審査するにあたり，①制約されたのはどのような防御権か，②国家行為による制約の態様はどのようなものか，という2つの要素に基づいて，判断の基準を設定する理論である．

芦部理論では，表現の自由及び精神的自由は強く保障されるべき権利とされ，その制約について厳格審査基準を適用するのに対し，経済的自由は保障の程度が弱い権利とされ，その制約については緩やかな審査基準を採用する（芦部・憲法105-107頁，芦部・憲法学Ⅱ・213頁以下）．自由権の種類によって基準を二分するため，「二重の基準論」と呼ばれる．

芦部理論は，防御権の制約の正当化に関する論証を精密化し，場当たり的な比較衡量をしてきた憲法判例の記述を飛躍的に発展させた．しかし，その理論には，次のような問題があった．

第1に，芦部理論は，防御権の制約が認定された後の処理方法を体系化したにすぎず，どのような場合に防御権の制約が認定できるのかという問題には，十分な体系を提供できなかった．第2に，その基準を設定する理由の説明が不十分なことが多く，ある著名な判例がそうした判断をしたという以上の理由がないまま，非論理的・恣意的に違憲審査基準が設定されることも多かった．第3に，各種の違憲審査基準に登場する「目的の重要性」や「合理的関連性」などの概念の定義があいまいで，何を審査するのか不明確な場合が多かった．

(3) 三段階審査の導入

芦部理論のこのような問題を踏まえ，近時有力になりつつあるのが，ドイツの判例・学説を参考にしつつ体系化された「三段階審査論」である．

この理論では，①当該行為が憲法上保護されているかを審査し（保護範囲の画定），②それが国家によって制約されているか否かを審査し（制約の有無の審査），③制約が認められる場合に，それを正当化する事情があるか否かを審査する（権利制約の正当化の可否の審査），という三段階のプロセスで検討する．

この理論によれば，権利制約の有無が審査される．また，制約を正当化するための要件は基本的に一定であり，恣意的に違憲審査基準が変化することはな

い．さらに，違憲審査基準として設定される諸概念につき，明確な定義がなされている．

　芦部理論の弱点を克服した三段階審査論は広い支持を集めつつあり，この理論に基づく体系書（小山・作法，渡辺他・憲法Ⅰ）も出版されている（この他，松本和彦『基本権保障の憲法理論』大阪大学出版会・2001年，石川健治「憲法解釈学における『論議の蓄積志向』」樋口陽一他編著『国家と自由・再論』日本評論社，2012年，ボード・ピエロート＝ベルンハルト・シュリンク他『現代ドイツ基本権　第2版』（永田秀樹＝松本和彦＝倉田原志＝丸山教裕訳，法律文化社，2019年等参照）．

　以下では，芦部理論と三段階審査論の示唆を踏まえつつ，本書の防御権の判断枠組みを示したい．

❸ 保護範囲と制約

　憲法上の防御権は，保護された行為類型ごとに信教の自由・表現の自由・営業の自由などに分類される．**防御権の保護範囲に含まれる行為に対する妨害・制裁を，防御権の制約**と呼ぶ．防御権を制約する国家行為は，原則として憲法98条に基づき違憲無効の評価を受け，各国民は防御権に基づきそれらの国家行為の停止を要求できる．ただし，防御権の制約が例外的に合憲だと評価される場合もある．以下，憲法が保障する権利の**違憲な制約**のことを**防御権の侵害**と表現し，**合憲だと評価される制約を合憲的な制約**と呼ぶ．

　防御権の制約が認定されるには，防御権の保護範囲に含まれる行為の妨害・制裁があり，それが国家行為に起因することが必要である．例えば，テレビで政府を批判した者に国家が刑罰を科すのは，明らかな表現行為への妨害・制裁であり，刑罰を科すのは国家だから当然に表現の自由の制約が認定される．他方，国が競合するA店の営業を許可したことにより，競争に負けたB店が閉店に追い込まれたような場合，B店が営業できなくなった主な原因は国家ではなくA店の営業努力だから，営業の自由の制約があるとは認められない．

❹ 制約の正当化

　防御権の制約は原則として違憲の評価を受けるが，その制約を正当化する特

68 第3編 憲法が保障する権利

別の事情がある場合には，防御権の制約も合憲と評価される．防御権の制約を
正当化する事情には，「権利者の同意」と「公共の福祉」の2つがある．

(1) 権利者の同意

例えば，国がAと契約し，補償を払う代わりに，一定期間（例，公共工事の
期間），Aの営業を停止してもらう合意をしていたとする．この場合，国がA
に契約上の義務を履行するよう強制することは，営業の自由の制約に該当する
が，違憲だとは評価されないだろう．

このように，権利者本人の同意は，権利制約を正当化する．ただし，その同
意の有効性は慎重に検討されねばならず，具体的には，①同意の要求が合理的
かつ必要と言えること，②その同意が十分な判断能力を持つ者による真意に基
づくものだと言えること，の2点が必要である（この点は，渡辺他・憲法I・69
頁参照）．

(2) 公共の福祉

防御権を制約する国家行為について，自由の制限を正当化するのに十分な公
共的理由がある場合には，その国家行為は違憲とは評価されない．ここに言う
公共的理由とは，全ての者に開かれた価値を示すような理由のことであり，憲
法は「公共の福祉」と表現している（公共の福祉の概念については，木村＝西村・
再入門116頁参照，長谷部・憲法101頁参照）．国民全てに開かれた公益の実現や，
他の者との実質的公平を図るための人権・権利相互の調整（宮沢・憲法II・235
頁）といった価値が含まれる．

例えば，道路交通法の規制は，デモ行進や野外ライブなど道路上での表現活
動を妨害するので，表現の自由の制約にあたる．しかし，交通安全と道路の効
率的利用という重要な公益を実現するものであるため，違憲無効だとは評価さ
れないだろう．また，虚偽の事実で他者の名誉を傷つける表現行為に賠償命令
を出すことは，表現の自由と名誉権とを調整し実質的公平を図るためのもので
あるから，違憲とは評価されない．

(3) 絶対的保障と相対的保障

防御権の多くは，**権利者の同意ないし公共の福祉によって，その制約を正当化
され得る（相対的保障）**．しかし，中には，**権利制約の正当化を許さず，それを**

制約する全ての国家行為を違憲無効にする効果を持つ防御権もある（**絶対的保障**）．内心の自由としての思想・良心の自由（19条）や信教の自由（20条1項）は，絶対的保障を受けるとされており，同意や社会全体の利益を理由とした制約は許されない．

❺公共の福祉による正当化

公共の福祉を理由に防御権の制約を正当化するには，次の4つの条件を満たす必要がある．

まず，防御権の制約を正当化するには，その制約について，**正当な目的を構成できる**ことが最低限必要である（**①目的の正当性**）．例えば，企業を経営する県知事が私利私欲目的で競業者への営業不許可処分をした事例では，そもそも正当な目的を構成できないので，それによる営業の自由の制約は正当化できない．

次に，目的が正当だとしても，その目的達成に役立たない国家行為は不要・不当である．したがって，防御権の制約を正当化するには，目的の正当性に加え，その国家行為が**目的の実現に役立つものである**ことが必要である．この要件は，「目的適合性」「合理性」「関連性」などと表現されるが，判例では**②関連性**という言葉が用いられることが多いため，本書ではこの表現を採用する．例えば，治安維持の目的で，治安を乱すおそれの全くない演説を扇動罪として処罰する行為は，目的自体は正当でも，その達成に役立たないため関連性が欠ける．

さらに，正当な目的の実現に役立つというだけでは防御権の制約を正当化できず，その行為と同程度に目的を達成することができる，**より制限的でない手段**（いわゆる LRA, Less Restrictive Alternatives）が採り得ないことが必要である．この要件は，**③必要性**の要件と呼ばれる（必要性概念の法的位置づけは宇賀・行政法Ⅰ62-63頁も参考になる）．例えば，町の美観維持の目的で，ビラ配りをしている者を即射殺するという行為について考えてみよう．この行為は，町の美観維持という正当な目的の実現に関連性のある（役立つ）行為ではある．しかし，ビラ配りを止めるよう呼び掛ける，罰金を科すといった行為によっても同程度

70 第3編 憲法が保障する権利

に目的を達成でき，こうした行為の方が権利制約の程度も低い．たとえ目的の
正当性・関連性が認められたとしても，必要性が欠ける場合には，自由権の制
約は正当化されない．

また，防御権の制約を正当化するには，**得られる利益が失われる利益よりも
大きい**と評価できることも必要である（**④相当性**）．行政法学では，「狭義の比
例性」という言葉で表現されることが多い（塩野・行政法 I ・93頁，渡辺他・憲
法 I ・76頁参照）．例えば，町の美観維持にビラ配布者を射殺する以外の方法が
ないというような特殊事情があったとしよう．この場合，射殺という方法を採
ることには，目的の正当性・関連性・必要性は肯定される．しかし，得られる
利益に比して失われる利益があまりにも大きく，相当性に欠けるので，制約は
正当化できない．

❻合憲の推定／違憲の推定

立法の合理性を裏づけ支える事実または立法の合憲性を支える事実を，**立法事
実**と言う．例えば，インターネット上の匿名投稿による権利侵害が横行してい
るという事実は，プロバイダへの匿名投稿者の情報開示請求立法を支える立法
事実となる．

裁判所が違憲立法審査をするときには，**立法事実があるとの推定（合憲の推
定）**を置く場合と，**立法事実がないとの推定（違憲の推定）**を置く場合とがあ
る．どちらの推定を置くかは，制約された権利の価値や制約の態様によって決
定される．二重の基準論によれば，立法府の判断を尊重するため一般には合憲
の推定が置かれるが，表現の自由など精神的自由の制約については違憲の推定
が置かれる（佐藤・憲法論283頁）．

合理的関連性と実質的関連性という言葉は，立法目的と防御権制約の関連性
を検討する際に，立法事実の推定をどちらに置くかを示した言葉である．**合理
的関連性**とは，**合憲の推定を前提にした関連性**を指し，関連性が積極的に証明
された場合はもちろん，関連性があるかどうか不明な場合にも，合理的関連性
は認定される．観念上の説明が成り立てば認められるため，観念上の関連性と
も呼ばれる．他方，**実質的関連性**とは，**違憲の推定を覆すだけの実質的根拠の**

ある関連性を指す。事実に関する十分な証明が必要なため、事実上の関連性と呼ばれることもある。

立法事実の有無を証明するのが難しい場合も多く、合憲／違憲のどちらの推定が置かれるかはしばしば結論を左右する。

❼ 防御権制約の違憲審査基準

防御権の制約を「公共の福祉」により正当化するには、上記①〜④の要件を充たす必要があり、このことはいかなる防御権のいかなる態様による制約であっても変わりはない。もっとも、この4要件の全てを検討するのは手間がかかる。そこで、防御権の種類と制約態様の組み合わせに応じて、**違憲審査基準**（**目的・手段の二段階に分けて設定された合憲性を判定する基準**）は、概ね以下ように設定される。

（1）緩やかな審査基準

重要度の小さい権利に対する軽微な制約の場合、その規制により失われる利益は小さい。このような場合、①目的の正当性と②関連性は要求されるが、違憲の推定を置く必要はなく、合理的関連性を求めれば足りる。また、失われる利益がより少ない手段があることはほぼ考えられず、③必要性を審査する実益が乏しい。また、失われる利益が小さいことから、正当な目的が実現されているなら、④相当性もあると判断してよい。このため、③必要性・④相当性の要素を判断する必要がなくなる。

そこで、重要度の小さい権利に対する軽微な制約の場合には、**①目的の正当性と②規制と目的との合理的関連性があれば、規制の合憲性を認める基準**（**緩やかな審査基準**または**合理性の基準**）が用いられる。この基準は、平等権の制約や軽微な営業の自由の規制などの審査に用いられる。

ただし、何らかの事情で、違憲の推定を置いたほうがよい場合には、**①目的の正当性と②目的との実質的関連性を要求する基準**（**厳格な合理性の基準**）が用いられることがある。

（2）厳格な審査基準

権利の重要度が高い、あるいは制約の程度が強い規制の場合には、①目的の

72 第3編 憲法が保障する権利

正当性，②関連性の審査に加え，③必要性と④相当性の審査も必要になる．ただし，その規制が目的達成のために③必要であることは，その規制が②目的達成に役立っていること（関連性があること）を含意する．このため，②関連性の審査は③必要性の審査に吸収してよい．また，規制に④相当性があることは，重要な権利の制約を正当化するほどに重要な目的が実現されていることを意味する．このため，①目的の正当性の審査は④相当性審査に吸収し，目的が権利制約を正当化できるほど重要かを検討すればよい．

　結果として，**目的が（制約された権利の価値を上回るほどに）重要であり，かつ，その目的を達成するために他の選びうる手段（LRA）がない場合に限り，規制を合憲と評価する基準（厳格な審査基準）**で審査すればよいことになる．これは，LRA の有無を検討する基準であるため，**LRA の基準**とも呼ばれる．最も厳しい基準と緩やかな審査基準の間にあることから，**中間審査基準**と呼ぶこともある．

　表現の自由など保護の必要の高い権利について，事前抑制など厳しい態様で規制を行うには，最高度に重要な目的のためでないと正当化できない．このため，**目的がやむにやまれぬほどに重要（＝compelling）なものであり，規制がその目的達成のために必要不可欠であると評価できる場合に限り，規制を合憲と評価する基準**が用いられる（芦部・憲法学Ⅲ 411頁）．このような基準は，LRA の基準よりもさらに厳しい基準という意味で**狭義の厳格審査基準**，または中間審査基準より厳しいものとして単に**厳格審査基準**と呼ばれる．

　標準的な二重の基準論によれば，経済的自由権の規制については緩やかな審査基準，精神的自由の規制については LRA の基準，精神的自由の規制の中でも特に警戒すべき理由があるものについては厳格審査基準が適用される．

▌第5節　請求権総論

❶請求権の概念

　憲法上の請求権を認めることは，それに応じた国家活動が必要になることを意味する．国家活動は，国民から強制的に徴収した資源を用いて行われ，また，

多かれ少なかれ国民の自由の制約を伴う．つまり，請求権を広げすぎれば，国家活動も広がりすぎ，そのために多額の租税が必要になったり，権利を実現するプロセスで国民の自由の制約をしすぎたりする危険もある．このため，憲法上の請求権の範囲は，保障の根拠に照らした上で，必要な範囲に限定すべきである．そこで，請求権については，**個人の利益と公共の福祉との衡量を要件・効果の画定段階で行う，権利の一段階画定方式**が採られている．

請求権の行使要件が充たされるにもかかわらず，「公共の福祉」を理由に権利行使が制限される事態は想定されない．例えば，「最低限度」を下回る生活を余儀なくされている者の生存権（憲法 25 条 1 項）の行使を，「公共の福祉」のために制約することはできない．

憲法上の請求権には，社会権・国務請求権・参政権がある．

社会権とは，**福祉国家的国家観（自由主義的な国家は，各国民に自由を保障するだけではなく，自由な市場の中では十分な生活の糧を得られない者に対し援助する義務も負うべきとする国家観）に基づき保障される憲法上の請求権**を指す．憲法は，自由主義的国家観とともに福祉国家的国家観も重視しており，生存権（憲法 25 条 1 項）・教育を受ける権利（憲法 26 条 1 項）等の社会権を保障している（自由主義経済と社会権の関係につき浦部・教室 224-225 頁）．

次に，**国務請求権**とは，**国家の業務やそれに伴う賠償・補償を求める権利**を指す．国家賠償請求権（憲法 17 条），正当補償請求権（憲法 29 条 3 項），裁判を受ける権利（憲法 32 条）等が国務請求権の例である．最後に，**参政権**とは，**国民が政治のための制度に参加する権利**である．参政権には，国会議員の選挙権（憲法 15 条 1 項）などが含まれる．選挙権を実現するには，国民に選挙に参加する自由を与えるだけでなく，国家が選挙制度を整備する必要があり，参政権には請求権としての側面がある．

請求権には，それぞれ行使の要件と効果がある．例えば，生存権（憲法 25 条）の行使要件は，「健康で文化的な最低限度の生活」を営めていないこと，その効果は，最低限度生活のための援助を求めることである．また，裁判を受ける権利（憲法 32 条）の行使要件は，法律上の争訟の当事者であること，その効果は，憲法の司法に関する規定に従った公正な裁判を受けられることである．

74 第3編 憲法が保障する権利

　国民は，その要件を充たしさえすれば，誰でも請求権の効果を享受できる．**請求権の行使要件を充たす者から，権利を行使されたにもかかわらず，国が請求権に対応する義務を果たさない事態を，請求権の侵害**と言う．

❷請求権の要件と効果

　憲法上の請求権の多くは抽象的権利であり，その具体的内容は法律で定める必要がある．例えば，生存権（憲法25条1項）を実現するために国が執り得る措置には，金銭給付・バウチャー（用途指定金券）配布・現物支給など様々なものがあり，そのうちのどれを採るか，どう組み合わせるかについては，法律による決定が必要である．裁判を受ける権利（憲法32条）や教育を受ける権利（憲法26条）についても，どこに裁判所や学校を設置するのか，裁判や入学にどのような手続が必要かといったことは，法律やそれを執行するための命令等で詳しく決める必要がある．

　抽象的権利の内容を具体的に決定する法律を，権利具体化法律と呼ぶ．生存権（憲法25条1項）についての生活保護法，裁判を受ける権利（憲法32条）についての民事訴訟法や刑事訴訟法などが権利具体化法律の例である．

　抽象的権利に基づき，国民は国に対し何を請求できるのかは，4つの場面を分けて考える必要がある．

　第1に，十分な権利具体化法律がある場合は，それを執行すれば憲法が保障する請求権が実現される．権利具体化法律があるのに，行政や司法が権利を実現するように解釈せず，権利が実現されない場合には，**権利具体化法律を憲法の趣旨に適合するように解釈することを請求できる（①憲法適合解釈請求）**．

　第2に，権利具体化法律が存在しない場合や，存在しても内容が不十分で，どう解釈しても権利を実現できない場合には，立法が必要になる．この場合，**憲法が保障する権利を具体化するために十分な法律の制定を請求できる（②立法請求）**．国が立法請求に対応しない場合には，その不作為が違憲の評価を受けるため，立法不作為の違憲確認請求や，立法を怠ったことで生じた損害について国家賠償請求ができる（曽我部他・教室195頁参照）．

　もっとも，立法措置を採るには一定の準備期間が必要である．このため，仮

に憲法に反する立法不作為状態が生じていたとしても，それだけでは違憲とは評価されず，是正のための合理的期間を経過している場合にのみ違憲と評価される．

第3に，権利具体化法律が制定されているにもかかわらず，特別法がその適用を排除し，憲法上の請求権が実現できない場合がある．この場合，**権利具体化法律の一般法を排除する特別法を無効とし，その事例で一般法を適用するよう請求できる**（③**一般法適用請求**）．

例えば，国家賠償請求権（憲法17条）は国家賠償法により具体化されているが，旧郵便法は，民営化前の郵政事業に関する賠償責任について，同法の適用を排除していた．最大判平成14年9月11日民集56巻7号1439頁（郵便法違憲判決）は，国家賠償法の適用を制限する郵便法規定を無効として，一般法の国家賠償法を適用して事案を処理した．

第4に，**抽象的権利の権利具体化法律が，憲法が保障する権利を侵害する形で廃止・改正された場合**（**制度後退**の場合）には，④**制度後退の差止**が請求できる．例えば，知る権利を保障する情報公開法が廃止された場合，明らかな制度後退であり，知る権利に基づき廃止法の無効化を求めることができると解される（長谷部恭男「行政情報の公開と知る権利」同『憲法学のフロンティア』岩波書店，1999年，145頁参照）．

ただし，権利具体化法律が憲法上の請求権の侵害にならない範囲で後退的に改正された場合には，いま述べた意味での制度後退に該当しない．例えば，「最低限度の生活」を保障する生活保護の廃止は生存権（憲法25条1項）の侵害だが，国民の所得補償のための国民年金の廃止は，生活保護が機能していれば「最低限度の生活」は保障できるため，違憲な制度後退には該当しない．

❸抽象的権利と立法裁量

立法における合憲な選択肢の幅のことを，**立法裁量**と呼ぶ．例えば，国会議員の選挙権（憲法15条1項）を実現する立法として，小選挙区制でも比例代表制でもどちらを定めても合憲であり，その選択には立法裁量がある．

近年，抽象的権利を，法律の定める制度に内容を依存するという意味で「制

76 第3編　憲法が保障する権利

度に依存した権利」と呼ぶ見解がある．その論者は，「制度に依存した権利」
が制約された場合の合憲性審査が，制度形成に立法裁量があることを前提に行
われることに着目して，その審査を「制度準拠審査」と呼ぶ（小山・作法166〜
187頁）．しかし，審査対象となった規定が立法裁量の枠内にあるか否かは違
憲審査をする前には不明であり，違憲審査自体に制度形成に関する裁量がある
ことを先取りするかのような名称を付すのは不適切であろう．

立法裁量は，合憲・違憲の実体判断の結果であり，理由ではない．「立法裁
量が広いから，合憲だ」という主張は結論の先取りであり，適切な論証ではな
い．

❹請求権の自由権的側面

憲法上の請求権には，請求権としての側面と同時に，防御権を保障する側面
もある．例えば，教育を受ける権利（26条）は，教育のための援助を請求でき
る請求権であると同時に，教育を受ける行為を妨害されない自由権を含む．同
様に，裁判を受ける権利（憲法32条）は訴訟を起こすことを妨害されない自由，
生存権（25条1項）は生きる自由，選挙権（憲法15条1項）は投票をする又は
しない自由を含んでいる．このような**請求権の防御権を保障した部分を，請求
権の自由的側面**という．

▌第6節　平等権総論

平等権（憲法14条1項）は，国家が立法や行政において，国民を区別してい
る場合に，その解消を要求する権利である．憲法は，あらゆる区別を違憲とす
るわけではなく，合理的根拠のない区別を平等権侵害として禁止している．

国家が行うAとBとの区別を解消するには，国家がAだけにしていた行為
をBにも行う，あるいはAとB両方にその行為をしない，という2つの選択
肢がある．例えば，Aを罰し，Bを罰さないのが不合理な場合，双方を無罪
としてもよいし，双方を罰してもよい．あるいは，Aにだけ補助金を与える
のが不平等なら，AとB双方に補助金を与える方法でも，AにもBにも補助

金を与えない方法でも，平等は実現する．

　このように，平等権は，自由権（作為請求権）・請求権（不作為請求権）のいずれにも分類できない特殊な権利である．このため，平等権侵害がある場合には，裁判所は問題の区別が違憲だとする違憲状態の確認に止め，その解消は立法府に委ねるのが原則となる．違憲状態の解消のために，特定の条文を無効とする以外の方法がない場合には，その条文が憲法 14 条 1 項違反で無効となる．

78　第3編　憲法が保障する権利

第7章　憲法が保障する権利・各論

　憲法が保障する権利を理解するには，それぞれの権利が保障された根拠を理解することが出発点となる．以下の分析では，権利保障の根拠を確認した上で，防御権については保護範囲と保障の程度を，特定行為排除権利については禁止される国家行為の定義を，請求権については請求の要件と効果を説明する．

■第1節　防御権

　防御権は，保護範囲の性質に応じて，基盤的諸自由・精神的自由権・経済的自由権の3つに分類される．

　基盤的諸自由とは，権利行使の前提として必要となる防御権であり，世界に存在する自由や，生命や身体の自由を言う．奴隷的拘束・意に反する苦役を強制されない権利は特定行為排除権だが，他の自由の基盤となる権利なので，ここで検討する．

　精神的自由権とは，人の精神活動に関する防御権である．個人の思想や宗教は多様であり，その表現も様々である．個人を尊重するには，それぞれの精神活動を尊重することが不可欠である．精神活動への規制は，少数派の思想や宗教，その表現に対するものであることが多く，権利を侵害されるのが少数に止まる．そうした侵害は多数決のプロセスでは是正しにくいため，精神的自由権は，司法によって強く保障されるべきと考えられている．

　経済的自由権とは，人の経済活動に関する防御権である．日本国憲法は財産の個人所有を認め，人々がお金・商品・サービス・情報などを自由に交換する権利を保障する．これは，自由主義経済あるいは市場経済と呼ばれる経済体制である．この体制の下では，生産者に創意工夫や需要の高い財の供給を促す一方，消費者は自分の需要に応じて好きな財を得られる．人々の自律的意思に基づく活動を促すことで，経済や文化を発展させることができるという点で，優

れた経済体制である．財産権を保障する憲法 29 条は，防御権としての「現に有する財産権」だけでなく，2 つの請求権をも保障する．それらは関連が深いので，合わせて検討する．

■第一款　基盤的諸自由

❶入国・在留の自由（憲法 22 条 1 項）

人が尊厳をもって生きるには，その人がいる領域において，その存在を是認され，排除されないことが不可欠である．ただ，各主権国家は，国際法に基づき，自国の国籍を持たない者の入国・在留を拒否する裁量を持つ．もしも国籍国への入国・在留が権利として認められなければ，人はあまりにも不安定な地位に置かれるだろう．

そこで，憲法 22 条は居住の自由を規定した．ここには，国民の日本国内への入国・在留の自由が含まれる．国民の入国・在留の自由は，世界に存在するために必須の権利であることから，絶対的保障を受ける権利と理解すべきである．もっとも，入国の際に旅券確認手続や検疫のための隔離期間を設けることは，入国・在留自体の制約ではないため，この自由の制約には該当しないと解される．

❷国籍離脱の自由（憲法 22 条 2 項）

国民が日本国籍の離脱を望む場合，憲法 22 条 2 項が「何人も」「国籍を離脱する自由を侵されない」と定めることから，それを認めるのが原則である．しかし，「地獄へ堕ちる」自由（奥平康弘『憲法の眼』悠々社，1998 年，146 頁）とも呼ばれる無国籍になる自由を保障するのは，人権の理念に反する．このため，外国籍の取得を国籍離脱の条件とすることは，憲法に反しないと解されている（奥平・憲法Ⅲ・218-219 頁）．

❸生きる自由（憲法 13 条）

入国・在留の自由が認められても，生きることが認められなければ，自由は享受できない．「生命」「に対する国民の権利については」「最大の尊重を必要

とする」と定める憲法 13 条は，生きる自由を保障したものと解される．

これと似た権利に，憲法 25 条 1 項が保障する生存権がある．生存権は，困窮者が国家に援助を求める請求権であるのに対し，生きる自由は，国家が国民の生命を奪おうとした場合に，それを止めるよう請求できる自由権である．例えば，病気になった権力者に心臓移植をするために，国が国民に心臓の提供を命じたりすれば，生きる自由の侵害となる．

生きる自由はあらゆる自由の基礎であり，絶対的な保障を受けると解される．ただし，死刑については，憲法自体が認めた生きる自由保障の例外ではないかという議論もある．この点は「残虐な刑罰」の禁止（憲法 36 条）との関係も問題となるので，第 3 節で詳しく論じる．

❹奴隷的拘束・意に反する苦役からの自由 （憲法 18 条）

(1) 保障の根拠と禁止される国家行為の定義

諸々の権利や自由を享受し，自律的な主体として生きるためには，他者に従属させられないことや，身体の自由が不可欠である．また，労働を強制されれば，その間はあらゆる自由を行使できなくなる．そこで，憲法 18 条は，「奴隷的拘束」をされない権利と，「意に反する苦役」を強制されない権利を保障した．これらは特定行為排除権である．

「奴隷」とは，権利能力を剥奪された身分を意味する．権利能力がない者は，自由権も行使できなくなってしまう．「奴隷的拘束」とは，個人を奴隷の身分に置くことで一切の自由を剥奪すること，また，奴隷の身分でなくとも，それと同視せざるを得ない身体の拘束を行うことを意味する．

「苦役」の強制とは，苦痛の高い労役に限らず，労役一般の強制を指すと解される．何を苦痛と感じるかは人によって全く異なり，「苦痛の高い労働」を定義することは不可能だからである．徴兵制は，兵役という労務を科すもので，憲法 18 条の「苦役」として禁止される．

奴隷的拘束の禁止には例外はない．他方，意に反する苦役からの自由については，憲法 18 条自身が「犯罪に因る処罰」を例外として認めており，拘禁刑に伴い更生のため労務作業を求めることなどは許容される．労役強制は自由一

般を奪う苛烈な人権制約であることからすると，この例外規定は例示列挙ではなく限定列挙と解すべきであろう．つまり，刑罰の場合を除き，意に反する苦役からの自由は絶対的に保障される．

(2) 「意に反する苦役」に当たるかが問題とされた事例

災害時の救助に関する諸法律は，公権力が救助活動等への従事命令・従事要請を出すことを認める（災害対策基本法 65 条，災害救助法 7 条など）．こうした命令・要請は，強制力がないことから，「意に反する」にはあたらない．

一定の職業の者については，罰則（災害救助法 32 条 1 号など）も定める．これは，その職業を選択したことに付随する義務であることから，「意に反する」ものでない．

また，裁判員制度による裁判員の職務等が「意に反する苦役」に当たるのではないかが争われた事件で，最大判平成 23 年 11 月 16 日刑集 65 巻 8 号 1285 頁は，そうした職務等は「参政権と同様の権限を国民に付与するもの」であり，「辞退に関し柔軟な制度を設けている」ので，「意に反する苦役」にはあたらないとの判断を示した．

しかし，参政権と同様だから従事義務を課してよいという論理では，あらゆる苦役強制が「苦役する権利を与えているだけ」という理由で正当化されてしまう．また，参政権だとしても，行使しない自由が保障されねばならないはずである．この判決の結論は，裁判員の辞退が広く認められ，実質的には辞退の自由がある点から導かれていると理解せざるを得ない．

❺ 居住・移転の自由（憲法 22 条 1 項・2 項）

封建社会においては自由な移動が禁止され，特定の場所で特定の経済活動・労働を余儀なくされていた．しかし，個人が自由に表現活動などの精神活動を実践したり，経済活動を営んだりするには，移動の自由が必要である．そこで，憲法 22 条 1 項は，国内での居住・移転の自由を保障した（伊藤正己「居住移転の自由」『日本国憲法体系第 7 巻』有斐閣，1965 年参照）．

憲法 22 条 1 項は，長期にわたりその場所に住む「居住」と，今いる場所から別の場所に移動する「移転」とを保護している．一時的な旅行・出張等も精

神活動・経済活動の重要な要素であることから，「移転」に含まれると解される（芦部・憲法学Ⅲ 563頁）．これらの権利は，単なる経済的自由ではなく，精神活動を行う前提ともなることから，その制約の合憲性は厳格な基準により審査すべきである（渋谷＝赤坂・憲法1・17-18頁）．

　憲法22条2項は，「外国に移住」する自由をも保障する．1項と同様に，この「移住」には，移転して居住する自由と，一時的な旅行・出張等の移動を含む．

　GHQ占領下にあった頃，モスクワで開催される国際経済会議に現職・前職の国会議員が参加しようとしたところ，外務大臣が旅券を発給しなかったことが問題となった例がある．最大判昭和33年9月10日民集12巻13号1969頁（帆足計事件）は，当時の「国際情勢」における「日本国の利益又は公安」を理由に，発給拒否処分は憲法22条2項に違反しないとした．

■第二款　精神的自由権

❶事実と価値の二元論

　精神的自由について検討する前提として，事実認識と価値判断の違いを確認しよう．

　事実は個人の主観から独立した事象である．その認識は個人の精神活動の一種だが，その真偽は，当人の主観から独立した客観的な検証の対象となる．他方，価値とは，善悪・美醜・正不正など，各個人が内心で形成する主観的な評価である．価値判断は客観的検証にそぐわず，個人の自律的な判断を尊重すべきである．

❷思想・良心の自由（憲法19条）

（1）憲法19条と20条の関係

　伝統的な用語法では，内心で宗教を選択する自由（信仰の自由）が「良心の自由」と呼ばれていたことからすれば（伊藤・憲法257頁），憲法19条と20条はいずれも宗教に関する自由を保障したもので，前者が信仰の自由，後者が宗教活動・宗教的結社の自由を保障するとする見解もあり得る．しかし，今日で

は，憲法が思想と宗教を区別して規定していることを重視し，憲法 19 条は宗教以外の精神活動，20 条は信仰の自由を含む宗教に関する自由を保障した規定として理解されている．

(2) 保障の根拠と保護範囲

多様な価値観を持つ国民を構成員とする近代国家は，各個人の多様な思想・信条・価値観が尊重されねば成り立たない．そこで，憲法 19 条は，思想・良心の自由を保障した．

個人の多様な思想・信条・価値観を尊重するには，信仰に準ずるような思想に限定せずに，個人が内心で行う思考や思想形成の自由が保護されねばならない．このため，憲法 19 条にいう「思想」および「良心」の自由は，**広く世界観・歴史観を含む価値観一般について，内心においてそれらを形成すること**を保護範囲とする．これを**内心の自由**と呼ぶ．

また，内面的な精神活動の弾圧は，踏絵や思想調査などにより，国家が個人の思想・良心を強制的に探知することから始まる．このため，憲法 19 条は，思想・良心の自由の保障を確実にするため，**思想・信条の表明を強制されず，また，意に反し内心の思想・信条を探知されないこと**をも保障するものと解されている．これは，**沈黙の自由**と呼ばれる．

内心の自由と沈黙の自由は内心の価値判断を保護するもので，事実認識は保護範囲に含まれないから，事実認識の強制は必ずしも憲法 19 条に違反しない．例えば，豪雨災害の警報は，危険の事実認識を強制するものと言えるが，内心の自由の制約にはならない．ただし，政府が，真実隠蔽や国民操作等の目的で虚偽の事実を流布するのは，後述する知る権利の侵害になると解されよう．また，法廷や国会の証人喚問では，証言を強制されることがあるが，認識した事実の証言を求める範囲では，沈黙の自由の侵害にはならない．ただし，価値判断の表明を強制することは沈黙の自由の侵害であり，法廷等でも許されない．

従来，憲法 19 条の保護範囲は，内心の自由と沈黙の自由に限定されると理解されてきた．しかし，近年，**敬礼・謝罪・寄付など，その性質上，特定の思想・信条を前提としないと意味をなさない行為の自由**については，内心の精神活動と不可分一体のものとして，憲法 19 条により手厚く保護されると解すべ

き，との見解が有力になってきている（佐々木弘通「『人権』論・思想良心の自由・国歌斉唱」成城法学 66 号，2001 年）．判例も，君が代不起立訴訟（最二判平成 23 年 5 月 30 日民集 65 巻 4 号 1780 頁）で，「歴史観ないし世界観を否定することと不可分に結びつく」行為は，憲法 19 条により保護されるとしている．

(3) 保障の程度

思想・良心の自由が近代国家を成立させるために必須の権利であること，内面における精神活動だけで社会に有害な影響をもたらすことが考えられないことから，内心の自由と沈黙の自由は絶対的な保障を受けると解されてきた．例えば，ある特定の価値観を持っていることを理由に刑罰を科したり，不利益な取り扱いをしたりすることが憲法 19 条に違反する（芦部・憲法学Ⅲ・106 頁）．

もっとも，本当に絶対保障を受けるのかには疑問もある．これまでは，国家といえども個人の価値観を直接変更する手段は持たないと考えられたため，直接強制による内心の自由の侵害は想定されてこなかった．しかし，死刑は，個人が内心で価値を形成することを強制的に遮断する．内心の自由の絶対保障を貫くなら，死刑は憲法 19 条違反になるはずである．そうだとすれば，死刑を存置した上で，内心の自由の絶対保障という理論を修正するか，あるいは，死刑を憲法 19 条違反と評価するか，いずれかの選択が必要である．

他方，個人の思想・信条と不可分に結びつく行為の自由は，他者への影響を持つので絶対保障まではできない．ただし，その制約の審査基準は，精神的自由の 1 つとして，表現の自由などと同様に厳しい基準を採用すべきである．

(4) 内心の自由と政府言論

内心の自由は，絶対保障を受ける権利とされ，強制的に個人の思想を変更する洗脳や，特定の思想を内心に持っただけで刑罰を科すのは，違憲無効である．

これに対し，政府言論（government speech）によって，国民の思想に働きかけることは，強制力を伴わないので，思想・良心の自由の制約にはならない．**政府言論とは，政府が表現主体となる言論**を言う．例えば，法務省が人権啓発ポスターを掲示すれば，政府の推奨する方向に沿った思想を形成する国民も出てくるだろうが，内心の自由の侵害とはされない．

ただし，卑劣な方法によって内心に介入する政府言論は，洗脳や刑罰に準じ，

自由の侵害と認定すべきである（蟻川恒正「政府と言論」ジュリ1244号，2003年）.

卑劣な政府言論の例に，腹話術的言論と囚われの聴衆に対する言論がある.

腹話術的言論とは，**政府言論であることを隠して私人名義の形式で行われる言論**を言う．例えば，政府が，著名な政治評論家Aを公金で買収し，テレビや雑誌で内閣を礼賛してもらったとする．この言論の実質的な主体は政府であるにもかかわらず，Aの名義を利用することでそれを隠蔽している．また，**囚われの聴衆**とは，**政府言論を避けることができない状況にある聴衆**を言う．囚われの聴衆に対し，事実の広報を越え，価値観への働きかけを伴う政府言論を行うのは，強制的な思想への働きかけであり，思想・良心の自由の侵害となり得る.

(5) 思想・良心の自由が問題となった事例

最大判昭和31年7月4日民集10巻7号785頁は，名誉毀損があった場合の名誉回復手段として民法723条に基づき謝罪広告を強制するのは，「意思，良心の自由を侵害することを要求するものとは解せられない」とした．確かに，謝罪広告に謝罪の気持ちが不要なら，謝罪広告を命令しても内心の自由の侵害にならない．しかし，謝罪の気持ちを伴わない虚偽広告では名誉は回復しないはずであり（蟻川恒正「近代法の脱構築」法社会学58号，2003年），「名誉を回復するに適当」という民法723条の要件を充たさないだろう（樋口他・学問270頁）.

前掲最二判平成23年5月30日民集65巻4号1780頁（君が代不起立訴訟）は，公立学校の教員に，校長が卒業式で起立し国歌を斉唱するよう命じることは，教員の「歴史観ないし世界観それ自体を否定するものということはできない」とした．内心では国歌に否定的な気持ちを持っていても，ただ立って機械的に声を出せば命令は果たせるということのようである．しかし，もしそうなら，起立・斉唱に先立ち，「国旗・国歌に敬意を示すものではなく，単なる機械的動作を行うものである」と宣言すべきだろう.

上記2つの判例に見られるように，内心の自由に関する判例は合憲性を説明した結果，謝罪等の行為の意味を台無しにする傾向がある．これに対して，最三判平成8年3月19日民集50巻3号615頁（南九州税理士会事件）は，税理士として活動するために必ず加入しなければならない税理士会が，会員に特定政党への政治献金のための会費納入を義務づける特別決議をしたことは，

「思想・良心の自由」との関係で問題があり，税理士会の目的外行為として無効とした．寄付をするか否かの自由は，思想・良心と不可分に結びつくものとして保護されるとの理解である．**ある職業（弁護士，司法書士，税理士など）に就くために法律で加入を義務づけられた職業団体を強制加入団体**という．強制加入団体が会員に支払いを義務づけることは，法律による義務づけと同視でき，法が団体を設立した趣旨を逸脱していないかが厳しく審査されるのは当然である（木村・急所 101 頁）．

　最二判昭和 63 年 7 月 15 日判時 1287 号 65 頁では，千代田区立麹町中学校が，生徒の受験する高等学校に学業成績や生活態度などを通知する調査書（内申書）に「麹町中全共闘を名乗り，機関紙『砦』を発行」，「大学生 ML 派の集会に参加している」などと記載したことについて，当人の同意を得ずに内心の思想を開示したものとして，沈黙の自由を保障する憲法 19 条に違反しないかが問題となった．判決は「いずれの記載も，X の思想，信条そのものを記載したものでないことは明らか」として，憲法 19 条違反はないとしている．しかし，「全共闘」・「ML 派」などと書けば，当人の思想・信条は容易に推認される．また，仮に思想・良心の自由の侵害がないとしても，学業に関連しない事柄を高校に伝達する行為は教育行為とは評価できず，それが公立中学校の権限の範囲内と言えるかは疑問である（蟻川恒正「内申書の記載内容と生徒の思想・信条の自由」『憲法判例百選 I ［第 4 版］』2000 年参照）．

　大阪高判平成 28 年 3 月 25 日裁判所ウェブサイトは，大阪市が市職員などに対し，特定の政治家の応援や労働組合からの候補者紹介の有無を尋ねるアンケートを実施し，職務命令で回答を義務づけたことについて，「回答者の思想・良心そのものについて質問するものではないし，政治家の具体的な氏名について回答を求めるものでもないから，これらの質問によって，被控訴人らの思想内容が明らかになるとはいえない」として，沈黙の自由の制約はないとした．しかし，組合活動に対する回答との組み合わせで，思想が特定される可能性は大きく，より慎重な判断が必要であったと思われる．

❸ 信教の自由（憲法 20 条 1 項前段）

（1）宗教の定義

　宗教の中核には，**客観的検証が不可能な事実認識**がある．例えば，「人は死んだら天国に行く」という**宗教的認識**は，価値判断ではなく，ある種の事実認識である．しかし，天国から通信を受け取ったり，天国に行って帰ってきたりする方法は想定できないため，その真偽は検証しようがない．**宗教**は，**宗教的認識とそれと結びつく価値判断が体系化されたもの**と定義できる．キリスト教や仏教などの伝統的な宗教は，膨大な検証不能事実の体系を持ち，そこから多くの価値判断を基礎づけている．

　なぜ，宗教が必要とされるのか．この世界は，わからないことで溢れている．宇宙や人類はどのようにしてできたのか．なぜ，親しい友人が亡くなってしまったのか．こうした問題に対し，宗教は一定の答えを与え，心の平穏をもたらす．たとえ普段は宗教を信じない人でも，親しい人が亡くなったとき，「死後の世界で幸せにしている」と思うことで，気持ちに整理をつけることはあるだろう．

　宗教の中核が検証不能な事実である以上，宗教に対してはそれを信じるか，信じないか，のいずれかの態度をとるしかなく，全ての人が一致するということはない．信教の自由や政教分離を検討する際には，この点を踏まえる必要がある（この問題を踏まえ，福岡安都子『国家・教会・自由［増補新装版］』東京大学出版会，2020 年参照）．

（2）保障の根拠

　歴史を振り返ると，国家は宗教に苛烈な弾圧や介入をしてきた．宗教はそれを信じる者の価値判断や行為に大きな影響を与えるため，国家は，自身に不都合な宗教を弾圧し，宗教内容を国家に都合がよい方向に捻じ曲げようとしたがるのである．しかし，信仰が国民の行動や生活を根本的に規定する重要な精神作用であることからすれば，信仰の自由は自由な価値形成と不可分である．そこで，憲法 20 条 1 項前段は，信教の自由を保障した．

（3）保護範囲

　信教の自由として，まず，自らが内面において，**自由に宗教を選択しそれを**

信じる自由（信仰の自由・宗教選択の自由）が保障される．また，信仰への弾圧は，踏絵や信仰調査などにより，国家が個人の信仰心を強制的に探知することから始まるため，信仰の自由を確実に保障するためには，**信仰告白を強制されない自由**をも保障する必要がある．これは，思想・良心の自由と同様に**沈黙の自由**とも呼ばれる．

さらに，信仰は多くの場合，信仰と不可分な活動を伴うことから，憲法 20 条 1 項前段は，**信仰に基づく活動をする自由**（宗教的活動の自由・礼拝の自由）をも保護していると解される．宗教活動は多くの場合，共通の信仰を持つ者と共同で行われるため，個人の宗教活動を実質的に保障するためには，**同じ信仰をもつ者が団体を作る自由**（宗教的結社の自由・教会結成の自由）をも保護すべきである．

内心・礼拝・結社という保護範囲の三分論は，公認の宗教を定める国家において，少数派の宗教者が，まず宗教選択のみ認められ，やがて，公の場での礼拝や教会の設立が認められた歴史的なプロセスを反映している（林・位相第 16 章参照）．

(4) 保障の程度

宗教が個人の行動や生活を根本的に規定する精神活動であることと，信教の自由が弾圧されてきた歴史とに鑑みると，信教の自由は手厚く保護されるべきである．

まず，信仰が内面的な活動に止まる限りは，絶対的に保障されるべきである．他方，宗教活動・宗教的結社の自由は，社会に対しても影響力を持つため絶対保障を与えるのは妥当ではない．ただ，個人の信仰と不可分に結びつく行為であるから，憲法 20 条 1 項前段により，手厚く保護されると解すべきである．

(5) 信教の自由が問題となった事例

信教の自由のうち，内心での信仰に国家が介入することは希で，判例・裁判例はほぼない．

宗教活動の自由が問題となった事例としては，以下のものが挙げられる．

僧侶が「狸憑き」を払うために加持祈禱を行い，護摩壇や線香の火で火傷を負わせ，殴打なども加えて少年を死亡させた事例について，最大判昭和 38 年

5 月 15 日刑集 17 巻 4 号 302 頁（加持祈禱事件）は，「一種の宗教行為としてなされたものであったとしても」，「他人の生命，身体等に危害を及ぼす違法な有形力の行使に当るものであり，これにより被害者を死に致したものである以上」，「行為が著しく反社会的なものであることは否定し得ない」として，「憲法 20 条 1 項の信教の自由の保障の限界を逸脱した」との判断から，傷害致死罪の成立を認めた．

宗教指導者が，特定の場所で布教・祭祀を行わないとの約束に養子が違反したことを理由に離縁を請求した事例において，最一判昭和 42 年 5 月 25 日民集 21 巻 4 号 937 頁は，憲法 20 条が保障する信教の自由は「何人も自己の欲するところに従い，特定の宗教を信じまたは信じない自由を有し，この自由は国家その他の権力によつて不当に侵害されないということで，本件のように特定の場所で布教または祭祀を行なわないことを私人間で約束することを禁ずるものではない」と判断した．

牧師 Y が，学園紛争中に校舎の一部をバリケート封鎖しようとして建造物侵入罪等で捜査の対象となった高校生を一時的に匿い，牧会活動を通じて反省と落ち着きを取り戻す機会を与えた事例において，神戸簡判昭和 50 年 2 月 20 日刑月 7 巻 2 号 104 頁は，X の行為は「宗教行為の自由を明らかに逸脱したものとは到底解することができない」として，正当業務行為として犯人蔵匿罪（刑法 103 条）の成立を否定した．この判断は，同等の非宗教的な説得にも拡張すべきだろう．

宗教的結社の自由が問題となった事例としては，最一決平成 8 年 1 月 30 日民集 50 巻 1 号 199 頁（オウム真理教解散決定）が挙げられる．判決は，宗教法人の解散（法人格の剝奪）について，宗教法人格がなくても個々の信者が宗教活動を行うことはできるから，信教の自由そのものへの介入ではないが，信者らの活動に大きな影響を与えることから，解散の要件は「慎重に吟味」すべきとした．その上で，宗教法人格を悪用し，組織的に大量殺人を引き起こしたオウム真理教の解散はやむを得ないと判断した．

90　第3編　憲法が保障する権利

❹政教分離原則（憲法20条3項，20条1項後段，89条）

(1) 政教分離の意義

　憲法は，信教の自由の保障とは別に，国家が宗教と関わり合うことを禁じる政教分離原則を定める．具体的には，20条3項が国家の「宗教的活動」一般を禁じ，20条1項前段が宗教団体への「特権」の付与を禁止する．これらを財政面から裏づけるため，89条前段は「公金その他の公の財産」を「宗教上の組織若しくは団体の使用，便益若しくは維持のため」に使うことを禁じる．

　20条1項後段に言う「特権」とは宗教的性質に着目した特別扱いを意味し，「政治上の権力」とは教会の徴税権など，国家権力の一部となる権力を意味する．また，判例は，89条に言う「宗教上の組織若しくは団体」は，「宗教的行事等を行うことを主たる目的としている宗教団体」と定義している（最大判平成22年1月20日民集64巻1号1頁，空知太神社事件判決⇨93頁）．

　政教分離原則の位置づけを理解するには，主観法と客観法の違いを理解せねばならない．法には，個人の主観的権利を保障した法と，個人の主観的な権利・利益から切り離され，客観的に存在する公共の福祉を実現するためにある法とがある．前者を権利（right），後者を法（law）と別々の単語で呼ぶ場合もあるが，ドイツ語圏ではいずれも Recht と呼ぶため，前者を主観法（subjektives Recht），後者を客観法（objektives Recht）と呼び分ける．

　政教分離原則は客観法原則だと理解されているため，国家がこの原則に違反したことについて不愉快に思う者がいても，国家に対して権利侵害を主張できず，損害賠償請求もできないと解される．

(2) 保障の根拠

　政教分離を保障する根拠には，3つの説明があり得る（長谷部・憲法201-203頁）．

　第1の説明は，国家の公共性の確保である．宗教は，検証不能な事実認識であり，それを信じていない者には意味を持たない．国家は全ての国民に開かれた公共の福祉を実現するための団体である以上，非公共的でしかあり得ない宗教に資源を投資すべきではない．政教分離は国家の公共性を守る手段である．

　第2の説明は，宗教の自律性の確保である．宗教は個人の行動を強く規定

するため，国家権力は常にそれを利用しようとする．他方，宗教は，生老病死といった人々の不幸に説明を与え，心に平穏を与える．もしも宗教が国家介入によって安易に内容を変えたならば，信仰者は失望し，その意義を果たせなくなる．宗教の発展には自律性が必要であり，政教分離は，それを確保するための手段である．

第3の説明は，信教の自由の補強である．特定の宗教が特権的な扱いを受け，または，特別に排除されれば，国民は自由な宗教選択ができなくなってしまう．政教分離は，個人の信教の自由を保障するための手段である．

旧憲法下では国家神道に事実上国教的な地位が与えられ，国民には国家神道に対する信仰が要請される一方，一部の宗教団体には厳しい迫害が加えられた．この歴史を踏まえ，日本では，第3の説明がとられている．判例も，「明治維新以降国家と神道とが密接に結びつき前記のような種々の弊害を生じたことにかんがみ新たに信教の自由を無条件に保障することとし，更にその保障を一層確実なものとするため，政教分離規定を設けるに至つたのである」と説明している（津地鎮祭判決・最大判昭和52年7月13日民集31巻4号533頁⇨93頁）．

(3) 保障の内容

政教分離原則が禁じる**国家と宗教との関わり合い**とは，**国家が対象の宗教的性質に着目して行う行為**を言う．例えば，火事になった神社や教会に消防サービスを提供したり，高い文化的価値を持つ仏像に文化財保護の補助金を出したりすることは，火事や文化的価値に着目したもので国家と宗教との関わり合いとは言えない．他方，「信仰の中心地だから」という理由で宗教施設建設のために土地を提供することは，国家と宗教との関わり合いとなる．

国家と宗教との関わり合いの程度について，**国家と宗教との関わり合いを一切許さない見解（厳格分離説）**がある．この見解は，政教分離の趣旨を徹底できる点で優れる．しかし，例えば，政府主催のパーティーにムスリムを招待した場合に，「イスラム教の戒律に触れるから」という理由でメニューから豚肉を外すことは，豚肉の宗教的性質に着目した行為であるため違憲となってしまう．これは妥当な適用とは言い難いだろう．

国家が個人の宗教に配慮できなくなると，却って個人の信教の自由への圧迫

が生じる.そこで,通説は,①**国家と宗教との関わり合いのうち,②相当とされる限度を超えるものを違憲と評価すべきとの見解**(相対分離説)をとっており,最高裁判例も同様である.

(4) 条文の関係

政教分離には,憲法 20 条 3 項(国家の「宗教的活動」の禁止)・20 条 1 項後段(宗教団体への「特権」・「政治的権力」の付与の禁止)・89 条前段(「宗教上の組織若しくは団体」のための公金支出・公財産使用の禁止)の 3 つの規定があるが,それらの相互関係をどのように解すべきか.

この点,国家自身が宗教活動を行うもの(20 条 3 項)と,国家が宗教団体に特別の扱いをするもの(20 条 1 項後段,89 条前段)とに分けて,二元的に整理することもできるはずである.

しかし,判例は,宗教団体への特権付与や公金支出を国家の「宗教的活動」の一種と捉え,20 条 3 項にその他の規定を包摂させる形で,一元的に解釈してきた.すなわち,20 条 3 項は,相当とされる限度を超えた国家と宗教との関わり合い一般を禁止し,20 条 1 項後段は,20 条 3 項で禁じられる関わり合いのうち,宗教団体に特権・政治的権力を付与するもの,89 条前段は,宗教団体に公金を支出するものを禁じたものと解釈される.

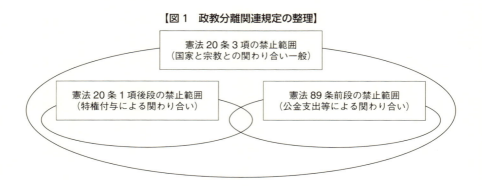

【図 1 政教分離関連規定の整理】

この整理を前提にすると,憲法 20 条 3 項適合性のみを検討すればよいはずであり,実際,裁判所は憲法 20 条 3 項だけを検討することが多い.

(5) 違憲審査基準

憲法 20 条 3 項が禁じる「宗教的活動」の要件は，①国家と宗教との関わり合いであり，かつ，②それが相当とされる限度を超えていることである．

①は，その国家行為が対象の宗教的性質に着目した行為であるか否かによって判断する．②は，形式的な目的だけでなく，実質的な効果を考慮して判断しなければならない．判例は，「**当該行為の目的が宗教的意義をもち，その効果が宗教に対する援助，助長，促進又は圧迫，干渉等になるような行為**」であるか否かによって**判断すべき**とする（前掲最大判昭和 52 年 7 月 13 日民集 31 巻 4 号 533 頁・津地鎮祭判決等）．これを関わり合いの相当性に関する**目的効果基準**と呼ぶ．

この基準によれば，世俗的な目的がない場合，あるいは，たとえ観光振興などの世俗的目的があっても，他に同じ程度にその目的を実現できる他のより宗教的でない手段がある場合には，目的の宗教的意義や宗教への援助・圧迫などが認定され，違憲と評価される．他方，上記パーティーの例のように，来賓などの信仰に配慮し社会的儀礼を果たすという世俗的目的があり，かつ，対象の宗教的性質に着目した行為をする以外に選択肢がない場合には，関わり合いは相当とされる．

さらに，行為の目的・効果以外にも考慮すべき事情がある場合もある．最大判平成 22 年 1 月 20 日民集 64 巻 1 号 1 頁（空知太神社事件判決）は，自治体が地元神社のために土地を無償提供してきたことの合憲性を判断するにあたって，無償提供を突然に打ち切れば住民の信教の自由を圧迫しかねないという考慮から，**行為の目的や効果以外に**，「**当該宗教的施設の性格，当該土地が無償で当該施設の敷地としての用に供されるに至った経緯，当該無償提供の態様，これらに対する一般人の評価等，諸般の事情を考慮し，社会通念に照らして総合的に判断すべき**」とする**総合考慮基準**を採用した（⇨(8)参照）．

(6) 政教分離が問題となった事例 1 ── 信仰配慮型

政教分離が問題となった諸判例は，いくつかの類型に分類できる．

第 1 は，国・自治体が業務を依頼した公務員や事業者，公立学校の学生の信仰への配慮として，対象の宗教的性質に着目した行為をした事例である．

前掲最大判昭和 52 年 7 月 13 日民集 31 巻 4 号 533 頁（津地鎮祭判決）は，

津市が体育館の起工式で行った地鎮祭について，工事の「円滑」を図るには，地鎮祭信仰を持つ工事業者に「社会の一般慣習に従った儀礼」を果たす必要があったとの理由で，関わり合いの相当性を認め合憲とした．

最二判平成 8 年 3 月 8 日民集 50 巻 3 号 469 頁（エホバ証人剣道受講拒否事件）は，公立工業高等専門学校のエホバ証人の学生について，信仰を理由に剣道の受講を免除することは，「憲法 20 条 3 項に違反するということができないことは明らか」とした．

最一判平成 14 年 7 月 11 日民集 56 巻 6 号 1204 頁（鹿児島大嘗祭訴訟）は，県知事が大嘗祭出席のために旅費を公金から支出したことについて，「天皇に対する社会的儀礼を尽くす」目的を果たすための支出であるとして，相当性を認めた．天皇は，「象徴職」という重責を担う公務員であり，天皇の地位にある人物が主催する宗教行事に参加することは，工事業者のための地鎮祭と同様に儀礼として必要という判断だろう．

最大判昭和 63 年 6 月 1 日民集 42 巻 5 号 277 頁（自衛官合祀訴訟）は，国が殉職した自衛官の護国神社への合祀に協力することは，自衛官の「士気の高揚」に役立つから，宗教との関わり合いへの相当性を欠いていないとした．しかし，自衛官の士気高揚には合祀協力以外にも様々な方法がある．それにもかかわらず合祀に協力するのは，特定宗教の奨励であり，許されないと解すべきであった．

(7) 政教分離が問題となった事例 2——正当化理由皆無型

第 2 は，国家と宗教との関わり合いを正当化する事情が皆無な類型である．この場合，当然のことながら違憲の判断が出される．最大判平成 9 年 4 月 2 日民集 51 巻 4 号 1673 頁（愛媛玉串料訴訟）は，県知事が戦没者を慰霊する神社の祭に公金から玉串料などを支出した事例について，「戦没者の慰霊及び遺族の慰謝ということ自体は，本件のように特定の宗教と特別のかかわり合いを持つ形でなくてもこれを行うことができる」と指摘し，関わり合いの程度が相当でないから違憲と判断した．判決の指摘する通り，自治体による戦没者の追悼は独自にやればよく，特定の神社の祭の支援を通じて実現する理由は皆無だろう．

第 7 章　憲法が保障する権利・各論　95

(8) 政教分離が問題となった事例 3——公有地提供型

第 3 は，何らかの経緯により，公有地上に宗教施設が存在する場合の措置である．

前掲最大判平成 22 年 1 月 20 日民集 64 巻 1 号 1 頁（空知太神社事件判決）では，A 町内会所有の神社のために市有地を無償で貸与していたことが問題となった．この土地貸与は，以下のような経緯で行われた．地元住民 B は，小学校用地拡張のため土地 1 を砂川町（現砂川市）に無償譲渡した．土地 1 上には町内会が管理する神社があったため，B は，その移設先として土地 2 を提供した．B は，町内会の神社であるにもかかわらず，土地 2 の固定資産税を一人で負担することを不満に思った．そこで，町は B から土地 2 を無償で受け取った上で，それを無償で A 町内会に貸与することとした．これにより，A 町内会も B も固定資産税を負担することなく，神社を利用できた．

判決は，「もともとは小学校敷地の拡張に協力した用地提供者に報いるという世俗的，公共的な目的から始まったもので，本件神社を特別に保護，援助するという目的によるものではなかったことが認められるものの，明らかな宗教的施設といわざるを得ない本件神社物件の性格，これに対し長期間にわたり継続的に便益を提供し続けていることなどの本件利用提供行為の具体的態様等にかんがみ」，相当とされる限度を超え，違憲だと判断した．ただし，最大判平成 24 年 2 月 16 日民集 66 巻 2 号 673 頁（空知太神社再上告審判決）は，この土地を有償貸与することは，「小学校敷地の拡張に協力した用地提供者に報いるという世俗的，公共的な目的」から始まったことを総合考慮し，相当とされる限度の範囲内だとした．

最大判平成 22 年 1 月 20 日民集 64 巻 1 号 128 頁（富平神社事件判決）では，町内会への土地の無償譲渡が問題となった．その経緯は次の通りである．政教分離規定のなかった明治憲法下で，砂川町（現砂川市）は C 町内会から，小学校の教員住宅用地として，町内会が管理する神社の用地を含む土地を無償譲渡された．町は，その土地のうち神社用地部分を町内会に無償貸与し続けた．その後，新憲法下で小学校が廃止され，市有地上に神社だけがある状態となり，砂川市は，その土地を C 町内会に無償で譲渡することとした．判決は，「公用

の廃止された普通財産を寄附者の包括承継人に譲与することを認める」市条例
の趣旨にも適合するとして，無償譲渡を合憲とした．この無償譲渡は，実態と
しては，小学校廃止に伴い町内会に教員用住宅用地を返却したもので，そもそ
も宗教との関わり合いがない事例とみるべきだろう．

(9) 政教分離が問題となった事例4──文化・観光振興型

第4は，宗教行事や宗教施設の文化財・観光資源としての意義に着目した
援助の事案である．

最一判平成22年7月22日判時2087号26頁（白山ひめ神社事件判決）は，
著名な神社の大祭準備行事に，地元市長が観光振興目的で出席し祝辞を述べた
ことについて，「市長が地元の観光振興に尽力すべき立場にあり，本件発会式
が上記のような観光振興的な意義を相応に有する事業の奉賛を目的とする団体
の発会に係る行事である」ことから，相当とされる限度を超えた関わり合いは
ないとした．

他方，最大判令和3年2月24日民集75巻2号29頁（那覇市至聖廟事件判
決）は，那覇市が文化財・観光資源としての意義に着目して，孔子廟等のため
に市有地を無償提供したことについて，「本件施設の観光資源等としての意義
や歴史的価値を考慮しても，本件免除は，一般人の目から見て，市が参加人の
上記活動に係る特定の宗教に対して特別の便益を提供し，これを援助している
と評価されてもやむを得ない」として，不相当な関わり合いで憲法20条3項
違反と判断した．もっとも，この判決が，文化財・観光資源としての価値の判
断を誤ったことを問題としていることからすれば，政教分離原則ではなく，他
の施設よりも優遇したことを理由に平等原則（憲法14条1項）違反を認定すべ
きだっただろう．

❺ 表現の自由（憲法21条1項）

(1) 保障の根拠

憲法21条1項が保障する「表現の自由」は，憲法が保障する権利の中でも
優越的な地位に立つとされ，強い保障を受ける．それはなぜか．

個人の思想や知識といった精神活動は，それを人に伝達し，それに対して相

互に意見や評価を交わすことで豊かになる．このように，表現の自由には，**表現者自身の思想や知識を豊かにする個人的価値（自己実現の価値）**がある．もっとも，権利行使者に個人的価値をもたらすだけならば，他の自由や権利と変わらない．表現の自由の特殊性はどこにあるのだろうか．

奥平康弘教授は，表現の自由は「よき民主主義的な社会秩序を維持する」目的に資すると説明した（新装版　同『なぜ「表現の自由」か』東京大学出版会，2017年59頁）．ここに言う「民主主義的な社会秩序」とは，あらゆる個人が，政治・文化・経済など様々な領域において主体的に決定に参加する秩序を言う．民主主義と言うと政治分野のみを思い浮かべるかもしれないが，優れた芸術作品は，芸術家が絵画や音楽を発表し，鑑賞者がそれを自由に楽しみ，評論し合う中で蓄積される．仮に，国家に認められた者しか芸術表現を発表できなかったり，作品批評が許されなかったりする社会だったなら，将来に残すべき芸術作品に関する社会的決定は貧しいものになるだろう．経済活動も単に商品の売り買いだけで成り立つわけではなく，ビジネスのアイデアや新しい商品への評論など，自由な表現が行われることで活発になる．このように，**表現の自由には，表現者が自ら社会的な決定（統治）に関わり，それを豊かにする社会的価値（自己統治の価値）**がある．表現の自由に優越的地位が認められる理由は，高い社会的価値があるからとされる．

表現の自由を保障する根拠は，自己実現と自己統治の2つの価値を実現するためである．

(2) 保護範囲

このような保障の根拠からすると，憲法21条1項で保護される「表現」とは，他者に思想や事実などの情報を伝える行為を意味すると理解すべきである（「伝達」に力点を置く説明として奥平・憲法Ⅲ 183頁）．自己実現の価値や自己統治の価値は，他者とのコミュニケーションを通じて実現される．「むしゃくしゃして物を壊す」などの，他者への情報伝達を想定しない行為は，思想の表出であっても，「表現」とは言えない．

また，保護される「表現」の範囲は，内容や情報伝達の媒体（メディア）の種類を限定せず，広く理解すべきである（奥平・憲法Ⅲ・183頁）．

98　第3編　憲法が保障する権利

　さらに，社会に情報を伝達するには，多くの人が協力して，共同でメッセージを発することが有意義である場合も多い．このため，**集会やデモ行進など複数の者が協力して行う表現行為**（集団的な表現行為）も，憲法21条1項で保護される．

　表現の自由に限らないことではあるが，憲法上の自由権の保護範囲は，自らが管理権・処分権を持つ財産を用いた行為に限定される．例えば，他者所有の絵具やキャンバスで絵画を描く行為は憲法21条の保護範囲には含まれず，それを規制しても表現の自由の制約にならない（蟻川恒正「法令を読む（1）」法セ665号，2010年，69頁）．他者が所有・占有する店舗で営業する自由や，市役所の会議室を使って宗教活動を行う自由なども保護範囲に含まれない．

　他方，知的財産権については，一定の警戒が必要だ（この点は，小島立「著作権と表現の自由」憲法問題21号，2010年）．例えば，仮に，著作権法が，著作権者の明示の同意がない限り著作物を引用できないというルールを定めたとしよう．引用拒否権が著作権に含まれるとするなら，引用表現は表現の自由に含まれないから，このルールは表現の自由の制限にはならない．しかしこれでは，報道や学術論文の執筆は極めて困難となる．こうした帰結を避けるためには，著作権保護のための制限を表現の自由の制約と認定するか，表現行為を過度に制約する知的財産法は「公共の福祉」に反する財産法の形成だとして憲法29条2項違反とするか，の処理が必要となろう（長谷部恭男『Interactive 憲法』有斐閣，2006年，181頁）．

　表現の自由の保護範囲には，**自らの伝えたいことを表現する積極的な表現の自由**に加え，**表現したくないことを表現しない消極的な表現の自由**も含まれる．敬礼や謝罪の強制などは，思想・良心の自由の侵害とは別に，消極的な表現の自由の侵害とも理解できる．消極的な表現の自由の侵害があるかどうかは，強制された言論の名義によって判断される．例えば，自分の所有する自動車や建物に，政府が指定するメッセージを伝える看板を掲げるよう強制したとしても，そのメッセージの名義が政府である場合は，消極的な表現の自由の侵害にはならない．看板用スペースの財産権の侵害だけが問題となる．

(3) 保障の程度

　表現の自由には個人的価値を超えた社会的価値があるが，どのような情報の流通が社会にとって有意義であるかは，容易には判断できない（松井・憲法421頁）．また，経済活動と異なり，表現行為は即座の直接的な見返りが少ない．例えば，政府を批判したり，政策を提言したりしたとしても，すぐに何かの政策が実現するわけではない．このため，**表現活動の規制は，程度が軽いものでも個人の表現を萎縮させる効果（萎縮効果）を強く持つ**．さらに，表現の自由が制限された状況では，「どのような行為が制限されたのか」に関する情報自体が社会に流通しなくなり，民主的政治過程でその是非を評価することすら困難になる．

　そうだとすれば，表現の自由の規制の合憲性は，原則として厳格な違憲審査基準で審査されなければならない．具体的には，目的が重要で，より制限的でない他の選びうる手段がない場合に限り，合憲と判断される．

　デモ行進などの集団的な表現の自由は，道路交通の円滑など公共的な価値に与える影響が大きいため，個人的な表現よりは強い制約に服すると言われる．しかし，保障の程度を下げ，緩やかな審査基準を適用すべきとの見解は支持されていない．道路交通の円滑などの価値は，強い制約を正当化し得る事情として，厳格審査基準の中で検討する．

　表現の内容に着目した規制（表現内容規制）は，そこで示された思想に対する差別的意図が疑われるため，より厳格に審査すべきである．具体的には，目的がやむに已まれぬほど重要であり，その規制が必要不可欠だと言えない限り，違憲と判断される．これに対して，**表現の内容ではなく，表現の時・所・方法に着目した規制（表現内容中立規制）**は，原則通り，目的が重要で，より制限的でない他の選びうる手段がない場合に限り，合憲と判断される．

　受け手に到達する前の段階で，公権力が表現行為を抑制（事前抑制）すると，その表現が社会に流通する機会を奪われ，公衆はその規制があった事実自体すら知り得ない危険がある．このため，表現の事前抑制は，より厳格に審査すべきである．具体的には，目的がやむに已まれぬほど重要であり，その規制が必要不可欠だと言えない限り，違憲と判断される．

ただし，**提供される財・サービスの効用に関する情報を提供する広告（営利広告）**については，政治的・思想的主張や芸術表現と異なり，情報の真偽正誤を比較的判断しやすい．また，経済的利益も関係しており，他の表現行為に比べ萎縮の危険は低い．そこで，比較的緩やかな審査基準が適用されると解される．具体的には，規制の目的が正当で，かつ，規制と目的が合理的に関連していれば，合憲と判断できる．

(4) パブリックフォーラムの法理

表現の自由の保護範囲は，自らが管理権・処分権を持つ財産を用いた行為に限定される．ただし，この原則を貫くと，不当な事態が生じる．例えば，集会やデモは，市町村が所有する公民館を借りたり，国や都道府県の保有する公道で行われたりするのが一般的だ．もしも，それらの集会やデモを表現の自由の保護範囲から外せば，「市の政策に批判的だから」という理由で集会所の使用を不許可にしたり，「首相の批判を含むから」との理由でデモ行進を認めなかったりしても，憲法上の問題が何ら生じないことになってしまう．

そこで，**一般公衆が自由に利用することが想定される公共の場での表現は，自己の財産を用いたものでなくても，表現の自由の保護範囲に含まれるという法理（パブリックフォーラムの法理）**が支持されている．一般利用が認められた集会場や公道，公園などは，パブリックフォーラムの典型とされる．

もっとも，全ての公有物がパブリックフォーラムになるわけではない．パブリックフォーラムと認められるには，一般公衆に開かれた場として設置された道路・土地・建物等である必要がある．例えば，市役所の職員用会議室は，パブリックフォーラムにはあたらない．他方で，私有物でも例外的にパブリックフォーラムになることがある．

地方自治法 244 条は，パブリックフォーラムの法理を法文化している．同 1 項は「普通地方公共団体は，住民の福祉を増進する目的をもってその利用に供するための施設（これを公の施設という．）を設ける」とし，公の施設について，「正当な理由がない限り，住民が公の施設を利用することを拒んではならな」ず（同 2 項），「不当な差別的取扱いをしてはならない」と定める（同 3 項）．

(5) 選択助成の法理

文化的価値を持つ表現を行うには，多くの資源が必要である．入場料収入などの市場メカニズムで全費用を賄える文化活動もあるが，そうでない文化活動も多い．多様な文化に触れられる環境そのものに公共的な価値があることからすれば，市場メカニズムでは成り立たない文化活動への助成には，公共的な価値が認められる．もっとも，国家の資源は有限なため，**公金による援助は文化・学術等の観点から優れた対象を選択して行われる**ことが多い（**表現に対する選択助成**）．

では，選択助成と憲法21条1項の関係をどう考えるべきか．確かに，表現の自由は，国家に表現を妨害されない自由権であり，助成を根拠づける請求権ではない．しかし，選択には，対象の文化的価値とは無関係に，政治的圧力や恣意，差別が介在する危険がある（岩間・綱要170頁）．この危険が具体化した場合には，少なくとも，平等原則や非差別原則が適用される．また，近年は，憲法21条1項から，表現者として尊重される権利が導かれるとの見解も有力である．

選択助成の基準は，対象の文化的価値や芸術的価値に置かれなくてはならず，対象の文化・芸術上の価値は，その分野の専門職（文化専門職）でないと判断できない．もしも，国会議員や大臣，その指揮を受ける官僚が助成対象を直接選択する制度がとられたとしたなら，その制度は対象を表現者として尊重したものとは言い難い．そこで，選択助成では，文化専門職が対象を選択する制度が採られる．また，対象の選択に政治的圧力がかかっては制度が無意味になるので，**文化専門職による対象選択には，独立性・自律性が認められねばならない**（**文化専門職の自律の法理**）．政治家や大臣の恣意的な判断で，文化専門職の判断に基づく助成を撤回したり，縮減したりすることは憲法21条1項に違反すると評価する余地がある．

ただし，文化専門職といえども公権力の担い手として，民主的な統制は必要である．このため，文化専門職の選任や，助成の金額，抽象的な助成対象選択基準などは，議会や大臣，自治体の首長によって行われるべきである．蟻川恒正教授は，選抜助成の方針決定は政治家，その方針の解釈と具体的な選抜は専

102　第3編　憲法が保障する権利

門職という職務の分担基準を示している（同「国家と文化」『岩波講座現代の法1現代国家と法』岩波書店，1997年参照）．

　選択助成については，全く助成しない選択もできるのだから，助成にあたり条件を付けてもよいはずだとする理論がある．ただ，助成条件として，「政府批判の内容を控えること」，「政府の政策を礼賛する内容を盛り込むこと」などという条件を課せば，表現者名義の言論が歪んでしまう．選択助成を受けた表現者は，自らの自律的判断で表現を行う責任があり，**選択助成において，自律的な表現を阻害する条件を付すべきではない（違憲の条件の法理）**だろう．そのような条件は，憲法21条1項から導かれる選択助成において表現者として尊重を受ける権利の侵害で違憲無効と評価すべきである（違憲の条件の法理については，中林暁生「違憲の条件の法理（一）・（二）」法学73巻4号2009年，法学78巻5号2014年，横大道聡『現代国家における表現の自由——言論市場への国家の積極的関与とその憲法的統制』弘文堂，2013年参照）．

(6) 政府言論の統制の法理

　パブリックフォーラムでの表現や，選択助成を受けて行う表現は，公的な資源を使うものの，その名義は助成を受けた個人や団体である．これに対し，**政府名義の言論を，政府言論という**．❷に指摘したように，政府言論が，腹話術的言論や囚われの聴衆への強制になる場合には，思想・良心の自由（憲法19条）の侵害になり得る．

　また，政府言論の内容が相互に矛盾すれば，国民は，政府の方針・認識を理解できず，政府を評価したり，信頼したりできなくなる．これを避けるため，行政府の長たる内閣や自治体の首長には，行政各部の政府言論の内容を指揮監督する権能がある．

　例えば，内閣は，原子力発電所の再稼働を推進するのに対し，環境省の官僚は，それに反対していたとする．この時，内閣は，官僚に対して，記者会見等で内閣の方針に則った説明をするよう指揮できるし，それに反した場合には，官僚を処分できる．また，内閣は，各省庁の職員が政府名義の言論を行う場合に，指揮監督を行うことができる．

　もちろん，個々の大臣や職員は，自身の見解と異なる言論を行わなくてはな

らない場合もあるだろう．しかし，それは政府名義の言論であり，当人の自由
な表現とは異なるため，**政府言論の統一のための指揮監督は，表現の自由の制
約にはならない**．これを**政府言論統一の法理**と呼ぼう．

　以上に見た表現の自由に関する法理を整理すると，次のようになる．

【図 2　利用する資源に応じた表現の自由に関する法理】

	言論名義	利用する資源	内容
表現の自由	個人	個人の財産	個人の防御権
パブリック フォーラム	個人	公共の財産 （一般公衆が利用可能）	個人の防御権の 保護範囲を拡張
選択助成	個人	公共の財産 （文化専門職が選抜）	表現者の尊重と 文化専門職の自律
政府言論	政府	公共の財産	行政府の長による指揮監督 卑劣な方法は内心の自由侵害

(7) メディアの部分規制の法理

　20世紀半ば以降，ラジオやテレビなどの電波を使った放送メディアが発展
した．

　当初は，放送に使われる周波数帯が貴重な資源であることから，放送メディ
アは公的規制に服すべきとされた（齊藤愛「放送の自由」安西他・論点第17章）．
今日では，ケーブルテレビやインターネットを使った放送が可能になり，周波
数帯の希少性は下がった．しかし，公的規制を受け一定の質を担保された放送
メディアと自由な出版メディアが併存することによって，国民の知る権利は豊
かになるだろう．こうした観点から，放送メディアに対する公的規制が行われ
ている．**多様なメディアの中から一部を選んで公的規制をかけることを，メディ
アの多様性を確保する観点から正当化する法理**を，**部分規制の法理**と呼ぶ（長谷
部恭男『テレビの憲法理論──多メディア・多チャンネル時代の放送規制』弘文堂，
1992年，第二章）．

　放送法は，放送番組の編集について政治的公平性や多角的論点解明の義務を
課し（同法4条），基幹放送事業者に対しては，教育・報道・娯楽の各番組のバ
ランスや災害放送を義務づけるなど（同法106条，108条など），出版社に対し

てはおよそ考えられないような強い規制をしている.

20世紀末から21世紀に入ってからは,インターネットの急速な発展により,非常に多くの人が,時に匿名で,世界中に向けて情報を発信できるようになった.インターネット上でも,表現の自由が強く保障される点に変わりはないが,メディアの特性を踏まえた特別の規制は行われうるとされる(野中他・憲法Ⅰ403頁).インターネットでは反射反応的言説を発信しやすいことから,民主主義に必要な熟議を害する危険を踏まえた公的規制を必要とする見解もある(赤坂他・憲法97頁).

(8) 表現の自由が問題となった事例1──伝統的な内容規制と定義づけ考量

これまで判例・裁判例で問題とされてきた表現の自由の規制には,いくつかの類型がある.まず,伝統的な内容規制として,せんどう・わいせつ・有害図書・営利広告の4類型がある.これらの類型では,**規制すべき表現行為の類型をあらかじめ厳密に定義し,それにあてはまる行為に対する規制は合憲又は緩やかな審査とするが,それにあてはまらない行為に対する規制には表現内容規制として極めて厳格な審査基準を要求する処理**がとられる.このような定義を前提とした考量は,**定義づけ考量**とも呼ばれる.

第1に,犯罪をあおる内容の表現への刑罰.これには,教唆とせんどうがある.教唆(刑法61条)は,正犯が実行行為に及んだ場合に成立するものであり,その処罰を違憲と評価する学説はほぼない.

他方,せんどうとは,**その危険性の高さゆえ,実行行為をした者がいなくても処罰対象となるあおり行為**を指す.正犯の実行行為がなくとも罰せられるため,合憲性が問題とされてきた.最大判昭和24年5月18日刑集3巻6号839頁は,食糧緊急措置令に基づくせんどう犯処罰について「国民として負担する法律上の重要な義務の不履行を慫慂し,公共の福祉を害する」という理由で,憲法21条に反しないとした.最二判平成2年9月28日刑集44巻6号463頁も,破壊活動防止法39条・40条に基づくせんどう犯処罰について,「公共の安全を脅かす現住建造物等放火罪,騒擾罪等の重大犯罪をひき起こす可能性のある社会的に危険な行為」だとして合憲とした.

これらの判決は,犯罪を引き起こす抽象的な可能性のみで,規制を合憲と判

断しているように見える．抽象的可能性の除去という目的では，表現の自由の内容規制を正当化するだけの重要度は認められないだろう．せんどう犯の処罰が許されるのは，重大な害悪が生じる蓋然性が高く，かつ，害悪の発生が差し迫っている場合（明白かつ現在の危険）に，その危険を除去するために，より制限的でない他の選びうる手段がない場合に限られると解すべきである．

第2に，わいせつ物頒布等への刑罰（刑法175条）．最一判昭和26年5月10日刑集5巻6号1026頁は，「わいせつ物」を「**徒らに性慾を興奮又は刺激せしめ且つ普通人の正常な性的羞恥心を害し善良な性的道義観念に反するもの**」と定義する．

最大判昭和44年10月15日刑集23巻10号1239頁（「悪徳の栄え」事件）や最二判昭和55年11月28日刑集34巻6号433頁（「四畳半襖の下張」事件）によれば，文書等のわいせつ性の判断は，一部を切り取る部分的考察方法ではなく，文書全体から考察され，部分的にわいせつ性が高くとも，文書全体の芸術性や思想性との関係でわいせつ文書ではないと判断されることもある．一般に，具体的な性器・性交の描写を伴う画像や動画はわいせつ物とされるが，最三判平成20年2月19日民集62巻2号445頁は，全体的考察方法を適用した結果，無修正の性器の写真を含む写真集をわいせつ物（「風俗を害すべき書籍，図画」（関税定率法21条1項4号））に該当しないとした．

わいせつ物の頒布・販売を規制する目的について，最大判昭和32年3月13日刑集11巻3号997頁（チャタレイ事件）は，「性的秩序を守り，最少限度の性道徳を維持する」ことにあるとする．わいせつ物の頒布等を無制限に認めれば，性的羞恥心を害し，見たくない者の利益を害する．それを防ぐには，わいせつ物の公開や頒布に秩序が必要であり，そうした性的秩序を守るとの目的は，表現の自由を制約する十分な理由になろう．

他方で，わいせつ物を見たり触れたりする意思を持つ者に対して，それを頒布等する行為については，別途，考慮が必要である．当人が望んでいるにもかかわらず，「性道徳」の維持を目的に規制するのは，当人の自律的決定を否定するもので，憲法21条1項に違反すると評価すべきだろう．そうだとすれば，あらゆる頒布・販売行為を罰する刑法175条は過剰であり，見たくない人の

106　第3編　憲法が保障する権利

利益を守るためのゾーニング規制のみを合憲とすべきではないか.

　第3に, **青少年の健全な育成に有害となる, 著しく残忍な暴力表現や, わいせつ物とまでは言えない性的表現 (有害図書)** の規制. 各都道府県の青少年保護育成条例は, 青少年への有害図書の頒布・販売を規制している. 受け手への有害性を理由にした表現規制は, 受け手の自律を否定するもので, 成人に対しては許されない. 他方, 青少年は, 自律的な判断能力を身に着ける途上にあるため, 自律の尊重よりも健全な育成の保護を優先してよい場合がある.

　最三判平成元年9月19日刑集43巻8号785頁 (岐阜県青少年保護育成条例事件) は, 「有害図書が一般に思慮分別の未熟な青少年の性に関する価値観に悪い影響を及ぼし, 性的な逸脱行為や残虐な行為を容認する風潮の助長につながるものであって, 青少年の健全な育成に有害であることは, 既に社会共通の認識になっている」として, 岐阜県の青少年保護育成審議会の意見を聴いた上で, 有害図書を青少年に頒布・販売したり, 自動販売機に格納したりする行為を禁じることも憲法21条1項に反しないとした.

　第4に, 営利広告の規制. **(3)** に説明したように, 営利広告の規制は合理性の基準で判定される.

　最大判昭和36年2月15日刑集15巻2号347頁は, きゅう等について適応症の広告を禁止した法律について, そうした広告を「無制限に許容するときは, 患者を吸引しようとするためややもすれば虚偽誇大に流れ, 一般大衆を惑わす虞があり, その結果適時適切な医療を受ける機会を失わせるような結果を招来する」として, 憲法21条1項に違反しないとした. 厳格審査がなされたならば, こうした理由での規制は虚偽誇大広告のみを対象とすべきと判断されるはずである. この判決は, 虚偽誇大でない広告も含めて規制してよいとしており, 審査基準は緩やかだ. ただし, 合理性の基準の下であっても, 正しい適応症の広告まで規制するのは, 虚偽誇大広告を防ぐ目的と合理的関連性があるとは言い難いのではないかとの疑問が残る.

(9) 表現の自由が問題となった事例2——名誉権・プライバシー権の保護

　表現内容規制が問題となる類型に, 名誉権・プライバシー権の保護を目的とした規制がある.

名誉権とは，**個人の社会的評価に関する権利**をいう．名誉権侵害には，事実摘示型と侮辱型（侮辱的な評価の提示）とがあり，刑法では前者が名誉毀損罪（刑法 230 条），後者が侮辱罪（刑法 231 条）として処罰の対象になる．民法では，いずれも名誉毀損の不法行為（民法 709 条）として，損害賠償命令の対象になる．

事実摘示型の名誉毀損について，刑法 230 条ノ 2 は，①公共の利害に関する事実を，②公益目的で摘示し，③それが真実であると証明できた場合には，名誉毀損罪で処罰しないと定める．最一判昭和 56 年 4 月 16 日刑集 35 巻 3 号 84 頁（「月刊ペン」事件）は，「公共の利害に関する事実」とは，対象の「社会的活動に対する批判ないし評価の一資料」になる事実を意味すると解した上で，多数の信徒を擁する我が国有数の宗教団体の指導者の不倫などの事実は，私人の私生活上の行状だが，宗教指導者としての活動の評価資料になるため公共利害関連性があるとした．

また，最一判昭和 41 年 6 月 23 日民集 20 巻 5 号 1118 頁（署名狂やら殺人前科事件）は，民事責任についても，①〜③の三要件を充たす場合には違法性を欠き，不法行為は成立しないとした．さらに，③真実性の要件については，真実性の証明に失敗しても，③′ それを真実と信じるにつき相当な理由がある場合には（真実相当性），故意・過失がなく，不法行為は成立しないとした．これを受け，最大判昭和 44 年 6 月 25 日刑集 23 巻 7 号 975 頁は，刑事責任についても，③′ 真実相当性がある場合には故意が欠けるので，名誉毀損罪は成立しないとした．

侮辱型の名誉毀損については，最一判平成元年 12 月 21 日民集 43 巻 12 号 2252 頁が「公共の利害に関する事項」（この事案では「公務員の地位における行動」）の批判・論評については，「その目的が専ら公益を図るものであり，かつ，その前提としている事実が主要な点において真実であることの証明があったときは，人身攻撃に及ぶなど論評としての域を逸脱したものでない限り，名誉侵害の不法行為の違法性を欠く」とした．これは公正な論評の法理と呼ばれる．侮辱型の名誉毀損は，刑事法では侮辱罪（刑法 231 条）として処罰されるが，民事で免責される行為を刑罰の対象とするのは，刑罰の謙抑性の理念から好ま

しくない．侮辱罪にも公正な論評の法理を適用すべきだろう．

こうした判例の法理を違憲審査基準の観点から見てみよう．公共の利害に関する真実は，広く社会に流通し，公の論評にさらされるべきであるから，それを公表・論評されない権利は，表現の自由を制約するほど重要とは言い難い．よって，刑法230条ノ2の三要件あるいは公正な論評の法理の要件を充たす表現を規制するのは，憲法21条1項に違反する．また，正当な表現の萎縮を防ぐためには真実相当性の法理も必要であり，確実な資料・根拠に基づく公共利害関連事実の摘示を規制することも，憲法21条1項に反すると評価すべきである．

プライバシー権とは，広い意味では個人の情報に関する権利一般を指すが，表現の自由との関係では，生活の平穏を守るために保障される**みだりに個人情報を公開されない権利**として問題となってきた．

東京地判昭和39年9月28日下民集15巻9号2317頁（「宴のあと」事件）は，「（イ）私生活上の事実または私生活上の事実らしく受け取られるおそれのあることがらであること，（ロ）一般人の感受性を基準にして当該私人の立場に立つた場合公開を欲しないであろうと認められることがらであること，換言すれば一般人の感覚を基準として公開されることによつて心理的な負担，不安を覚えるであろうと認められることがらであること，（ハ）一般の人々に未だ知られていないことがらであることを必要とし，このような公開によつて当該私人が実際に不快，不安の念を覚えたこと」の三要件を充たす場合，みだりに私生活情報を公開されない権利の侵害があり，不法行為が成立するとした．

その後，最三判平成6年2月8日民集48巻2号149頁（ノンフィクション「逆転」事件）は，10年以上前の前科の公表について「社会生活の平穏を害されその更生を妨げられない利益」の侵害として，不法行為の成立を認めた．また，東京地判平成9年6月23日判時1618号97頁（ジャニーズ・ゴールド・マップ事件）は，芸能人の住所や電話番号の公開は，「私生活の平穏」の侵害だとして，それを掲載した出版物の差止を認めた．

生活の平穏を守るには，個人情報の公開を規制する必要がある一方で，事件を報道したり，政治家の不適切な行状を論じたりするため，個人情報を公開せ

ざるを得ない場合もある．判例・裁判例は，個人情報の公開によって得られる利益と失われる利益を比較考量し，違法性を判断する基準を採用している．しかし，表現の自由を不当に萎縮させないためには，あいまいな総合考慮基準ではなく，名誉毀損と同じレベルの，より明確な要件を示す基準で判断するほうが好ましいだろう．

名誉権・プライバシー権に基づき，裁判所が表現行為の差止命令を出すこともできる．最大判昭和61年6月11日民集40巻4号872頁（北方ジャーナル事件）は，事実摘示型の名誉棄損について，A：①摘示する事実が公共利害に関連していない，②「表現内容が真実でな」い，③「それが専ら公益を図る目的のものではない」，のいずれかが「明白であり」，かつ，B：債権者が「重大にして著しく回復困難な損害を被る虞があると認められるとき」には，裁判所による事前差止命令が認められるとした．その後の裁判例でも，事前差止には，表現自体が違法であることに加え，損害の回復困難性が要求されている．

この判例で示されたA①〜③は，名誉毀損の違法性が阻却される条件を欠く違法な表現であることを示す要件である．他方，Bは，必要性（LRAの有無）の考慮から設定される要件である．事前差止は，表現の自由に対する最も厳しい規制とされるため，事後的な損害賠償で十分に損害を回復できる場合には，より制限的でない他の選びうる手段があり，必要性が欠けるため，事前差止は許されない．

最三決平成29年1月31日民集71巻1号63頁は，インターネットの検索サービスにおいて過去の逮捕歴が表示されることについて，「当該事実を公表されない法的利益と当該URL等情報を検索結果として提供する理由に関する諸事情を比較衡量して判断すべきもので，その結果，当該事実を公表されない法的利益が優越することが明らかな場合には，検索事業者に対し，当該URL等情報を検索結果から削除することを求めることができる」との判断基準を示したが，その事案での表示の削除までは命じなかった．

(10) 表現の自由が問題となった事例3——景観と財産の保護

表現内容中立規制としては，街の美観風致を守るための屋外広告物規制が問題となってきた．最大判昭和43年12月18日刑集22巻13号1549頁（大阪

市屋外広告物条例事件）は，「国民の文化的生活の向上を目途とする憲法の下においては，都市の美観風致を維持することは，公共の福祉を保持する所以である」として，電柱などへのビラの貼り付けを罰することも憲法 21 条 1 項に違反しないとした．最三判昭和 62 年 3 月 3 日刑集 41 巻 2 号 15 頁（大分県屋外広告物条例事件）は，街路樹への立看板設置を処罰することについて，同様の理由で憲法 21 条 1 項に違反しないとした．

　このように，美観風致の保護を理由とした表現規制は，比較的容易に認められる傾向にあり，表現の自由への配慮が不十分との指摘もある．ただ，これらの事例では，電柱や街路樹といった公の財産を無断で利用する行為が問題とされており，そもそも表現の自由の保護範囲に入っていないとの判断を前提としている可能性も高い．

　判例は，他者の財産を用いた表現行為は，憲法 21 条 1 項の保護範囲外だとしてきた．最三判昭和 59 年 12 月 18 日刑集 38 巻 12 号 3026 頁（吉祥寺駅事件）は，京王電鉄の管理する駅構内でのビラ配布を鉄道営業法 35 条で罰することについて，「思想を外部に発表するための手段であっても，その手段が他人の財産権，管理権を不当に害するごときものは許されない」として，憲法 21 条 1 項に違反しないとした．また，最二判平成 20 年 4 月 11 日刑集 62 巻 5 号 1217 頁（立川ビラ事件）も，同様の理由で，国の管理する自衛隊立川宿舎の郵便受けでのビラ配りを邸宅侵入罪（刑法 130 条前段）で罰することは憲法 21 条 1 項に違反しないとしている．もっとも，立川ビラ事件では，国が特定のビラだけを思想を理由に排除しようとしており，管理権の行使が差別されない権利の侵害だったと考えられる（木村草太「表現内容規制と平等条項――自由権から〈差別されない権利〉へ」ジュリ 1400 号，2010 年）．

(11) 表現の自由が問題となった事例 4――パブリックフォーラム

　他者の管理する場所でも，パブリックフォーラムでの表現行為は，憲法 21 条 1 項の保護範囲に含まれる．典型的には，国や地方公共団体が所有・管理する公道・公園・集会場などがパブリックフォーラムとされる．

　公道上のデモ行進等については，各都道府県の公安条例で規制されており，公安委員会による許可制が敷かれている．その是非について，最大判昭和 29

年 11 月 24 日刑集 8 巻 11 号 1866 頁（新潟県公安条例事件）は，デモ行進等は「公共の福祉に反するような不当な目的又は方法によらないかぎり，本来国民の自由とするところ」であり，「単なる届出制を定めることは格別，そうでなく一般的な許可制を定めてこれを事前に抑制することは，憲法の趣旨に反し許されない」と判示した．この判示は，デモ行進の許可制を全て違憲とする趣旨に見える．

これに対して最大判昭和 35 年 7 月 20 日刑集 14 巻 9 号 1243 頁（東京都公安条例事件）は，「集団行動，とくに集団示威運動は，本来平穏に，秩序を重んじてなされるべき純粋なる表現の自由の行使の範囲を逸脱し，静ひつを乱し，暴力に発展する危険性のある物理的力を内包している」と，常に暴徒と化す危険があることを強調し，デモ行進一般を対象に許可制を定めた東京都公安条例を合憲とした．

この判決は，昭和 29 年判決の判示を覆したかに見える．しかし，東京都条例は「不許可の場合が厳格に制限されている」ことから，「条例は規定の文面上では許可制を採用しているが，この許可制はその実質において届出制と異なるところがない」とも述べており，依然として新潟県公安条例事件判決の趣旨を否定していない可能性もある．

デモ行進は，道路交通法による規制も受ける．道交法 77 条 1 項は「一般交通に著しい影響を及ぼす」道路上の行為について，所轄警察署長の許可を要するとしている（同 1 項）．最三判昭和 57 年 11 月 16 日刑集 36 巻 11 号 908 頁は，道交法 77 条の規定は，「条件を付与することによっても」「一般交通の用に供せられるべき道路の機能を著しく害する」ことを防止できない場合でない限り許可処分をすべきと定めたもの，と厳しく限定解釈（毛利他・憲法 II 265 頁）することで，条文を合憲とした．

公園での集会について，最大判昭和 28 年 12 月 23 日民集 7 巻 13 号 1561 頁（皇居外苑事件）は，公共福祉用財産の「管理権者は，当該公共福祉用財産の種類に応じ，また，その規模，施設を勘案し，その公共福祉用財産としての使命を十分達成せしめるよう適正にその管理権を行使すべき」として，管理者の自由裁量で集会のための公園使用を不許可とすることはできないとした．

112　第3編　憲法が保障する権利

　集会場について，最三判平成7年3月7日民集49巻3号687頁（泉佐野市民会館事件）は，「必要かつ合理的」な規制の理由がない限り，地方公共団体の所有・管理する市民会館ホールの使用不許可処分は憲法21条1項に違反するとした.

　これらの判決は，個別の不許可処分を違憲・違法としたわけではないが，パブリックフォーラムの法理を前提ないし確認したものと言える.

(12) 表現の自由が問題となった事例5──選択助成

　選択助成について問題となった事例も多い.

　静岡地判昭和47年6月2日判時671号26頁（静岡県美術展「死亡届」事件）は，静岡県主催の県芸術祭美術展に入選した「死亡届」と題する作品を，教育委員会が展示しなかったことについて，作者が県に損害賠償などを求める訴訟を提起した事件である. 判決は，「入選者はその作品を展示される権利があるのであり，その権利は憲法上の『表現の自由』とかかわりあうものである」とし，「展示をしないことが許される事由はきわめて限られた例外の場合でなければならず，その意味で県美術展の存在あるいは県教委の立場自体を否定するものではなく，たんに揶揄するというよりもアイロニーであるという程度では到底展示を拒否する理由には足りない」として損害賠償請求を認めた. 文化専門職たる審査員の判断を，教育委員会の不快感を理由に覆すことは，憲法が表現の自由を保障した趣旨に反するとしたものである.

　教科書検定は，選択助成の一種と理解できる. 学校教育法は，小学校・中学校・高校の教育課程では，文部科学大臣の検定（教科書検定）を経た教科用図書を用いて教育するよう求める（同34条，49条，49条ノ8，62条，70条，82条）. これは，一定の条件を充たした著作物に，初等・中等教育学校の教科書としての地位を付与するもので，選択助成の法理を適用する必要がある.

　最三判平成5年3月16日民集47巻5号3483頁（第一次家永教科書裁判）は，教科書検定が教科書執筆者の表現の自由の侵害だとする主張に対し「不合格図書をそのまま一般図書として発行し，教師，児童，生徒を含む国民一般にこれを発表すること，すなわち思想の自由市場に登場させることは，何ら妨げられるところはない」として，そもそも表現の自由の制約がないとした. 確かに，

第 7 章　憲法が保障する権利・各論　113

教科書検定での不合格処分は，出版禁止処分とは異なる．ただ，教科書として
の適格性は，政治的圧力から自律して，学術的観点に基づき判断されねばなら
ない．現在の教科書検定の仕組みは，政治的圧力を排除できていないと指摘さ
れており（蟻川恒正「政府の言論の法理」駒村圭吾＝鈴木秀美編『表現の自由 I ──状
況へ』尚学社 2011 年），この判決は，検定者が政治からの自律性を担保できてい
るかについて，検証不足である．

　名古屋高判（金沢支部）平成 12 年 2 月 16 日判時 1726 号 111 頁（天皇コラー
ジュ事件）は，富山県立美術館が，県議会議員や神社関係者から抗議を受け，
展示作品を売却し，図録を焼却したことについて，作者が憲法 21 条 1 項違反
を主張した事例である．判決は，表現の自由に基づき「公権力に対し，芸術家
が自己の製作した作品を発表するための作為，たとえば，展覧会での展示，美
術館による購入等を求める」ことはできないとして，作者の表現の自由の侵害
はないとした．もっとも，展示継続の是非は，自律的な文化専門職の判断に委
ねられるべきで，この事案で表現者として十分に尊重されたかは疑わしい．

　最一判平成 17 年 7 月 14 日民集 59 巻 6 号 1569 頁（船橋市図書館蔵書廃棄事
件）は，市立図書館の司書が著者の思想への反発から蔵書を廃棄したことにつ
いて，「著作者の思想の自由，表現の自由が憲法により保障された基本的人権
であることにもかんがみ」，図書館蔵書の著作者には，公立図書館の職員に不
公正な取扱いによって著書を廃棄されない利益があり，その侵害は国家賠償の
対象となり得るとした．

　図書館の蔵書選択は選択助成の一種であり，蔵書の選定・廃棄は，文化専門
職の自律的判断に基づき行われる必要がある．この事例では，廃棄したのは文
化専門職たる図書館司書ではあるが，その廃棄基準は個人的な好みによるもの
であった．つまり，文化専門職としての判断があったとは言い難く，判決には
一定の妥当性がある．ただ，完全に個人の好みで蔵書を廃棄したとすれば，そ
れはもはや図書館司書の職務行為ではなく，個人的な器物損壊行為とみるべき
ではないか．船橋市が，不当廃棄の被害者として，図書を廃棄した個人への賠
償を請求すべき事案だった．

　最二判令和 5 年 11 月 17 日裁判所ウェブサイト（宮本から君へ事件）では，

出演者の麻薬取締法違反により，芸術専門家の判断を踏まえ内定していた文化芸術振興費補助金が不交付とされたことの適否が争われた．判決は，「憲法21条1項による表現の自由の保障の趣旨に照らし」，文化芸術振興費補助金の不交付につき「一般的な公益が害されるということを消極的な考慮事情として重視し得るのは，当該公益が重要なものであり，かつ，当該公益が害される具体的な危険がある場合に限られる」という厳しい基準を立て，この不交付はこの基準に照らし違法であると断じた．適切に選択助成の性質を踏まえた判断と言える．

(13) 表現の自由が問題となった事例6——ヘイトスピーチ

人種・民族など特定の属性を持つ人の集団を攻撃する目的で，その集合に対する侮蔑や憎悪などの攻撃をもたらす感情をあおる表現をヘイトスピーチという．日本では，既に明治時代から，特に在日韓国・朝鮮人に対するヘイトスピーチが横行していた．特定人に対するヘイトスピーチは，名誉毀損や侮辱として損害賠償・刑事罰の対象となる．また，店舗周辺でヘイトスピーチを繰り返すなどすれば，業務妨害にもなる．その意味で，ヘイトスピーチへの規制が全くなかったわけではない．しかし，近年，集団へのヘイトスピーチも規制すべきと考えられるようになった．2016（平成28）年には，ヘイトスピーチ規制法が成立し，各地域の条例制定も進んでいる．

最三判令和4年2月15日民集76巻2号190頁では，大阪市条例のヘイトスピーチ規制が表現の自由の侵害とならないかが問題となった．判決では，規制は，特定の人々が「社会から排除」されるのを防ぐという目的は「合理的であり正当」で，規制手段も，事後的な拡散防止措置と氏名公表等に限られ，刑罰などによる強制を伴わないため「合理的で必要やむを得ない限度にとどまる」として，憲法21条1項違反はないとした．

集団へのヘイトスピーチは，それがもたらす害悪を具体的に認定し難いため，強い制裁を課すには限界もある（齊藤愛『異質性社会における「個人の尊重」』弘文堂，2015年，第3章参照）．しかし，ヘイトスピーチが積み重なれば，差別や憎悪がつのり，場合によっては放火や殺人など深刻な被害につながり得る．表現の自由の保障を前提とするにせよ，大阪市条例のような集団へのヘイトスピー

チへの緩やかな規制や，官公庁の広報，ヘイトスピーチを伴う個人への名誉毀損・侮辱・業務妨害などへの厳罰を組み合わせ，ヘイトスピーチを抑制していくのは正しい方向だろう．

❻ 知る自由 (憲法 21 条 1 項)

(1) 知る自由の内容

表現行為は，表現者の発信した情報が，他者に伝達されることで成り立つ．したがって，情報を発信する自由のみならず，情報を受け取る自由が保障されない限り，表現の自由が保障されているとは言えない．例えば，本を出版する自由が保障されても，本を読む自由が制限されれば，情報は伝達されない．

そこで，憲法 21 条 1 項は，情報を受け取る側の知る権利 (知る自由) をも保護していると解される．知る自由は，表現を受け取る行為一般を保護範囲とする防御権である．この権利は，表現の自由と表裏一体をなし，その制約の合憲性は，表現の自由の制約と同等の厳格な基準により審査される．

また，情報は，表現行為以外の人の行為や自然環境からも受け取ることができる．そうした情報の受領も，自己の考えを深めたり，政治参加の資料としたりするため重要であることからすれば，知る自由の保護範囲には，表現者が発信した情報以外の情報を受領する自由も含まれると解すべきである．

(2) 知る自由が問題となった事例

最大判平成元年 3 月 8 日民集 43 巻 2 号 89 頁 (レペタ訴訟) では，裁判所が，法廷で傍聴人がメモをとることを禁止したことが問題となった．判決は，「さまざまな意見，知識，情報に接し，これを摂取することを補助するものとしてなされる限り，筆記行為の自由は，憲法 21 条 1 項の規定の精神に照らして尊重される」とし，傍聴人のメモ採取が公正かつ円滑な訴訟の妨げになることは考えにくく，メモ禁止は合理的根拠を欠くとした．この判決がきっかけとなり，全国の法廷でメモの自由が認められるようになった．

最大判平成 29 年 12 月 6 日民集 71 巻 10 号 1817 頁 (NHK 受信料事件) では，放送法 64 条 1 項の定める NHK 受信料の制度が問題となった．同項によれば，NHK の放送を受信できる設備 (テレビ等) を設置した者は，NHK と受信契約

116 第3編 憲法が保障する権利

を締結し受信料を支払わなくてはならない．つまり，受信料を支払わなければ，NHKだけでなく民間放送も受信できない．判決は「公共放送事業者と民間放送事業者との二本立て体制の下」，NHKを「民主的かつ多元的な基盤に基づきつつ自律的に運営される事業体たらしめるためその財政的基盤を受信設備設置者に受信料を負担させることにより確保するものとした仕組みは」「国民の知る権利を実質的に充足すべく採用され，その目的にかなう合理的なもの」だとして合憲と判断した．

❼ 学問の自由 （憲法 23 条）

(1) 保障の根拠

学問には，政治学・経済学・歴史学・文学・数学など，それぞれの領域ごとに研究を評価する固有の基準がある．これを学問の自律性という．例えば，法学では，国内外の先行業績や関連する法令・判例を網羅的に調査した研究や，理論的一貫性のある議論が高く評価される．

学問成果の発表が通常の言論よりも高い影響力を持てるのは，学問が政治的圧力や経済的利害関係から独立し，厳密な研究手法に依拠しているからである．他方で，学問の影響力が高いからこそ，政治権力は，学問を利用したり，弾圧したりする強い動機を持つ．明治憲法下では，政府に都合の悪い研究は弾圧された．例えば，法学の分野では，滝川幸辰教授や美濃部達吉教授が公職を追われ，著書が発売頒布禁止処分を受けたりした（⇨(5)参照）．また，自然科学分野でも，戦争に寄与する研究が奨励され，軍の研究への介入を招いた．

学問が自律性を維持し，学問の価値を守るには，政治権力による介入から学問を守る必要がある．

(2) 保護範囲

このような学問の性質と過去の歴史を踏まえ，憲法 23 条は，学問の自由を保障し，その自律性を確保しようとした．ここに言う**「学問」**とは，**その学問領域固有の評価基準・法則により，研究を評価し，優れた研究成果を蓄積する営み**，と定義できる．

(3) 保障の程度

学問には高い自律性が要求されるため，学問の自由の制約の合憲性は，厳格な違憲審査基準により審査されるべきである．具体的には，目的が極めて重要で，手段が必要最小限度でない限り正当化できない，と解すべきであろう．

(4) 雇用者・出資者としての国家と学術専門職

国家が研究者を雇用したり，あるいは研究支援のために研究費や設備を提供したりする場合がある．これには，**国家の業務のために学問的知見を必要としてなされる雇用・出資（国家業務のための雇用・出資）**と，**学問の自律的発展を援助するためになされる雇用・出資（学問のための雇用・出資）**の2つがある．

前者の例として，気象庁が気象学の博士号を持つ者を雇用し，気象予報技術の開発・研究にあたらせたり，防衛省が，工学の専門家に防衛装備の研究のために研究費を援助したりすることが挙げられる．後者の例としては，典型的には国公立大学が教授として研究者を雇用したり，文科省が日本学術振興会を通じて研究費を支援したりする例がある．

国家業務のための雇用・出資では，学問の自由は保障されず，行政の指揮・監督に従うことを求められる．例えば，台風予測のために雇用された気象官が，学問的な興味から台風予測と関係のない研究を業務として進めようとした場合，本来の業務を行うよう指揮されてもやむを得ない．ただし，学問を歪めるような指揮・監督は，学問の自由の侵害にならないとしても，国家業務の合理性の要請に反する．例えば，防衛大臣が防衛装備に関するデータの改ざんを指示したり，環境大臣がCO_2排出量の統計を粉飾するよう求めたりするのは，公共の福祉に反する指揮・監督であり，正当な行政権の行使とは言えず，権限外行為として憲法違反と評価すべきだろう．

他方，学問のための雇用・出資では，学問の自律を保障する必要がある．

学問には，しばしば，実験施設や図書館，良質な研究員などの多大な物的・人的資源が必要である．こうした資源を個人で用意することは困難であり，学問は歴史的に公的な援助を受けた大学や研究所で行われてきた．現在でも，国家が自ら国公立大学を設置したり，国家の運営する研究補助金が作られたりしている．政治的権力や行政機関が，自らの意に沿わない研究を行う国公立大学

の教授を罷免したり，研究費を打ち切ったりすることを認めると，学問の自律的発展が阻害される．とすれば，学問の自由は，国家が行う学問のための雇用・出資の場面で，学問の自律を求める権利も含んでいると解すべきである．

この権利を実現するには，選択助成における文化専門職の自律と同様に，研究者の雇用や研究費の配分における学術専門職の自律が重要となる．例えば，研究費の助成にあたっては，国会議員や官僚が直接対象を選ぶのではなく，政治から自律した専門の研究者による評価を尊重すべきである．また，国公立の大学や研究所などにおいては，研究者の採用人事や研究費の配分，個々の研究の研究倫理適合性の判断を，研究者の共同体に委ねるべきである．学問の自律が尊重されない手続による選択助成や，その拒否・撤回・縮減などは，学問の自由の侵害と評価すべきだろう．

(5) 学問の自由が問題となった事例

現行憲法下で学問の自由が問題となった裁判例は多くない．ただし，旧憲法下での滝川事件（京大事件）・美濃部事件（天皇機関説事件）は知っておく必要がある．

滝川事件とは，1933（昭和8）年に，文部省が京都帝国大学の滝川幸辰（1891-1962）教授（刑法学）を，学問上の見解を理由に休職処分（復帰がなければ免職となる）にした事件である．事件の発端は，帝国議会での滝川を攻撃する質疑であり，姦通罪に関する教科書の記述などが問題とされた．京大側は，佐々木惣一（1878-1965）教授らを中心に全員で辞表を提出するなどして抵抗したが，文部省からの切り崩し工作などもあり，滝川追放を止められなかった．滝川が京大に復職したのは，戦後になってからである．

美濃部事件は，1935（昭和10）年，菊池武夫（1875-1955）貴族院議員が，憲法学者の美濃部達吉（1873-1948）の天皇機関説を「国体に対する緩慢なる謀叛」であると非難したことに端を発する．政府は，天皇機関説を否定する国体明徴声明を出し，美濃部は貴族院議員を辞職するに至った．さらに翌年には，右翼活動家が美濃部宅を訪れ発砲し，美濃部は重傷を負った．

2つの事件に関連して，滝川教授・美濃部教授の著書の一部は，当時の出版法に基づき発禁処分を受けた．

第7章　憲法が保障する権利・各論　119

これらの事件は，いかに学問の自由が政治的圧力に対し脆いものかを示している．また，いずれの事件も，発端は議会での学者に対する個人攻撃から始まっている．議会を学問の自由への攻撃の場にしてはならない．

❽ 大学の自治 （憲法 23 条）

（1）保障の根拠

学問研究には多様で巨大な人的・物的資源の集積が必要なことから，歴史的に，学問は大学において行われてきた．したがって，憲法 23 条の趣旨を実現するには，個々の研究者の学問の自由を保障するだけでなく，組織体としての大学の自治をも保障しなければならない．

（2）保護範囲

一般に「大学」と言えば，学校教育法に基づき認可・設立された大学を指す．学校教育法上の大学は，大学設置基準の定める厳しい要件を充たした研究・教授のための主要な組織であり，大学の自治はまず何よりもこの大学に保障されねばならない．

もっとも，大学の自治の保障の趣旨からすれば，憲法 23 条が自治を保障する「大学」とは，学校教育法上の大学だけでなく，学問研究・教授のための組織一般を言うと理解すべきである．私設の研究所や国内・国際の学会等も，憲法 23 条を根拠に自治を認められるべきである．

自治の対象として，どのような研究をし，どのように発表するかに関する研究活動，及び，どのような内容を学生に教え，学生をどう評価するかに関する教授活動が含まれるのは当然である．また，研究者人事は，大学自身が専門的な基準で学問に関する評価・判断を行うための重要な要素であるから，人事の自治も強く保障されねばならない．さらに，研究には施設管理の自律が，教育には学生管理の自律が必要である．これらは全て，大学の自治の保護範囲に含まれると解すべきである．

（3）保障の程度

大学の自治は，学問の自由を実現するために極めて重要な理念であるから，その制約を正当化できるか否かは，厳しい審査基準で審査されねばならない．

120　第3編　憲法が保障する権利

学問そのものとされる研究・発表・教育について，大学の自治を制限する法令
の合憲性は，厳格審査の対象となる．他方，施設・学生管理の自治については，
学問そのものの自治ではないため，それらよりは保障の程度は下がると言われ
ている．

　判例も，大学の自治は「とくに大学の教授その他の研究者の人事に関して認
められ，大学の学長，教授その他の研究者が大学の自主的判断に基づいて選任
され」，「また，大学の施設と学生の管理についてもある程度で認められ，これ
らについてある程度で大学に自主的な秩序維持の権能が認められている」とす
る（最大判昭和38年5月22日刑集17巻4号370頁・東大ポポロ事件）．

(4) 大学の自治が問題となった事例

　最大判昭和38年5月22日刑集17巻4号370頁（東大ポポロ事件）は，大
学の教室での学生集会に潜入していた警察官に対し，逃走を止めるため手を摑
むなどした学生が，暴力行為等処罰法に基づき起訴された事件である．学生は，
警察官が大学の自治を侵害したため，正当な行為だと主張した．

　判例は，憲法23条が大学の自治を保障していることを認めつつ，問題の集
会は「公開の集会」ないしそれに準じるもので，そこに警察官が観劇のために
立ち入っても「大学の学問の自由と自治」の侵害にならないとした．

　学校教育法上の大学以外の学問・研究のための組織の自治が問題となった事
例として，2020年の日本学術会議任命拒否事件が挙げられる．日本学術会議
は，「わが国の科学者の内外に対する代表機関として，科学の向上発達を図り，
行政，産業及び国民生活に科学を反映浸透させる」目的で設立された内閣総理
大臣所轄の組織である（日本学術会議法2条）．会員は，学術会議が「優れた研
究又は業績がある科学者」から候補者を選定し，それに基づき首相が任命する．
菅義偉首相は，学術会議から推薦のあった105名の候補のうち，「総合的・俯
瞰的観点」という理由で6名を外して任命した．学術会議の設立目的と会員
選抜の基準からすれば，会員は学術の専門家による自律的な選抜が必要であり，
政治権力が恣意的に任命を拒否することは，学術組織の自治を害するもので，
憲法23条に違反すると評価すべきだろう．

■第三款　経済的自由権

　日本国憲法は，財産の個人所有を認め，人々がお金・商品・サービス・情報などの財を自由に交換する権利を保障する（自由主義経済・市場経済）．この体制は，生産者には，創意工夫や需要の高い財の供給を促し，消費者には，自分の需要に応じて，好きな財を得る機会を提供する．人々の自律的意思による活動を促すことで，経済や文化を発展させることができる優れた経済体制と言えよう．

　この体制を実現するには，経済的自由権の保障が必要である．第三款では，そうした自由権について検討する．なお，財産権を保障する憲法 29 条は，防御権としての現に有する財産権に加え，公共的財産法請求権と正当補償請求権の 2 つの請求権も保障する．関連が深いので，この 2 つの権利も本章で検討する．

❶職業選択・営業の自由（憲法 22 条 1 項）

（1）保障の根拠

　憲法 22 条 1 項は，「何人も」，「公共の福祉に反しない限り」，「職業選択の自由を有する」と規定する．職業が生計維持手段として重要なのは確かだが，それだけなら世襲でもよいはずである．なぜ，職業選択の自由を憲法で保障するのだろうか．

　高度に分業化した現代社会において，人々は，職業を通じて社会の存続と発展に寄与し，自己のもつ個性を全うする．例えば，「美容師になりたい」とか「建築関係の仕事をしたい」という意思が生まれるのは，「お金を稼げるから」というだけではなく，自分の個性を生かした社会貢献をしたいとか，自分の個性にあっているといった理由があるからだろう．

　生計を維持する手段であることと，個人の人格的価値を実現する手段であることの 2 つが，職業選択の自由を保障する根拠である．

（2）保護範囲

　憲法 22 条 1 項が保護する「**職業**」とは，**自己の生計を維持するために行う継**

続的活動を言う．生計を維持し，人格的価値を実現するには，職業を開始・廃止するだけでなく，それを遂行することも必要である．このため，憲法22条1項の保護範囲には，職業選択の自由だけでなく，選択した職業の遂行自体の自由（営業の自由）も含まれる．

(3) 保障の程度

　職業の遂行態様によっては，周辺に危険・迷惑を発生させたり，国民の生命・健康に被害を与えたりすることもあるので，規制が必要になる場合がある．ただ，職業とその規制態様は種々様々で，規制が正当化されるか否かの基準も一律に論ずることは妥当ではない．

　そこで，有力に提唱されるのが，戦後の（西）ドイツで，憲法裁判所の判例を通じて発展した**段階理論**（Stufentheorie）である（石川健治「30年越しの問い――判例に整合的なドグマティークとは」法教332号，2008年）．この理論は，**職業の規制を全ての者に一律に適用される規制（一律規制）と特定の条件を充たした者のみに職業の選択・営業を認める規制（許可制）に分け，一律規制には合理性の基準を適用する一方，許可制には厳しい審査を要求する理論**である．

　許可制は，不許可になった人を劣位に置くもので，人格的価値を大きく傷つける．また，競争を制限し，許可を受けた者にだけ利得を与えることで，権力者の縁故者を不当に優遇したり，差別に利用されたりしやすい．したがって，許可制には，厳格な審査基準を適用すべきである．

　さらに，許可制は，**資格試験の合格や衛生基準・安全基準など当人の意思や努力により充たすことのできる条件（主観的条件）**によるものと，**人種や性別，既存店舗との距離など，当人の努力ではいかんともし難い条件（客観的条件）**とがある．客観的条件の規制は，当人の努力の機会すら認めず職業から排斥するもので，特に深く人格的価値を傷つけるから，より厳しく審査すべきである．

　このように，段階理論は，①一律規制，②主観的条件による許可制，③客観的条件による許可制に分けて，審査基準を段階的に設定する．

　最大判昭和50年4月30日民集29巻4号572頁（薬事法違憲判決）も，「一般に許可制は，単なる職業活動の内容及び態様に対する規制を超えて，狭義における職業の選択の自由そのものに制約を課するもので，職業の自由に対する

強力な制限であるから，その合憲性を肯定しうるためには，原則として，重要な公共の利益のために必要かつ合理的な措置であることを要」すると述べる．その上で，薬局の許可制について，衛生設備等の主観的条件による許可制については，規制目的との観念的な関連性を求めるに止める一方，既存薬局との距離制限という客観的条件による許可制については，実質的関連性を要求する厳しい基準を採用した．

(4) 目的二分論と明白性の原則

薬事法違憲判決は，段階理論とは別に，「**社会公共に対してもたらす弊害を防止するための消極的，警察的措置**」としての規制（消極目的規制）と，「**社会政策ないしは経済政策上の積極的な目的のための措置**」（積極目的規制）を対比し，積極目的の許可制には厳格審査基準を適用しないとした．積極目的規制とは，より具体的に言えば，**超過利潤**（rent：自由競争を制限した場合に得られる利潤）**を与えることで，特定の事業者を保護する目的の規制**を言う．食中毒を防ぐための飲食店の規制や火災防止のための消防法上の規制などが消極目的規制，既存の小売店を保護する大規模店舗出店規制などが積極目的規制である．

また，最大判昭和 47 年 11 月 22 日刑集 26 巻 9 号 586 頁（小売市場事件判決）は，積極目的規制は「**著しく不合理であることの明白である場合に限って**」違憲と評価すべきとした．この判決が採用した極めて緩やかな基準は**明白性の基準**と呼ばれ，**積極目的規制を明白性の基準で判断すべきとする原則を明白性の原則**と呼ぶ．

従来，判例は，**職業・営業規制を消極目的規制と積極目的規制に二分し，前者には厳格審査，後者には明白性の基準を適用すべきとの立場に依拠する**との理解がなされてきた．これを**目的二分論**と言う．

しかし，目的二分論では，環境保護目的や租税徴収目的の許可制など，消極・積極のいずれにも分離し難い規制の処理方法が不明となる．また，薬事法違憲判決の論証は，消極目的のみならず，許可制一般に厳格審査を及ぼすべきとしている．とすると，判例は，目的二分論ではなく，許可制の厳格審査（段階理論）を原則とし，積極目的規制のみ例外的に明白性の原則を採用する立場と理解した方が素直である．

124　第3編　憲法が保障する権利

なぜ、判例は、積極目的規制を段階理論の例外とするのか。まず、小売市場事件判決は、憲法自身が「経済的劣位に立つ者に対する適切な保護政策を要請して」おり、積極目的規制は「憲法が予定し、かつ、許容するところ」と指摘する。目的自体が憲法の要請を受けたものなら、目的が重要でないとか、不当だという理由で違憲と評価されることもない。また、定義上、超過利潤は競争制限以外の方法では生じない。つまり、積極目的規制の場合、目的との関連性や必要性が否定されることは論理的にあり得ず、手段審査もするだけ無駄である。明白性の原則は、憲法自身が積極目的規制を要請・予定しているという解釈の自然な帰結と言える。

もっとも、自由競争の制限は、一部事業者に利得を与える一方で、一般消費者に不利益を与える。そうした不公正にもかかわらず、なぜ、判例は、明白性の原則をとろうとするのか。

この点は、司法審査だけでなく、立法過程の性質を考慮すれば理解できる。特定の事業者を保護する政策は、一般的に、民主的政治過程では支持されにくい。それにもかかわらず、国民代表の多数派が、積極目的規制を必要と考えたのであれば、その規制には国民の多くの支持を得るだけの何らかの理由があるはずである。だとすれば、司法は民主的な政治過程での判断を尊重すべきである。小売市場事件判決も、積極目的規制の妥当性の判断は「立法府の使命とするところであり、立法府こそがその機能を果たす適格を具えた国家機関であるというべきである」と説明している。

ただし、実際の立法過程では、積極目的規制が、国民の安全や健康、良好な環境などを守るためとして、消極目的その他の目的の規制に偽装されることもある（長谷部・講話148頁）。その場合、裁判所は厳格な審査を行い、積極目的をあぶりだすべきだろう。消極目的に偽装した立法が違憲とされた場合、改めて積極目的を明示して、立法府で規制を行うかどうか議論すればよい。

こうした議論に依る場合、明白性の原則を採用すべきは、法律の目的規定などで積極目的が明示されている場合に限られる。表向きの目的を消極目的等に偽装した積極目的規制には、厳格審査が必要である。

(5) 職業選択・営業の自由が問題となった事例1——一律規制

一律規制が問題となった事例に，最三判平成2年2月6日訟月36巻12号2242頁（西陣ネクタイ事件）がある．この事例では，外国産の生糸輸入が制限された一方，絹ネクタイの輸入は制限されなかったため，国内の絹ネクタイ事業者は原材料として高価な国内産生糸を購入することを余儀なくされた．判決は，生糸輸入制限は国家賠償法上違法の評価を受けないとした．

最一判令和3年3月18日民集75巻3号552頁は，要指導医薬品の販売において，薬剤師による対面での情報提供・指導を要求した関連法の規定について，「適切な指導を行うとともに指導内容の理解を確実に確認する必要があ」り，電話やメールなど対面以外の方法では「理解を確実に確認する点において直接の対面に劣るという評価」は不合理ではないとして，憲法22条1項に違反しないと判断した．

(6) 職業選択・営業の自由が問題となった事例2——主観的条件による許可制

前掲薬事法違憲判決では，まず，薬局の構造設備，薬剤師の数，犯罪歴や薬事法違反歴などの薬局開設許可の主観的条件の適否が問題となった．判決は，「不良医薬品の供給の防止の目的に直結する事項」として「比較的容易にその必要性と合理性を肯定し得る」とした．

裁判所は，資格制による許可制の合憲性も比較的容易に認める傾向にある．最大判昭和34年7月8日刑集13巻7号1132頁は，「印象採得，咬合採得，試適，嵌入」に歯科医免許を要求することを「国民の保健衛生を保護するという公共の福祉のための当然の制限」として合憲とした．また，最三判平成12年2月8日刑集54巻2号1頁は，この判決を引用しつつ，司法書士の資格制も「登記制度が国民の権利義務等社会生活上の利益に重大な影響を及ぼすものであることなどにかんがみ」合憲とした．

さらに，最三判平成4年12月15日民集46巻9号2829頁は，「酒税の確実な徴収とその税負担の消費者への円滑な転嫁を確保する」目的で，酒類販売業者の免許取得に「経営の基礎が薄弱」でないことを要求した酒税法10条10号の規定を合憲と判断した．

126 第3編 憲法が保障する権利

(7) 職業選択・営業の自由が問題となった事例3──客観的条件の許可制

薬事法違憲判決では，薬事法（現薬機法）が定める薬局開設許可における既存薬局との距離制限（最低でも100mの距離を空ける必要があり，具体的な距離は都道府県条例に委任されていた）という，客観的条件による許可制も問題になった．判決は，薬局経営不安定化による不良医薬品供給防止が目的だとしつつ，「競争の激化─経営の不安定─法規違反という因果関係に立つ不良医薬品の供給の危険が，薬局等の段階において，相当程度の規模で発生する可能性があるとすることは，単なる観念上の想定にすぎず，確実な根拠に基づく合理的な判断とは認めがたい」として違憲とした．

これに対し，最大判昭和30年1月26日刑集9巻1号89頁（公衆浴場事件判決）は，公衆浴場の距離制限について，「公衆浴場は，多数の国民の日常生活に必要欠くべからざる，多分に公共性を伴う厚生施設」だとし「その濫立により，浴場経営に無用の競争を生じその経営を経済的に不合理ならしめ，ひいて浴場の衛生設備の低下等好ましからざる影響を来たすおそれなきを保し難い」として，距離制限と公衆浴場の品質との因果関係を認めて合憲とした．

また，小売市場事件判決では，小売市場の開設経営の許可条件として，既存小売市場から一定の距離を空けることを求めることについて，経済的弱者保護のための積極目的規制と認定し，明白性の基準を適用して合憲とした．

視覚障碍者の職業確保の目的で，あんま師らの養成施設の認定申請について，文科大臣・厚労大臣に裁量での不認定を認めたあんま師等法19条の合憲性について，最二判令和4年2月7日判タ1497号51頁は，こうした規定の必要性及び合理性の判断は「社会福祉，社会経済，国家財政等の国政全般からの総合的な政策判断を行うことを必要とする」ため，「立法府の政策的，技術的な判断に委ねるべきものであり，裁判所は，基本的にはその裁量的判断を尊重すべき」として，合憲と判断した．

❷財産権（憲法29条）

憲法29条は，不思議な条文である．同条1項が「財産権」は「侵してはならない」とする一方で，2項は，その「財産権の内容」は法律で決定するとい

第7章 憲法が保障する権利・各論 127

う. 例えば, 法律で, 「この土地の所有者は, 5 m 以上の建物を建ててはならない」と定めたとしても, それは所有権の「内容」を定めただけで, 所有権を「侵して」いるわけではない. これでは, 「財産権」が法律により「侵」される事態は観念できない.

憲法 29 条を合理的に理解しようとするなら, 1 項と 2 項の「財産権」は別の意味だと解さざるを得ない. では, 憲法 29 条をどのように理解すべきか.

(1) 経済財と財産ルールの概念

人間にとって効用のある**物・役務・情報**などの存在を**財**と言う. このうち, 空気のように, その効用を享受するために特別の負担（コスト）が不要な財を**自由財**, その効用を享受するために何者かの負担（コスト）が必要な財を**経済財**と呼ぶ. 多くの財は, 経済財に分類される. 例えば, ある者が希少な物を利用すれば, 他の者はそれを利用できないという負担を負わねばならない. 役務についても, それを提供する者に労役という負担が生じる. ニュースや小説などの情報を利用するには, それを収集・創出する者の負担が必要である.

自由財の利用については, ルールを定める必要はない. しかし, 経済財には, 誰がそれを利用できるのか, また, 誰がその利用のために必要な負担を負うのか, についてルールが必要である. 例えば, 単独所有のルールは, ある物の所有者にその利用を認める一方, 所有者以外の者にその利用ができないという負担を負わせるルールである. また, 著作権を保障するルールは, その情報を利用する者に対価を支払わせることにより, 著作の負担を分かち合うルールである. こうした**経済財の利用に関するルールを財産ルール**と呼び, **それにより利用が認められた財を財産**と呼ぶことにしよう.

(2) 公共的財産法請求権（憲法 29 条 2 項）

財産ルールは, 各人が納得できる公平なものでなければならない. そこで, 憲法 29 条 2 項は, 財産ルールに「法律」という厳格な法形式と, 「公共の福祉」に適合する内容とを要求した. この規範は, 国家に対する義務を定めた客観法原則であるだけでなく, 国民が国家に対して権利を行使できる主観的権利の保障を含んでいるとされる. すなわち憲法 29 条 2 項は, 「**公共の福祉**」に**適合する財産法の構築を請求する権利**（**公共的財産法請求権**）を保障する条項であ

る．この請求権の行使要件は，①公共の福祉に反する財産法があり，②それにより不利益を被っていること，である．

　もっとも，公共の福祉という基準は極めて抽象的であるため，民法や知的財産法などの規定が憲法29条2項に反すると評価されることは稀だろう．単独所有や一物一権主義など，公共の福祉に適合する財産法の「原形」を想定しようとする試みもあるが（青井＝山本・憲法Ⅰ・144頁），現状，広く支持を集めるには至っていない（平良小百合『財産法の憲法的保障』尚学社，2017年，258頁）．

(3) 現に有する財産権（既得権）の保障（憲法29条1項）

　「財産権」の不可侵を規定する同条1項は何を保障した規定なのか．

　一般的な見解は，「この規定は，個人の現に有する具体的な財産上の権利」を保障するものだとする（芦部・憲法255頁）．**現に有する財産権**とは，**既存の法律で保有が認められた財産的価値を持つ権利一般**を言う．民法に規定された所有権や抵当権，知的財産法の体系で保障された著作権や特許権の他，社会保障法上の年金受給権や産業法上の漁業権，鉱業権など，財産的価値を持つ法的権利一般がこれに含まれる．これらの権利は，既存の法律を根拠に既に得た権利であり「既得権」とも呼ばれる（石川健治「財産権①」小山＝駒村編・探求236頁）．

　現に有する財産権を保障するのは，経済活動の予測可能性を確保するためである．例えば，建築物の高さ上限を20mとする法律があったとする．土地を購入する者はそれを前提に投資しており，上限が10mに変更されれば，採算が合わなくなってしまう．このように，財産権の内容が事後的に変更されたのでは，経済活動は著しく困難になる．そこで，憲法29条1項は，既存の財産法上の権利を保障した．この権利は，現にある法律の変更を行わない不作為を請求する権利であり，自由権の一種である．

　もっとも，既得権保障は絶対ではなく，正当化事由があれば，その制約を正当化できる．最大判昭和53年7月12日民集32巻5号946頁（農地法改正事件判決）は，現に有する財産権の内容変更が憲法29条1項により許容されるか否かは，①その財産権の性質，②その内容を変更する程度，および③これを変更することによって保護される公益の程度などを総合的に勘案し，その変更

が当該財産権に対する合理的な制約として容認されるべきものであるかどうかによって，判断すべきとした．

租税法律の遡及適用も，既得権の制約になり得る．最一判平成 23 年 9 月 22 日民集 65 巻 6 号 2756 頁は，租税特別措置法の改正で，遡及的に譲渡所得の損益通算の方法を変更したことについて，農地法改正事件判決の基準を引用し，財産権の合理的制約の範囲内だとした．

なお，冷戦期には，日本国憲法下で土地や工場などの私的所有を禁ずる共産主義体制を採用できるかどうかが真剣に議論された．通説は，憲法 29 条 1 項が，土地や生産手段の個人所有を認める私有財産制度を保障しているとして，共産主義体制への移行には憲法 29 条の改正を要するとしてきた．

(4) 正当補償請求権（憲法 29 条 3 項）

現に有する財産権は憲法上保障されるべきものではあるが，時には，公益を実現するために，個人の財産を公的機関が利用する必要が生じる場合もある．例えば，鉄道を建設するために，線路や駅の用地を強制収用せざるを得ない場合などである．この場合，たとえ公益実現のためとはいえ，その財産の保有者だけに負担を課すのは公平の理念に反する（塩野・行政法 II 380-381 頁）．そこで，憲法 29 条 3 項は，財産権を公共のために利用する場合の正当補償請求権を保障する．

正当保障請求権は，元来は所有権の収用（強制的な国家への所有権移転）を想定した権利だったが，憲法による既得の財産権保護拡大に応じて，所有権の収用以外にも適用されるようになった（石川健治「財産権②」小山＝駒村編・探求 249-252 頁）．

憲法 29 条 3 項は，①現に有する財産権（「私有財産」）が，②「公共のために用ひ」られた場合に，正当補償請求権を行使できるとする．①は既得権が制約されたこと，②は制約が合憲であることを意味する．制約が違憲なら無効になるので，補償の話にはならない．また，公平の理念という保障の根拠からすれば，財産権の制約が広く一般に及ぶ場合には，補償は必要ない．このため，正当補償請求権の行使には，①と②に加え，財産権の制約が公平の理念に反するような③特別の犠牲であることも要求されると解されている．

③特別の犠牲であるか否かは，その対象が一般的であるか特別的であるかという形式的基準及び，制約が財産権の内在的制約を超え，本質的内容を侵害するほどに強度なものかという実質的基準の2つにより判断される．

では，①〜③の要件を充たしたにもかかわらず，法令が補償を規定していない場合，どのように扱うべきか．2つの見解がある．

第1の見解は，**憲法 29 条 3 項は，補償なき規制を禁じる特定行為排除権を保障しているとの見解（補償不要＝規制無効説）**である．この見解によれば，例えば，補償なき土地の高さ制限が違憲の場合，所有者は，補償を請求できないが規制を無視して建物を建てることができる．第2の見解は，**憲法 29 条 3 項は，補償金の支払い請求権を補償していると解する見解（補償必要＝規制有効説）**である．この見解によれば，規制を無視した者は有罪だが，憲法 29 条 3 項を根拠に国家に補償金を請求できる．この2つの見解には，それぞれ長所・短所がある（宇賀・行政法 II 530-531 頁）．補償不要＝規制無効説は，想定外に補償を支払う義務が発生することがなく，国家財政への影響は小さいが，公共のための規制の効果を維持できない．他方，補償必要＝規制有効説には，規制の効果は維持できる利点があるものの，国や自治体が，不測かつ多額の財政出動を命じられる危険がある．

では，どちらの見解が妥当か．この点，補償必要＝規制有効説は，立法府から「補償が必要なら立法しない」という選択肢を奪うもので，立法裁量の侵害だという批判もある．しかし，補償不要＝規制無効説も，「補償をしてでも規制を維持したい」という立法裁量を否定することになる．立法裁量の尊重は決定打にならない．

注目すべきは，規制の効果だろう．補償不要＝規制無効説では，法令を無視した者が利得を得る一方，規制に従った者は補償を受けられない．これは，不公平である上に，公共の福祉のための規制の無視を奨励することにつながり適切でない．だとすれば，補償必要＝規制有効説が妥当だろう．河川附近地制限令事件判決（最大判昭和 43 年 11 月 27 日刑集 22 巻 12 号 1402 頁）も，憲法 29 条 3 項に依拠した直接請求の可能性を認め，補償必要＝規制有効説を採用して，規制違反者を有罪としている．

このため，正当補償請求権は請求権であると理解されている．三要件を満たした場合，請求の効果として，どこまでの補償を受けられるのだろうか．正当補償請求権が公平の観点から認められていることからすれば，財産権を制約された個人は，**その制約がなければ市場で得られたであろう全額を請求できると解される（完全補償説）**．市場価格の完全な補償ではなく相当額でよいとしたように思われる判決もあるが（最大判昭和 28 年 12 月 23 日民集 7 巻 13 号 1523 頁［後掲，農地改革事件⇨132 頁］，最三判平成 14 年 6 月 11 日民集 56 巻 5 号 958 頁），これらの判決は，市場価格が算定しにくい事情がある中で特殊な価格算定方法を認めたもので，必ずしも完全補償説を否定しているわけではない．

(5) 公共的財産法請求権が問題となった事例

公共的財産法請求権（憲法 29 条 2 項）が問題となった事例として，最大判昭和 62 年 4 月 22 日民集 41 巻 3 号 408 頁（共有林分割禁止規定違憲判決）がある．この事件では，森林経営安定のために，持ち分価格 2 分の 1 以下の者に分割請求を否定した森林法旧 186 条の合憲性が問題となった．もともと保有していた分割請求権が剥奪されたわけではなく，既得権制約のない事案ではあるが，判決は，単独所有こそが「近代市民社会における原則的所有形態」と理解すべきとした．その上で，共有者同士の意見対立がある場合に共有を解消できないと却って森林は荒廃するから分割制限に合理性はなく，また，単独所有者の意思や共有者の合意で森林を分割することを認めているにもかかわらず，持ち分価格 2 分の 1 以下の者の分割請求だけを否定する必要性がなく，同条は憲法 29 条 2 項に違反するとした．

他方，最大判昭和 38 年 12 月 25 日民集 17 巻 12 号 1789 頁は，一定条件の下，レコードを有線放送に利用することを認めた著作権法旧 30 条 1 項 8 号は，著作者の権利に配慮しつつ，著作物を公共の利益のために利用することを認めるもので，憲法 29 条に違反しないとした．また，最大判平成 14 年 2 月 13 日民集 56 巻 2 号 331 頁は，上場企業の役員・主要株主がその株式等の短期売買で得た利益を会社に提供させる証券取引法 164 条 1 項は，一定の限定解釈が可能であり，秘密の不当利用を防ぐにはやむを得ないものとして，憲法 29 条に違反しないとした．さらに，前掲最大判平成 29 年 12 月 6 日民集 71 巻 10

132　第3編　憲法が保障する権利

号 1817 頁（NHK 受信料事件）は，NHK の放送を受信できる設備を設置した者に，受信契約の締結を強制できるとした放送法 64 条 1 項の規定は，公共の福祉に適合し，憲法 29 条に反しないとした．

これらの合憲判決では，共有林分割規定違憲判決における単独所有原則のようなベースラインを見出せないとしている．ベースラインが画定できない領域では，広い立法裁量を認めざるを得ないだろう．

(6) 既得権が問題となった事例

既得権（憲法 29 条 1 項）が問題となった事例としては，前掲最大判昭和 53 年 7 月 12 日民集 32 巻 5 号 946 頁がある．もともとの農地法では，農地改革に際し土地を買収された旧所有者は，自作農創設等の目的に供さなかった土地について，買収の対価相当額での売り払いを求める権利を持っていた．しかし，1961（昭和 36）年に農地法が改正され，売り払い金額が時価の 7 割に変更された．旧所有者は，買収の対価相当額での売り払いを求める既得権の侵害を主張したが，判決は，地価の高騰があり，買収の対価相当額での売り払いは却って不公平になる上，売り払いの金額を時価の 7 割に抑えることで旧所有者にも配慮しているとして，憲法 29 条に違反しないとした．

(7) 正当補償請求権が問題となった事例

正当補償請求権（憲法 29 条 3 項）が問題となった事例として，最大判昭和 28 年 12 月 23 日民集 7 巻 13 号 1523 頁（農地改革事件）がある．当時，自由処分が制限されたり，小作料の上限が定められたりして，農地価格は，自由な市場取引を前提にした価格とは乖離していた．この事件では，自作農創設特別措置法に基づく農地の強制買収の対価を，農地に関する規制を前提に算出された金額とすることが，憲法 29 条 3 項に適合するかが問題となった．判決は，正当補償の金額は，必ずしも「自由な取引によって生ずる」価格を前提とする必要はなく，公共の福祉に適合する規制を前提に定めてもよいとした．

また，財産権以外の制約の場合に，正当補償請求権を行使できるかが議論されている．東京地判昭和 59 年 5 月 18 日訟月 30 巻 11 号 2011 頁（予防接種ワクチン禍事件）は，予防接種の副反応による生命・身体の特別の犠牲について，憲法 29 条 3 項の類推適用を認めた．しかし，控訴審たる東京高判平成 4 年

第 7 章　憲法が保障する権利・各論　133

12 月 18 日高民集 45 巻 3 号 212 頁は，生命・身体を公共のために収用することは認められないとして，類推適用を否定した．

■第四款　結社の自由

❶団体の概念

　団体とは，一定の目的のために，それぞれの**構成員が持つ資源を集めて利用するルール**，ないしそれに従う**人々の集まり**を言う．団体には必ず目的があり，団体の性質はその目的によって変わってくる．団体を成り立たせるルールを定款と呼ぶ．定款は，「規約」・「寄附行為」などと呼ばれることもある．

❷結社の自由

　団体を作ると，金銭・労力・発言力などの資源を集積して利用できるので，個人では難しい大規模な活動が可能になる（毛利他・憲法Ⅱ・267 頁）．団体の結成を通じ，個人の行為の可能性を広げるのを認めるため，憲法は結社の自由を保障している．

　団体の性質は目的ごとに異なり，どのような目的で団体を結社するかによって，どの防御権の保護範囲に含まれるかは変わってくる．政治活動を含む表現活動のための団体結成は，表現のための結社の自由として憲法 21 条 1 項で保護される．宗教的結社の自由は憲法 20 条 1 項，学問のための結社の自由は憲法 23 条，株式会社など営利活動のための結社の自由は憲法 22 条 1 項で保護される．

　結社の自由は，表現の自由や営業の自由の一環として保護されるため，その保障の程度も，その結社を保護する防御権によって変わってくる．二重の基準論によれば，表現のための結社の自由の制限は厳格な審査基準，営業のための結社の自由の制限は緩やかな審査基準で審査されることになろう．

▌第 2 節　特定行為排除権

　特定行為排除権は，禁止すべき強い理由のある国家行為を類型的に禁止する

134 第3編 憲法が保障する権利

権利である．憲法が特定行為排除権を保障する場合，原則として絶対保障と解釈される．

■第一款 精神的自由に関する特定行為排除権

❶宗教活動を強制されない権利 (憲法 20 条 2 項)

憲法 20 条 2 項は，「何人も，宗教上の行為，祝典，儀式又は行事に参加することを強制されない」と規定する．宗教活動への強制は，個人の宗教生活に大きな影響を与える．他方，宗教活動は信者にしか意義はなく，公共性はないので，国家が宗教活動を強制しなければならない場面は想定し難い．このため，この権利は絶対的な保障を受けると解すべきである．

❷検閲されない権利 (憲法 21 条 2 項前段)

(1) 検閲されない権利の内容

旧憲法下では，新聞紙法・出版法などに基づき，行政機関は新聞記事や出版の差止命令を出すことが認められていた．表現に対する事前抑制が濫用されることで，国民に正しい情報や優れた芸術作品が届かないことも多かった．その反省を踏まえ，憲法 21 条 2 項前段は，事前抑制の中でも特に悪質な「検閲」を絶対的に禁止した．

「検閲」は例外を許さず絶対的に禁止されるため，その範囲は限定的に解釈される．最大判昭和 59 年 12 月 12 日民集 38 巻 12 号 1308 頁（税関検査事件）は，「検閲」を「**行政権が主体となって，思想内容等の表現物を対象とし，その全部又は一部の発表の禁止を目的として，対象とされる一定の表現物につき網羅的一般的に，発表前にその内容を審査した上，不適当と認めるものの発表を禁止することを，その特質として備えるもの**」と定義した．この定義に対しては，検閲の範囲が狭すぎるのではないか，との批判もある．

(2) 検閲されない権利が問題となった事例

検閲されない権利が問題となった事例として，今見た税関検査事件が挙げられる．この事件では，外国で販売されている性行為の描写を含む映画フィルムが，税関検査でわいせつ物にあたると判断され，輸入が禁じられた．判決は，

税関検査は，対象が外国で発表済みのため事前規制ではないこと，思想内容等を網羅的に審査しているわけではないこと，司法審査の機会が与えられており行政権を主体とするものとも言えないことを理由に，「検閲」に該当しないと判断した．

❸ 通信の秘密（憲法21条2項後段）

(1) 通信の秘密への権利

憲法21条2項後段は，「通信の秘密」を暴かれない権利を特定行為排除権として保護している．**通信**とは，信書や電話など**発信人が特定の受信人に対し情報を伝達する行為**をいう．通信の秘密は，プライバシーを保護する観点からも，通信という表現形態を可能にするという観点からも重要である．通信内容そのものはもちろん，誰が誰と通信をしたかも，秘密として保護される．

通信の秘密に対する制約は，原則として許されない．但し，犯罪捜査のために，やむを得ない場合には，一定の例外が認められると解されている．例えば，最二判平成11年12月16日刑集53巻9号1327頁（電話傍受判決）は，「電話傍受を行うことが犯罪の捜査上真にやむを得ないと認められるとき」に限り，強制捜査としての電話の傍受を行うことを認めた．現在では，通信傍受法により，厳格な手続の下での犯罪捜査としての通信の傍受が認められている．

(2) 公然性を有する通信

インターネットの発展により，**発信者が不特定多数の受信者に情報を発信する通信**も多く行われるようになってきた．このような通信を，**公然性を有する通信**と言う．

公然性を有する通信についても，発信者が秘密にした内容は通信の秘密への権利によって保護される．例えば，インターネット上での発信であっても，匿名発信の本人情報やIPアドレスなどの本人を特定し得る情報を暴くことは，通信の秘密への権利の制約となる．もっとも，その制約が一切許されないわけではなく，プロバイダ責任制限法5条は，一定の要件の下で，プロバイダに対し匿名発信の本人特定のための情報開示を命じる制度を定めている．

■第二款　刑事法に関する諸権利

　刑罰は人権制約の最たるものであるから，犯罪の定義と刑罰の内容を定める法は適正なものでなければならず，それを科す手続も慎重なものでなくてはならない．大日本帝国憲法下では，刑事法を用いた苛烈な人権侵害が行われ，刑事手続における被疑者・被告人の権利保障も十分ではなかった．これを反省し，日本国憲法は，刑事法に関する被疑者・被告人の権利を数多く規定している．

　国選弁護人依頼権や逮捕において令状審査を要求する権利は，請求権としての性質がある．他方で，それらの適正手続なしで刑罰を科す行為を禁じている点で，特定行為排除権の性質もある．国選弁護人や令状審査は，あくまで適正な手続を実現するための手段であることからすれば，それ自体に固有の価値があるかのように構成する請求権ではなく，それを欠けば刑罰を科せないことを強調する特定行為排除権として理解するのが妥当だろう（この点につき，村山健太郎「刑事手続と憲法――自白をめぐる問題を中心に」宍戸＝林・70 年第 18 章参照）．

❶刑事法の法定と適正（憲法 31 条）

(1) 法定・適正の刑事手続を求める権利

　真実を発見するには，十分な証拠を要求したり，弁明の機会を与えたりするなど，厳格な手続が必要である．また，仮に罪を犯したのが真実だったとしても，被告人の言い分を無視した不適正な手続に基づき罰を科すことは，個人の尊厳の否定である．例えば，被告人が真犯人だったとしても，あみだくじやサイコロで有罪を認定するのは，その人格を尊重しているとは言い難い．このため，憲法 31 条は，「何人も，法律の定める手続によらなければ，その生命若しくは自由を奪はれ，又はその他の刑罰を科せられない」と定めた．

　刑事手続は法律で定める必要があり，法律上の根拠に欠ける手続に基づく処罰も，憲法 31 条に反し無効である．但し，憲法 77 条は，訴訟手続について最高裁判所規則で規定することを認めており，この点の例外規定となっている．

　憲法 31 条の文言上は，手続が法定されてさえいれば足りるようにも読めるが，その内容が不当ならば個人の尊厳を害する．このため，同条は，手続の法

定のみならず，その内容が適正であることも要求していると解されている．

では，適正な手続とは，どのような手続か．まず，①自らのどの行為が，どのような犯罪に該当するとされたのかが告知されない限り，被疑者は防御も納得もできない．また，②自ら弁明し，③問題のある主張や証拠については，適切に防御する機会が与えられなければ，冤罪を晴らしたり，情状を訴えたりすることはできない．そこで，憲法31条に言う**適正手続**とは，**①告知・②弁解・③防御の機会を十分に与えられた手続**を言うと解されている．②弁解・③防御の要素は，あわせて「聴聞」とも呼ばれる（芦部・憲法266頁）．これらの要素に欠ける手続に基づく処罰は，適切な手続に基づく刑罰とはいえず，憲法31条に反し無効である．最大判昭和37年11月28日刑集16巻11号1593頁（第三者所有物没収事件）も，「告知，弁解，防御の機会」がない限り，適正な刑事手続とは言えないとしている．

(2) 法定・適正の行政手続を求める権利

行政による処分や措置は，刑罰ではないものの，強い権利制約を伴うものがある．そこで，憲法31条の法定かつ適正な手続の要求は，行政手続にも及ぶと解される．もっとも，行政処分・行政の措置は多種多様であることから，①告知・②弁解・③防御の機会がどの程度まで必要かは，その行政手続の性質ごとに異なると解すべきである．さらには，憲法31条から導かれる告知・聴聞の要素だけに固着せず，事案に応じた適正手続の構築が必要だろう（塩野・行政法I・301-302頁）．

この点，最大判平成4年7月1日民集46巻5号437頁（成田新法事件）は，「憲法31条の定める法定手続の保障は，直接には刑事手続に関するものであるが，行政手続については，それが刑事手続ではないとの理由のみで，そのすべてが当然に同条による保障の枠外にあると判断することは相当ではない」としつつ，「同条による保障が及ぶと解すべき場合であっても，一般に，行政手続は，刑事手続とその性質においておのずから差異があり，また，行政目的に応じて多種多様であるから，行政処分の相手方に事前の告知，弁解，防御の機会を与えるかどうかは，行政処分により制限を受ける権利利益の内容，性質，制限の程度，行政処分により達成しようとする公益の内容，程度，緊急性等を

総合較量して決定されるべきものであって，常に必ずそのような機会を与えることを必要とするものではないと解するのが相当である」とした．

(3) 適正な刑事実体法への権利

憲法 31 条は，手続の法定と適正を求める．もっとも，たとえ適正な手続が保障されていても，何が罪となるかを規定する刑事実体法の内容が不適正であれば，不当な刑罰が科される．このため，憲法 31 条は，手続法のみならず，刑事実体法の法定と適正も要求していると解される．

憲法 94 条は，「法律の範囲内」で各地方公共団体が条例を制定することを認めている．住民代表の承認を得て制定される条例は，立法に準ずる法形式である．また，刑罰による担保がなければ，条例による規制の実効性が著しく弱められて，地方公共団体に自主行政権を付与した趣旨に反する．このため，「法律の範囲内」であれば，刑事実体法を条例で制定することも許容されると解すべきである．

では，実体法の適正の要請として，何が求められるか．まず，国民の予測可能性を保障し，恣意的な権力濫用を防ぐためには，法文が明確であることが必要である（明確性の要請）．また，刑事罰は何らかの法益保護を目的とするのだから，正当な保護法益が観念できない実体法は無効とすべきである（法益性の要請）．さらに，犯した罪の重さと釣り合わない罰は，犯罪に対する処罰とは評価できないから，罪と罰の均衡も要請される（罪刑均衡の要請）．これらの要請に反する刑罰法規は憲法 31 条違反と評価されるべきだろう（刑事実体法の適正については，山口厚『刑法 [第 3 版]』有斐閣 2005 年，14-18 頁）

(4) 不明確な法文により処罰されない権利

実体法の適正のうち，しばしば問題となるのが明確性の要請である．法文には，マンセル値やメートル法による数値規制のように，いかなる場合においても適用の可否を端的に判断できるものや，逆に，「カルマラポッチョをした者は，10 年以下の懲役に処す」といったおよそ意味不明なものがあり得る．このような全適用例で明確／不明確であることが明白な法文は，文面の審査のみで合憲・違憲の判断を行う．

これに対して，典型例との関係では明確だが，限界事例が生じる法文もある．

例えば，「身長が高い」という文言は，身長2mの人に該当し，身長1m40cmの人には該当しないことは端的に判断できるが，身長1m67cmの人が該当するかは判別困難である．このような場合，法文から適用の可否を判断できる基準を示す別の言葉を導く解釈（例「これは〈身長1m70cm以上〉という意味と解される」）が行われる．

こうした解釈を前提に適用される法文の明確性について，最大判昭和50年9月10日刑集29巻8号489頁（徳島市公安条例事件）は，①その解釈の示す基準が「通常の判断能力を有する一般人の理解において，具体的場合に当該行為がその適用を受けるものかどうかの判断を可能ならしめる」（犯罪構成要件の明確性）ものであり，かつ，②解釈により示された基準が法文から「読みとれる」（解釈の容易性）場合には，その法文は明確性の要請に反しないとしている（用語の整理は，村山健太郎「公安条例の明確性」憲法判例百選［第5版］2007年）．

判例のこうした判断基準自体に対する批判はさほど強くない．ただ，一般人に理解不能な基準を示す解釈（①要件に欠ける）や，文言から容易に読み取れない基準を示す解釈（②要件に欠ける）は，解釈の限界を超えており，「明確性の要請」は，解釈はその限界内で行うべきという原則と同義と理解することもできよう．

また，判例が行った個別の判断には批判も多い．徳島市公安条例事件判決は，「交通秩序を維持すること」（同条例3条3号）の文言を「殊更な交通秩序の阻害をもたらすような行為」の禁止と解釈することも，一般人が理解可能とした．あるいは，最大判昭和60年10月23日刑集39巻6号413頁（福岡県青少年保護育成条例事件）は，「淫行」（同条例10条1項）の文言を青少年の「心身の未成熟に乗じた不当な手段」による，あるいは「青少年を単に自己の性的欲望を満足させるための対象として扱っている」「性交又は性交類似行為」を指すと解釈し，これも一般人が読み取れるほど容易な解釈だとした．しかし，問題となった条例には限定解釈を行う手がかりとなる文言が乏しく，判例は，②解釈の容易性を緩く認めすぎているきらいがある．

(5) 過度に広範な法文により処罰されない権利

条文自体は明確でも，**規制対象が広範囲に及び，違憲的な内容を多大に含む**

140　第3編　憲法が保障する権利

法文（過度に広範な法文）による処罰は，憲法31条に反すると言われる．例えば，「3人以上の集会をした者は5年以下の懲役に処す」といった法文がその例である．最三判平成19年9月18日刑集61巻6号601頁（広島市暴走族追放条例事件）も，「文言どおりに適用されることになると，規制の対象が広範囲に及」ぶ規定は，憲法31条との関係で問題だとした．

　従来，過度に広範な法文の違憲性は，次のように説明されてきた．こうした法文の中には，違憲部分と合憲部分が含まれる．前掲の三人集会禁止法の例で言えば，不適切言論のない平穏な集会等に適用される違憲部分と，凶器を持ち合い襲撃準備のために行われる集会等に適用される合憲部分とが含まれる．この場合，合憲部分が適用される者は，違憲部分が適用される者の権利について，第三者主張適格が認められる（毛利他・憲法Ⅰ・331頁）．

　しかし，もしそうだとするなら，違憲部分を除去する部分無効や合憲限定解釈で対応すればよく，合憲部分まで無効にする必要はないはずである．そこで，現在の有力説は，次のように説明する．**過度に広範な法文とは，違憲部分を除去する限定解釈や部分無効の処理ができず，法文の違憲部分と合憲部分とが不可分であるものを言う**．例えば，三人集会禁止法は，違憲部分の範囲が多種多様で，違憲部分を明確に定義することは不可能である．どこが合憲で，どこか違憲かがわからないのだから，その法文は全体として不明確と言わざるを得ない（宍戸・展開145-147頁，長谷部・憲法212頁参照）．

　この見解には説得力があるが，もう一歩踏み込んで考えてみよう．三人集会禁止法のような法律は，その規制目的があまりにも漠然としており，それを無理に画定しようとすれば，「3人以上の人が集まることへの漠然とした不安の除去」と言った程度のものにならざるを得ない．これでは，集会の自由への制約を正当化できるほど重要な目的とは言い難く，防御権制約の違憲審査の目的審査を通過できない．つまり，過度に広範ゆえに無効の法理は，防御権の目的審査に解消できる．

　広島市暴走族追放条例事件判決は，「公共の場所において，公衆に不安若しくは恐怖を覚えさせるような」服装で集会等を行う集団（同条例2条7号）を規制した文言について，暴走族を指すと限定的に解釈できるとして，過度の広

範性ゆえに無効とは言えないとした．しかし，そうした限定解釈の手がかりとなる文言は乏しい．抽象的な不安・恐怖の除去は，集会の自由の制限を正当化するほどに重要な目的とは言い難いという理由で条例を無効とし，より限定的な文言での条例制定を促すべきだっただろう．

❷不当に逮捕されない権利（憲法33条）

憲法31条は，刑事実体法・手続法の法定と適正を要求している．ここで言う刑事手続は，訴訟手続のみならず，捜査手続も含む．憲法は31条の原理を実現するため，33条から39条で，捜査・訴訟手続と実体法を確保するための具体的な規定も置いた．以下，順に検討していこう．

(1) 保障の根拠

身体の自由は最も重要な自由の1つではあるが，犯罪捜査の過程では，容疑者の逃亡・罪証隠滅を防止するため，身柄拘束が必要になる場合がある．ただ，捜査機関は，犯罪の検挙に熱心になるあまり，時に，客観的に見て身柄拘束が必要なほどの犯罪の嫌疑や逃亡・罪証隠滅の可能性がない場合にも，身柄拘束を行おうとする傾向がある．

そこで，憲法33条は，「権限を有する司法官憲が発し，且つ理由となつてゐる犯罪を明示する令状」がない場合の逮捕を禁止し，令状なき逮捕をされない権利を保障した．

(2) 禁止される行為の定義

憲法33条の解釈では，刑事訴訟法との用語の違いに注意が必要である．刑事訴訟法では，「逮捕」は，身柄拘束への着手とそれに続く最大72時間の拘束の継続を意味するが，憲法33条の「逮捕」とは，犯罪捜査のための身柄拘束への着手を言う．また，刑事訴訟法が規定する勾留などの身柄拘束への着手も，憲法33条に言う「逮捕」に該当する．

権利保障の根拠から考えると，「司法官憲」とは，独立を保障された裁判官を言い，捜査機関たる検察官を含まないと解すべきである．「裁判官」という文言を採用しなかったのは，令状発布を専門とする司法官の設置を許容する趣旨と解されている（樋口他・注解Ⅱ・292頁，法協・註解上606頁）．

憲法 33 条の定める明示すべき「理由」とは，身柄拘束を正当化できるほどに高い嫌疑と逃亡・罪証隠滅の蓋然性を示すものを指す．たとえ裁判官の発した令状があっても，十分な理由のない逮捕は違憲である．

犯罪捜査以外の理由，例えば感染症対策のための隔離や強制退去処分の準備のための身柄拘束などは，憲法 33 条の適用対象にならない．もっとも，それらの行政手続においても，憲法 31 条は類推適用され，裁判所の事前・事後の審査など十分な手続保障が必要だろう（木下＝只野コメ・389 頁）．

(3)「現行犯」の例外

憲法 33 条は，「現行犯」の場合には，中立的な裁判官の判断がなくても，「逮捕」を行うことを認める．**現行犯**とは，**現に犯行を行っている者**，**あるいは行った直後の状況の者**を言う．現行犯は，犯罪の容疑も，逃亡・罪証隠滅のおそれも高いことが明白であるため，例外が認められた．刑事訴訟法 213 条は，現行犯の場合には，捜査機関のみならず，私人による逮捕も認める．

また，刑事訴訟法 210 条 1 項は，罪状の重い一定の罪の疑いがあり，緊急の必要がある場合に，無令状での緊急逮捕を認める．最大判昭和 30 年 12 月 14 日刑集 9 巻 13 号 2760 頁は，一定の犯罪容疑への限定・緊急性・即時の令状審査の要求の 3 点を理由に，緊急逮捕は憲法 33 条に違反しないとした．逮捕後すぐに令状審査があることを理由に，令状逮捕の特殊例と捉える立場と整理できる（粕谷・憲法 274 頁）．

❸ 理由告知・弁護人依頼権なき身柄拘束の禁止（憲法 34 条）

憲法 34 条は，「抑留又は拘禁」された者に対して，弁護人依頼権（前段）と，その理由の告知を求める権利（後段）を保障する．**抑留・拘禁**とは，**身柄拘束の継続**を言う．弁護人依頼機会・理由告知なき身柄拘束の継続は，違憲である．

弁護人依頼権があっても，身柄拘束中に弁護人と接見し援助を受けられなければ意味がない．最大判平成 11 年 3 月 24 日民集 53 巻 3 号 514 頁は，憲法 34 条前段は「弁護人を選任した上で，弁護人に相談し，その助言を受けるなど弁護人から援助を受ける機会を持つことを実質的に保障している」とした．他方で，迅速な裁判の要請（憲法 37 条 1 項）を実現するには，身柄拘束中の迅

速な取り調べや実況見分への立会い等も必要である．そこで判例は，弁護人との接見交通と捜査手続の調整の必要性を認め，刑訴法 39 条 3 項による捜査機関による接見の日時・場所・時間の指定を合憲とした．

❹ 住居・所持品の不可侵（憲法 35 条）

（1）権利の内容

プライバシーを守るため，憲法 35 条は，住居など，自らの管理権内にある物や場所への侵入・捜索・押収に，捜査機関から独立した公平な「司法官憲」の発する令状を要求する．

また，科学技術の発展により，物・場所への侵入以外にも，様々な私的領域への侵入を伴う捜査が可能になった．プライバシーを守るという憲法 35 条の目的からすれば，物や場所への「侵入」に匹敵するようなプライバシー侵害を伴う捜査について，同条は令状を要求していると解釈すべきである．最大判平成 29 年 3 月 15 日刑集 71 巻 3 号 13 頁（GPS 捜査事件）も，同条の保障内容には「『住居，書類及び所持品』に限らずこれらに準ずる私的領域に「侵入」されることのない権利が含まれるものと解するのが相当」とし，無令状でのGPS 捜査を違憲とした．

（2）例外──逮捕の場合

逮捕の場面では，被疑者のいる住居に立ち入ったり，逮捕者の安全のために凶器の有無を確認して取り上げたりすることが必要な場合が少なくない．また，逮捕場所の周囲や，逮捕時の所持品には，犯罪の証拠がある可能性が高く，それを放置すれば，罪証隠滅のおそれもある．そして，逮捕自体が現行犯・令状により許容されるなら，さらに重ねて令状を要求する必要性はない．こうした考慮から，憲法 35 条は，「第 33 条の場合」，つまり，逮捕の場合を令状主義の例外として認めた．

住居・所持品の不可侵がプライバシーの核心であることからすれば，この例外は限定的に解すべきであり，逮捕との関連性やその侵入等の必要性の判断は厳格に行うべきである．

しかし，最大判昭和 30 年 4 月 27 日刑集 9 巻 5 号 924 頁は，現行犯ながら

逮捕に至らなかった場合について，憲法33条が現行犯について無令状逮捕を認めていることを理由に，無令状の侵入・捜索・押収も違憲ではないとした．また，最大判昭和36年6月7日刑集15巻6号915頁は，緊急逮捕も「第33条の場合」に含まれるとし，緊急逮捕に先立ち被疑者宅を捜索し，被疑者が帰宅したところで緊急逮捕した事案も，憲法35条違反はないとした．これらの判例には，例外を緩く認めすぎているという批判もある．

　犯罪捜査目的でないとしても，住居や所持品への侵入が重大なプライバシー侵害であることに変わりはない．そこで，最大判昭和47年11月22日刑集26巻9号554頁（川崎民商事件）は，憲法35条は行政手続にも適用され得るとした（⇨❽参照）．もっとも，この事件で問題となった収税官吏による帳簿等の検査は，①刑事責任追及のための手続でなく，また，②直接強制ではなく拒んだ場合に刑事罰を科す強制方法であることから，憲法35条の対象外とした．

❺ 拷問を受けない権利 （憲法36条前段）

　苦痛を与えて証言を強要することを**拷問**という．拷問は，虚偽の自白を引き出しやすく，真実発見を阻害する．また，拷問のための苦痛は，心身への重大な加害を伴う．さらに，証言の強制は，対象を主体的な判断を行う個人ではなく，その意図を問わず証言を引き出す道具として扱う態度であり，個人の尊重原理に明確に違反する．このため，憲法36条は，「公務員による拷問」を絶対に禁じる．

❻ 残虐な刑罰を受けない権利 （憲法36条後段）

　たとえ犯罪者だとしても，苦しめるだけの対象として扱うことは個人の尊重理念に反する．このため，憲法36条後段は，「残虐な刑罰」を絶対的に禁止する．**残虐な刑罰**とは，**受刑者を苦しめることだけを目的とした不必要な苦痛を伴う刑罰**のことをいう．目を潰す，手足を切り落とすなどの身体刑や，市中引き回し，前科表示の入れ墨等の名誉刑が，その例である．

　現代では，死刑が残虐刑に該当するかどうかが重大な問題となっている．1982年，欧州評議会は，死刑廃止のための欧州人権条約第6議定書を採択し

た．死刑廃止は EU 加盟の条件とされている．2002 年には，戦時の行為についても死刑を廃止する欧州人権条約第 13 議定書が採択された．1989 年には，国連総会で死刑廃止条約が採択され，欧州を中心に 50 か国以上が参加している（国際的な死刑制度の動向については，高山佳奈子「死刑制度をめぐる問題」法時，2012 年参照）．

これに対し，日本の最高裁は，火あぶりやはりつけなどの方法でない限り，死刑は残虐な刑罰にあたらないとした最大判昭和 23 年 3 月 12 日刑集 2 巻 3 号 191 頁を維持している．もっとも，目や手を奪えば残虐刑で，命を奪えばそうではないという不均衡は，容易には納得し難い．また，奴隷的拘束は絶対禁止（憲法 18 条）で，死刑は許容というのも不均衡である（小林・憲法 109 頁）．死刑合憲の判断には，再考の必要が指摘され続けている（戸波・憲法 332 頁）．

刑罰の内容が犯した罪に対し重すぎる場合には，犯罪予防や当人の更生といった刑罰の目的を逸脱し，苦痛を与えること自体が目的だと認定せざるを得ない．罪刑の不均衡は憲法 31 条違反になると同時に，残虐な刑罰の一種として憲法 36 条後段違反にもなる．

❼公平・公開・迅速な裁判を受ける権利（憲法 37 条）

刑事裁判は，偏見のない公正な裁判所により行われる必要がある．また，非公開の手続では，不当な審理が行われても隠蔽されてしまう．さらに，被告人たる地位は，極めて大きな負担なので，刑事裁判に不必要に時間をかけてはならない．そこで，憲法 37 条 1 項は，「公平な裁判所」の「公開」された「迅速」な裁判を受ける権利を保障する．

最大判昭和 47 年 12 月 20 日刑集 26 巻 10 号 631 頁（高田事件）は，15 年もの長きにわたり審理を進めなかった刑事訴訟について，憲法 37 条 1 項違反が明らかな事態だとして免訴判決を出した．

審理の不進行の他に，本来不要な手続を設けることも，「迅速」性の侵害と考えるべきである．裁判員制度は，これまでなかった裁判員選任の手続を加えた．裁判員がいなくとも刑事裁判はできるため，被告人が希望しないにもかかわらず裁判員裁判を行うことは憲法 37 条違反の疑いがある．

146　第3編　憲法が保障する権利

　また，刑事訴訟において，十分な防御の機会を保障するため，憲法37条2項は，証人を審問し，必要に応じて証人を喚問する権利を保障する．さらに，同条3項は，被告人が，適切かつ十分な法律知識に基づく防御ができるよう弁護人依頼権を保障する．

❽ 自白を強要されない権利（憲法38条）

（1）自己負罪拒否特権（黙秘権）

　自白は，刑事訴訟の中で有罪事実認定の根拠として偏重されやすく，また自白の強要が不当な人権侵害につながる事例は多い．そこで，憲法38条1項は，**刑事訴訟において自らに不利になる供述を強要されない権利（自己負罪拒否特権または黙秘権）**を保障した．この権利の保障なき手続に基づく刑罰は，違憲無効である．

　自己負罪拒否特権が問題となるものとして，まず，徴税手続に伴う調査が挙げられる．

　前掲最大判昭和47年11月22日刑集26巻9号554頁（川崎民商事件）は，拒否すれば罰則（旧所得税法70条10号）のある収税官吏の質問・検査（旧所得税法63条）について，徴税目的であり，「実質上，刑事責任追及のための資料の取得収集に直接結びつく作用を一般的に有する」ものではないとして，憲法38条の適用外とした．しかし，その論理を貫くなら，この手続で得た資料について刑事裁判の証拠能力を否定すべきだろう．

　これに対し，最三判昭和59年3月27日刑集38巻5号2037頁は，国税犯則取締法に基づく収税官吏の調査手続について，それが刑事責任追及のための手続であることから，憲法38条1項が適用されるとした．ただし，同項は，調査前の権利の告知までは義務づけておらず，告知がなくても憲法38条1項には違反しないとした．

　また，法律で一定の報告を義務づける場合も，憲法38条1項が問題となる．最二判昭和29年7月16日刑集8巻7号1151頁は，旧麻薬取締法における麻薬取扱者の麻薬管理の記帳義務について，麻薬規制への違反事実の記帳も要求されかねないとしても，「麻薬取扱者たることを自ら申請して免許された者

は，そのことによって当然麻薬取締法規による厳重な監査を受け，その命ずる一切の制限または義務に服することを受諾している」として合憲とした．

最大判昭和37年5月2日刑集16巻5号495頁は，当時の道路交通取締法・同施行令における交通機関の操縦者らの交通事故の報告義務について，交通安全のために必要かつ合理的である上，事故原因等，刑事責任に関わる内容を報告する義務はないとして，憲法38条1項に違反しないとした．しかし，この判例の論理だと，交通事故以外の事故の報告義務を一般に課すことも合憲になりかねない（奥平・憲法Ⅲ・361頁）．麻薬取扱者の判例同様，操縦者の受諾による自己負罪拒否特権の放棄を理由とすべきだっただろう．

(2) 不当自白を証拠とされない権利・自白だけで有罪とされない権利

憲法38条2項・3項は，自白の証拠能力と証明力を制限する．**証拠能力**とは，**訴訟において証拠となり得る資格**を言い，これを欠くものは裁判の証拠にできない．他方，**証明力**とは，証拠能力があることを前提として，**事実認定に寄与する証拠としての価値**を指す．

自白は主観的なものであるにもかかわらず，「後ろめたいことがないのなら，わざわざ自らに不利益な虚偽供述をするわけがない」とのバイアスがかかり，偏重されやすい．また，自白の強要が不当な人権侵害を引き起こすことも多い．このため，憲法38条2項は，「強制，拷問若しくは脅迫による自白」は，「証拠とすることができない」として，証拠能力を否定する．

また，憲法38条3項は，自白に証拠能力がある場合でも，「何人も，自己に不利益な唯一の証拠が本人の自白である場合には，有罪とされ，又は刑罰を科せられない」とする．客観証拠の不足による不当な裁判が行われることを防止するため，自白の証明力を制限している．

❾ 遡及処罰の禁止（憲法39条前段前半）

行為時に存在しない実体法に基づく刑罰は，国民の刑罰への予測可能性を破壊し，自由を萎縮させる．そこで，憲法39条前段前半は，「何人も，実行の時に適法であつた行為又は既に無罪とされた行為については，刑事上の責任を問はれない」と，**刑罰法規の効果を過去に遡って適用することはできない**（**遡及**

148 第3編 憲法が保障する権利

処罰の禁止) を定めた.

　ただし，犯罪の構成要件と刑罰の内容以外の部分を遡及的に変更することは，必ずしもこの規定に違反しない．最一判平成27年12月3日刑集69巻8号815頁は，公訴時効を廃止する法律を，その法律施行前の犯罪に適用しても，憲法39条に違反しないとした．また，最三判令和2年3月10日刑集74巻3号303頁は，強制わいせつ罪を非親告罪に変更する法改正があり，施行前に犯された行為についても親告なしに公訴を提起できるとした刑法の一部を改正する法律附則2条2項は憲法39条に違反しないとした.

　また，最二判平成8年11月18日刑集50巻10号745頁は，行為当時，最高裁判例の解釈に従えば無罪となる行為であっても，裁判所が解釈を変更し罰することは，憲法39条に違反しないとした．裁判所の解釈変更が遡及処罰にあたるとしてしまうと，誤った解釈を正せなくなってしまうからである.

❿ 二重処罰されない権利 （憲法39条前段後半・後段）

(1) 二重処罰されない権利の内容

　被告人たる地位は，身体拘束を伴うことも多く，罰を科される可能性がもたらす心理的圧力も大きいので，1つの罪につき，被告人たる地位に立たされることは1回に限るべきである．そこで，憲法39条前段後半は，既に無罪とされた行為について重ねて刑事上の責任を問うことを禁止した．また，同条後段は，「同一の犯罪」について，二重に刑事責任を問うことを禁じる．この2つの規定を合わせると，**無罪行為および既に刑事責任を問われた行為には，それ以上の刑事責任を問えない**．これを**二重処罰の禁止**という.

　二重処罰の禁止には，**同一の犯罪について二重に訴追することの禁止**と，**2つ以上の刑罰を科すことの禁止**が含まれるとされてきた．前者を**二重訴追の禁止**，後者を**二重刑罰の禁止**と呼ぶことにしよう.

(2) 二重訴追の禁止

　二重訴追の禁止については，何があれば「すでに無罪とされた」あるいは「刑事上の責任を問はれ」たと言えるかが問題となる.

　まず，検察官の措置との関係について．最大判昭和25年9月27日刑集4

巻 9 号 1805 頁は，第一審から上告審までが 1 つの手続であり，下級審の無罪
判決や量刑に対する検察官の上訴は，憲法 39 条には違反しないとする．また，
最大判昭和 28 年 12 月 9 日刑集 7 巻 12 号 2415 頁は，起訴状に公訴事実を記
載しなかった瑕疵により公訴棄却判決が出された後に，同一事件について再度，
公訴を提起することは憲法 39 条の趣旨に反しないとした．さらに，最二判昭
和 32 年 5 月 24 日刑集 11 巻 5 号 1540 頁は，検察官が一旦不起訴にした犯罪
を後日になって起訴しても同条に違反しないとした．

　次に，執行猶予の取消について．最二決昭和 26 年 10 月 6 日刑集 5 巻 11 号
2173 頁は，猶予期間中の犯罪により執行猶予を取り消すのは（刑法 26 条 1 号），
確定判決を変更するものでなく，判決で示された刑の本来的効力を実現するだ
けであり，憲法 39 条に反しないとした．また，最大判昭和 42 年 3 月 8 日刑
集 21 巻 2 号 423 頁は，猶予言渡し前の他の犯罪で有罪になったことを理由と
する執行猶予の取消（刑法 26 条 2 号）も，「執行猶予の判決に内在するものと
して予定されていたことが実現した」だけとして，憲法 39 条に違反しないと
した．

　最後に，併合罪関係について．最二判昭和 27 年 9 月 12 日刑集 6 巻 8 号
1071 頁は，確定判決を受けた犯罪と併合罪関係にある罪を審理することは，
「確定判決に判示された各犯行につき再び審理裁判をしたものということはで
きない」ので，憲法 39 条に違反しないとした．

(3) 二重刑罰の禁止

　被告人たる地位の負担への配慮という憲法 39 条の趣旨からすれば，1 つの
刑事手続の中で，懲役刑と併せて罰金刑や没収刑を科しても問題はない．刑の
併科が重すぎる場合には，罪刑不均衡の問題として憲法 31 条・36 条違反とな
る．

　確定判決と別の手続に基づくものであっても，刑罰とは異なる処分等を行う
ことは，この規定に違反しない．最高裁は，①弁護士・地方公務員への懲戒
（弁護士法 56 条・57 条，最二判昭和 29 年 7 月 2 日刑集 8 巻 7 号 1009 頁，地方公務員
法，最三判昭和 35 年 11 月 1 日集刑 135 号 679 頁），②追徴税（当時の法人税法 43 条，
最大判昭和 33 年 4 月 30 日民集 12 巻 6 号 938 頁），③裁判所の職務妨害等に対する

監置（法廷等の秩序維持に関する法律2条，最一判昭和34年4月9日刑集13巻4号442頁），④運転免許の停止（当時の道路交通取締法9条，最一判昭和35年3月10日刑集14巻3号326頁，道路交通法，最二判昭和39年10月16日集刑152号1035頁），⑤宣誓・証言を拒否した証人への過料（刑訴法160条，最二判昭和39年6月5日刑集18巻5号189頁），⑥独禁法7条ノ2第1項に基づく課徴金（最三判平成10年10月13日判時1662号83頁）について，刑罰と異なる性質の処分・制裁であるため，同じ行為にそれらと刑罰を科すことは憲法39条に違反しないとした．

また，最大判昭和24年12月21日刑集3巻12号2062頁は，過去の犯罪を理由に刑罰を重くする再犯加重規定（刑法56条・57条）は，あくまで新たに犯した罪への罰の規定であり，憲法39条に違反しないとする．現在の犯罪を処断するのに必要な範囲で，前科や執行猶予を参照することも，憲法39条に反しない（最大判昭和25年3月15日刑集4巻3号366頁，最二判昭和25年4月14日刑集4巻4号587頁）．

このように考えると，二重刑罰の禁止という概念をあえて立てる必要はない．近年，憲法39条前段後半・後段は，二重訴追の禁止のみを定めていると解するのが多数説となっている．

⓫刑事補償請求権 （憲法40条）

刑事手続のための身柄拘束は，多大な精神的苦痛と経済的損失をもたらす．しかし，客観的には無罪であっても，一定の嫌疑のある者の身柄を拘束することは違法ではなく，憲法17条に言う「公務員の不法行為」には該当しない（樋口他・注解II・388頁）．つまり，無罪判決を受けた場合でも，国家賠償請求権は成立しない．また，身体拘束は財産収用ではないので，憲法29条3項が保障する正当補償請求権の対象にもならない．

そこで，憲法40条は，「抑留又は拘禁された後，無罪の裁判を受けた」者に「法律の定めるところにより，国にその補償を求める」権利を保障し，適法・無過失な身柄拘束についても，その損失を回復できるようにした．

憲法は補償の要件・手続の詳細を定めていないことから，この権利は抽象的

権利と解される．その権利具体化法律として，刑事補償法が定められた．刑事補償法は，補償請求の要件として「無罪の裁判」を求める．しかし，逮捕・拘留されて嫌疑不十分で不起訴処分となった場合にも，同質の負担が生じており，憲法40条を類推適用すべきだろう．現在では，被疑者補償規定（法務省訓令）により対処されている．

▌第3節　請求権

憲法が保障する権利の中には，国家に対し，一定の給付や行為を請求できる請求権もある．請求権のうち，福祉国家の理念に従い保障される請求権を社会権，国家の業務に関わる権利を国務請求権，国民が政治に参加するための権利を参政権という．以下，順に検討する．

■第一款　社会権

憲法は，個人の経済活動の自由と財産権を保障し，各人が自由に貨幣・商品・サービス・労働などを交換する自由主義的な経済体制を採用している．人々は自らの望む商品やサービスを自由に購入でき，その反面として，多くの人が需要する商品・サービスを開発した人や労働を提供する人は多くの貨幣を獲得できる．こうして，人々の創意工夫や需要に応える努力が促され，経済活動が活発になる．

しかし，自由主義的な経済体制の下では，貧困や病気，高齢，障害などが原因で経済活動に参加する資源や機会を持てなくなった人は，生存や教育のための財を獲得できない．また，一般に労働者は市場での交渉力が低く，劣悪な労働条件に置かれた者は生活に困窮することになる．これを放置するのは，個人の尊重の理念に反する不正義である．そこで，憲法は，社会権を保障した（社会権の意義については，尾形健『福祉国家と憲法構造』有斐閣，2011年参照）．

❶ 生存権（憲法 25 条 1 項）

（1）保障の根拠

　純粋な自由主義的経済体制の下では，経済活動に参加できないだけで死を免れなくなる．それは，個人を経済体制の道具や従属物とみなすもので，個人の尊重の理念に反する．そこで，憲法 25 条 1 項は，「健康で文化的な最低限度の生活」を営む権利（生存権）を保障した．この権利は，自由主義的な経済体制を個人の尊重の理念に適ったものにするために必須の権利である．

（2）請求の要件

　「健康で文化的な最低限度」に満たない生活状況にある者は，生存権を行使し，国家に対し生活の援助を請求できる．ただし，労働の能力と機会が十分にある者にまで請求権を認めるのは，憲法 25 条 1 項の趣旨に反するだろう．生存権（憲法 25 条 1 項）の行使要件は，①最低限度の生存ができない状況にあり，②かつ，勤労のための自助努力を果たしたこととされる．憲法 27 条 1 項の勤労義務の規定は，②を定めたものとの説明もある（野中他・憲法Ⅰ・564 頁）．

（3）請求の効果

　憲法 25 条 1 項を根拠に，国民は何を請求できるのか．

　憲法制定当初，この規定はプログラム規定であり，法的効果を持たないとする見解もあった．しかし，現在では，この見解は否定されている．

　芦部信喜教授は，プログラム規定説を退けた上で，「生存権は，それを具体化する法律によってはじめて具体的な権利となる」と解しつつ，「生存権が生活保護法のような施行立法によって具体化されている場合には，憲法と生活保護法とを一体として捉え，生存権の具体的権利性を論ずること」ができるとする（芦部・憲法 292 頁）．朝日訴訟判決（最大判昭和 42 年 5 月 24 日民集 21 巻 5 号 1043 頁）も，「なお，念のため」と留保しつつ，生存権は「具体的権利としては，憲法の規定の趣旨を実現するために制定された生活保護法によって，はじめて与えられている」とする．

　このように，生存権は抽象的権利であり，その実現にはそれを具体化する法律が必要だとする見解が通説である．生存権を具体化する法律は，憲法 25 条 1 項の理念に即して解釈適用されねばならず，各国民は，不適切な法律の運用

があればそれを改めるよう請求する権利を有する．また，生存権の具体化立法がない場合や不適切な立法が改められない場合には，立法不作為の違憲確認請求も可能とされる（大須賀明「社会権の法理――生存権を中心として」公法 34 号，1972 年）．

さらに，棟居快行教授は，生活保護法のような権利具体化法律がない場合でも憲法 25 条 1 項に基づき直接，「健康で文化的な最低限度の生活」に必要な金銭給付を請求できるとする見解を唱えている（同「生存権の具体的権利性」長谷部恭男編『リーディングズ現代の憲法』日本評論社，1995 年）．たとえこの見解を否定したとしても，権利具体化立法の不作為があった場合には，国家賠償請求ができると解すべきだろう．

(4) 立法裁量・行政裁量の統制

生存権は抽象的権利であり，立法府・行政府には，「健康で文化的な最低限度の生活」の具体的内容を定める裁量がある．この裁量は，恣意的に行使されてはならない（新井他・憲法Ⅱ・236 頁）．

奥平康弘教授は，その判断過程の適正を検証すべきとする．まず，「いかなる専門的・技術的な判断要素を視野に収めたか，いかなる調査・測定をしたかを合理的に説明することができない」場合，生存権は侵害されたと言える．また，生存権を具体化する場合，最低限度の生存保障と「無関係な政策判断――防衛政策・経済振興策・エネルギー対策――などから割り出された諸配慮を無条件に混入させることは許され」ない（奥平・憲法Ⅲ・248-249 頁）．

判例も，こうした学説と歩調を合わせており，最大判昭和 57 年 7 月 7 日民集 36 巻 7 号 1235 頁（堀木訴訟判決）は，「立法措置」に関する「選択決定」についても「著しく合理性を欠き明らかに裁量の逸脱・濫用と見ざるをえないような場合」には，裁判所の審査が及ぶとした．最二判平成 19 年 9 月 28 日民集 61 巻 6 号 2345 頁（学生無年金訴訟）も，同様の立場を採っている．また，最三判平成 24 年 2 月 28 日民集 66 巻 3 号 1240 頁（生活保護老齢加算廃止判決）は，厚生労働大臣の生活保護基準決定の判断過程や手続の審査を行った．ただし，この判決には，憲法上の判断のものさしが抽象的であるため，司法的統制の限界を示しているとの指摘もある（長谷部編・注釈 (3) 16 頁）．

(5) 生存権の具体化法律

生存権を具体化するために制定されたのが生活保護法である．21世紀に入ってからも，生活保護の受給資格があるにもかかわらず，不適切な運用のせいで受給できず，心中や餓死といった重大な事態に至った事例は存在する．生活保護の運用に関わる者には，高い緊張感と責任感が求められる．

生活保護は，最低限度未満の生活状況にある者に対し，原則としてその申請に基づき（同法7条），最低限度の生活の需要を満たす扶助を行う制度である．扶助には，「生活扶助」・「教育扶助」・「住宅扶助」・「医療扶助」・「介護扶助」・「出産扶助」・「生業扶助」・「葬祭扶助」の8項目がある（同法11条）．保護の基準は，厚生労働大臣が「要保護者の年齢別，性別，世帯構成別，所在地域別その他保護の種類に応じて必要な事情を考慮した最低限度の生活の需要を満たすに十分なものであつて，且つ，これをこえないものでなければならない」とのルールに基づいて決定する（同法8条2項）．

他の社会保障を全く受けられなくても，生活保護さえ使えれば，最低限度の生活需要は満たせる．つまり，現行法下で憲法25条1項違反が生じるのは，**生活保護受給要件を充たす者が窓口の妨害行為などで生活保護を受給できない**（不支給型），または，**厚生労働大臣の生活保護基準の定めが不適切で，基準が最低限度の生活水準を下回っている**（不適切基準型）のいずれかに限られる（笠木映里「憲法と社会保障」宍戸他・ゆくえ410頁）．

不支給型は，生活保護法を適切に解釈し，給付することで，解決すべきだろう．他方，不適切基準型では，厚生労働大臣が，合理的な資料・根拠に基づき，適切な判断過程を経て基準を設定するという憲法上の義務を果たしたかが問題となる．この義務を果たしたと言えるかを判断するには，4つの点に留意する必要がある．

第1に，生活保護基準は，①最低限度生活の具体的な定義と，②その定義を物品の数量や給付の金額等で具体的に表す計算の2つの作業により決定される．例えば，①最低限度生活を「毎月，A〜Eの物品を購入できる生活」などと定義した場合は，②A〜Eの物品の平均価格を調査すれば基準の金額を画定できる．生活保護基準の決定が十分な根拠・資料に基づくものと評価される

ためには，①と②を区別して吟味し，ともに合理的と認定できる必要がある．①最低限度生活の具体的定義があまりに貧しい場合，あるいは，①が適切でも，②計算やその前提となる調査・統計に誤りがある場合には，基準は不十分と評価される．

　名古屋高判令和5年11月30日裁判所ウェブサイトは，「健康で文化的な最低限度の生活」の概念について「人が3度の食事ができているというだけでは，当面は飢餓や命の危険がなく，生命が維持できているというにすぎず，到底健康で文化的な最低限度の生活であるといえないし，健康であるためには，基本的な栄養バランスのとれるような食事を行うことが可能であることが必要であり，文化的といえるためには，孤立せずに親族間や地域において対人関係を持ったり，当然ながら贅沢は許されないとしても，自分なりに何らかの楽しみとなることを行うことなどが可能であることが必要」と指摘している．重要な指摘であろう．

　第2に，生活保護法の下では，基準を画定する直接の基準は，厚生労働大臣が用いた根拠・資料しかない．行政の透明化を確保するには，厚生労働大臣が根拠や資料を全く示さなかった場合に，裁量権濫用の典型と認定し，適切な資料・根拠を基に基準を作り直させるべきだろう．

　第3に，生活保護基準を定めるには，生活困窮者の福祉，経済状況，統計処理など専門的な知識が不可欠である．そうだとすれば，厚生労働大臣の基準決定においても，政治から独立した専門家の知見を尊重すべきだろう．逆に，専門家の知見を無視し，あるいは，そもそも専門家に意見を諮ろうとしなかった場合には，適切な根拠・資料を欠いた決定だったと推定し，その推定を覆すだけの根拠が示されない限り，違憲・違法な判断過程だったと評価すべきである．

　第4に，「最低限度の生活」の内容は，あくまでその生活をする者の生活水準によって決まる事柄であり，一般国民や政治家の感情，財政状況は無関係である．このため，「国民の反感」や「財政のひっ迫」を生活保護基準決定の際に考慮することは，違憲・違法な他事考慮で許されない．外国の侵略や異様な災害などで財政がひっ迫し，もはや生活保護制度を維持できない場合でも，

「憲法 25 条違反ではない」と処理するのではなく、「違憲だが、致し方ない緊急事態だった」と認めるべきで、あとは事情判決の法理などで対応すべきである。

　生活保護基準のうち、日常生活費用たる生活扶助基準は、当初、スーパーマーケットでバスケットに買いたいものを入れレジで合算するように、衣服や切手代といった最低限度の生活に必要な品目を積み上げ、その標準的な価格を合算して基準額とする方式（マーケットバスケット方式）が採られていた。この方式は、国民一般が貧しく、家庭によって生活のために購入する品目にさほど差がなかった時代には有意義だった。しかし、経済成長によって、家庭で消費する物やサービスの内容が多様化すると、生活扶助基準の決定方式は、エンゲル方式・格差縮小方式と変遷した。現在では、一般国民の消費額の水準とのバランスで生活扶助基準を決める方式（水準均衡方式）が採られている。この方式自体が、違憲だとする批判は多くない。

　以上に検討したように、生活保護基準は、厚生労働大臣が判断の根拠・資料を示した上で、①最低限度生活の具体的定義の妥当性と、②計算の正確性が認められれば、合理的根拠・資料に基づくものと評価できる。もっとも、生活保護基準を行政に委ねる制度は、基準決定過程の透明化の点で問題もある。生活保護基準が生存権の具体的内容そのものであることからすれば、それを法律事項と考えるべきではないか。生活保護の具体的金額が、国会の制定する法律で決定されるようになれば、国会審議を通じ、根拠・資料が公になり、国民も吟味しやすくなるだろう。

　このように、現行法では、生存権は、生活保護による経済的な援助によって実現される。ただし、子どもの生存権の実現のためには、経済的な援助だけでは生活ができないので、民法などに規定された後見・監護の仕組みが必要になる。つまり、民法の親権や扶養義務の規定は、子どもの生存権の具体化法律としての側面を持っている。また、経済的な援助のみならず、芸術に触れる機会も、人間の尊厳にふさわしい生存の構成要素とする指摘もある（岩間・綱要 168 頁）。生活保護法以外の法律が、生存権の権利具体化法としての性質を持つ可能性には、注意が必要だろう。

（6）生存権が問題となった事例

これまで生活保護法が廃止されたことはなく，生存権に関する訴訟では，生活保護基準の合憲性が中心的論点となってきた．

前掲最大判昭和42年5月24日民集21巻5号1043頁（朝日訴訟）では，1956（昭和31）年当時のマーケットバスケット方式で決定された生活扶助基準が，憲法・生活保護法の要求に適うものであるかが問題となった．原告に適用された生活扶助基準は月600円で，第一審別表によれば，当時の物価は，肌着1着400円，草履1足130円，理髪料1回60円，ハガキ1枚5円などという水準だったという．

原告が亡くなったことで訴訟終了となったが，判決は，「なお，念のため」として，「現実の生活条件を無視して著しく低い基準を設定する等憲法および生活保護法の趣旨・目的に反し，法律によつて与えられた裁量権の限界をこえた場合または裁量権を濫用した場合には，違法な行為として司法審査の対象となることをまぬかれない」としつつ，当時の基準と，それを結核療養入院中の原告に適用したことは憲法・生活保護法に違反しないとした．しかし，この基準はあまりに低額だとする批判も強く，訴訟の後，保護基準の見直しと充実が進んだ．

前掲最三判平成24年2月28日民集66巻3号1240頁（生活保護老齢加算廃止判決）では，生活保護基準の老齢加算の廃止が問題となったが，判決は，専門委員会での判断を踏まえたもので，憲法25条には違反しないとした．

2013年，厚生労働大臣は，生活保護基準を大きく変更した．この変更は，①生活保護を利用しない一般世帯の所得下位10％グループの消費水準との比較（ゆがみ調整），②①に2分の1を乗じた額での反映（2分の1処理），③独自に計算された2008年から2011年までの物価下落（デフレ調整）を反映したものとされる．①ゆがみ調整については，一般世帯の下位10％には，本来，生活保護を受給できるのに受給できていない者が含まれており，その比較で基準を切り下げることには問題があるとの批判がある．②2分の1処理については，仮に①を妥当としても，本来，切り上げが必要な基準の上げ幅が半分に抑えられてしまうとの批判がある．③デフレ調整については，専門家の検証を全

158　第3編　憲法が保障する権利

く経ておらず，計算が恣意的であるとの批判がある．このため，基準変更の違憲・違法を争う訴訟が全国各地で進行しており，大阪地判令和3年2月22日判時2506＝2507号20頁，熊本地判令和4年5月25日裁判所ウェブサイト，東京地判令和4年6月24日裁判所ウェブサイトなどが違法と判断している．さらに，前掲名古屋高判令和5年11月30日裁判所ウェブサイトは，②と③の違法性を認めた上で，国家賠償も命じている．

　他方，生活保護以外の社会保障が受給できなかった事例では，生存権侵害は生じないと解される．前掲最大判昭和57年7月7日民集36巻7号1235頁（堀木訴訟）は，障害福祉年金と児童扶養手当の併給禁止は憲法25条に違反しないとした．前掲最二判平成19年9月28日民集61巻6号2345頁（学生無年金訴訟）も，国民年金法に基づく障害基礎年金の受給資格の否定は憲法25条に違反しないとした．

　これらの事例の原告たちも，最低限度未満の生活であるなら生活保護を受給できるはずであり，憲法25条違反がないという判断は妥当だろう．ただし，生存権侵害がない場合でも，社会保障の不支給が不合理な区別になる場合には，平等権（憲法14条1項）侵害で違憲の評価を受ける．

❷教育を受ける権利（憲法26条）

（1）教育を受ける権利（憲法26条1項）

　全ての国民は，自律的決定の主体である個人として尊重される（憲法13条）．個人の自律的決定には正しい知識や豊かな経験が必要であり，それらを得るには教育を受けることが不可欠である．そこで憲法26条は，「すべて国民は，法律の定めるところにより，その能力に応じて，ひとしく教育を受ける権利を有する」と規定し，教育を受ける権利を保障した．

　教育を受ける権利には，自由権・請求権2つの性質がある．まず，教育を受ける自由を制約することは，当人の自由な人格の発展を妨げるもので，その制約の合憲性は，厳しい基準により審査されねばならない．

　また，教育を受ける権利には，請求権としての側面もある．憲法26条1項にいう「ひとしく」という文言は，形式的平等を超え，実質的平等を規定した

との見解も有力である（大沢・入門 205 頁）．もっとも，憲法には，学校制度や奨学金など，教育を受ける権利の詳細は書かれていない．このため，請求権としての教育を受ける権利は，抽象的権利だと解される．この権利を実現するため，教育基本法や学校教育法など，教育関係法が整備され，全国に様々な学校が設置されている．また，生活保護法には，教育扶助（11 条 1 項 2 号）の項目があり，文部科学省は就学支援金制度などを運用している．

(2) 子ども・保護者・国家の関係（憲法 26 条 2 項前段）

教育を受ける権利の主体は，主として子どもである．子どもは自律的判断能力の形成途上にあるため，親ら保護者の後見の下で教育を受ける．

国家は，教育基本法や学校教育法などで教育の基準を定め，それに基づく公教育を提供する．現行法の枠組みでは，私立学校であっても，学校教育法 1 条の定める学校（1 条校という）として認定されるには，同法の定める条件に適合する教育内容と施設・人員等を備える必要がある．また，財政的には様々な公的支援を受けている．その意味で，私立学校も 1 条校である限り，純粋な意味での「私」学校ではない．

保護者の教育方針と，国家が提供する教育課程が適合しており，子ども自身も望んで学校などで教育を受けているなら，問題は生じない．しかし，子ども・保護者・国家の三者の意思は，常に一致するわけではない（保護者の希望する私教育と国家の進める公教育の緊張は，小島慎司『制度と自由——モーリス・オーリウによる修道会教育規制法律批判をめぐって』岩波書店，2013 年参照）．2 つの点を指摘しておこう．

第 1 に，保護者と国家の対立について．欧米では，「親が自らの宗教・思想に基づく教育を子どもに施そうとし，他方，国家が政教分離原則などに立脚する公教育を受ける義務を課す」という構図の下で，親が子を教育する権利の憲法上の位置づけが問題とされてきた（樋口・憲法 286 頁）．

これに対して，日本国憲法は，保護者に対して，子どもに一定の初等・中等教育を受けさせる義務を課す（憲法 26 条 2 項前段）．**教育を受けさせる義務の対象となる初等・中等教育を義務教育**といい，義務教育課程については，公教育を拒否する保護者の自由はない．

160　第3編　憲法が保障する権利

その反面として，公教育の妥当性の保障が必要となる．最大判昭和51年5月21日刑集30巻5号615頁（旭川学テ事件判決）は，「子どもが自由かつ独立の人格として成長することを妨げるような国家的介入，例えば，誤った知識や一方的な観念を子どもに植えつけるような内容の教育を施すことを強制するようなことは」「許されない」とした．つまり，そのような国家的介入を伴う教育は憲法26条に言う「教育」とは認められない．不適切な教育がなされた場合，保護者と子どもは同項に基づき，公教育の是正を要求できると解すべきだろう．

このように，憲法は，保護者に一定の初等・中等教育を受けさせる義務を課しつつ，公教育の内容の適正を担保する形で，保護者と国家の対立を調整している．

第2に，保護者が義務教育を受けさせたいと考え，学校の入学・在学資格が認められているのに，子どもが学校に通う意思を持てない場合（いわゆる不登校の場合）について．憲法26条は，義務教育の実現手段を狭い意味での学校への登校に限定していない（芹沢他・コメ233頁）．国家と保護者には，多様な受講手段を用意するなどして，子どもの教育を受ける権利を具体化する努力が求められる．

(3) 無償で義務教育を受ける権利（憲法26条2項後段）

自律的決定の主体となるには，最低限度の教育を受ける権利が保障されねばならない．このため，憲法26条2項は義務教育の無償を定める．

もっとも，教育にかかる費用は，多種多様である．およそ学業に関わる経費の一切の無償が保障されるとすれば，交通費や塾代，学校に通う際の洋服代など，無償とすべき対象が際限なく広がってしまう．憲法26条2項後段には，無償の範囲を明確に規定した文言はないが，何らかの限界を設定する必要がある．

最大判昭和39年2月26日民集18巻2号343頁は，この規定は「普通教育を受けさせるにつき，その対価を徴収しないことを定めたものであり，教育提供に対する対価とは授業料を意味する」として，教科書や学用品の無償化を含まないと判断した．

ただし，1962（昭和37）年に「義務教育諸学校の教科用図書の無償に関する法律」が制定され，憲法の要請ではないものの，義務教育の教科書は無償化が実現している．また，経済的に困窮する人の義務教育を受ける機会を確保するため，憲法25条1項に基づき，授業料以外の就学費用を請求できる．

❸労働に関わる権利（憲法27条・28条）

(1) 勤労の権利（憲法27条1項）

労働とは，自らの**労務を提供して賃金を得る行為**を言う．土地や工場などの生産手段を持たない者にとって，労働は生きる糧を得るための最重要手段である．このため，憲法27条1項は，勤労の権利を保障する．

勤労の権利は，勤労を妨害されないという意味で「労働する自由」を保障する防御権である．労働は使用者の営業と一体となる．例えば，店舗の営業停止命令は，事業者の営業の自由の制約であると同時に，その店舗で働く労働者の労働の自由の制限にもなる．そうだとすれば，労働の自由に対する制約の合憲性は，営業の自由と同等の基準で審査すべきだろう．

勤労の権利は社会権の1つと位置づけられ，憲法27条1項は，国に対し十分な労働の機会を作り出すよう請求する請求権をも保障しているとの見解もある．また，労働機会創出請求権が主観的権利として保障されているとまでは言えないとしても，客観法的な労働機会創出義務があるとする見解も有力である．現在では，職業安定法や雇用対策法が制定されている．

(2) 労働条件の法定（憲法27条2項）

一般に，労働者は使用者に対し交渉力で劣るので，当事者の自由な交渉に委ねれば，労働者の勤労条件は過酷なものとなりがちである．そこで，憲法27条2項は「賃金，就業時間，休息その他の勤労条件に関する基準は，法律でこれを定める」と規定し，法律が公平な観点から決めることを求めている．これを受け，労働基準法が制定されている．

(3) 児童の酷使されない権利（憲法27条3項）

歴史的に，従属的な立場に置かれた年少者は，労働力として酷使され，搾取の対象となってきた．このため，憲法27条3項は，児童の酷使されない権利

を保障した．これは，絶対に制約を許さない特定行為排除権であり，また，私人による酷使から国家に保護を求める請求権としての側面もある．

この規定に言う「児童」とは，年少の者をいう．憲法27条3項の趣旨からすると，自律的判断能力を備える前の者を保護すべきであり，具体的には，18歳未満の者とすべきだろう（労働基準法60条3項参照）．

「酷使」とは，あらゆる労働ではなく，過酷な労働を言うと解される．児童が，年長者に従属し，自律的な自己決定を行う能力を形成する途上にあることを考えると，当人の形式的な同意があるというだけで，「酷使」にあたらないと解するのは妥当でない．当人の同意があり，かつ，客観的に見ても，その児童の福祉を十分に考慮していると評価できる労働のみが，「酷使」にあたらないと解すべきである．

(4) 労働基本権（憲法28条）

労働者と使用者の交渉力格差を放置すれば，労働者は，劣悪な環境での労働を余儀なくされる．そこで，憲法28条は，労働者と使用者との交渉力を対等なものにするために，労働基本権を保障した．具体的には，**労働者が団結し組合を結成する権利（団結権），団体として労働条件について交渉する権利（団体交渉権），労働条件についての交渉の手段として，ストライキなどの団体行動をする権利（争議権）**の3つである．

これらの権利には防御権としての側面があり，国家は，労働基本権の行使として行われている労働者の行動を規制してはならない．労働基本権が，勤労の自由（憲法27条）と区別され，特別に保障されていることからすると，その制限には特に厳格な審査基準が適用されると解すべきである．

また，憲法28条は，他の私人や使用者による労働基本権の侵害からの保護を請求する権利をも保障している．これにより，労働者は国家に対し，労働基本権を侵害する損害賠償請求などからの免責を請求することができる．国家には，労働基本権を行使しやすいように，積極的な施策を行う義務があり，労働組合法・労働関係調整法が制定されている．

❹社会福祉・社会保障・公衆衛生の充実

清宮四郎教授は「ことに物質的に恵まれない者にも，人間に値いするような生活をさせることを使命とする国家を，福祉国家または社会国家」と言い，「福祉主義」の実現を，現代国家の重要な役割と位置づける（清宮・憲法Ⅰ・66頁）．憲法25条も，1項で生存権を保障し，さらに，2項で「国は，すべての生活部面について，社会福祉，社会保障及び公衆衛生の向上及び増進に努めなければならない」と定め，国家に福祉の充実を義務づけた．社会福祉・社会保障・公衆衛生は，幅の広い概念で，それぞれに重なる部分もある．例えば，国民全員を健康保険に加入させることは，社会福祉でもあり，社会保障でもあり，また，公衆衛生の実現にとっても重要である．どのような福祉政策・社会保障が求められるかは，社会の状況に応じ様々で，医療や衛生管理など公衆衛生のための知見や技術は常に進歩していく．憲法25条2項に規定された諸概念は，これだけ保障すれば十分と，狭く限定するのではなく，その趣旨を踏まえ広く柔軟に解釈してゆくべきだろう．

福祉主義に基づく国家の施策は，財源確保のための課税や雇用者への社会保障負担の義務づけなど，自由の制限を伴い自由主義との緊張関係がある（横田＝高見・ブリ92-94頁）．福祉主義の実現には，自由を制限する正当性をいかに確保するかという視点も重要である．

■第二款　国務請求権

社会権以外の請求権は，一般に，国務請求権と呼ばれる．

❶裁判を受ける権利（憲法32条）

（1）保障の根拠

「個人の権利を保障する」と法律で謳っても，それを実現する手立てがなければ意味がない．そこで，憲法32条は，「裁判を受ける権利」を保障する．

（2）権利行使の要件

この権利を行使できるのは，**法的な権利義務の存否に関する争いの当事者**（法律上の争訟の当事者）である．自律的な団体内部の規範に関する争いや，法

律とは無関係のルールに関する争いの当事者には、裁判を受ける権利は与えられない。例えば、草野球のホームランの判定や、剣道の段位認定に関する争いなどの裁定を求められても、裁判所は対応できないだろう。

ただし、「ホームラン」や「段位」が、賞金契約の対象や法人の理事就任資格となっている場合には、賞金支払請求権や理事資格確認請求の前提問題として、裁判所はそれらを認定する。その場合の「ホームラン」や「段位」は、内部規範上の概念ではなく、契約や法人規約上の概念として扱われ、契約・規約等から導かれる判断方法に基づいて認定される。

(3) 権利行使の効果

憲法 32 条に言う「裁判」とは、憲法第六章に規定された公平・公正な裁判所による厳格な手続による裁断を言う。法律上の争訟の当事者は、憲法第六章に適合する裁判所組織と手続による裁断を求めることができる。例えば、憲法 82 条は、「裁判」について「対審」構造と、対審・判決の「公開」を求めており、この要請を充たさない手続は、憲法 32 条に言う「裁判」とは言えない。裁判官の独立（76 条 3 項）や、最高裁判事の国民審査制の保障（79 条 2 項）に反する裁判が行われた場合、国民は、その裁判を無効とし、手続を是正した上での再審を求められると解すべきだろう。

もっとも、憲法は、保障すべき訴訟手続の詳細を定めていない。したがって、憲法 32 条は、具体的な訴訟を提起する権利ではなく、それを可能にするような訴訟制度の構築を求める抽象的権利を保障した条項だと解すべきである。

抽象的権利を具体化する責任は、基本的に国会にある。しかし、憲法 77 条 1 項は「訴訟に関する手続、弁護士、裁判所の内部規律及び司法事務処理に関する事項」について、最高裁判所に規則制定権を認める。裁判を受ける権利については、国会と最高裁判所が協力して、権利を具体化する義務を負うと解すべきだろう。この義務を受け、民事訴訟法・刑事訴訟法など各種の訴訟法律や、民事訴訟規則・刑事訴訟規則などの最高裁規則が整備されている。

訴訟制度を具体的に構築する立法等がなされた段階では、法律を憲法に適合するように解釈すること、また、合理的な理由なしに、それを廃止したり内容を縮減させたりしないことを、憲法 32 条に依拠して要求できると解される。

(4) 裁判を受ける権利が問題となった事例

法的権利義務の有無について終局的な裁断が求められる事件を，（純然たる）**訴訟事件**という．訴訟事件について，非公開・非対審等の手続で終局的な判断を下すことは，憲法 82 条に反するとともに，裁判を受ける権利（憲法 32 条）の侵害となる．最大決昭和 35 年 7 月 6 日民集 14 巻 9 号 1657 頁は，「若し性質上純然たる訴訟事件につき，当事者の意思いかんに拘わらず終局的に，事実を確定し当事者の主張する権利義務の存否を確定するような裁判が，憲法所定の例外の場合を除き，公開の法廷における対審及び判決によってなされないとするならば，それは憲法 82 条に違反すると共に，同 32 条が基本的人権として裁判請求権を認めた趣旨をも没却するものといわねばならない」として，家屋明渡の訴えに対し，金銭債務臨時調停法に基づく強制調停で終局的な判断をしたことは，裁判を受ける権利の侵害で憲法 32 条違反だとした．

他方，最大決昭和 40 年 6 月 30 日民集 19 巻 4 号 1089 頁は，旧家事審判法による同居を命ずる審判について，これは同居義務の存在を前提に，同居の具体的内容を定めるだけだから訴訟事件ではなく，「同居義務等自体については公開の法廷における対審及び判決を求める途が閉ざされているわけではない」ので，憲法 32 条に違反しないとした．最大決昭和 40 年 6 月 30 日民集 19 巻 4 号 1114 頁は婚姻費用分担審判について，最大決昭和 41 年 3 月 2 日民集 20 巻 3 号 360 頁は遺産分割審判について，同様の判断をしている．もっとも，これらの判断については，審判の前提となる権利義務を別途訴訟で争えることになれば，家事事件について，当事者の実質的公平やプライバシーに配慮した特別の手続を設けた意義が失われるとの批判もある．

裁判所による行政処分の手続についても争われた．

最大決昭和 41 年 12 月 27 日民集 20 巻 10 号 2279 頁は，非訟事件手続法に基づく裁判所による過料決定は，訴訟事件の裁断ではなく，行政処分の一種だから，公開・対審の原則によらず決定をしても憲法 32 条違反でないとした．また，この過料決定には，取消訴訟等の提起が認められず，公開・対審の原則によらない不服申立手続しか用意されていなかったことについても，「公正な不服申立の手続」だとして，憲法 32 条違反を認めなかった．

166　第3編　憲法が保障する権利

　最大決平成 10 年 12 月 1 日民集 52 巻 9 号 1761 頁は，裁判官に対する懲戒処分である分限裁判についても同様の判断をしており，その不服申立を非公開手続とすることも憲法 82 条に違反しないとした．判決は明示していないが，憲法 32 条にも違反しないということだろう．

　しかし，行政処分の適法性に関する不服の訴えは，純然たる訴訟事件のはずであり，過料決定や裁判官の分限については，取消訴訟のような訴訟提起を認めるべきだろう．

　最後に，審級制度について．憲法第六章は，憲法適合性の終局判断は最高裁判所の権能であることを明記するが（憲法 81 条），それ以外に審級制度の詳細を規定していない．このため，憲法判断以外の判断事項について，最高裁と下級審裁判所でどのように分担するかは法律に委ねられている．最三判平成 13 年 2 月 13 日判時 1745 号 94 頁は，民事訴訟法による上告理由の制限は憲法 32 条に違反しないとした．

❷ 国家賠償請求権 （憲法 17 条）

(1) 保障の根拠

　国家は，国民に多くの福利を与える一方で，強大な権力の濫用や，公務員の過失による損害発生の危険を内包している．その危険が具体化したときに，被害者だけに損害を負担させるのは不公平であり，国家から利益を受ける者が租税を通じて全員で負担すべきである．そこで，憲法 17 条は，公平の理念に基づき，「公務員の不法行為により，損害を受けた」者に，賠償請求権を保障した．

　近年，国家に内在する危険の発現だけでなく，環境規制や警察活動を怠ったために生じた被害についても国家賠償が認められるようになってきた（塩野・行政法Ⅱ・318-319 頁）．こうした不作為に対する国家賠償は，国民が公平に保障されるべき権利・利益が不公平に害されるのを放置してはならないという考え方に根拠を置く．

(2) 権利行使の要件

　公務員の行為は，権力的な作用に属するものから非権力的な作用に属するも

のまであり，国民へのかかわり方も多様である．そうした多様な行為に起因する損害について，一律に全額の賠償を義務づけることは不適切であり，損害賠償責任を制限すべき正当な理由のある行為も含まれる．

　したがって，国家賠償請求権の行使要件は，①「公務員の不法行為」に起因する「損害」を受け，かつ，②それに関する賠償責任を制限することに正当な理由のないことだと解すべきである．②賠償責任の制限に正当な理由があるか否かは，当該「公務員の不法行為」の態様，これによって侵害される法的利益の種類及び侵害の程度を踏まえ，その責任を制限することによって達成される目的の正当性並びにその目的達成の手段として責任制限を認めることの合理性及び必要性を総合的に考慮して判断すべきである．

(3) 権利行使の効果

　国家賠償請求権（憲法 17 条）は，国に対し損害の金銭賠償を求める権利である．どのような国家行為につきどのような要件により賠償請求を認めるかについては，一定の政策判断が必要とされる．このため，この権利は，法律による具体化の予定される抽象的権利だとされる．この権利を具体化する国家賠償法が成立して以降は，正当な理由なしにその例外を定める既存・新設の立法は憲法 17 条に違反し無効であり，「公務員の不法行為」の被害者は，同法に依拠して具体的な請求をすることができると解される．

(4) 国家賠償請求権が問題となった事例

　国家賠償請求権が問題となった事例に，前掲最大判平成 14 年 9 月 11 日民集 56 巻 7 号 1439 頁（郵便法違憲判決）がある．当時の郵便法 68 条 1 項・73 条は，郵便事業への賠償請求について，郵便役務を安価で公平に提供する目的で，賠償事項を書留郵便物の亡失・き損のみとした上で，賠償請求権者を郵便の差出人・受取人に限定していた．この結果，書留郵便物を故意・重過失で遅延させるなどした事例でも，賠償請求はできなかった．判決は，書留郵便をめぐる故意・重過失の責任免除，特別送達（裁判所からの訴訟関係書類の送付や差押通知に使う郵便）をめぐる故意・重過失・軽過失の責任免除を，通常の職務規範に従っていれば不要な免責であり，特別送達は特に強く適正が要求されるとして憲法 17 条違反とした．

❸ 請願権（憲法 16 条）

　請願とは，公権力の担い手に対し，平穏な手段によって，その職務に関する希望を述べる行為を言う．請願権は，マグナ・カルタにも遡る由来の古い権利で，議会のない時代には，国民が君主や政府に希望を伝える重要な権利だった（橋本・憲法 371-372 頁）．しかし，議会制の発展により，国民の希望は選挙を通じて，法律に反映されるようになった．さらに，表現の自由の拡大により，国民は多様な方法で国家に希望を伝えられるようになった．このため，現在では，請願権の価値は大きくないとも言われる．

　もっとも，国会が国民の希望を無視することはあり，行政各部に直接希望を届けられるのは，表現の自由にはない性質でもある．憲法 16 条は，議会制や表現の自由を補完するため，請願権を保障したと解される．

　憲法 16 条は，あらゆる人に対し「平穏に請願する権利」を保障している．これは，公権力担当者に，請願を受理することを請求する権利だと解される．ただし，請求権としての請願権は，請願への応答を求める権利までも保障するものではない．

　また，憲法 16 条は，「何人も，かかる請願をしたためにいかなる差別待遇も受けない」とも規定し，請願したことを理由に，罰を科したり，不利益に扱ったりすることを禁じる．これは，請願を理由とした差別を絶対的に禁じる特定行為排除権である．

　請願は，特に手続や様式がなくとも実現可能であるが，手続を整えた方が，請願を行う側も受ける側も便宜であろう．そこで，請願法が制定されている．

■第三款　参政権

　日本国憲法は国民主権原理に基づいており，全ての国民には主権者国民の意思形成に参加する資格が認められる．また，統治機構の基本原理である民主主義は，国民の積極的な政治参加を求める．これを実現するため，国民には，**政治に参加する権利（参政権）**が保障されている．

　憲法 15 条 1 項は「公務員を選定し，及びこれを罷免することは，国民固有の権利である」と定める．一見すると，国民は，国会議員，国務大臣，裁判官，

第 7 章　憲法が保障する権利・各論　169

天皇などあらゆる公務員を選挙し，また罷免できるように読める．他方，憲法は，それぞれの国家機関の任免方法を具体的に規定する．選挙対象は，国会議員（43 条 1 項）と地方公共団体の長・議員・法律で定める「その他の吏員」に限定され（93 条 2 項），国民投票での罷免制度があるのは，最高裁判所の裁判官に限られる（79 条 3 項）．

　改めて憲法 15 条 1 項を読むと，全ての公務員を国民が「直接」任免するとは規定していない．つまり，この規定は，国会議員・地方公共団体の長・議員の選挙権と最高裁判官の罷免権を保障するとともに，他の公職については間接的な任免権を保障するものと解される．

　以下，直接の選挙権・罷免権，これに関連する選挙運動の自由・被選挙権・公務就任権・憲法改正の国民投票権について検討する．

❶ 国会議員の選挙権（憲法 15 条 1 項，憲法 43 条 1 項）

(1) 保障の根拠

　憲法 15 条 1 項・憲法 43 条 1 項は，国会議員の選挙権を保障する．

　国民主権原理の下で統治の正統性を確保するためには，政治的決定の際に，全ての国民が平等に尊重されねばならない．また，政治が特定集団の利益実現に偏ることなく，国民全体の公共の利益を実現するためにも，全ての国民に政治参加を認める必要がある．国民に政治参加を認める方法は様々だが，議会制民主主義を採用する日本国憲法（前文，1 条，43 条 1 項，15 条 1 項参照）の下では，議員の選挙が最も重要な機会となる．

　公務員の選定は重大な権力行使であり，選挙は権利であると同時に公務としての性質を持つ（二元説）．すなわち，選挙権は，私利私欲ではなく，誰を国会議員に選ぶのが公共のために最善か，という観点から行使されねばならない．

(2) 権利行使の要件

　国会議員の選挙権の行使要件は，①成人した国民であり，②選挙権を制限するやむを得ない事由のないこと，である．

　選挙権保障の理念を実現するには，全ての国民に等しく選挙に参加することを認める必要があるから，成人した国民は憲法上の選挙権を行使できる．また，

170　第3編　憲法が保障する権利

投票権又はその行使を制限する場合には，その制限が真にやむを得ないと認められる事由がなければならない．やむを得ない事由が認められるのは，選挙の公正を確保しつつ選挙権行使を認めることが不可能ないし著しく困難な場合に限られる（最大判平成17年9月14日民集59巻7号2087頁・在外邦人選挙権判決）．

(3) 権利行使の効果

憲法上の選挙権は，法律上の投票権とは区別される．憲法上の選挙権は，憲法の定める原則に従い選挙制度を構築し，それに参加させるよう要求できる請求権である．もっとも，憲法には，投票の方法や選挙区制など，選挙に関する詳細な規定がなく，国会議員の選挙権は，抽象的権利だと解される．国会は，この権利を具体化する法律を制定する義務を負う．その義務を受け制定されたのが，公職選挙法である．

憲法が求める選挙の原則には，普通選挙・平等選挙・自由選挙・秘密選挙・直接選挙という5つがある．

憲法15条3項は，**選挙権の付与について財力を要件としてはならないとの原則（普通選挙の原則）**を定める．憲法14条1項は，一般的な法の下の平等を定め，憲法44条但書は「人種，信条，性別，社会的身分，門地，教育，財産又は収入によつて差別してはならない」とし，性別・社会的身分・思想信条など，**財力以外の事情によっても，選挙において国民を区別してはならないこと（平等選挙の原則）**を定める．

憲法15条4項後段は「選挙人は，その選択に関し公的にも私的にも責任を問はれない」とし，**投票権の行使または不行使について責任を問われず，自由な投票が認められなければならないこと（自由選挙の原則）**を定める．選挙では，それぞれの国民が独立して自らの判断で投票するからこそ，優れた議員を選べると考えられている．このため，自由選挙の原則は極めて重要な原則である．

自由選挙の原則を実現するため，憲法15条4項前段は，「投票の秘密は，これを侵してはならない」とし，責任追及を誘発しないよう**個々人の投票先を秘密にすることを定める（秘密選挙の原則）**．

さらに，憲法上の明文はないが，**国民の意思は直接国政に反映され，選挙においては国民の投票を直接結果に反映すべきであることから，直接選挙の原則も**

要求されると解釈されている.

　選挙権の効果として，国民は，選挙権を具体化する公職選挙法などの法律を，選挙に関する憲法原則に適合するように解釈することを要求できる．また，その法律の内容が憲法の趣旨に反するものであった場合，立法のための合理的な期間内にそれを是正するよう要求できると解すべきであろう.

(4) 選挙権が問題となった事例1——投票権自体の制限

　投票自体が制限された事例として，選挙犯罪に伴う公民権停止（公職選挙法252条）および在外邦人の例がある.

　最大判昭和30年2月9日刑集9巻2号217頁は，選挙の「公正を阻害し，選挙に関与せしめることが不適当とみとめられるものは，しばらく，被選挙権，選挙権の行使から遠ざけて選挙の公正を確保すると共に，本人の反省を促すことは相当であるからこれを以て不当に国民の参政権を奪うものというべきではない」として選挙権の制限を合憲とした.

　他方，前掲最大判平成17年9月14日民集59巻7号2087頁（在外邦人選挙権判決）は，1996（平成8）年10月の衆院選について，「既に昭和59年の時点で，選挙の執行について責任を負う内閣がその解決が可能であることを前提に上記の法律案を国会に提出していること」から，1996年の段階では，在外邦人の投票権の制限は憲法15条1項に違反するとした.

(5) 選挙権が問題となった事例2——投票価値の不均衡

　投票自体は制限されていなくても，議員定数あたりの有権者数に不均衡が生じ，投票価値に格差が生じた場合には，平等選挙の要請が問題となる.

　最大判昭和51年4月14日民集30巻3号223頁は，投票価値の均衡について次のような判断枠組みを示した．まず，①投票価値の平等は絶対的要請ではなく，「国会において通常考慮しうる諸般の要素をしんしやくしてもなお，一般的に合理性を有」しない場合に，違憲状態と評価される．次に，②違憲状態になった場合，国会は「合理的期間内」に立法をする憲法上の義務を負い，それを怠れば選挙は違憲の評価を受ける．ただし，③国家行為の取消が「公の利益に著しい障害を生ずる場合」には，違憲・違法の確認に止め，国家行為の効力は無効としない事情判決の法理は，「法の一般原則」であり，選挙訴訟で

投票価値の不均衡の違憲が確認された場合にも適用される.

その上で, 判決は, ①5対1に達していた定数不均衡は違憲状態で, ②8年余りそれを放置したことは合理的期間を超え違憲だが, ③違憲なのは選挙全体であり, それを無効にすることは憲法の所期するところに反する事態となるとして, 違憲の確認に止め, 選挙無効判決は出さなかった.

この判決は, 投票価値の平等が憲法上の要請であることを認め, また, 選挙訴訟において無効判決も出し得ることを示した点で重要な意義を持つ. しかし, この判決も, それ以降の判決も, 裁判所は①違憲状態の有無・②合理的期間経過の有無・③事情判決の可否について抽象的な基準しか示しておらず, 根拠があいまいな判断が積み重なっている.

まず, ①違憲状態の判断基準について, 2010年頃までの最高裁は, 概ね, 衆議院で3倍程度, 参議院で6倍程度までの格差を許容しつつ, それを超えると違憲状態を宣言していた. しかし, 最大判平成23年3月23日民集65巻2号755頁は, 2009 (平成21) 年の衆議院議員選挙について, 各都道府県に人口と関係なく1の定数を割り振る一人別枠方式の合理性を否定し, 2.3倍の格差を違憲状態とした. また, 最大判平成24年10月17日民集66巻10号3357頁も, 2010 (平成22) 年の参議院議員選挙について, 5倍の格差を違憲状態とした. 現在では, 概ね衆議院で2倍, 参議院で3倍程度が限度とされると言われているが, 判例が明確な数値基準を示したことはない.

次に, ②合理的期間経過を理由に, 判例が違憲と認定したのは, 昭和51年判決と最大判昭和60年7月17日民集39巻5号1100頁の2件に限られる. 昭和60年判決が, 1983 (昭和58) 年衆議院議員選挙の4.4倍の格差を違憲状態とした上で, 違憲状態の発生から3年余りを経過したと認定したことからすれば, 合理的期間は, 国会が違憲状態を認識した, あるいはすべきだった時点から, 概ね3年程度と推認できる. ただし, 判例が数値基準を明示したことはない.

最後に, ③事情判決の可否について, 昭和51年判決・昭和60年判決ともに, 投票価値の格差を理由に選挙を無効にする場合, 選挙区割は有機的一体であり, 全選挙区の選挙を無効にしなければならず, 多大な混乱が生じることを

問題とした．この論理では，投票価値の格差訴訟については，常に事情判決が成立することになってしまい，選挙訴訟の意義を著しく没却する．選挙無効の効果を判決以降のみとし，無効となる議席を格差判定の基準となった極端に有権者数の少ない議席のみとするなど，混乱を抑える方向で限定し，事情判決の範囲は限定すべきだろう．

昭和 51 年判決以降の衆議院議員選挙の定数訴訟の結果をまとめると，次の図のようになる．

【図 3　昭和 51 年判決以降の衆議院議員選挙の定数訴訟の概要】

選挙の年	最高裁判決	格差倍率	格差の合憲性	違憲状態発生から選挙までの期間と事情	選挙の合憲性	選挙の有効性
1972 (s 47)	最大判昭和 51 年 4 月 14 日 民集 30 巻 3 号 223 頁	4.99	違憲状態	8 年間改正無し．	違憲	有効 *
1980 (s 55)	最大判昭和 58 年 11 月 7 日 民集 37 巻 9 号 1243 頁	3.94	違憲状態	期間は画定できず．	合憲	
1983 (s 58)	最大判昭和 60 年 7 月 17 日 民集 39 巻 5 号 1100 頁	4.40	違憲状態	8 年未満 3 年 6 か月以上．	違憲	有効 *
1986 (s 61)	最二判昭和 63 年 10 月 21 日 民集 42 巻 8 号 644 頁	2.92	合憲			
1990 (h 2)	最大判平成 5 年 1 月 20 日 民集 47 巻 1 号 67 頁	3.18	違憲状態	国勢調査公表から約 3 年 3 か月．	合憲	
1993 (h 5)	最一判平成 7 年 6 月 8 日 民集 49 巻 6 号 1443 頁	2.82	合憲			
1996 (h 8)	最大判平成 11 年 11 月 10 日 民集 53 巻 8 号 1577 頁	2.32	合憲			
2000 (h 12)	最三判平成 13 年 12 月 18 日 民集 55 巻 7 号 1712 頁	2.47	合憲			
2005 (h 17)	最大判平成 19 年 6 月 13 日 民集 61 巻 4 号 1617 頁	2.17	合憲			
2009 (h 21)	最大判平成 23 年 3 月 23 日 民集 65 巻 2 号 755 頁	2.30	違憲状態	国会は違憲状態を認識できなかった．	合憲	
2012 (h 24)	最大判平成 25 年 11 月 20 日 民集 67 巻 8 号 1503 頁	2.52	違憲状態	違憲状態から選挙まで約 1 年 9 か月．	合憲	
2014 (h 26)	最大判平成 27 年 11 月 25 日 民集 69 巻 7 号 2035 頁	2.13	違憲状態	違憲状態から選挙まで約 3 年 9 か月．	合憲	
2017 (h 30)	最大判平成 30 年 12 月 19 日 民集 72 巻 6 号 1240 頁	1.98	合憲			

174　第3編　憲法が保障する権利

| 2021
(r3) | 最大判令和5年1月25日
民集77巻1号1頁 | 2.01 | 合憲 | | | |

＊事情判決の法理による.

また，参議院議員選挙については，以下の図のようになる.

【図4　昭和51年判決以降の参議院議員選挙の定数訴訟の概要】

選挙の年	判決	格差倍率	格差の合憲性	違憲状態発生から選挙までの期間と事情	選挙の合憲性
1977 (s52)	最大判昭和58年4月27日 民集37巻3号345頁	5.26	合憲		
1980 (s55)	最一判昭和61年3月27日 判時1195号66頁	5.37	合憲		
1983 (s58)	最一判昭和62年9月24日 判時1273号35頁	5.66	合憲		
1986 (s61)	最二判昭和63年10月21日 判時1321号123頁	5.85	合憲		
1992 (h4)	最大判平成8年9月11日 民集50巻8号2283頁	6.59	違憲状態	違憲認識が困難.	合憲
1995 (h7)	最大判平成10年9月2日 民集52巻6号1373頁	4.99	合憲		
1998 (h10)	最大判平成12年9月6日 民集54巻7号1997頁	4.98	合憲		
2001 (h13)	最大判平成16年1月14日 民集58巻1号56頁	5.06	合憲		
2004 (h16)	最大判平成18年10月4日 民集60巻8号2696頁	5.13	合憲		
2007 (h19)	最大判平成21年9月30日 民集63巻7号1520頁	4.86	合憲		
2010 (h22)	最大判平成24年10月17日 民集66巻10号3357頁	5.00	違憲状態	9か月.	合憲
2013 (h25)	最大判平成26年11月26日 民集68巻9号1363頁	4.77	違憲状態	9か月.	合憲
2016 (h28)	最大判平成29年9月27日 民集71巻7号1139頁	3.08	合憲		
2019 (r1)	最大判令和2年11月18日 民集74巻8号2111頁	3.00	合憲		

2022 (r 4)	最大判令和 5 年 10 月 18 日 判タ 1516 号 26 頁	3.03	合憲		

(6) 選挙権が問題となった事例 3――選挙の方法

諸外国の中には，選挙の方法を憲法で規定する国もあるが，日本国憲法は規定していない．このため，大選挙区制・中選挙区制・小選挙区制や，選挙区制と比例代表制の併用・並立などの選択は，立法裁量に委ねられる．

最大判平成 11 年 11 月 10 日民集 53 巻 8 号 1577 頁は，比例代表制も有権者の投票の結果によって当選人が決定する制度であり，直接選挙の要請に反しないとした．また，最大判平成 11 年 11 月 10 日民集 53 巻 8 号 1704 頁は，小選挙区制は，特定政党にのみ有利ということはなく，死票が多いとしても死票はどんな選挙制度でも生じるため，国会議員が「全国民の代表」（憲法 43 条）であることと矛盾しないとして，憲法に違反しないとした．

最大判平成 16 年 1 月 14 日民集 58 巻 1 号 1 頁は，非拘束名簿式の比例代表制について，政党には投票したくないが，比例名簿に載った個人には投票したいという意思表示が認められないとしても，有権者の投票により当選者が決定するため，憲法 15 条に違反しないとした．

このように，判例は，選挙の方法について広い立法裁量を認めている．

(7) 選挙権が問題となった事例 4――比例代表の繰上げ当選

比例代表選挙で当選した議員が辞職した場合，比例名簿の次点が繰上げで議席を得る（公職選挙法 112 条 2 項・4 項）．ただし，候補者が，政党を離党していたり，除名されたりしていた場合には，その者は繰上げ当選の対象にならない（同法 98 条 3 項）．これは，政党による離党・除名の判断によって当選人を決定するもので，直接選挙の要請に反する疑いがあるが，この点を直接に扱った判例はまだない．

関連する判断として，最一判平成 7 年 5 月 25 日民集 49 巻 5 号 1279 頁（日本新党繰上補充事件）は，「名簿届出政党等による名簿登載者の除名が不存在又は無効であることは，除名届が適法にされている限り，当選訴訟における当選無効の原因とはならない」として，政党の自律を強く尊重した．政党の除名判

断に強い自律性が認められるとすると，それが当選人の決定に結びつくことと直接選挙の要請との緊張はさらに強いものになる.

❷ 地方参政権 （憲法 15 条 1 項・93 条 2 項・95 条）

憲法 93 条 2 項は「地方公共団体の長，その議会の議員及び法律の定めるその他の吏員は，その地方公共団体の住民が，直接これを選挙する」と定める.「その他の吏員」は，法律で選挙対象を規定してもよいという許容的規定であり，選挙の対象を長と議員に限定してもよい.

地方選挙権についても，国民の政治参加の重要な手段であること，選挙の公正に五原則の適用が必要なことは，国政選挙権と変わりはない. そうだとすれば，地方選挙権にも憲法 15 条が適用されると解すべきだろう. このため，①地方公共団体の住民であることに加え，②成人した国民であること，③選挙権を制限する特別な事由のないこと，の三要件を充たした者は憲法 15 条 1 項により地方選挙権を保障される. また，普通・平等・自由・秘密・直接の選挙五原則は，地方選挙にも適用される.

地方選挙にも平等選挙の要請が適用され，投票価値の均衡が求められることから，公職選挙法は，地方議会の選挙でも，人口に比例した議席配分を求める（同法 15 条 8 項）. ただし，「特別の事情」を考慮することは認められる（同但書）.

最一判昭和 59 年 5 月 17 日民集 38 巻 7 号 721 頁は，東京都議会議員選挙における 23 区内で 5.15 倍，島しょ部を除く都内全体で 7.45 倍の格差を公職選挙法違反とした. さらに，都議会議員選挙については，最三判昭和 62 年 2 月 17 日判時 1243 号 10 頁は 3.4 倍の格差，最三判平成 3 年 4 月 23 日民集 45 巻 4 号 554 頁は 3.09 倍の格差を公選法違反としている.

憲法 95 条は，特定の地方公共団体に適用される法律は，その住民投票の同意がない限り成立しないと定める. この住民投票における投票についても，投票からの排除があれば個人の平等権侵害と解すべきだし，不平等や投票強制があってよいとは考えにくい. このため，地方特別法の住民投票における投票権は憲法 14 条 1 項により保障され，また，この住民投票にも憲法 15 条・44 条

の定める選挙五原則が類推適用されると解すべきだろう.

❸ 選挙運動の自由 (憲法21条1項)

選挙結果に影響を与えることを目的とする運動を**選挙運動**という. その中心は, 特定の候補者を当選させるための運動である. 選挙運動は表現行為の一種として, 憲法21条1項の保護を受ける.

しかし, 公職選挙法は, 選挙運動に多くの制限をしている. 同法が規制対象とする選挙運動は, 一般に「特定の選挙について, 特定の候補者の当選を目的として, 投票を得るために直接又は間接に有利な行為」と定義される (仙台高判平成8年7月8日高民集49巻2号38頁等). まず, 選挙運動は, 立候補届出から投票日前日までしか行うことができない (事前運動の禁止・同法129条). また, 特定の公務員 (同法136条) や未成年 (同法137条ノ2) は選挙運動ができず, 公務員・教育者はその地位を利用して選挙運動をしてはならない (同法136条ノ2, 137条). 運動方法の規制も多く, 戸別訪問 (同法138条), 署名運動 (138条ノ2), 人気投票 (138条ノ3), 飲食物の提供 (139条) などが禁止されている. 配布してよい文書図画 (142条) にも制限があり, ウェブサイトや電子メールを利用した選挙運動にも厳しいルールがある (142条ノ3〜7). こうした選挙運動の規制は, 憲法21条1項に反しないのか.

判例は規制のない選挙運動の弊害を説き, 規制を正当化してきた. 例えば, 最大判昭和44年4月23日刑集23巻4号235頁は,「常時選挙運動を行なうことを許容するときは, その間, 不当, 無用な競走を招き, これが規制困難による不正行為の発生等により選挙の公正を害するにいたるおそれがあるのみならず, 徒らに経費や労力がかさみ, 経済力の差による不公平が生ずる結果となり, ひいては選挙の腐敗をも招来するおそれがある」とし, 必要かつ合理的な制限で憲法21条1項には違反しないとした. また, 最三判昭和56年6月15日刑集35巻4号205頁は, 戸別訪問は「買収, 利害誘導等の温床になり易く, 選挙人の生活の平穏を害するほか, これが放任されれば, 候補者側も訪問回数等を競う煩に耐えられなくなるうえに多額の出費を余儀なくされ, 投票も情実に支配され易くなるなどの弊害」があるとして, その制限を合憲とした.

178 第3編 憲法が保障する権利

しかし，買収や利益誘導はそれ自体が規制されていること，選挙費用の上限を設定すれば費用問題は解決することからすれば，時期や方法を厳しく制限する必要はないはずである．では，他に制限を正当化する根拠はあるのか．伊藤正己裁判官は，最三判昭和56年7月21日刑集35巻5号568頁にて，選挙は法の定めたルールに従い競争する場であって，選挙というゲームに参加する以上，そのルールに従うことを求めても表現の自由の制限にならないとする趣旨の補足意見を付した．例えば，競技場をどう走り回ろうと個人の自由だが，100m走に参加する場合は，スタートラインから走らなければならないのと同じだ，という理屈である．このゲームルール理論は一定の支持を得た．

もっとも，形式的に公平なルールでも，実質的な影響は候補者によって様々である．例えば，選挙運動を制限すればするほど，既に知名度のある現職候補が有利になる．しかも，選挙のルールを決めるのは，現職の国会議員である．こうなると，現職議員が自分たちに有利なルールを作り，実質的に不公平な選挙となる危険もある．このため，伊藤補足意見に対しては，自由な選挙運動をベースラインとして，選挙運動の規制には，表現内容の規制として厳格審査基準を適用すべきとする批判も強い．

また，最大判平成23年3月23日民集65巻2号755頁は，衆議院議員の小選挙区選挙で，所属政党が届け出た候補のみ，候補者届出政党が候補者とは別に選挙運動をすることを認めた公選法の規定について「政策本位，政党本位」の選挙の実現という観点から合憲とした．しかし，候補者間で異なる制限を設けることは，伊藤補足意見の観点からも重大な違憲の疑いを生じる．

❹ 最高裁判事の罷免権 (憲法15条1項・79条2項・3項)

憲法79条2項は，最高裁判事は，「任命後初めて行はれる衆議院議員総選挙の際国民の審査に付」すとされ，その後，10年ごとに国民審査にかけられる．同3項は，「投票者の多数が裁判官の罷免を可とするときは，その裁判官は，罷免される」と規定する．

憲法15条1項は，任命のみならず，罷免する権利も規定している．憲法79条と合わせて読むと，この規定は，国会議員の選挙権と同様に，最高裁判事の

罷免権をも保障していると解される.

憲法 79 条 4 項は「審査に関する事項は，法律でこれを定める」として，最高裁判事罷免権が，法律による具体化の必要な抽象的権利だと明確にしている．これを受け，最高裁判所裁判官国民審査法が制定されている．

憲法には，国民審査について普通・平等・自由・秘密の原則を求める規定はない．しかし，一般平等原則を定める憲法 14 条 1 項からは，普通投票・平等投票の要請が導かれる．また，国民の自由な判断を尊重すべきである以上，憲法 15 条 4 項の自由選挙・秘密選挙の原則は類推適用されるべきだろう．また，憲法 79 条 3 項が，国民が審査人を選ぶだけの間接審査制を否定しており，直接審査の原則が明文で規定されている．よって，国民審査にも，選挙五原則に相当する原則が妥当する．

最大判令和 4 年 5 月 25 日民集 76 巻 4 号 711 頁（在外国民審査訴訟）は，在外邦人が国民審査に参加できなかったことについて，憲法 15 条 1 項が公務員の「選定」・「罷免」を並列して規定していることから，最高裁判事の審査権は「選挙権と同様の性質を有する」とし，衆参両院の議員選挙で複数回にわたり在外投票が実施されていることから，憲法 15 条 1 項違反とした.

❺被選挙権

選挙される権利を保障した明文規定はない．しかし，憲法 14 条 1 項の一般平等条項に照らし，立候補において国民を区別することは許されない．また，被選挙権が制限されれば，その候補者に投票する権利を国民から奪うことになるという意味で，立候補の自由と憲法 15 条 4 項後段が定める自由選挙の原則とは表裏一体である．そうだとすれば，被選挙権も，国民に保障された国民の権利だと解される.

ただし，憲法は，選挙権と異なり，被選挙権については，成人であれば誰もが保障されるとは規定していない．また，国会議員や地方公共団体の長・議員として職責を果たすには，一定の年齢的成熟が必要である．このため，成人年齢以上の立候補年齢を規定してもよいと理解されている．公職選挙法も，都道府県知事と参議院議員の被選挙権者を 30 歳以上，衆議院議員その他の地方公

共団体の公職の被選挙権者を 25 歳以上の者と限定している（同法 10 条）.

近年，特に高齢多選が多い地方公共団体の長について，連続 2 期または 3 期までなどの多選制限を設けるべきではないかが議論されている．対象の職について，全く立候補の自由を認めないこととは異なるため，多選制限が憲法上，一切許されないと解すべきではない．ただし，自由選挙の原則の重要性からすれば，多選制限が許されるのは，重要な目的を達成するために必要な場合に限られる.

多選制限を許すかどうかは，地方公共団体の運営に関する事項であり，法律で決めるべきである（憲法 92 条）．その法律が，多選制限の条件を条例に委任することについては，それを禁じる憲法規範は見当たらないし，むしろ「地方自治の本旨」に適合するものと理解できる.

❻ 公務就任権

憲法は，天皇職は「世襲」と定める（憲法 2 条）一方で，それ以外の大臣や行政各部の官僚，裁判官などについては，資格を規定していない．憲法は公務就任権を保障しているのだろうか.

公務就任権は，職業選択の自由（憲法 22 条 1 項）で根拠づけられるとも考えられる．しかし，公務員たる地位は，国家に選抜され雇用されることによって初めて得られるものであり，当人の自由な選択だけで得られるものではなく，それを得る権利を自由権とは構成できない.

他方，憲法 14 条 1 項の一般平等原則は，公務就任の場面でも適用され，各国民は，平等原則の帰結として，等しく公務就任の機会が与えられる．憲法上の公務就任権とは，この機会のことを指すと理解すべきだろう.

もっとも，平等原則は絶対的平等を保障したものではない．また，憲法 73 条 4 号は，内閣が「官吏に関する事務を掌理する」場合に，「法律の定める基準に従」うことを要求している．このため，合理的根拠があれば，法律で，公務員試験の合格や前科がないことを要件とするなど，公務就任権に限定を加えることも許される.

❼憲法改正国民投票権

憲法 96 条は，憲法改正の承認には「特別の国民投票又は国会の定める選挙の際行はれる投票において，その過半数の賛成を必要とする」と定める．

憲法第三章には，国民投票における投票権について特別に規定した条項はない．しかし，憲法改正の国民投票は，主権者国民が意思を示す機会の中でも，最も重要なものである．その投票から排除されることは，国民投票の正統性を傷つけると同時に，排除された個人に対する重大な権利侵害と捉えるべきだろう．とすれば，憲法改正国民投票権は，憲法 13 条の個人尊重規定，憲法 14 条 1 項の平等権規定，憲法 96 条の憲法改正手続規定の三規定から導かれる国民の権利と理解すべきである．

この権利は，国内にいる日本国民はもちろん，在外邦人にも保障されるべきである．2010 年に，日本国憲法の改正手続に関する法律が制定された．同法は，18 歳以上の全ての国民に投票権を付与し（同法 3 条），在外投票の仕組みも作られている（同法第四節）．

▌第 4 節　平等権と差別されない権利

憲法 14 条 1 項が規定する平等権と差別されない権利は，自由権・請求権のいずれにも分類し難い．本節では，この 2 つの権利について検討する．

■第一款　平等権 （憲法 14 条 1 項前段）

❶保障の根拠

近代国家は身分制を破壊し，全ての個人に，国民という平等の身分を与えた．法は全ての者に平等に適用され，特定の身分と結びついた特権や義務は存在しなくなる．この原理を示すため，各国の憲法には，法の下の平等が根本原理として規定されるようになった（戸松・憲法 118 頁）．

憲法 14 条 1 項前段も，「すべて国民は，法の下に平等であ」ると規定し，平等原則と平等権を保障している．**平等原則**とは，**全ての国民を等しく扱うことが原則で，異なる扱いをする場合には合理的な理由が必要だとする原則**を指す．

平等権とは，この原則から導かれる権利で，他の国民と等しく扱われ，合理的な根拠のない区別をされない権利である．

❷平等権の要件

(1) 不合理な区別

ワイマール期のドイツでは，平等権は，行政機関を拘束する原則であり，立法府に対する権利ではないとされていた（立法者非拘束説）．しかし，不平等な立法の放置は，近代国家の理念に反する．現在では，平等権は，行政機関のみならず立法者をも拘束する原則であり，法内容の平等を求める権利だと解する見解（立法者拘束説）が支持されている．通説は，個別の処分や事実的行動の区別はもちろん，法令上の区別も平等権の適用対象とする（宮沢＝芦部・全訂212頁，長谷部編・注釈 (2) 212頁）．

多くの国家行為は何らかの意味で国民を区別しており，平等権は一切の区別を禁止する権利であると考える見解（絶対的平等説）は支持されていない．一般的な見解によれば，国家が国民の間に設けた区別が不合理である場合に，憲法14条1項違反と評価される（相対的平等説）．

平等権を行使するには，「誰と誰との間の，何に関する区別か」を画定した上で，その区別が不合理だと主張する必要がある．同じ条文の合憲性を問題とする場合でも，どの区別について問うのかによって，結論が異なる場合もある．例えば，政府は，同性カップルに法律婚を認めない民法・戸籍法の規定を，法律婚は生殖関係を保護する制度で，生殖関係のないカップルにその利用を認める必要はないとの理由で正当化している．しかし，「生殖関係ある異性カップルと同性カップルとの区別」はそれで説明できたとしても，「生殖関係なき異性カップルと同性カップルの区別」は説明できない．

(2) 合理性の判断基準

あらゆる国家行為は区別を伴うので，区別の合理性について常に厳しく審査したのでは，国家行為の柔軟性が著しく失われる．そこで，区別の合理性は，①区別の目的が正当で，②区別と目的との間に合理的関連性があれば，その区別を合憲と評価する緩やかな審査基準（合理性の基準）が適用される．

例えば，窃盗犯には刑罰を科し，罪を犯していない者に罰を科さない区別は，①財産権の保護という正当な目的を構成でき，②区別が目的達成に役立つから関連性もある．これに対し，弁護士資格を男性に限定するのは，①そもそも正当な目的を構成できないし，②仮に，「法律家として優秀な能力を持つ者への資格の付与」という正当な目的を無理に構成したとしても，その目的達成のために男女の区別が役立たないことは明白であり，合理的関連性が認められない．

(3) 厳格審査の理論

合理性の基準よりも厳格な審査基準の適用を要請する，2つの理論がある．

第1に，**憲法が保障する権利に関する区別には，厳格な審査基準を適用すべきとの見解**（**基本的権利・fundamental rights の理論**）がある．例えば，公務員の政治活動が禁止された場合には，公務員は一般人との不平等を主張でき，表現の自由に関する区別であることから，厳格審査基準が適用されるという．しかし，表現の自由が制限されたのなら，憲法21条1項に依拠して表現の自由を行使すればよく，審査もその観点から厳格に行われるはずである．憲法が保障する権利に関する区別について，厳格審査基準を適用する必要はない（奥平康弘「『基本的人権』における『差別』と『基本的人権』の『制限』――『法の下の平等』を考える」名大法政論集109号，1986年）．

第2に，憲法14条1項後段が列挙する「人種，信条，性別，社会的身分又は門地」による区別は，**背景に差別感情が存在する可能性が高いため，厳格に審査すべきとする見解**もある（**疑わしき区別・suspect classification の理論**）．確かに，憲法14条1項後段列挙事由は差別に用いられてきた歴史があり，この見解は基本的に妥当と思われる．しかし，判例は，後段列挙事由による区別を含め，平等権制約に対しては合理性の基準を採用しており，疑わしき区別の法理を採用していない．

(4) 憲法自身が設ける区別と類推適用の可能性

憲法が設けた区別は，憲法自身がそれを認めたものであり，平等権の例外となる．例えば，天皇の地位を特定の家系の者による「世襲」（憲法2条）としたり，衆議院議員と参議院議員との間に任期の区別を設けたり（憲法45条・46条）したことが不合理であったとしても，それは憲法自身の選択であり，平等

権は適用されない.

最大判昭和 33 年 10 月 15 日刑集 12 巻 14 号 3305 頁は, 各都道府県がそれぞれに条例で定める売春規制の内容が異なることについて,「憲法が各地方公共団体の条例制定権を認める以上, 地域によって差別を生ずることは当然に予期」され, 条例内容による区別は「憲法みずから容認するところ」であるとして, 合憲の判断を示した.

ただし, 憲法が保障する権利については, 憲法の文言に明記された対象だけに権利を保障するのが不合理な区別になる場合に, 類推適用が行われる. 例えば, 前掲最大判平成 4 年 7 月 1 日民集 46 巻 5 号 437 頁は,「刑罰」に関して規定した憲法 31 条について, 行政手続に適正を要求しないのは不合理であることを理由に, 行政手続にも類推適用した.

憲法 14 条 1 項自身, 文言では対象を「国民」に限定しているが, 外国人に対しては不合理な区別をしてもよいというわけではないであろう. このため, 最大判昭和 39 年 11 月 18 日刑集 18 巻 9 号 579 頁は, 憲法 14 条の趣旨は, 特段の事情の認められない限り, 外国人に対しても類推されるとした. 近年, 文言上は適用対象を異性カップルに限定するかに見える憲法 24 条について, 同性カップルにも直接に, または類推して適用し, 同性間の婚姻の権利が導かれるとの見解も有力である.

❸ 平等権の効果

(1) 双方を対象にする／しないの立法裁量

不合理な区別を解消しなければ, 憲法 14 条 1 項違反となる. 違憲な区別の解消方法には, ①双方を国家行為の対象にする, ②双方を国家行為の対象にしない, の 2 つの選択肢がある場合が多い. 例えば, A を罰し B を罰しないことが不平等な場合, ① A B 双方を罰する, ② A B 双方を罰しない, いずれの方法によっても, 平等権は実現する. また, 給付処分の場合も, ① A B 双方に給付する, ② A B 双方に給付しない, いずれの方法もとれる. このように, 一般的には, 不合理な区別の解消方法には立法裁量がある.

(2) 将来／過去に向けた裁量

もっとも，〈将来に向けて不合理な区別を解消する立法裁量〉と〈過去の不合理な区別を解消する立法裁量〉は分けて考えなくてはならない．前者では自由を制限したり，給付を停止したりする裁量が認められる場合でも，後者では，遡及処罰禁止（憲法39条前段前半）や既得権保障（憲法29条1項）の結果，立法裁量が制限される場合も多い．

例えば，法律が男性のスピード違反は罰し，女性のスピード違反は罰しないという区別をしていた場合，過去に戻って女性の違反者を罰することは遡及処罰の禁止に触れるので，男性も罰しない形で平等化を実現する他ない．補助金に関する不平等も，一度給付した補助金を回収するのは現に有する財産権の侵害になるので，過去に給付を得られなかった者に給付する以外に，平等化の方法はない．他方で，いずれの場合も，将来に向けては，男女双方を罰する，補助金自体を廃止するという平等化が認められる．

最大判平成20年6月4日民集62巻6号1367頁（国籍法違憲判決）では，届出による国籍取得に関する区別について，届出国籍取得全体を廃止することも立法裁量であるにもかかわらず，原告の届出国籍取得を認めるのは立法裁量の侵害ではないかが問題となった．判決は，過去の届出による国籍取得まで否定することは「立法者の合理的意思として想定し難い」として，原告の国籍を確認した．この判示は，過去の不合理な区別の解消に関する限り，遡及的な国籍剥奪による平等化は違憲であり，届出国籍取得の効果を否定する形での平等化は，立法裁量の範囲外だと述べたものと理解できる．

ただし，平等化のための給付等に巨額の財政支出を伴うなど極めて困難な事情がある場合，あるいは，請求認容が「公の利益に著しい障害を生ずる場合」には，違憲・違法の確認に止め，請求は棄却できるとする事情判決の法理で対応することになろう．

❹ 平等権の具体的規定

憲法14条は，貴族制度（同2項）と特権を伴う栄典（同3項）を禁止する．これらは，不合理な区別の典型を示したものと捉えるべきである（大石・概論

Ⅱ・134 頁).

　憲法 14 条 2 項が禁止する**貴族の身分**とは，**一般国民とは異なる特権や義務を持つ世襲身分**を指す．公務員の身分のように，世襲ではない特別の身分を設けることは，この規定に違反しない．また，皇族を特別な身分とすることは，憲法第一章が天皇制を制度体（第 7 節参照）として保障した帰結であり，憲法 14 条 2 項の例外となる（川岸他・憲法 107 頁）.

　栄典とは，国が一定の基準を充たした者に栄誉を表彰するために与えるものを言う．勲章や名誉市民の称号，各種の表彰などがこれに該当する．憲法 14 条 3 項は，「特権」を伴う栄典を禁じているが，ここにいう「特権」とは，免税権や選挙での特別投票権などの一般国民では獲得し得ない権利・利益を指し，賞金や商品券などの経済的利益は含まない（宮沢＝芦部・全訂 216-217 頁）.

❺ 平等権が問題となった事例

(1) 他の権利と競合する事例

　平等権は適用範囲が広く，他の権利とほぼ常に競合する．例えば，薬局開設の距離制限は，営業の自由の制限であると同時に，既存薬局と新規薬局の不平等でもある．あるいは，わいせつ物頒布規制は，性的表現とそれ以外の表現の不平等でもある．近年では，問題の権利を保障する憲法条項がある場合にはそちらを優先的に適用し，他の憲法上の権利侵害と構成できない場合にのみ平等権を使うのが一般的となっている.

　最大判昭和 48 年 4 月 4 日民集 27 巻 3 号 265 頁（尊属殺重罰規定違憲判決）では，普通殺（刑法 199 条）の法定刑（当時は 3 年以上の有期懲役・無期懲役・死刑）に比して，尊属殺（旧刑法 200 条）の法定刑（無期懲役または死刑）が重すぎることが問題となった．判決は，①「尊属に対する尊重報恩」という倫理を維持するという目的は正当としつつ，②「加重の程度が極端」だとして，憲法 14 条 1 項に違反するとした．違憲との結論には異論はないものの，それを導く構成には疑問がある．①刑罰による倫理観の強制は思想・良心の自由（憲法 19 条）の侵害であり，②刑罰が重すぎるなら罪刑不均衡（憲法 31 条・36 条）の問題であろう.

(2) 社会保障・租税

憲法には，社会保障の受給権を直接保障する規定が生存権（憲法25条1項）しかないため，生活保護以外の社会保障の不合理は，平等権で争われる．次の2つの判決は違憲判決ではないが，平等権が社会保障の分野で活用され得ることは示した．

まず，前掲最大判昭和57年7月7日民集36巻7号1235頁（堀木訴訟）では，障害福祉年金受給者とそれ以外の者との間にある，児童扶養手当を受給できるか否かの区別について，その合理性が問題となった．判決は，いずれの制度も「所得保障」を目的としたもので，所得低下は障害や一人親での子育てといった「事故」の数に比例して生じるわけでは必ずしもないから，両者の併給禁止は不合理ではないとした．

また，前掲最二判平成19年9月28日民集61巻6号2345頁（学生無年金訴訟）では，当時の国民年金法で，20歳以上の者のうち，学生の国民年金加入が任意とされていたことで，非加入を選択した学生が障害基礎年金を受給できなかったことについて，学生と非学生との区別の合理性が争われた．判決は，学生の属する世帯の世帯主の経済的負担を軽減する目的で，学生の国民年金加入を任意とすることは不合理ではないとした．

法律に基づく課税は，国民の義務であり財産権（憲法29条1項）の制限とは認定されない．このため，租税法に不公平がある場合には，財産権侵害ではなく，平等権で是正することになる．

最大判昭和60年3月27日民集39巻2号247頁（サラリーマン税金訴訟）では，事業所得等には実額の経費控除を認める一方，給与所得には概算控除しか認めないという当時の所得税法の区別が問題とされた．判決は，給与所得者は数が膨大である上，実額控除を採用すれば立証の巧拙で却って不公平が生じるきらいもあり，「租税の徴収を確実・的確かつ効率的」に実現するという目的に照らし，この区別は合理的だとした．ただし，この訴訟をきっかけに所得税法が改正され，給与所得経費の実額控除も選ぶことができるようになった（所得税法57条ノ2）．

(3) 非嫡出子の扱い

　婚姻関係にある父母の子を嫡出子，婚姻関係にない父母の子を非嫡出子という．当人の意思とは無関係な「父母の婚姻」という事情によって両者を区別することについては，しばしば平等権侵害が主張されてきた．1994（平成6）年には，住民基本台帳事務処理要領改正により住民票表記における区別が解消され，2004（平成16）年には，戸籍法施行規則改正により，戸籍上の続柄表記の区別も解消した．いずれも，違憲訴訟の係属中の対応だった．

　また，前掲最大判平成20年6月4日民集62巻6号1367頁（国籍法違憲判決）は，日本人父・外国人母の非嫡出子について，両親が婚姻し準正した場合には届出だけで国籍取得を認める一方，準正していない場合にはそれを認めない旧国籍法3条の区別について，「日本国民との法律上の親子関係」と日本国との「密接な結び付き」を持つ者に，当人の意思による国籍取得を認めるという立法目的との関係で合理性が失われているとして，憲法14条1項違反とし，原告の国籍を確認した．

　他方，最大決平成7年7月5日民集49巻7号1789頁は，当時の民法900条4号但書前段について，非嫡出子の法定相続分を嫡出子の2分の1とする区別は「法律婚の尊重」という立法目的に適合し，合憲と判断した．

　婚姻する意思とは，法律上の婚姻の効果を享受する意思である．当時の法律婚の効果には，非嫡出子の法定相続分を2分の1とする内容が含まれていた以上，婚姻意思を尊重するには相続分の区別は必須である．つまり，少なくとも法定相続分に関する区別は，「法律婚の尊重」という目的との関連性が欠ける，との理由で違憲の評価を受けることはあり得ない．

　これに対して，最大決平成25年9月4日民集67巻6号1320頁は，この区別を違憲とした．判決が挙げる諸々の理由の中で平成7年の決定を覆し得るのは，「本件規定の存在自体がその出生時から嫡出でない子に対する差別意識を生じさせかねない」という点に絞られる．法律婚の内容に「非嫡出子を劣位に置くこと」を盛り込むこと自体が差別なら，そのような（差別的内容を含む）「法律婚の尊重」は正当な区別の目的たり得ない．厳密には，平成25年決定は，平等権ではなく，後述する差別されない権利の侵害を理由にした判断だ

と理解すべきである.

平成 25 年の決定については,旧民法 900 条 4 号但書前段が違憲だったとしても,被相続人は旧民法 900 条の有効性を前提に「遺言しない」という選択をしており,非嫡出子の相続分を増やすのは被相続人の意思に反するのではないかという問題がある.それにもかかわらず決定が全員一致で均分相続を要求したのは,問題の相続があった 2001(平成 13)年 7 月の段階では,旧民法 900 条 4 号但書前段が違憲無効であり,法定相続分を平等にすべきことを,被相続人を含む一般国民でも認識できたはずであり,均分相続としても被相続人の意思に反しないと判断したものと解するしかないだろう.

(4) 婚姻の平等

近年,婚姻に関する不平等が問題とされることが多い.

まず,再婚禁止期間について.最大判平成 27 年 12 月 16 日民集 69 巻 8 号 2427 頁(女性再婚禁止期間規定違憲判決)は,女性に対して 6 か月の再婚禁止期間を規定した旧民法 733 条について,嫡出推定の重複を避けるのに必要な期間は 100 日に限られることから,離婚後 101 日以上を経過した女性と,男性や初婚女性との間にある,婚姻できるかどうかの区別は不合理であり,憲法 14 条 1 項に違反するとの判断を示した.

次に,夫婦別姓について.最大判平成 27 年 12 月 16 日民集 69 巻 8 号 2586 頁(第一次夫婦別姓訴訟)にて,原告は,選択的夫婦別姓を認めない民法 750 条について,夫婦の 96% は妻の側が氏を変更しており,男女不平等で憲法 14 条 1 項違反だと主張した.判決は,「男女間の形式的な不平等が存在するわけではない」ことを理由に,合憲と判断した.仮に,婚姻時にくじ引きで氏を決める制度にしたり,事情の変化によって氏変更率が男女半々になったりしたならば,夫婦同氏効果はそのままでも,男女の氏変更率は平等になることからすれば,判決が原告の主張を退けたのは,やむを得ないだろう.

そこで,争点を変え,同氏になる合意をしたカップルと合意をしていないカップルとの間で婚姻できるかどうかの区別をするのは不合理だとする申立・訴訟が提起された(この争点については木村草太「同氏合意による区別と平等権」法時 93 巻 5 号,2021 年).最大決令和 3 年 6 月 23 日集民 266 号 1 頁(第二次夫婦別

姓訴訟）は，民法 750 条は「夫婦となろうとする者」「において有する信念や主義等のいかんによって取扱いに差異を設けているわけではない」と述べた原審（東京高決令和元年 11 月 25 日 LEX/DB25591728）を支持し，それへの特別抗告を「前提を欠く」として棄却した．これらの判決・決定は，同氏合意は婚姻の要件ではなく，民法 750 条は婚姻の直接的な制約ではないと説明している．

　しかし，そうだとすれば，同氏合意の表示を婚姻届の受理要件とする戸籍法 74 条 1 号は，婚姻要件を充たした者のうち，同氏合意を表示しない者の婚姻届だけを受理しないという，不合理な区別を設けていることになる．これまで判例は戸籍法 74 条 1 号の憲法 14 条 1 項適合性について判断をしたことはないが，今後，この点が争点になった場合には違憲判断を出すべきだろう．

　最後に，同性婚について．現行法では相手が異性であることが婚姻要件になっていると理解されており，同性間の婚姻届は受理されない．しかし，近年，異性カップルと同性カップルとの間の法律婚ができるか否かに関する区別には，違憲の疑いが強くかけられている．

　合憲説は，婚姻は生殖関係のみを保護する制度で，生殖関係のないカップルに利用させる理由はないとする．しかし，現行法は，生殖関係なき異性カップルにも婚姻を認めており，生殖関係なき異性カップルと同性カップルの区別を説明できない．この点，大阪地判令和 4 年 6 月 20 日判時 2537 号 40 頁は，生殖関係なき異性カップルが婚姻できる理由は，「個人の自己実現等の手段としての婚姻」をする必要があるからだとして，異性カップルと同性カップルとは異なる状況にあるかのように述べる．しかし，自己実現のために婚姻を望むのは，同性カップルも同様だろう．

　現行法では，妻の出産した子を夫の子と推定する嫡出推定（民法 772 条）は，夫に生殖能力がない場合にも適用されており，夫婦に生殖関係がなくても婚姻の全効果が適用され得る（最三判平成 25 年 12 月 10 日民集 67 巻 9 号 1847 頁等参照）．そうだとすれば，現行法の婚姻は，親密関係に基づく共同生活を保護するためのものと理解せざるを得ない．同性カップルもそうした生活を営んでいる以上は，異性婚・同性婚を区別する理由はないと解すべきだろう．

　また，仮に，異性カップルと同性カップルとで別異に取り扱うべき婚姻効果

があるとするなら，その区別の合理性は，同居義務，共同親権，法定相続分の設定など，それぞれの効果ごと個別に検討すべきであり，生殖と無関係の効果まで生殖関係の不在を理由に合憲と説明するのは粗雑にすぎる．

この点，札幌地判令和3年3月17日判時2487号3頁は，「夫婦の共同生活自体の保護も，本件規定の重要な目的である」として，「異性愛者に対しては婚姻という制度を利用する機会を提供しているにもかかわらず，同性愛者に対しては，婚姻によって生じる法的効果の一部ですらもこれを享受する法的手段を提供しないとしていること」は憲法14条1項に違反するとした．この判決は，性的指向に基づく区別について丁寧に検討したものと評価されている（本編・講義351頁）．名古屋地判令和5年5月30日裁判所ウェブサイトも，民法・戸籍法の婚姻関係規定が，同性カップルの関係を「国の制度によって公証し，その関係を保護するのにふさわしい効果を付与するための枠組みすら与えていないという限度で」憲法14条1項に違反すると判断した．

さらに，札幌高判令和6年3月14日LEX/DB25598384は，「性的指向に差異がある者であっても」，「自由で平等な婚姻による家族の成立とその制度的な保障」を同じように享受すべきだとして，「同性愛者に対しては婚姻を許していないこと」は憲法14条1項に違反するとした．

(5) 積極的差別是正措置

ある特性に基づく分類に用いて，対象者に特別に機会を与える措置を，アファーマティブアクション（**Affirmative Action**）と呼ぶ（茂木洋平『Affirmative Action 正当化の法理』商事法務，2015年）．このうち，**社会にまん延する差別の結果として不当に機会を阻害された集団に属する者に，特別の機会を与える措置**が，**積極的差別是正措置**である．

アメリカでは，黒人や女性などに対して大学入試に特別の機会を付与するなどの措置が取られ，その平等条項適合性が議論されてきた．日本でも，国立女子大学や私立女子大学に対する大学設置認可など，積極的差別是正措置の例はある．

積極的差別是正措置は差別解消を目的とした制度であり，後述の差別されない権利の侵害は問題とならない．その措置に伴う区別が，正しい目的に適合し

ているか，という平等権からの審査だけを問題とすればよいだろう．

(6) 障害者に対する強制不妊手術

旧優生保護法は，「優生上の見地から不良な子孫の出生を防止」するために，本人や親族に遺伝性精神病質等がある場合に，本人の意思に反しても都道府県の決定によって不妊手術を強制できると定めていた．最大判令和6年7月3日裁判所ウェブサイト（旧優生保護法違憲判決）は，これを障害者らに対する合理的な根拠のない差別的取扱いとして憲法14条1項に違反するとした．

また，判決は，この事案について，国が損害賠償請求の除斥期間を定めた民法724条の適用を主張することは著しく正義・公平の理念に反し，信義則違反・権利濫用になると判断し，国家賠償請求を認容している．

■第二款　差別されない権利 (憲法14条1項後段)

❶差別の概念

(1) 差別と偏見の違い

憲法14条1項は，前段で「法の下」の「平等」を，後段で「差別されない」ことを要求する．では，前段の平等原則と後段の非差別原則とはどのような関係に立つのか．

一般的な見解は，差別とは合理的な根拠のない区別を意味し，平等原則と非差別原則を同義と解する（例えば，佐藤・憲法論226頁）．しかし，憲法14条1項が，あえて「平等」に加え，「差別されない」と規定した以上，非差別原則には，平等原則とは異なる内容や役割があると解するのが自然である．改めて，差別の概念を整理しよう．

まず，**差別とは，人間の類型に向けられた蔑視感情や嫌悪・侮蔑などの否定的評価，ないしそれに基づく行為**と定義できる．例えば，ヘイトスピーチが差別だとされるのは，話者の差別感情を表現するものだからである．「女性は専業主婦になるものだ」というジェンダーステレオタイプに基づく取扱いが差別とされるのも，女性の自律的選択を否定する感情が示されているからである．

差別は，しばしば偏見と混同される．しかし，差別が感情や評価であるのに

対し，**偏見**は，**人間の類型に向けられた誤った事実認識**を言う．例えば，「黒人は白人に比べ知的能力が低い」とか「女性は男性に比べ理性的判断能力が低い」といった偏見は，事実認識である．

差別と偏見とを混同すべきではないが，前者は後者を補強する関係にある．通常であれば，誤った事実認識は，正しい事実や論拠を示せば解消される．しかし，差別する者は，偏見の解消につながり得る事実や論拠を，差別感情により排斥する．例えば，「男性と女性で労働能力に差はない」という統計や事実を示されても，女性差別の感情を持つ者は，それを無視したり，不合理な理由で排斥したりして，自らの偏見を改めようとしない場合が多い．

(2) 差別的行為の種類

先ほど定義したように，差別という言葉は，**差別的な感情・評価を指す場合**とその**感情・評価に由来する行為を指す場合**がある．以下，前者を**差別感情・評価**，後者を**差別的行為**と呼び分ける．愛情が，明るい表情・優しい言葉遣い・心を込めたプレゼントといった多様な行為に表れるように，差別感情・評価も馬鹿にした言葉遣い・相手をステレオタイプに当てはめたふるまい・権利や利益の軽視など，様々な行為として表れる．

まず，差別的行為には，**自己又は他者の差別感情・評価を満足させる意図（差別的意図）**に基づくものがある．これはさらに，直接差別・間接差別・差別助長・合理的配慮の欠如の4つである．

直接差別とは，**差別的意図に基づき，差別対象の属性を直接の理由として，被差別者に不利益を与える行為**をいう．例えば，女性への蔑視感情を満足させるため女性の大学受験資格を否定したり，人種差別感情を満足させるために，特定人種に罵声を浴びせかけ心理的苦痛を与えたりする行為が考えられる．

間接差別とは，**差別的意図に基づき，差別対象の属性そのものではない区別の基準を使って，被差別者に不利益を与える行為**をいう．例えば，男性を優遇する目的で，身長を要件として採用者を決めたり，学校が特定の宗教の信者を排除する目的で，その宗教で禁じられた行為をカリキュラムに入れたりする行為が考えられる（安西他・読本114頁）．もちろん，結果に不均衡が生じただけでは，間接差別にならない．例えば，差別的意図と無関係に行われた入試で，男

性ばかりが合格することもあるだろう．しかし，その制度や措置の下で極端な不均衡が続き，国家機関が不均衡な結果を意図して，あえてそれを維持している場合には，間接差別と認定されよう．

差別助長とは，差別的意図に基づき，**他者が差別感情を持つことを助長する行為**を言う．例えば，大臣や知事が記者会見で外国人への差別感情をあおる発言をしたり，法律が社会的に差別された集団に対し特別な不利益を課したりすると，差別が助長される．

合理的配慮の欠如とは，**差別的意図に基づき，普遍的に保障されるべき権利・利益を享受するために必要な配慮を怠ること**をいう．例えば，コストが負担しきれないほど大きいとか，物理的に設置不能といった理由で，バリアフリー設備設置を見送るのは差別ではない．しかし，コストが合理的な範囲に収まり，特段の支障もないのに，障害者に配慮したくないという感情に基づき設置を怠るのは，合理的配慮の欠如として差別の一種と認定されるだろう．

多くの差別的行為には差別的意図が伴うが，**差別感情・評価を満足させる意図がなくても，乱暴な言葉や配慮の欠如に表出することがある**．これを，**差別表出行為**と呼ぼう．また，差別をする者は，特定の類型に属する者を貶めることを正義や善の一種と認識し，客観的には差別的意図の定義にあてはまるにもかかわらず，「差別的意図ではない」と認識することがある．このため，**当人が差別的意図だと認識しない差別的意図に基づく行為も多い**．これを，**当人の中で正当化された差別的行為**と呼ぼう．

❷ 差別されない権利の内容

（1）保障の根拠

個人的に行われる差別は，大きな被害を生じさせない．例えば，「鈴木」という氏の者を差別する人が，鈴木さんに会うたびに舌打ちをしているとしよう．これは差別だが，それを行うのが世界で一人だけなら，差別の直接の被害者は不愉快には感じつつも，差別されているとは気づかないだろう．

問題は，差別する側が権力を持っている場合，あるいは社会に差別がまん延している場合である．この場合，差別の被害者は，理不尽に権力を行使された

り，あるいは，社会全体からの差別的行為により耐えがたい心理的苦痛を受け
たりする．国家は強い権力を持つ以上，自ら差別的行為を慎まねばならない．
また，社会に差別がまん延しているときには，その差別を助長してはならない．

　こうした，**国家機関による差別的行為は許されないとの原則**（青井＝山本・憲
法Ⅰ・61 頁は反差別原理が近代憲法の柱だとする）を**非差別原則**と呼ぼう．また，
非差別原則の反面として，個人には，**自らが国家による差別の対象になった場
合，あるいは，国家が自らに対する差別を助長する場合，その是正を求める権利**
（**差別されない権利**）を保障すべきである．「すべて国民は」「差別されない」と
定める憲法 14 条 1 項後段は，非差別原則と差別されない権利を規定したもの
と解される（木村草太『平等なき平等条項論——equal protection 条項と憲法 14 条 1
項』東京大学出版会，2008 年）．

　この点，従来の判例・通説は，憲法 14 条 1 項後段は，前段の法の下の平等
の内容を例示的に説明したものであり，平等権と差別されない権利とを区別し
てこなかった．しかし，国会議員や行政機関がヘイトスピーチを繰り返すなど
した場合，スピーチ自体は法的効果を伴う区別がないので，平等権を適用でき
ない．また，正しい目的との関連性がある区別でも，背後に差別的意図があり，
間接差別になる場合もある．例えば，公立学校のカリキュラムで水泳授業を必
修として，その単位を取得しなかった生徒を留年させる区別は，一般的には合
理的な区別と言えようが，水泳を禁じる宗教の信者を排除する目的の措置なら
間接差別となる．

　このように，平等権だけでは差別的行為の解消が困難なケースがあることを
考えれば，憲法 14 条 1 項後段は，平等権とは別に差別されない権利を保障し
ていると解するのが妥当だろう．

(2) 保障の内容

　差別されない権利には，2 つの内容が含まれる．

　第 1 に，**国家による差別的行為をされない権利**．これは，**差別的意図に基づ
く，または差別感情が表出された国家行為があった場合に，その是正を求める権
利**である．差別的意図に基づく合理的配慮の欠如があった場合に，その是正を
求める権利もこれに含まれると解すべきだろう．差別的意図・差別感情の有無

は，行為の意図の説明・その他の対象への取扱いとの異同・前提となる事実認識の正確さ・差別を指摘された場合の対応の誠実さなどから総合的に認定される．

第2に，**差別を助長されない権利**．これは，**国家が社会にまん延する差別を助長することを認識しながら，あえて差別助長行為をした場合に，その是正を求める権利**である．

もちろん，差別助長効果があっても，それをせざるを得ない場合もあり，絶対的な権利と解すべきではない．例えば，A国を非難する外交声明を出せば，国内にいるA国籍者への差別を助長する危険はあるが，外交上の考慮から声明を出さざるを得ない場合もある．

差別を助長されない権利の侵害があり，憲法14条1項後段違反があったと認定できるか否かは，LRAの基準に相当する基準で検討すべきである．すなわち，より差別助長効果の少ない方法があるのに，あえて差別助長効果の高い行為を選択した場合には，違憲と解すべきである．例えば，外交声明の事例で，A国政府だけを非難すればよいのに，「A国人も犯罪者集団だ」とか「A国出身の者は劣った存在であり，社会の害虫として駆除すべきだ」などと付け加えれば，その部分は違憲と解さざるを得ない．

国家機関の差別的意図を認定できることは希であり，実際の場面では，差別を助長されない権利の方が重要な役割を果たすものと思われる．

(3) 差別されない権利が問題となった事例

これまで着目されてこなかったが，過去に裁判所で争われた事件の中にも，差別されない権利の観点から考えるべきものがある．いずれも，国家の行為が不当であると感じられながらも，その不当性を捉えることが困難だった事例である．これらは差別の観点から検討すると，その不当さを明確にできる．

まず，重要なのが，非嫡出子の法定相続分差別問題である．かつての民法900条4号但書前段は，非嫡出子の法定相続分を嫡出子の半分と定めていた．法律婚当事者は法律婚することを通じて，法定相続分を受け入れる意思を示しており，その意思を尊重する（「法律婚の尊重」）という目的と，相続分の区別との関連性が欠けることはあり得ない．それゆえ，前掲最大決平成7年7月5

日民集 49 巻 7 号 1789 頁は，非嫡出子の法定相続分を半分とすることは平等権侵害でないとした．他方，前掲最大決平成 25 年 9 月 4 日民集 67 巻 6 号 1320 頁は，「本件規定の存在自体がその出生時から嫡出でない子に対する差別意識を生じさせかねない」という点から，憲法 14 条 1 項違反の結論を導いた．最高裁は，非嫡出子への差別は，平等権侵害ではないが，差別されない権利の侵害だとの立場を示したと考えるのが妥当だろう．

　前掲最二判平成 8 年 3 月 8 日民集 50 巻 3 号 469 頁（エホバ証人剣道受講拒否事件）では，公立高専で，剣道の授業を必修とし，宗教的理由からその受講を拒否した学生を退学させたことが問題となった．高専で剣道受講を必修とする理由は不明確で，これが特定の宗教の信者を排除する意図であれば，典型的な差別的意図に基づく排除の事例となる．

　前掲最二判平成 20 年 4 月 11 日刑集 62 巻 5 号 1217 頁（立川ビラ事件）では，防衛庁職員用の公務員住宅敷地にビラ配り目的で立ち入った行為が邸宅侵入罪とされた．この住宅でもピザや寿司のチラシは普通に配布されていたことからすると，公務員住宅を管理する国が，ビラに表現された思想によって，被害届を出すか否かを変えていた可能性がある．仮に，特定の思想への差別を目的として，被害届に関する区別を行っていたなら，その管理権行使は差別されない権利の侵害であり，無効と評価される可能性もある．そうなれば，管理権侵害の事実がなくなり，無罪となるだろう（木村草太「表現内容規制と平等条項――自由権から〈差別されない権利〉へ」ジュリ 1400 号 2010 年）．

　前掲最二判平成 23 年 5 月 30 日民集 65 巻 4 号 1780 頁（君が代不起立訴訟）では，公立学校の卒業式で国歌を斉唱する際に，教員が起立しなかったことが問題となった．教員は，一般に，校長らの職務命令に服する．しかし，卒業式で国歌を斉唱することの必要性が説明困難なことからすれば，斉唱プログラム自体に，「斉唱に参加したくないと考える教員を排除したい」という差別的意図が疑われる．その疑いを払拭するには，斉唱への参加は希望者のみとし，国歌を児童・生徒たちに教える場は音楽の時間とする，などの対応が必要だろう．

　東京高判平成 27 年 4 月 14 日 LEX/DB25506287（イスラム教徒情報収集事件）では，2001 年の 9.11 テロを受けて，公安警察が国内の全イスラム教徒の個人

198　第3編　憲法が保障する権利

情報を収集し，行動などをデータベース化しようとしたことが，適法な情報収集活動だったとされた．しかし，テロリストとの接触歴があるなどの事情がないにもかかわらず，イスラム教徒だというだけで監視やデータベース化の対象とするのは，あまりに過大であり，この情報収集は差別されない権利の侵害の疑いが強い．

　また，一連の同性婚に関する訴訟では，裁判所が，婚姻制度を「社会的に承認されるべき」関係を公証し，それ以外の関係を「社会的に承認されるべきでない」劣った関係と表示するための制度であるかのように説明することがある．しかし，現行の婚姻制度が，同性カップルを貶めて表示する目的の制度であるなら，差別されない権利を侵害する制度と評価されるべきだろう．婚姻は，「共同生活を支援するための制度」とあくまで機能的に説明すべきで，「社会的に承認されるべきでない関係」という差別的概念を持ち込むべきではない．

■第三款　家庭内の男女平等 (憲法24条)

　日本国憲法制定時，家族法は戸主中心の家制度を採用し，個人の意思が抑圧されがちだった．また，女性は家庭の中で弱い立場に置かれる傾向があった．憲法制定者たちは，憲法13条・14条1項という一般規定だけでなく，家庭内の個人の尊厳と男女平等について特別の規定が必要だと考えた．それが憲法24条である．

❶婚姻の権利 (憲法24条1項)

(1) 広義の婚姻と法律婚

　広義の婚姻は，期限の限定なく共同で生活し，また，未成年の実子・養子を共同で養育する二者間の関係を言う．広義の婚姻を国家に妨害または強制されない自由を婚姻の自由と呼ぶことにしよう．この自由は，後述する一般的自由権の一種として憲法13条で保護される．国家が同性カップルや異人種カップルの共同生活を刑罰で禁止したり，あるいは，望まない相手との同居・生殖を命令したりすれば，この自由の侵害として違憲無効となる．

　他方，婚姻を保護する法律上の制度が作られる場合がある．これを法律婚と

いう．法律婚の成立には，法律の定める要件を満たす必要があるから，広義の
婚姻の全てが法律婚として保護されるわけではない．また，法律婚は法律の規
定する効果を生じさせるに止まり，当事者の希望する法的効果の全てが生じる
わけではない．

憲法 24 条 1 項に言う「婚姻」は法律婚を指すとされ，同項は，法律婚に関
する権利を保障した規定とされる．旧憲法下の家制度では，法律婚に際し戸主
や父母の同意が必要とされ，当事者の意思は十分に尊重されていなかった．ま
た，現実問題として，女性の立場があまりにも弱かった．そこで，憲法 24 条
1 項は，法律婚においては，女性を含めた当事者の意思を尊重すべきとの理念
の下，「婚姻」は「両性の合意のみ」で成立すると規定した．

この規定は，**「両性の合意」があればそれだけで法律婚ができる権利**（法律婚
制度利用権），および，**「両性の合意」がない場合に婚姻を強制されない権利**（強
制法律婚からの自由）の 2 つを保障したものと解される．

(2) 法律婚制度利用権

憲法 24 条 1 項は，「両性の合意」があれば，それだけで法律婚制度が利用
できると定める．では，どのような合意をすれば，「両性の合意」を認定でき
るのか．

第 1 の見解は，**憲法は法律婚制度の内容を何も定めておらず，憲法 24 条 1 項
の「婚姻」の内容は法律で定義される**と考える．この考えからすると，「両性の
合意」とは，現行法が「婚姻」と名付けた制度の全ての効果を享受する意思を
指す．これを**現行法婚姻説**と呼ぼう．例えば，現在の民法 750 条は夫婦同氏を
定めるため，同氏になる合意をしない限り，「両性の合意」があったとは認定
できず，同氏合意をしないカップルが婚姻できなくても，何ら法律婚制度利用
権の制約はないことになる．前掲最大決令和 3 年 6 月 23 日集民 266 号 1 頁
（第二次夫婦別姓訴訟）の補足意見は，この立場をとった．

第 2 の見解は，**憲法 24 条 1 項の「婚姻」は，憲法の定義する婚姻の本質を備
えた内容の制度を指す**と考える．これを**本質的婚姻説**と呼ぼう．この見解では，
婚姻の本質的内容を受け入れる合意があれば，その時点の法律の定める法律婚
効果の一部を拒否していても，「両性の合意」は成立する．夫婦同氏は婚姻の

本質とは言い難いから，同氏合意を欠いても「両性の合意」があり，法律婚を成立させるべきことになる．第二次夫婦別姓訴訟の宮崎裕子・宇賀克也二裁判官の反対意見は，この見解を示した（法協・註解上 474 頁も同旨）．

本質的婚姻説は，民法の定める婚姻の効果を知らないままに多くの人が結婚しているという現実には合致する．しかし，憲法 24 条 1 項の文言だけでは，法律婚の本質的内容は定まり難く，何を合意すると婚姻となるかがあいまいになるという問題がある．

とすれば，第 1 の現行法婚姻説を採用するしかない．前掲最大判平成 27 年 12 月 16 日民集 69 巻 8 号 2586 頁（第一次夫婦別姓訴訟）も，民法 750 条が夫婦同氏を規定し，その効果を拒否する者が法律婚できないことは，憲法 24 条 1 項が保障する権利の直接の制約ではないとしており，現行法婚姻説に依拠していると解される．本質的婚姻説に立つと，婚姻法が差別や不合理な内容を含んでいても，「それが憲法の要請だ」という理由で正当化できる．他方，現行法婚姻説では，婚姻法の内容を憲法の要請であるという理由では正当化できなくなる．したがって，同氏など，婚姻効果の一部を拒否すると他の効果まで得られなくなるという問題が生じたとき，「その効果を得られるか否かについての区別に合理性があるか」が問われることになる．合理性がなければ，平等権や差別されない権利の侵害となる．

法律婚制度利用権は絶対保障ではない．たとえ当事者が合意をしても，法律婚制度で拘束すべきでない場合もあるからである．例えば，現行法は，近親間の法律婚を認めていない（民法 734-736 条）．近親間では当事者間に支配・被支配の関係が強く生じる傾向があり，婚姻の否定には十分な理由があるから，憲法 24 条 1 項には違反しないと解すべきだろう．

最大判平成 27 年 12 月 16 日民集 69 巻 8 号 2427 頁（女性再婚禁止期間規定違憲判決）では，当事者が，現行法上の婚姻効果に全て合意しているにもかかわらず，女性の再婚禁止期間中（離婚後 6 か月）に法律婚を認めない旧民法 733 条の合憲性が問題となった．判決は 100 日超部分を違憲としたが，その理由として，憲法 14 条 1 項・憲法 24 条 2 項違反を指摘した．これは，上告人が憲法 24 条 1 項違反を主張しなかったためにとられた処理にすぎず，本来は，

憲法 24 条 1 項違反で処理すべき事例だったと考えられる．

(3) 強制法律婚からの自由

憲法 24 条 1 項は，戸主や両親，夫となる男性によって，法律婚が強要されることがあったことへの反省を踏まえたものである．憲法 24 条 1 項は，**当事者の合意がない場合に，両親や夫となる男性等に法律婚を強制されない自由（強制法律婚からの自由）**をも保障していると解される．国民に婚姻を強制すべき理由がある事態は想定し難く，この権利は絶対保障を受ける特定行為排除権と理解すべきである．

ここで言う「婚姻」を，単に「法律が婚姻と名付けた制度」と解すると，名前さえ変えれば法律婚と同内容の制度を強制してもよいことになる．これでは，憲法 24 条 1 項をいくらでも潜脱できてしまう．とすれば，強制法律婚からの自由に言う「婚姻」は，「当事者以外の者が強制してはならない，緊密な人間関係を形成する効果を生じさせる制度」と広く理解しておくべきだろう．例えば，夫婦別姓婚や同性婚は，現行法では「婚姻」とは呼ばれないが，それらの強制も強制婚からの自由の侵害で憲法 24 条 1 項違反になると解すべきである．

また，こう考える場合，法律婚全体ではなく，同居義務や親権の共同行使など，当事者が緊密な人間関係を形成することを前提とした法的効果も，それを受け入れる「両性の合意」なしに強要すれば憲法 24 条 1 項に違反することとなる．緊密な人間関係の強要が，当事者の耐えがたい苦痛となることからすれば，当然の帰結だろう．

(4) 同性婚と憲法 24 条 1 項

「夫婦」・「両性」という文言から，憲法 24 条 1 項に言う「婚姻」は，異性間の婚姻を指すとの見解が一般的だった（渋谷・憲法 463 頁，長谷部編・注釈（2）510 頁）．もっとも，〈異性婚（「婚姻」）は，男女の合意（「両性の合意」）のみで成立する〉との法命題には，「同性婚を禁じる」内容は含まれない．このため，通説は，同項に同性婚を禁じる趣旨はないと解する（安西他・読本 118 頁，木下＝只野・コメ 307 頁）．

同性間でも，期限の限定なく共同で生活し，また，共同で子どもを養育する二者間の関係は成立することから，今日では，同性カップルにも，法律婚制度

利用権が保障されるべきではないかが議論されるようになった.

　この点，法律婚制度利用権の「婚姻」の定義について現行法婚姻説を採るならば，憲法24条1項を同性カップルに適用するか否かは，現行法の婚姻制度次第である．現行法が「婚姻」という名前で呼ぶ制度の効果が，自然生殖関係の支援に限定され，同性カップルへの適用をおよそ想定できない場合には，同性カップルはそれを利用しようとは思わないだろうし，憲法24条1項を適用する必要はない．他方，現行法の「婚姻」に，共同生活の保護や法定相続分の設定など，同性カップルの共同生活にも役立つ効果が含まれていれば，憲法24条1項を類推適用すべきだろう．また，本質的婚姻説を採り，かつ，憲法の定義する婚姻の本質は親密な愛情に基づく共同生活の保護だと理解するならば，同性カップルへの憲法24条1項の適用を拒否する理由はない．

　このように，いずれの説を採るにせよ，同性カップルへの類推適用は肯定できるため，今日では，憲法24条1項を同性婚に直接ないし類推して適用すべきとする見解も有力になりつつある（大林他・憲法258頁）．

　第一次夫婦別姓訴訟最高裁判決も，憲法24条1項は「婚姻をするかどうか，いつ誰と婚姻をするかについては，当事者間の自由かつ平等な意思決定に委ねられるべきであるという趣旨を明らかにしたものと解される」として，条文の「両性」という文言をわざわざ「当事者」と言い換えた．これは，同項を同性婚禁止規定とはせず，婚姻当事者の意思決定を尊重すべきものと定めた規定として解釈するものと理解できる．

　前掲札幌高判令和6年3月14日LEX/DB25598384も，「人と人との間の自由な結びつきとしての婚姻をも定める趣旨を含み，両性つまり異性間の婚姻のみならず，同性間の婚姻についても，異性間の場合と同じ程度に保障していると考えることが相当」として，同性カップルの婚姻が認められないのは憲法24条に反するとしている（その他の裁判所の判断については，木村草太「同性婚訴訟第一審判決の分析——婚姻と婚姻効果の平等」法律時報96巻1号，2024年参照）．

❷家族における個人の尊厳・男女の本質的平等（憲法24条2項）

　家族内部における個人の尊厳と男女の平等を実現するには，それらの価値に

十分配慮した家族法制定が必要である．そこで，憲法 24 条 2 項は，「配偶者の選択，財産権，相続，住居の選定，離婚並びに婚姻及び家族に関するその他の事項に関しては，法律は，個人の尊厳と両性の本質的平等に立脚して，制定されなければならない」と定めた．これは，個人の尊厳と男女の本質的平等を実現できるような家族法の制定を要求する請求権を保障した条項であると解される．

第一次夫婦別姓訴訟上告審判決は，「婚姻及び家族に関する事項は，関連する法制度においてその具体的内容が定められていくものであることから，当該法制度の制度設計が重要な意味を持つものであるところ，憲法 24 条 2 項は，具体的な制度の構築を第一次的には国会の合理的な立法裁量に委ねるとともに，その立法に当たっては，同条 1 項も前提としつつ，個人の尊厳と両性の本質的平等に立脚すべきであるとする要請，指針を示すことによって，その裁量の限界を画したものといえる」とした．このため，家族法の内容については，「個人の尊厳と両性の本質的平等」を充たしているか否かについて不断の検討が要求される．また，これらの原理に反する場合には，国民は，憲法 24 条 2 項に基づき，家族法の内容の是正を請求できると解すべきである．

憲法 24 条 2 項違反を認めた判例として，女性の再婚禁止期間に関する前掲最大判平成 27 年 12 月 16 日民集 69 巻 8 号 2427 頁（女性再婚禁止期間規定違憲判決）がある．

また，同性カップルの共同生活について，東京地判令和 4 年 11 月 30 日判時 2547 号 45 頁，名古屋地判令和 5 年 5 月 30 日裁判所ウェブサイト，福岡地判令和 5 年 6 月 8 日裁判所ウェブサイトは，法律婚制度利用権（憲法 24 条 1 項）の侵害までは認められないが，「家族」形成の制度を用意しないのは憲法 24 条 2 項違反であるとした．

▌第 5 節　包括的基本権

憲法第三章には，多様な権利が列挙されているが，政治・社会の変化，国民の権利意識の高まり，法理論の発展などにより，国家との関係で国民に保障す

べき権利が新たに必要になることがある．

憲法13条は，**憲法が保障すべき権利を包括的に保障した規定（包括的基本権規定）**であり，そうした新しい権利を保障する．**憲法13条で包括的に保障された諸権利**は，**包括的基本権**または**新しい人権**と呼ばれる．

❶権利保障の要件

包括的基本権と認定される要件は何か．従来，憲法13条は人格権を保障したものであるから，自己の人格的生存に不可欠と言えるかどうかによって判断すべきとする見解が有力だった．しかし，一般的自由権のように，人格的生存に不可欠とまでは言えなくても，憲法13条で保障すべき権利はある．そこで近年では，権利の性質ごとに実質的に検討するアプローチがとられる．

包括的基本権かを判断する基準は確立されてはいないが（粕谷・憲法117頁），概ね次の要件を重要と考える点では，一定の合意がある．第1に，憲法上の権利としての性質から考えると，**国民が国家に対し行使すべき権利でなくてはならない（対国家性）**．

第2に，権利の内容が曖昧では，それをどう実現すればよいかが定まらない．したがって，**どのような請求を根拠づけるのかについて議論が成熟し，内容が明確になっていなければならない（成熟性）**．例えば，「環境権」が憲法13条で保護されるとの主張もあるが，奥平康弘教授は，その内容の不明確さから成熟性の要件を充たさないと指摘する（奥平・憲法Ⅲ・423-430頁）．確かに，一口に「良好な環境」と言っても，日照や大気，水質，種の多様性など多様な要素を含み，それを享受する権利を定義するのは容易ではない．

第3に，**憲法で保護する十分な根拠が必要である（保障根拠の十分性）**．個人の人格的生存に不可欠な権利は，この要件を充たすとされる．それ以外に，どのような場合に十分性があるのかは，個別に検討するしかない．

以下，判例で問題となった権利について整理する．

❷ プライバシー権

（1）個人情報に関する権利の発展

　マスメディアや情報技術の発展に伴って，個人情報の暴露や不適切な扱いが問題となり，それを防ぐための権利が必要だと考えられるようになった.

　20 世紀には，マスメディアが発展した．個人の私生活が新聞や雑誌で大々的に公表されるようになると，私生活の暴露が深刻な権利侵害だとの認識が広まった．前掲東京地判昭和 39 年 9 月 28 日下民集 15 巻 9 号 2317 頁（「宴のあと」事件）は，「私生活をみだりに公開されないという法的保障ないし権利」を法的保護に値する権利だと認めた.

　さらに，私生活だけでなく，前科（前掲最三判平成 6 年 2 月 8 日民集 48 巻 2 号 149 頁・ノンフィクション『逆転』事件）や住所（東京地判平成 10 年 11 月 30 日判時 1686 号 68 頁・『ジャニーズおっかけマップ』事件）などの個人情報も，当人の「生活の平穏」を害することを防ぐために，それを公開されない権利が法的に保護されると理解されるに至った.

　20 世紀後半には，コンピュータによる情報処理技術が飛躍的に発展し，個人情報はデジタルデータの形で管理されるようになった．そうした個人データは，書類上の情報に比べ複製・検索・加工などが容易で，それまでにはなかったような個人情報の利用が可能になった（渋谷＝赤坂・憲法 1287 頁）．当然，濫用や悪用も懸念される.

　そこで，世界各国は，個人情報をデジタルデータとして管理し利用する場合のルールを定めていった．1980 年 9 月 23 日，OECD は「プライバシー保護と個人データの国際流通についてのガイドラインに関する OECD 理事会勧告」（以下，OECD ガイドライン）を採択した．この勧告では，①個人データは適法・公正に収集されねばならない（収集制限原則），②個人データは目的達成への関連性と目的達成に必要な正確性・完全性・最新性を備えた内容でなければならない（データ内容原則），③個人データの収集・転用は目的を明確にして行われねばならない（目的明確化原則），④個人データを目的外利用してはならない（利用制限原則），⑤個人データはセキュリティ措置で保護されねばならない（安全保護原則），⑥個人データの存在・性質・利用目的と管理者は公開されねばな

らない（公開性原則），⑦個人データの管理に当人が参加できなくてはならない（個人参加原則），⑧データ管理者は①〜⑦原則の実施に責任を負わねばならない（責任原則），という8つの原則が示された．

OECD 8原則の中で核になっているのは，②データ内容原則である（高木浩光「個人情報保護から個人データ保護へ（7）——法目的に基づく制度見直しの検討」情報法制研究13号，2023年の関連性に関する分析参照）．例えば，大学入試で支持政党を考慮することは，目的との「関連性」がない．不正確あるいは古いデータに基づいて社会保障給付や課税がなされては，公平な給付・課税が実現できない．②データ内容原則に反する不当な個人情報の利用を防ぐ手段として，情報の収集・管理についてルールが求められる（①，③〜⑧）．

どの個人データについて関連性が認められるかは，情報を利用する場面ごとに，個別に判断される．例えば，性別情報は，更衣室の区分けに利用するなら関連性・必要性が認められるのに対し，大学入試で加点・減点に利用するなら，アファーマティブアクションが許されるような例外的な場合を除き，認められない．

2013年，OECDは，8原則の根幹を維持しつつ，情報技術の発展を踏まえ，より高度なセキュリティやデータ管理のガバナンス・監視のシステムを求めるよう，ガイドラインを更新した．

(2) プライバシー権の理解

従来，個人情報に関する諸権利は，一括してプライバシー権と呼ばれ，その内容は，**同意なしに自らの個人情報を収集・利用・加工されない権利（個人情報コントロール権）**だと言われてきた．確かに，私生活の暴露や個人データの目的外利用は，「同意なき個人情報の利用」という概念に包摂することもできなくはない．

しかし，近年，こうした見解には次のような疑義が指摘されるようになってきた．情報処理技術が複雑化する中で，同意が果たす役割は限定的である．形式的に同意があれば遺伝子情報や医療情報に基づき差別してよいということにはならない（曽我部真裕＝山本龍彦「【誌上対談】自己情報コントロール権をめぐって」情報法制研究第7号，2020年参照）．同じ個人情報に関する権利の侵害とはい

え，私生活情報の暴露と，生活保護を申請したという個人情報を児童虐待防止目的の監視対象のリストアップに使うこととでは，侵害された権利の性質は異なるのではないか．

結局，プライバシー権とは，個人情報に関する諸権利の総称だと理解すればよく，無理に個人情報コントロール権に包摂する必要はない．具体的には，①私生活をみだりに公表・開示されない権利，②生活の平穏を害する情報をみだりに公表・開示されない権利，③個人データを不適正に利用されない権利，④個人データを適切なシステムの下で管理するよう要求できる権利といった複数の異なる権利が含まれると整理できる（音無知展『プライバシー権の再構成——自己情報コントロール権から適正な自己情報の取扱いを受ける権利へ』有斐閣，2021年参照）．

これらの権利は，マスメディアや，個人データを大量に管理する私企業に対する権利として発展してきた．国家もまた大きな情報発信力を持ち，個人データを大量に管理する主体であることからすれば，国家との関係でも憲法13条を根拠にプライバシー権は保護されると解される．

(3) プライバシー権の保障根拠

個人情報に関する諸権利の保障根拠は，それぞれの権利ごとに異なると考えるべきである．

人は，自らに関する情報を交換することで，人間関係を深める．親しくなりたい人とは，多くの情報を交換し，そうでない人とは距離をとる．このことから，①私生活をみだりに公表・開示されない権利と②生活の平穏を害する情報をみだりに公表・開示されない権利は，人間関係構築の自由を確保するために保障される権利と解すべきである（長谷部恭男「プライヴァシーについて」同『憲法学のフロンティア』岩波書店，1999年，第6章）．

また，個人データが不適切に利用されれば，経済的損失が生じたり，差別が助長されたり，表現の自由が萎縮したりする．そこで，③個人データを不適正に利用されない権利や④個人データを適切なシステムの下で管理するよう要求できる権利は，人間関係構築の自由の他にも，個人情報の不適切利用がもたらす様々な権利・利益侵害を包括的に防止することが保障根拠になると理解すべきである．

208　第3編　憲法が保障する権利

❸知る権利

(1) 知る権利の概念

国家が保有する情報が増大するにつれ，**国家が保有する情報へのアクセスを求める権利**（**知る権利**）を憲法13条により保障すべきと考えられるようになってきた．この権利には，自己情報開示請求権と情報公開請求権の2つがある．

(2) 自己情報開示請求権

国家が個人情報を適切に扱っているかを検証するには，国家が自らの個人情報をどの範囲で取得し，どのように利用・管理しているかを知る必要がある（OECDガイドライン第7原則参照）．このため，今日では，憲法13条は，**国家が保有する自己情報の開示を求める請求権**（**自己情報開示請求権**）を保障していると解されるようになってきている．

もっとも，警察保有の捜査情報など，当人の個人情報であっても開示すべきでない国家保有情報もある．国家に対し開示を請求するには，自身の個人情報であることに加え，それを非開示とする正当な理由がないことが必要となる．

いかなる手続のもとに開示が請求でき，どのような場合に非開示の正当理由ありとするかについて，憲法には具体的な手がかりがない．したがって，自己情報の開示請求権は抽象的権利であり，それを具体的に行使するには，法律や条例による手続や要件の整備が必要である．個人情報保護法は，この権利を具体化する内容を含んでいる．

(3) 情報公開請求権

国民が政治に参加するには，国家が保有する情報へのアクセスが認められなければならない．また，政治参加以外の場面でも，正しい自己決定を行うには，豊かで正しい情報に触れる必要がある．そこで，20世紀後半から，**国家保有情報の公開請求権**（**情報公開請求権**）が必要ではないかとの主張が支持されるようになった（佐藤・憲法論281頁は，これを政府情報開示請求権と呼ぶ）．この権利は，アクセス対象が自己の個人情報に限られない点，また，特定の者でなく全ての者に情報を公開するよう求める権利である点で，自己情報開示請求権とは異なる．

情報公開請求権は，個人の尊重を規定した憲法 13 条や，国民の政治参加を保障する憲法 15 条 1 項，自由な情報の流通にアクセスすることを保障した憲法 21 条 1 項など，複数の条文に根拠を持つ複合的な性格の権利と解される（奥平康弘『知る権利』岩波書店，1979 年）．

国家保有情報の中には個人情報や秘密など公開すべきでない情報もあることから，国家に対し開示を請求するには，その情報を国家が保有していることに加え，それを非開示とする正当な理由がないことが必要となる．

いかなる手続のもとに公開が請求でき，どのような場合に非公開の正当理由ありとするかについて，憲法には具体的な手がかりがない．したがって，国家情報開示請求権は抽象的権利であり，それを具体的に行使するには，法律や条例による手続や要件の整備が必要である．現在では，情報公開法が制定されている．

❹性同一性に適合する取扱いを求める権利

今日，身体的性とジェンダー・アイデンティティ（gender identity，性自認と訳すことも多い）が一致しない者（trans gender，トランスジェンダー）の権利の重要性が認識されつつある．この点について考察する際には，トランスジェンダー差別と，性同一性不適合扱いの問題とを分けて考える必要がある．

トランスジェンダー差別とは，トランスジェンダーであることを理由に公務就任を拒否するなど，**トランスジェンダーであることを理由に不合理な区別・差別をすること**を指す．トランスジェンダー差別をされない権利は，平等権・差別されない権利に含まれ，憲法 14 条 1 項で保障される．

他方，**性同一性不適合扱い**とは，国立女子大学が，ジェンダー・アイデンティティは女性であるにもかかわらず身体的性が男性である者の入学を拒否するなど，**男女の区別が正当化される場面で，自らの性同一性に適合する扱いを受けられないこと**を指す．ここでは，トランスジェンダーであることを理由にした区別があるわけではなく，その場面での男女の振り分け基準の適否が問題となる．

自身のジェンダー・アイデンティティと異なる扱いを受ける人格的苦痛は大

きく，**自らの性同一性に適合する扱いを求める権利**（**性同一性適合扱い請求権**）は憲法 13 条で保障されると理解すべきだろう．ただし，異性の身体に対する羞恥や恐怖などからの保護，アファーマティブアクションやスポーツの公平性の観点から，身体的性や性別適合手術の有無を基準に男女を分ける必要がある場合もある．したがって，性同一性適合扱い請求権は，絶対保障と解するべきではない．

　男女の区別が求められる理由は場面ごとに様々であり，また，トランスジェンダーと一口に言っても，生活実態や当人の希望，手術の有無などの状況は異なる．このため，ある者についてある場面で男性／女性と扱うべきだとしても，別の場面では別の扱いが求められることもある（齊藤笑美子「性的マイノリティの人権」愛敬浩二編『人権 I』信山社，2022 年所収参照）．個別の人ごとに，個別の場面における男女を区分する趣旨に基づき，適切な取扱いを判断すべきだろう（個別性の原則）．

　2003 年に「性同一性障害者の性別の取扱いの特例に関する法律」が制定され，①成年・②非婚・③子なし（2008 年以降は未成年の子なしと改正された）・④生殖能力不在・⑤性器外観適合の 5 要件（同法 3 条）の下，法律上の性別が変更できるようになった．最二決令和 2 年 3 月 11 日裁判所ウェブサイトは，②非婚要件を合憲としたが，同性婚が認められれば，この要件は不要となろう．最三決令和 3 年 11 月 30 日判時 2523 号 5 頁では，性別変更のために③子なし要件を課すことの合憲性が問題となった．法廷意見は合憲としたが，宇賀克也裁判官の反対意見は，憲法 13 条が「人がその性別の実態とは異なる法律上の地位に置かれることなく自己同一性を保持する権利」を保障しており，子なし要件（同法 3 条 1 項 3 号）はその権利を侵害するもので違憲とした．

　また，最大決令和 5 年 10 月 25 日民集 77 巻 7 号 1792 頁は，④生殖能力不在要件を「身体への侵襲を受けない自由を放棄して強度な身体的侵襲である生殖腺除去手術を受けることを甘受するか，又は性自認に従った法令上の性別の取扱いを受けるという重要な法的利益を放棄して性別変更審判を受けることを断念するかという過酷な二者択一を迫るもの」と評価し，身体への侵襲を受けない自由の侵害として憲法 13 条違反と判断した．この判決は，⑤性器外観適

合要件の合憲性は判断しなかったが，今後，同様の論理で違憲と判断される可能性はある．

　今後は，より柔軟な要件で性別変更を認めた上で，公衆浴場法などでは特別に性器外観要件での振り分けを行うなど，個別性の原則に則った対応が進むと思われる．

❺医療における自己決定権

　すべての個人は，医療の現場でも，どのような医療を受けるかについて，自ら決定する権利が尊重されるべきであり，憲法13条は，医療における自己決定権をも保障していると解される．

　医療における自己決定権には，複合的な性質がある．自己の望む医療を受けることを妨げられないという意味では防御権，自己の望まない医療をされないという意味では特定行為排除権の性質がある．それらの前提として，自己の望む医療を選択するために必要な情報提供を医師に求めることができるという意味では，請求権となる．判例や教科書では，それらを区別することなく，「自己決定権」と総称している．

　最三判平成12年2月29日民集54巻2号582頁（エホバ証人輸血拒否事件）は，「輸血を伴う医療行為を拒否する」という意思決定をする権利は医療の場において尊重されなければならず，輸血を絶対的に拒否する患者に対し，必要な場合には輸血するとの方針を説明せずに，輸血を伴う手術をした国立大学病院の医師について，説明義務違反を認めた．但し，この判決は，自己決定権が医師の患者を救命する義務に常に優先するとまでは述べておらず，具体的な事情によっては，自己決定権が制限されることもあると解される．

　また，最大判令和6年7月3日裁判所ウェブサイト（旧優生保護法違憲判決）は，憲法13条により自己の意思に反して身体への侵襲を受けない自由を保障していると解し，旧優生保護法の不妊手術強制規定を同条違反と判断している．

❻一般的行為の自由

　憲法第三章の各条項は，信教の自由（憲法20条1項前段）や表現の自由（憲

法21条1項）など，具体的な自由権を列挙している．しかし，憲法に列挙されていない自由であっても，公権力が正当な理由なく制限してよいはずがない．とすれば，憲法13条に言う「自由」には，一般的な行為の自由が含まれると解される．

ゲームをする自由，酒を造る自由，長髪にする自由，家の中で逆立ちをする自由など，憲法に明文規定のないあらゆる自由は，憲法13条の保障する一般的行為の自由として保護される．広義の婚姻を含む他者との共同生活や，生殖にかかわる行為など，いわゆるライフスタイルの自己決定権（赤坂・人権284頁参照）も，ここに含まれると解される．

最一判平成元年12月14日刑集43巻13号841頁（どぶろく裁判）では，酒税法が自家消費目的の酒の製造をも禁止していることについて，酒税徴収確保という目的に照らして不合理とは言い難い，との理由で合憲とした．自家消費目的の酒類製造は，表現の自由（憲法21条1項）や営業の自由（憲法22条1項）の保護範囲には含まれないにもかかわらず，判決は，自由の制約に正当化事由を要求した．その背景には，憲法13条が一般的自由または酒類製造の自由を保護しているとの理解があるものと解される．

■ 第6節　憲法が保障する権利の特殊な適用

憲法が保障する権利は，国民が国家に対し行使する権利であるが，「国民が」・「国家に対し」のそれぞれについて，例外的適用がある．本節では，それを検討する．

■ 第一款　国民以外の主体

❶ 外国人

（1）権利の享有主体性

憲法が保障する権利は，「国民」つまり日本国籍を持つ者に保障された権利である．しかし，日本国籍を持たない外国人・無国籍者も人間であり，普遍的価値である人権は保障されねばならない．また，厳密には「人権」に該当しな

い「憲法上の権利」であっても，外国人にも保障すべきものはある．例えば，使用者との関係で弱い立場に置かれるのは，外国人でも国民でも変わりはなく，全ての労働者に労働基本権を保障すべきだろう．

もっとも，外国人には，特別な考慮が必要になる場合もある．そこで，従来の見解は，日本国内に存在する外国人が権利の享有主体であることを当然の前提として，その範囲をいかに画定するかを議論してきた．これには，**憲法が保障する権利の性質に着目し，外国人への適用の有無を判断する見解（権利性質説）**と，**憲法の条文が「国民」とされている場合には外国人には保障されず，「何人も」など保障対象を限定しない文言の場合には外国人にも保障されるとする見解（文言説）**とがある．

文言説は，基準として明確ではある．しかし，この見解によれば，憲法 14 条 1 項の平等権が外国人には保障されないことになり，例えば，特定の国籍の者についてだけ国立大学の入学資格を認めない，交通違反の罰金を高くする，といった不合理な区別を許容してしまう．他方で，憲法 22 条 2 項の国籍離脱の自由を，外国人にも保障しなければならなくなる．日本国憲法の文言が外国人への適用を考慮して選択されているとは解されず，通説は，権利性質説を採る．

最大判昭和 53 年 10 月 4 日民集 32 巻 7 号 1223 頁（マクリーン事件判決）も，「憲法第三章の諸規定による基本的人権の保障は，権利の性質上日本国民のみをその対象としていると解されるものを除き，わが国に在留する外国人に対しても等しく及ぶものと解すべきであり，政治活動の自由についても，わが国の政治的意思決定又はその実施に影響を及ぼす活動等外国人の地位にかんがみこれを認めることが相当でないと解されるものを除き，その保障が及ぶものと解するのが，相当である」として，権利性質説の採用を明言した．

(2) 在留資格と外国人の権利

近年では，外国人の人権享有主体性という問題の立て方自体への疑問が呈されている．というのも，国際法では，外国人・無国籍者の入国・在留を許可するか否かの裁量が各主権国家に認められ，入国・在留の許可に，「労働を行わないこと」「一定期間を超えて在留しないこと」といった条件を付すこともで

きる．マクリーン事件判決も，「憲法22条1項は，日本国内における居住・移転の自由を保障する旨を規定するにとどまり，外国人がわが国に入国することについてはなんら規定していないものであり，このことは，国際慣習法上，国家は外国人を受け入れる義務を負うものではなく，特別の条約がない限り，外国人を自国内に受け入れるかどうか，また，これを受け入れる場合にいかなる条件を付するかを，当該国家が自由に決定することができるものとされているのであり，外国人には入国・在留の権利は憲法上保障されない」として，外国人の入国・在留の権利は憲法上保障されないとする．これを受け，出入国管理及び難民認定法は，外国人の入国・在留を許可制とし（同法2条ノ2），在留資格に定められていない活動を禁止する．

　これを前提とするなら，憲法上の権利保障がどうであれ，在留外国人の自由や権利は，在留資格や在留許可の内容によって，いくらでも制限できることになってしまう（安念潤司「『外国人の人権』再考」『芦部古稀祝賀・現代立憲主義の展開上』有斐閣，1993年）．しかし，権利性質説の議論が示すように，憲法上の権利の中には，外国人に対しても保障すべき理由のあるものも多い．例えば，「憲法上の権利を一切行使しないこと」や「拷問を受けない権利や黙秘権を放棄すること」などの条件を付した入国・在留許可が，憲法の趣旨に適っているとは言えないだろう．

　外国人の人権を保障するために検討すべきは，人権享有主体性ではなく，権利の性質に照らした時に，在留許可の条件としてその権利を制限することが許されるか否かだろう．また，権利の性質を考える際には，「外国人かどうか」よりも「その外国人がどのような理由で日本にいるのか（例えば，労働目的か観光目的かなど）」が決定的に重要である．

(3) 再入国許可・在留許可更新と外国人の権利

　初めての入国・在留許可とは異なり，既に入国・在留している外国人について，再入国許可や在留許可更新をする場合には，日本政府の裁量権が狭まるのではないか，という議論がある．具体的には，国内で憲法上の権利を行使したことを消極的な事情として斟酌してよいかが問題となる．

　この点，マクリーン判決は，「外国人に対する憲法の基本的人権の保障は」

「在留の許否を決する国の裁量を拘束するまでの保障，すなわち，在留期間中の憲法の基本的人権の保障を受ける行為を在留期間の更新の際に消極的な事情としてしんしやくされないことまでの保障が与えられているものと解することはできない」とした．例えば，外国人が，在留期間中に日本政府を批判することは憲法21条1項の保護を受けるが，政府批判言論を理由に在留期間を更新しないことは認められるという．

しかし，在留期間更新の際に，在留期間中の憲法上の権利の行使を消極的に斟酌してよいとすれば，権利を保障した意味がない．再入国許可・在留許可更新については裁量を狭めるべきとの議論には，説得力がある．

ただ，よくよく考えると，初めての入国・在留許可の条件として「表現の自由を行使しないこと」を要求することが，本当に許されるのだろうかという疑問も生じる．国際法的には政府に裁量があるとはいえ，憲法上の非差別原則違反にならないのだろうか．そう考えると，再入国許可・在留許可更新について裁量が狭まるのではなく，最初の入国許可・在留許可の際にも，（初めての入国時には，考慮要素として意識されなかっただけで，）そのような裁量はなかった，と理解すべきように思われる．

(4) 外国人の権利の考え方

以上の検討から，外国人との関係で憲法上の権利は，①外国人には保障されない権利と，②保障される権利とに分類される．さらに，②外国人に保障される権利は，A：在留条件としても制限できない権利と，B：在留条件としては制限できる権利とに分類される．

①には，国政選挙の選挙権・被選挙権，国籍離脱の自由がある．

②Aには，適正手続なしに処罰されない権利（憲法31条），無令状で逮捕されない権利（憲法33条）など刑事手続に関する権利や，表現の自由（憲法21条1項）や信教の自由（憲法20条1項）などの精神的自由権がある．それらの権利の放棄を在留条件とすることは，違憲無効と解すべきだろう．

さらに，外国人であれば生存の危機に瀕しても放置してよいとは考え難く，国内での在留を認める外国人に対しては，生存権（憲法25条1項）を保障すべきである．その生存に責任を持てない相手には，初めから在留許可を出さない，

という対応をとるべきだろう．この点，現在の生活保護法は外国人に生活保護の申請資格を認めておらず，外国人の生活保護は行政上の措置として行われている．行政の対応は評価できるが，立法府が在留外国人の生存権立法を怠っている点には違憲の疑いがある．なお，就労を目的として入国・在留を許可された者が失職した場合，要件を満たせば生活保護を受けられるが，在留期間経過後に失職を理由に在留許可更新がなされなかったとしても，それは，生活保護受給を消極的事情として斟酌したものではなく，在留条件を満たさなくなったことによるもので，生存権侵害ではない．

②Bには，経済的自由権や労働に関する権利が含まれる．例えば，観光目的で入国した者については，営業の自由は保障されない．他方で，経済活動や労働を認める在留資格を持つ者には，日本国民同様に営業の自由や労働基本権が保障されると解される．外国人は労働現場で劣悪に扱われがちであり，労働基本権の保障は特に重要である（加藤＝植村・講義65頁）．

(5) 外国人の権利が問題となった事例

参政権について．最二判平成5年2月26日判時1452号37頁は，「わが国の政治的意思決定又はその実施に影響を及ぼす活動等」を行う権利は外国人には保障されない，としたマクリーン事件判決を引用し，国会議員の選挙権は外国人には保障されないとした．最二判平成10年3月13日集民187号409頁も，同様にして，国会議員としての被選挙権は外国人には保障されないとした．

最三判平成7年2月28日民集49巻2号639頁は，外国人の地方参政権について，注目すべき判断を示した．判決は，まず，国民主権の原理からすれば，公務員の選定罷免権（憲法15条1項）の保障は「権利の性質上日本国民のみをその対象とし」ており，「地方公共団体が我が国の統治機構の不可欠の要素を成すものであることをも併せ考えると，憲法93条2項にいう『住民』とは，地方公共団体の区域内に住所を有する日本国民を意味する」として，地方参政権は，権利の性質上，外国人に保障されないとした．その上で，住民自治の理念を踏まえ，「外国人のうちでも永住者等であってその居住する区域の地方公共団体と特段に緊密な関係を持つに至ったと認められるもの」に，地方参政権を付与することは違憲ではないとした．

平等権について．最大判昭和 39 年 11 月 18 日刑集 18 巻 9 号 579 頁は，憲法 14 条の趣旨は，特段の事情の認められない限り，外国人に対しても類推されるとした．このため，国籍による区別が不合理な場合は，平等権に基づき是正を請求できる．

国家公務員就任資格に関して，人事院規則 8-18 第 9 条 1 項 3 号は，日本国籍を持たない者の採用試験受験資格を否定している．この点について，判例はない．

地方公務員就任資格に関して，最大判平成 17 年 1 月 26 日民集 59 巻 1 号 128 頁は，外国人の東京都職員が管理職試験の受験を拒否されたことについて，国民主権の原理を理由に，「地方公務員のうち，住民の権利義務を直接形成し，その範囲を確定するなどの公権力の行使に当たる行為を行い，若しくは普通地方公共団体の重要な施策に関する決定を行い，又はこれらに参画することを職務とする」「公権力行使等地方公務員」に外国人が就任するのは，「本来我が国の法体系の想定するところではない」として，平等権侵害はないとした．

最二判平成 14 年 9 月 27 日判時 1802 号 45 頁は，産業廃棄物処理場の設置に関する住民投票において，外国人住民に投票権が与えられなかったことについて，マクリーン事件判決を引用し，14 条 1 項違反ではないとした．しかし，法的拘束力のない住民投票は，政治的意思決定に直接影響を及ぼすものとは言えず，選挙権や公務就任権と同様に考えることはできないだろう．マクリーン事件判決を引用するだけで結論を出したのは不適切だった．

精神的自由権について．マクリーン事件判決は，ベトナム戦争に抗議するデモ行進への参加は，「直ちに憲法の保障が及ばない政治活動であるとはいえない」とした．ただし，国がこの活動を在留期間更新の際に消極的に斟酌されることは許容した．

プライバシー権について．最三判平成 7 年 12 月 15 日刑集 49 巻 10 号 842 頁は，「個人の私生活上の自由の 1 つとして，何人もみだりに指紋の押なつを強制されない自由を有」し，この自由は「我が国に在留する外国人にも等しく及ぶ」とした．しかし，当時の外国人登録における指紋押なつ制度による自由の制約は，「一般的に許容される限度」内であり，合憲とした．

社会権について，学説には消極的立場をとるものも多いが，外国人にも社会権の保障が必要ではないかとの見解も有力になってきている．国・地方の行政実務では，外国人にも生活保護の利用や公立小中学校の入学資格を認めている．ただし，最二判平成26年7月18日訟月61巻2号356頁は，外国人の生活保護の利用はあくまで行政上の措置であり，生活保護法自体は外国人を対象に含めていないとの解釈を示している．

また，最三判平成13年9月25日集民203号1頁は，不法残留者を生活保護の対象としなくても憲法25条1項に違反しないとした．ただし，急病などで緊急治療が必要となった場合など，不法残留者についても医師の応招義務（医師法19条1項）が適用されることを考慮していることから，緊急の治療を要する不法残留者を放置した場合に憲法に違反しないと言い切っているとも言えない．

❷ 法人

(1) 権利の享有主体性

資源（金銭・労力・発言力など）を集合的に利用するためのルールを共有する人の集合を団体と言う．法令に基づいて，法的な意思主体としての資格が付与された団体を，法人という．法人は，原則として憲法上の権利を行使できない．例えば，株式会社や宗教法人に選挙権（憲法15条1項）を保障する必要はなく，もしもそれをすれば，国民の選挙権の価値を毀損するだろう．しかし，法人所有の財産を無補償で収用することが合憲だとは考え難く，一定の場合には，法人にも憲法上の権利の行使を認めるべきとも思われる．では，その範囲をどのように決めるべきか．

伊藤正己教授は，「法人が社会において自然人と同じく活動する実体であ」るとの根拠で，法人の憲法上の権利行使を認め，その範囲は性質上可能な限りとする（同「会社の基本権」『石井照久追悼論文集・商事法の諸問題』有斐閣，1974年，9-10頁）．伊藤説は旧来の通説と言ってよく，多くの支持を集めた．

しかし，伊藤説には，法人の権利の範囲を無限定に拡張する危険がある．法人の活動は大規模なものになりやすく，法人の活動を素朴に援助すれば，個人

の自由を圧迫しかねない。例えば、巨大な資金力を誇る法人の政治活動援助（献金等）が拡大すれば、個人の援助は相対的に地位を弱められる（樋口・憲法181頁）。また、法人の権利を拡張すれば、その反面として、法人内部の個人の自由・財産を制約することになり、個人の保護が不十分になる危険もある。

　このように、法人の憲法上の権利享有主体性を完全に否定すべきではないものの、法人と自然人を単純に同列に置くわけにもいかない。この点、高橋和之教授は、法人の権利行使が問題となる場面を、内部の構成員に対する場合と、外部に対する場合とに区別して考察した上で、「団体には固有の人権主体性はなく、構成員の人権を代表して主張することができるにすぎないと考えるべき」とし、「団体が外部に向かって主張する場合には、構成員の人権を援用しうる」とする（高橋・立憲103頁）。法人がどのような権利を行使し得るかは、法人の性質によって判断される。例えば、株式会社は、営利活動のために株主が資金を集積利用する団体なので、株主を代表して営業の自由や財産権を主張できる一方、表現の自由や信教の自由などは行使できない。

　最大判昭和45年6月24日民集24巻6号625頁（八幡製鉄事件判決）は、「憲法第3章に定める国民の権利および義務の各条項は、性質上可能なかぎり、内国の法人にも適用される」と述べる。この記述は、構成員の権利の共同行使と理解できる場合には、性質上、法人が憲法上の権利を行使することも可能だと述べた趣旨と理解すべきである。

(2) マスメディア法人の報道・取材の自由（憲法 21 条 1 項）

　マスメディア法人の報道・取材の自由については、以上に述べた原則の修正が必要である。テレビ・ラジオ・新聞・出版などのマスメディアの多くは、営利法人（株式会社）によって運営されている。法人はその目的に応じ構成員の憲法上の権利を代表して行使すべきとの理解からは、マスメディアの報道の自由は憲法21条では保護されず、あくまで営業行為として憲法22条で保護されるに止まることになる。

　しかし、国民の政治参加には、マスメディアの報道から判断資料を獲得することが必須であり、また、国民が豊かな文化・芸術に触れる機会を得るには、マスメディアが重要な役割を担っている。そうだとすれば、マスメディアの報

道・情報発信の自由は，国民の知る権利に奉仕するものとして，憲法21条1項による手厚い保護を受けると解すべきである．また，報道機関の報道が正しい内容をもつためには，報道のための取材の自由も保護されねばならない．

最大決昭和44年11月26日刑集23巻11号1490頁（博多駅事件決定）は，「報道機関の報道は，民主主義社会において，国民が国政に関与するにつき，重要な判断の資料を提供し，国民の『知る権利』に奉仕するものである」ため，「報道の自由は，表現の自由を規定した憲法21条の保障のもとにある」と認めた．

(3) 法人の権利が問題となった事例1──政治献金の自由

会社に憲法上の政治献金の自由があるかが問題となった八幡製鉄事件では，判決は，会社には「自然人たる国民と同様，国や政党の特定の政策を支持，推進または反対するなどの政治的行為をなす自由を有する」と判示し，会社による政治献金は会社の目的の範囲内の行為であり，公序良俗違反（民法90条）にもならないとした．

この判断を前提にすると，政治資金規正法等で個人献金よりも法人献金を強く制限することに違憲の疑いが生じることになる．さらに，会社が営利活動を目的とする団体であることからすれば，営利に役立つ政治献金とは賄賂の一種ではないかという問題も残る．法人の政治献金は，憲法上の権利ではなく，政策上認められたものにすぎないと解すべきだろう．

(4) 法人の権利が問題となった事例2──取材の自由

博多駅事件決定では，報道の自由の前提となる取材の自由が問題となった．博多駅前での学生運動家と警察機動隊との衝突の際，機動隊員らによる暴行が行われたかどうかが争点となり，裁判所は現場の様子を撮影していたテレビ局に取材ビデオの提出を命じた．しかし，こうした命令がなされれば，取材対象者が報道機関を避けるなどして，将来的に取材が阻害される危険が生じる．

判決は，取材の自由も「憲法21条の精神に照らし，十分尊重に値する」として，取材の自由も憲法21条1項の保護範囲に含まれているとした．しかし，その保障の程度は，完全な保障ではなく「尊重」に止まり，取材の自由の制約の合憲性は，諸般の事情を比較衡量して決するとした．結論としては，ビデオ

テープがほとんど唯一の証拠である一方，既に取材済みの素材であることから，提出命令を合憲とした．

最二決平成 2 年 7 月 9 日刑集 44 巻 5 号 421 頁（TBS ビデオテープ押収事件）もこれを踏襲し，暴力団の債権取り立て場面を収録した取材テープを捜査機関が押収することを認めた．しかし，捜査機関による押収は，裁判所の提出命令と異なり，押収した素材がどのように用いられるかが公開されないため，より慎重な判断が必要だろう．

❸天皇・皇族

(1) 天皇

天皇は自然人でありながら一般国民とは異なる地位にあり，天皇が憲法が保障する権利の享有主体となるかが問題となる．

この点，従来の通説は，天皇も憲法第三章の章題に言う「国民」に含まれ，その地位に伴う必要最小限度の権利制約が認められるにすぎないと説明してきた（宮沢・憲法Ⅱ・245 頁）．しかし，天皇は「国政に関する権能を有しない」ため（憲法 4 条），参政権（憲法 15 条）や政治活動の自由（憲法 21 条 1 項）の行使は認められない．また，天皇自身が天皇制解体思想を持ったり，皇室伝統の宗教を捨てたりすることを憲法は想定していない可能性があり，思想・良心の自由（憲法 19 条）や信教の自由（憲法 20 条 1 項）など，精神的自由もないに等しい．皇居に住まなくてはならないから，居住移転（憲法 22 条 1 項）・海外移住の自由（同 2 項）はない．当然のことながら，職業選択の自由（同 1 項）もない．最高裁判例によれば，裁判を受ける権利（憲法 31 条）もない．地位が特殊すぎるため，平等権（憲法 14 条）の適用も想定できない．このように，ほぼ全ての権利が保障されないにもかかわらず，それを「必要最小限度の制約」と説明するのは欺瞞的である．

現在では，天皇は，憲法が前近代的身分制を飛び地として残したために生じた身分であることを前提に，天皇はその身分に伴う特権と義務を持つ一方で，国民一般に保障された憲法上の権利の享有主体ではない，とする見解（長谷部・憲法 126-127 頁）が有力になりつつある．日本国憲法の天皇制は，第 7 節

で論じる制度体保障の一種であり，この見解が妥当だろう．

(2) 皇族

では，皇族の権利はどうだろうか．

天皇・皇族は，その身分と系統が皇統譜に掲載される一方，戸籍法の適用を受けない．この帰結として，天皇と皇族は選挙権を持たない（公職選挙法附則2項，地方自治法附則抄20条）．男性皇族の婚姻には皇室会議の決議が必要であり（皇室典範10条），婚姻の自由も制限される．また，職業選択や思想表現も，完全に自由と言える状況にはない．親族が政党の代表を務めたり，自身が政党に入党したりしていれば，天皇が「日本国民統合の象徴」としての役割を果たしにくくなるから，政治活動の自由も認められそうにない．

天皇よりは制限は弱まるものの，皇族にも身分制の飛び地の理論が適用されると理解すべきだろう．

(3) 離脱の自由

天皇・皇族の権利はく奪は，極めて過酷である．たとえ日本国憲法が天皇制に制度体保障を与えているとしても，それを人権の理念と可能な限り調和させる努力は必要である．奥平康弘教授は，「犠牲者がひとりであるに過ぎないといった式の，犠牲者の多寡で『人権』制約を正当化すること」は不適切であり，天皇・皇族に脱出の自由を認める必要があるとする（同『「萬世一系」の研究――「皇室典範的」なるものへの視座・下』岩波現代文庫，2017年）．

国事行為を務める意思を全く持たない者を天皇の地位に就けること，就け続けることは，事実上不可能であり，憲法第一章は天皇・皇族に離脱の自由を認めていると解釈せざるを得ない．

2019（平成31）年，高齢による執務の限界を受け，天皇の退位等に関する皇室典範特例法に基づき，明仁天皇が退位した．退位したことそのものには何ら疑問はないものの，その都度特例法を制定するという手続き面には，退位の基準が不明確になるという難点がある．皇室典範に一般的な退位の基準と手続を設けるべきだろう．

また，現行皇室典範は，「重大な事故」があった場合の皇位継承順位の変更を認める．当人が即位を拒否した場合も，「重大な事故」にあたると解される．

第7章 憲法が保障する権利・各論　223

■第二款　特殊な身分を持つ国民

　国民の中には，憲法が保障する権利の行使について特別の制限を受ける，特殊な身分として位置づけられる者もいる．

❶公務員

(1) 特別権力関係の理論

　19世紀後半のドイツは君主制で，官吏は，君主に対し忠誠を誓い，特別の服従義務を負う一方で，特権的な俸給や身分保障を持っていた．このような，**国家と国民との一般的な権力関係とは異なる関係**を**特別権力関係**という．

　この理論は，日本法にも大きな影響を与えた．大日本帝国憲法10条は「天皇ハ行政各部ノ官制及文武官ノ俸給ヲ定メ及文武官ヲ任免ス」と定め，官僚・軍人は，法律ではなく，天皇の官制大権の下にあった．この憲法の下では，公務員は国家との関係で特別権力関係にあり，憲法の定める臣民の権利は法律の留保なしに制限される，との見解が広い支持を集めた．

　これに対し，日本国憲法は天皇大権をなくした．行政公務員に関する事務は内閣の権能とされ，「法律の定める基準」に従い処理される（憲法73条4号）．こうした構造の下では，内閣や大臣が法律の根拠なしに公務員の自由や権利を制限できるという理論は成立し難く，現在では，旧来型の特別権力関係理論は支持されない．

(2) 権利制約の根拠

　もっとも，現行憲法下でも，公務員は公務を遂行する義務を負い，私的行為においても，秘密漏洩・政治活動・信用失墜行為等を行わない義務を負う．こうした一般国民とは異なる様々な義務の合憲性を，どのように基礎づけるべきか．

　最大判昭和28年4月8日刑集7巻4号775頁は，憲法が公務員を「全体の奉仕者」（憲法15条2項）と位置づけていることを理由に，労働基本権の制限などを正当化した．また，芦部信喜教授は，「憲法が公務員関係の存在と自律性を憲法秩序の構成要素として認めていること」を理由に，公務員の権利制

224 第3編 憲法が保障する権利

限を正当化する（芦部・憲法学Ⅱ・258頁）.

しかし，こうした抽象的な理由づけで合憲としたのでは，全ての権利保障と司法審査が排除されるに等しい帰結が生じる．近年では，公務員についても特別な理論を適用せず，憲法上の権利の制限は，法律の根拠に基づき，実質的にも正当化可能な必要最小限度のものでなければならないとする理論が支持されている．

公務員の権利制限の多くは，公務就任の同意により正当化される．公務員が勤務時間中に職務専念義務を負い，表現行為や宗教行為を禁止されることは，服務の同意により正当化できるだろう．

ただし，職務遂行に不必要な義務を課すことの同意や，政府の側が職務内容を十分に説明せずに得た同意は有効とは言い難い．同意による権利制約は，①同意を求めることに合理性と必要性があり，②十分な判断能力に基づく真意の同意がある場合でなければ成立しない．

また，同意による正当化が成立しない権利もある．特に注意が必要なのは，労働基本権（憲法28条）である．被用者と雇用者には交渉力の格差があり，被用者の同意に任せれば，不当な労働条件が設定されてしまう．労働基本権はこれを防ぐために保障された権利であるから，その性質上，同意では制限できないものと解すべきである．公務員の労働基本権は種々の制限を受けるが，それらは，公共の福祉による実質的正当化が成立する場合に限り許されると解すべきだろう．

(3) 懲戒処分について

懲戒処分とは，**公務員組織の秩序維持のために，公務員の個別の行為に対し責任を追及し，制裁を課す処分**を言う．この処分には，公務員組織からの追放（免職），組織内部での職務停止（停職），報酬の減額（減給），組織内の履歴への戒めの記載（戒告）がある（国家公務員法82条）.

懲戒処分は，いずれも公務員組織内での効果に止まり，個人の自由への直接的な制約は生じない．例えば，インターネット掲示板への投稿内容を理由に免職や減給をされても，個人として投稿を続けることはできる．このため，公務員の任命権者には，懲戒するかどうか，どのような処分を選択するかについて，

一定の裁量が認められる.

　もっとも，一般に，公務員は職業上の自己実現や生計手段を公務員組織と勤務報酬に依拠しており，懲戒処分は実質的には刑事罰以上の重みを持つことも多い．懲戒処分による自由の制限を自由権の間接的制約ととらえ，必要性や合理性のない懲戒処分は違憲と評価すべきである.

　また，懲戒処分においても，平等権や差別されない権利（憲法 14 条），行政手続における適正手続を求める権利（憲法 31 条）の適用を排除する理由はない．不合理な区別を伴う免職や，告知聴聞の機会を与えない減給処分などは，違憲無効と解すべきである.

（4）公務員の権利制約が問題とされた事例 1──政治的行為への刑罰

　公務員の権利については，政治的行為と争議行為に対する刑罰が問題となってきた.

　国家公務員法 102 条 1 項は，一般職国家公務員について人事院規則の定める「政治的行為」を禁じ，人事院規則 14-7 は政治活動をほぼ包括的に禁じている．これに違反した場合には，刑罰（国公法 110 条 1 項 19 号）が科される.

　最大判昭和 49 年 11 月 6 日刑集 28 巻 9 号 393 頁（猿払事件）では，郵便局の事務官による政党ポスター掲示・掲示依頼行為が問題となった．第一審の旭川地判昭和 43 年 3 月 25 日下民集 10 巻 3 号 293 頁は，国家公務員法・人事院規則のうち「非管理者である現業公務員で，その職務内容が機械的労務の提供に止まるものが，勤務時間外に，国の施設を利用することなく，かつ職務を利用し，若しくはその公正を害する意図なしで」行う政治的行為を罰する部分は違憲だとし，この部分に該当する被告人の行為を無罪とした．他方，上告審は，「行政の中立的運営とこれに対する国民の信頼を確保しようとする法の目的」を達するには，「当該公務員の管理職・非管理職の別，現業・非現業の別，裁量権の範囲の広狭など」の要素を問わず，全ての政治的行為を罰する必要があるとして，被告人に適用される部分も含めて国公法の規定を合憲とし，有罪とした.

　上告審判決は，公務員が政治活動をすれば，政治的信条によって特定政党の支持者に郵便（民営化前）を配達しないなどの偏った業務が行われ，行政の中

立的運営を害するし，仮に，その公務員が公務と政治的信条を切り分けていた
としても，国民の不信が生じる，という認定を前提にしている．しかし，政治
的信条で公務を歪めたならば，それを罰すればよいはずであり，政治的行為を
しただけで罰する必要はない．また，政治的行為をする人はそれを業務に持ち
込むはずだというのは不当な偏見であり，そうした偏見に迎合する判決には疑
問が残る．

　猿払事件上告審判決には批判が根強く，最二判平成 24 年 12 月 7 日刑集 66
巻 12 号 1337 頁（堀越事件），最二判平成 24 年 12 月 7 日刑集 66 巻 12 号
1722 頁（宇治橋事件）は，国公法の処罰対象は「公務員の職務の遂行の政治的
中立性を損なうおそれが実質的に認められる政治的行為」に限られるとの限定
解釈を施すに至った．堀越事件については，年金審議官による政党機関紙の配
布を無罪とした．ただ，国公法や人事院規則には限定の手がかりとなる文言が
ないため，法の明確性を害しているとの批判がある．法律の部分無効の処理を
すべきであったと考えられている．

　前掲最大決平成 10 年 12 月 1 日民集 52 巻 9 号 1761 頁（寺西判事補事件）は，
裁判官が「積極的に政治運動をすること」を禁じる裁判所法 52 条 1 号につい
て，「職務を離れた私人としての行為であっても，裁判官が政治的な勢力にく
みする行動に及ぶときは，当該裁判官に中立・公正な裁判を期待することはで
きないと国民から見られるのは，避けられない」として，憲法 21 条 1 項に違
反しないとした．

(5) 公務員の権利制約が問題とされた事例 2——争議行為

　公務員も労働者であり，労働基本権が保障されねばならない．しかし，国・
自治体は行政権を独占しており，争議行為などへの市場による歯止めがない．
また，最高度の公共性を有する業務が停滞すれば，国民生活に甚大な被害を与
える．そこで，現行法では，人事院（国）・人事委員会（自治体）を設置し，給
与勧告などの仕組みを通じて，公務員の権利を擁護する代償措置を取った上で，
労働基本権を制限している．

　国・自治体の職員は，労働組合を結成できず，職員団体の結成が認められる
に止まる（地公法 52 条 3 項，教育公務員特例法 21 条ノ 5，国公法 108 条ノ 2 第 3 項）．

職員団体は当局と交渉ができ，地方公務員の場合には書面協定の締結もできるが（地公法 55 条 9 項），団体協約は締結できない（地公法 55 条 1 項・2 項，国公法 108 条ノ 5 第 1 項，第 2 項）．団体行動権（争議権）は，一切禁止されている（地公法 37 条 1 項，国公法 98 条 2 項）．警察職員・消防職員・海上保安庁職員・監獄職員・自衛隊員など，公務の停滞が国民生活に重大な被害を及ぼす職種については，団結権も否定されている（地公法 52 条 5 項，国公法 108 条ノ 2 第 5 項，自衛隊法 64 条）．現業系の公務員については，団結権・団体協約を締結する団体交渉権が認められるが，団体行動権は認められない．

司法の場では，これらのうち特に団体行動への刑事罰の合憲性が問題とされてきた．

1960 年代までの最高裁は，根拠法令を限定的に解釈し，刑罰対象を狭めようとしてきた．その出発点となるのが全逓東京中郵事件判決（最大判昭和 41 年 10 月 26 日刑集 20 巻 8 号 901 頁）で，郵便局員（民営化前）にも労働組合法 1 条 2 項の適用があると認め，争議行為が正当行為になる可能性を認めた．続く，都教組事件判決（最大判昭和 44 年 4 月 2 日刑集 23 巻 5 号 305 頁）では，地方公務員の争議行為へのあおり行為への刑罰について，争議行為とあおり行為双方が悪質な場合でないと罰すべきでないとする「二重のしぼり論」を展開した．全司法仙台事件判決（最大判昭和 44 年 4 月 2 日刑集 23 巻 5 号 685 頁）も，国家公務員の争議行為のあおりについて，「二重のしぼり論」を適用した．

しかし，その後，この傾向は逆転する．全農林警職法事件判決（最大判昭和 48 年 4 月 25 日刑集 27 巻 4 号 547 頁）は，全司法仙台事件判決を変更する旨を明示し，あおり行為一般を処罰する解釈を示した．また，地方公務員についても，岩手教組学テ事件判決（最大判昭和 51 年 5 月 21 日刑集 30 巻 5 号 1178 頁）が，特に限定解釈を加えなくても地方公務員法 61 条 4 号は憲法 28 条に違反しないとして，都教組事件判決を覆した．最後に，全逓名古屋中郵事件判決（最大判昭和 52 年 5 月 4 日刑集 31 巻 3 号 182 頁）は，全逓東京中郵事件判決を変更し，現業公務員の団体行動には労働組合法 1 条 2 項の適用はないとした．

なお，これらの事件で問題となった地公法 61 条 4 号，国公法 110 条 1 項 17 号は，強制労働の廃止に関する条約（第百五号）の締結のための関係法律の

228 第3編 憲法が保障する権利

整備に関する法律（令和3年法律第75号）により，現在では削除されている．

❷被収容者

　国家に身柄を拘束された者は在監者と呼ばれてきたが，近年，法律用語が改められ，**被収容者**と呼ばれるようになった．かつて，収容関係（従来の在監関係）は特別権力関係の一種とされ，法律の根拠なく各種の自由を制限してもよいとされてきた．しかし，日本国憲法下では，被収容者も憲法上の権利の保障を受けるので，その権利の制約には法律の根拠と実質的な正当化事由が必要である．公務員関係と異なり，身柄拘束とそれに伴う自由の制限に当人の同意は存在しないため，被収容者の自由・権利の制限は，それぞれ適切な違憲審査基準によって合憲性が判定されなければならない．

　一口に被収容者と言っても，収容の理由は様々である．刑事罰としての刑事収容施設への収容，逮捕・勾留による捜査・刑事訴訟手続のための収容，出入国管理法に基づく退去強制手続のための収容（同法39条）の他，感染症法に基づく一類感染症まん延防止のための入院勧告・強制（同法19条）等も，収容の一種である．

　刑事罰は責任非難を伴うもので，当人の矯正を目的とした自由・権利の制限が認められる．収容施設の秩序維持などを理由にする場合には，具体的・実質的な目的を実現するために，必要最小限度の制限である必要がある．また，被収容者の生存は収容施設にほぼ全面的に依存していることから，収容施設の管理者は，健康で文化的な最低限度の生活を営む権利（憲法25条）の保障について，最大限の注意を払う必要がある．

　被収容者の権利制限が問題となった事例に，最大判昭和58年6月22日民集37巻5号793頁（よど号ハイジャック記事抹消事件）がある．この事件では，拘置所長が，未決拘禁者が私費で購入していた新聞のハイジャックの記事を，監獄法31条2項（当時）の規定に基づき黒塗りにしたことが問題となった．

　判決は，被収容者にも憲法上の権利が保障されるのを当然としつつ，自由制限の合憲性は「目的のために制限が必要とされる程度と，制限される自由の内容及び性質，これに加えられる具体的制限の態様及び程度等を較量して」判断

第 7 章　憲法が保障する権利・各論　229

するとの基準を示した．結論としては，記事閲読を認めれば「拘置所内の静穏が攪乱され，所内の規律及び秩序の維持に放置することのできない程度の障害が生ずる相当の蓋然性がある」として，記事抹消を合憲とした．

❸子ども・未成年者

　個人が権利を行使するには，権利行使の帰結を予期し，それを受け入れるかどうかを自ら判断する自己決定能力が必要となる．自己決定には，自らの生を他者に依存していないという意味で，自律的な状態が必要である．子どもは自己決定能力と自律的生存能力を発展させる途上にあるため，法的には未成年者と扱われ，特別の権利が保障される一方で，成年者に対しては行われない特別の権利制限がなされる．

　未成年者の特別の権利としては，まず，「健康で文化的な最低限度の生活」（憲法 25 条 1 項）を実現するための後見や監護を求める権利がある．未成年者は，居所決定・教育・職業選択・医療行為・財産管理などの重要事項を後見的に決定ないし承認してもらう必要がある．また，経済的・社会的・生活的に自律していないため，扶養と監護も必要となる．そこで民法は，父母の扶養義務（民法 877 条）・親権（民法 818 条以下）を規定した．また，父母が親権を行使できない場合には，未成年後見人の制度がある（民法 839 条以下）．重要事項の後見，扶養・監護は，未成年者の生存権に必須の制度であり，民法の扶養・親権の規定は，その権利具体化法律としての性質を持っている．

　さらに，憲法は，未成年者の義務教育を受ける権利の実現性を高めるため，保護者に対して，子女に義務教育を受けさせる義務を課した（憲法 26 条 2 項）．労働現場で酷使されないよう，「児童」に「酷使されない権利」も保障した（憲法 27 条 3 項）．

　他方，未成年者は自律的判断能力の形成途上にあることから，判断能力の未熟さと当人の保護を理由とした自由の制限が許される．成年者の自由を「判断能力が未熟」という理由で制限するのは，個人の自律（憲法 13 条）を否定するもので許されないのとは対照的である．例えば，現在の都道府県の青少年保護育成条例は，未成年者が暴力的・性的表現に触れることを規制しており，道路

交通法 88 条は自動車運転免許に年齢制限を課している.

　民法 731 条は 18 歳未満の者の婚姻を認めないが，婚姻には十分な判断能力が必要であることからすれば，未成年の合意は婚姻のための「両性の合意」（憲法 24 条 1 項）とは言い難く，未成年の法律婚の否定は同項に違反しないとされる（樋口他・注解Ⅱ 132 頁）．また，憲法自身が，選挙権の行使要件として成年者であることを要求している（憲法 15 条 3 項）.

　何歳まで未成年者と扱うかは，例えば，18 歳は，選挙権行使に十分な判断力を持つが，飲酒は身体の成長度合いから適切でない，ということもあり得よう．このため，成年する年齢は，個別の法律ごとに決定される（新井他・憲法Ⅱ・31 頁）.

■第三款　憲法が保障する権利の私人間効力

　憲法が保障する権利は，国（地方公共団体を含む）に対する権利であり，国以外の主体には行使できないのが原則である．しかし，一定の場合に，私人間でも憲法が保障する権利の効力が認められることがあると言われる.

❶私人間効力が論じられる事案の類型

　私人間効力が論じられる事案の類型には，過剰保護と過少保護の 2 つがある.

　過剰保護とは，**被害者の権利を過剰に保護したために，加害者の権利・利益の不当な侵害が生じることを言う**．A の名誉権を保護するため，国家が名誉毀損罪などによって B の表現の自由を制限する場合などがその例である.

　こうした事案について，表現の自由（21 条 1 項）の私人間効力の問題として議論を組み立てる見解（例えば君塚正臣『憲法の私人間効力論』悠々社 2008 年第 10 章参照）もある．しかし，これは国家による表現の自由の侵害の一類型であり，あえて私人間効力の問題と論じる必要はない.

　過少保護とは，**国が加害者による被害者の権利・利益の侵害を放置したために，被害者の権利・利益の保護が不十分になることを言う**．会社が従業員を差別したのに，国が保護しない場合などがそれに該当する.

過少保護が問題となる事例の加害者は，労働者を雇用する株式会社，学生の評価権限を持つ大学など，「社会的権力」と呼ばれ，被害者に比して大きな力を持っていることも多い（樋口・憲法191頁，浦部・教室76頁）．グローバル企業やNPOなどの諸集団は，国境を越えて影響力を行使し，国家の主権すら動揺させている（樋口・憲法Ⅰ・39頁）．過少保護の放置は，強大な権力から権利・自由を擁護するという憲法の理念からして好ましくないという点については，学説の広汎な一致がある（木村＝西村・再入門180-181頁）．では，いかにして過少保護を解消すべきか．

❷私人間効力に関する諸学説

（1）無適用説

無適用説は，公法と私法とは異なる法体系であり，過少保護はあくまでも私法によって解決すべきとする．しかし，この見解は，あまりにも過少保護の問題を軽視した形式的に過ぎる議論である．

また，近年は，過少保護の問題は，信義則（民法1条2項）・公序良俗（民法90条）・不法行為（民法709条）といった私法上の一般条項により解消できるため，あえて憲法の私人間効力を持ち出す必要はないとの見解も有力に提唱されている（高橋・立憲118-119頁参照）．これは，公法・私法二元論の形式論だけを根拠にした古典的な無適用説と区別され，新無適用説と呼ばれている．

新無適用説には，私人による差別や権利侵害からの保護を後退させる口実にされかねないとの批判がある（辻村・憲法128頁）．

（2）間接適用説

従来の通説は，一定範囲の憲法が保障する権利は私人との関係でも効力を有し，私法の一般条項を通じて「間接適用」されると解してきた（芦部・憲法113頁，伊藤・憲法32頁，野中他・憲法Ⅰ・251頁，長谷部・憲法130頁など）．例えば，民法の不法行為の規定に，憲法13条のプライバシー権保障の趣旨を読み込めば，私人によるプライバシー侵害についても賠償責任を課す解釈ができる．

この見解は，無適用説と2つの点で違いがある．

第1に，私法の適用によって問題を解決する点は新無適用説と同じだが，

間接適用説では，憲法を無視した解釈は憲法上許されない．

第2に，裁判所の管轄の点で，無適用説と間接適用説は違いをもたらす場合がある．ドイツでは，憲法裁判所が通常裁判所とは別系列の特別裁判所として設置されているため，憲法が適用されるかどうかは管轄の振り分けにとって重要な論点となる（林・位相第15章）．日本では憲法裁判所は設置されていないものの，憲法問題が絶対的上告理由になる一方，私法解釈問題は相対的上告理由に止まる．憲法の間接適用の問題は絶対的上告理由となるとの解釈を採るならば，両説の帰結に違いが生じる．

間接適用説は，私法の枠内で問題が処理できるため，予測可能性を害する程度が低く優れているとされ，長らく通説の地位を占めてきた．しかし，この見解には限界もある．

まず，私法の一般条項の解釈の中で憲法を援用したところで，それを限りなく軽視して議論を進めることはでき，新無適用説と近似する（奥平・憲法III・86頁は，間接適用説が，単なる「リップ・サービス」にすぎないと指摘する）．また，例えば，法律が「プライバシー侵害に関する賠償額は1万円を上限とする」と定めた場合のように，私人による権利侵害の不保護を法律が明言した場合には，過少保護を解消できない．さらに，最高裁はほとんど理由を述べずに上告を棄却することも多く，絶対的上告理由と相対的上告理由の違いはさほど大きいものではない．

このように，無適用説と間接適用説の選択は，議論の実益がさほどない．

(3) 直接適用説

これに対し直接適用説は，憲法上の権利規定から，直接に意思表示の無効や損害賠償請求権が発生すると解する．これは，権利保護請求権を具体的権利と理解する見解であり，損害賠償を制限する明文規定があったとしても，それを違憲無効にし，憲法を直接の根拠として，私人に対する損害賠償請求を可能にする．

この見解は，実効的な救済という点で優れているが，間接適用説とは逆に，私人間で明文にない効果を生じさせるため，私人の予測可能性を害するという欠点がある．

(4) 保護義務論

近時，ドイツの学説を参照しながら，私人間効力を国の権利保護義務の問題として再構成する見解が有力になってきている（山内編・入門 92 頁）．

この見解によれば，国は，憲法が保護しようとする法益を，私人との関係でも保護する義務を負う．プライバシー侵害による責任を不当に制限する法律ができた場合には，国はそれを改正しプライバシー権を十分に保護する義務を負う．仮に，その義務に違反し，過少保護を放置する法律を維持すれば，その立法不作為が違憲の評価を受け得る（駒村・転回 324 頁はこの方向を追求する）．

❸ 私人間効力が問題となった事例

これまで過少保護が問題となった事例では，いずれも私法の一般条項の解釈により解決されてきた．

最大判昭和 48 年 12 月 12 日民集 27 巻 11 号 1536 頁（三菱樹脂事件）では，入社試験時に学生運動などの履歴を説明しなかったことを理由とする本採用拒否の有効性が問題となった．当時の関係法には，そうした理由での本採用拒否を無効にし，被用者を保護する旨の明文規定はなかった．憲法が保障する沈黙の自由（憲法 19 条）を採用企業に対しても主張できるならば，本採用の拒否を違憲と評価しうる．

判決は，憲法上の権利規定は「私人相互の関係を直接規律することを予定するものではない」とする一方で，ここでの本採用拒否は，労働契約の留保解約権の行使に該当すると認定し，「客観的に合理的な理由が存し社会通念上相当として是認されうる場合にのみ許される」と厳しい限定を付して，合理的な理由の有無について審理を尽くすべく，原審に差戻した．

最三判昭和 49 年 7 月 19 日民集 28 巻 5 号 790 頁（昭和女子大事件）は，学外での政治活動を理由にした退学処分について，三菱樹脂事件判決を引用し，憲法上の権利の直接適用を否定しつつ，大学当局の広範な裁量を認め，退学処分を適法とした．

最三判昭和 56 年 3 月 24 日民集 35 巻 2 号 300 頁（女子若年定年制事件）は，男女で異なる定年退職年齢を定めた就業規則について，「憲法 14 条 1 項」を

234 第3編 憲法が保障する権利

「参照」しつつ,「性別のみによる不合理な差別を定めたものとして民法90条の規定により無効である」とした.

これらの判例が間接適用説に依拠しているかは不明瞭だが,思想・良心の告白を強制されないことや男女平等の価値が,私法の適用においても重視されているのは確かである(芦部・憲法学Ⅲ 106頁参照).

■第7節 制度的保障

憲法が保障する権利に関連し,カール・シュミット(⇨8頁)のワイマール憲法の解釈に由来する「制度的保障」の概念を理解しておく必要がある.シュミットは,**法制度保障と制度体保障の2つを合わせ**,**制度的保障**と呼んだ(石川健治『自由と特権の距離――カール・シュミット「制度体保障」論・再考[増補版]』日本評論社,2007年).

法制度保障とは,憲法が,婚姻や相続など,**私法上の法制度の中核を特別に保障すること**を指す.法制度保障がある場合,その制度の中核を侵害する立法は許されない.日本国憲法に法制度保障の規定があるかについては,争いがある.当事者の合意のみで婚姻が成立することを定めた憲法24条1項は,婚姻制度の構築を前提にしているようにも読め,そうだとすれば,婚姻制度の廃止は憲法の法制度保障に反することになる(赤坂他・憲法155頁).もっとも,憲法24条1項は婚姻を詳細に定義しておらず,法制度保障があるとしても,その制度構築に関する立法裁量は非常に広範だと理解される.例えば,婚姻の効果を嫡出推定に限定し,同居義務や法定相続などの効果を契約や別の制度で実現するような立法も,あえて違憲と評価する必要はないだろう.

制度体保障とは,**伝統的に形成された団体を憲法上の制度と位置づけ,憲法がその存続を保障すること**を指す.ドイツのボン基本法140条では,伝統的な宗教団体の特権が保障されている.日本の場合,象徴天皇制は,人権保障や平等原則などの規定に反するため,これを法律で規定すれば違憲の評価は免れないが,日本国憲法第一章により制度体として保障されている.

制度体保障がある場合,その制度体の内容は憲法自体が許容しており,他の

憲法規定は適用されない．例えば，皇位継承に関する皇室典範の規定には，法の下の平等を定める憲法 14 条 1 項の適用はなく，女性皇族の皇位継承権を否定したり，現在の皇族以外の国民の皇位継承を禁止したりしても，憲法違反にはならない．

制度的保障は，個人の尊重や自由権の尊重といった憲法の基本原則からは導かれず，場合によっては基本原則に反する制度を特別に憲法で保障する枠組みである．例えば，婚姻制度は，必ずしも，憲法の自由権からは導かれない．日本国憲法の天皇制やワイマール憲法での教会特権は，憲法に規定がなければ，人権保障や平等原則，政教分離原則に反すると評価されるだろう．

日本に制度的保障の概念が輸入される中で，単なる客観法規定も制度的保障と呼ばれるようになった．例えば，私有財産制の保障も，制度的保障の一種といわれることがある（宮沢・憲法 II・108 頁）．しかし，憲法上の客観法規定は，憲法の基本原則に反するものではなく，制度的保障のように，他の憲法規定と緊張関係にあるわけではない．制度的保障と客観法規定は分けて理解すべきだろう．

■第 8 節　憲法上の義務

立憲的意味の憲法は，強大な権力を持つ国家から個人の権利を守るためにあるのであって，国民に義務を課すためにあるのではない．しかし，憲法が保障する権利に制約を加えざるを得ないやむを得ない理由がある場合には，憲法に義務規定が置かれる．日本国憲法も 3 つの国民の義務を規定している．

第 1 に，憲法 26 条 2 項は，保護する子どもに普通教育を受けさせる義務を規定する．普通教育とは，国民一般に必要な知識や判断力を身に着けるための教育を言い，現行法では小学校・中学校の課程を指す．保護者の中には，国が定めた教育課程を我が子に受けさせたくないという信仰・思想を持っている者もいる．しかし，そうした保護者の信教の自由や思想・良心の自由を優先させれば，子どもの可能性は大きく狭められてしまう．そこで，このような義務が規定された．

236 第3編 憲法が保障する権利

　第2に，憲法27条は，勤労の義務を定める．これは，生存権の行使要件を定めたものと解されている．もしも，勤労の機会も能力も十分にある者が，「働きたくない」というだけの理由で生活保護を受給したならば，生存権の保障制度は成り立たなくなる．そこで，この義務が規定された．もっとも，一生勤労し続ける義務を規定しているわけではない点には，注意が必要である．

　第3に，憲法30条は，納税の義務を定める．憲法29条は財産権を保障するが，これを納税の場面にまで適用すると，国家は租税を徴収できず，活動ができなくなってしまう．そこで，納税との関係では財産権が制限されることを定めた．

　教育・勤労・納税の3つの義務の具体的内容は，教育・社会保障・租税の各分野の法律で定められる．このため，これらの義務は，抽象的権利に対応して，抽象的義務とも呼ばれる（市川・憲法87-88頁）．

第 **4** 編

統治機構

第4編では，統治機構を扱う．

国家内部には，複数の組織が編成され，それぞれの組織には，担当すべき作用が割り当てられる．また，それぞれの組織が相互に統制し合うことで，国家内組織の秩序を維持する．この組織・作用・統制の内容を定める法を，それぞれ組織法・作用法・統制法と呼ぶ．

組織法・作用法・統制法により結びついた複数の国家内組織のまとまりを統治機構と言う．統治機構を構成する**国家権力を分担する国家内組織を国家機関**といい，**国家機関の構成員を公務員**と呼ぶ．

国家機関が分掌する立法権や行政権などの国家権力の呼び方には，「権限」と「権能」の2つがある．権限の言葉には，範囲が限定され，統制を受けることを強調するニュアンスがある（樋口他・学問70頁）．本編では，他の多くの教科書・体系書と同様に「権能」の語を使う．

237

238　第4編　統治機構

第8章　統治機構・総論

　本章では，統治機構の総論について検討する．第1節では，統治機構の諸原理，第2節では，国法の諸形式とその関係について論じる．

▌第1節　統治機構に関する諸原理

　日本国憲法が統治機構の基本原理として採用する国民主権，公共の福祉，権力分立，民主主義，法の支配・法治国原理について検討する．

❶国民主権と公共の福祉

　日本国憲法は，国民主権の原理により統治を正統化する．主権者国民は憲法を制定し，その憲法を通じて，国家機関を創設し，それぞれにふさわしい権能を授権する．国家機関の構成員たる公務員は，国民により直接または間接に任免され，国民に対し責任を負う．

　では，国民が国家の諸機関に権能を与えた目的は何だろうか．国家機関が実現すべき価値については，私的利害の闘争・調整の結果以外のものではあり得ないという立場と，私的利害からは離れた公共的価値だという立場とがある．

　第1の立場からすれば，「自分の縁故者に経済的利得を与えたい」といったむき出しの私益や，「全ての女性に高等教育を受けさせず，専業主婦の立場に押し込めたい」といった差別的価値観であっても，政治過程に登場することを拒む理由はない．憲法の定める闘争や調整の手続を踏みさえすれば，国家権力が私益や差別的価値を実現するために用いられてもよい．

　しかし，そのような私益・差別的価値観は，そこから利益を受ける者以外には受け入れ難い．短期的に政治闘争に勝利したとしても，長期的には正統性を維持できないだろう．

　とすれば，第2の立場が妥当である．憲法前文は「国政」「の福利は国民が

これを享受する」と宣言するが、ここに言う「国民」は、文脈的に全ての国民を指すはずで、政治闘争に勝利した一部の国民ではないことは明らかである。また、憲法には、主権者国民が国会や内閣に権能を授権したのは、公共の福祉を実現するためだとある（憲法 12 条・13 条参照）。**公共の福祉**とは、**全ての国民に開かれた福祉**という意味である。国家機関は、私利私欲のために権能を利用してはならず、常に公共の福祉の実現を心がけなくてはならない。

　もっとも、何が公共の福祉なのかを見定めるのは、簡単な作業ではない。憲法は、公共の福祉を実現するために、統治機構を繊細に組み立てている。

❷権力分立

　統治機構は、権力分立の原理に基づき構成される。

　権力分立とは、**国家権力を作用ごとに分割し、それぞれ異なる機関に担当させて抑制と均衡を図ることで、権力の濫用を防止しようとする原理**である。また、権力分立には、それぞれの機関に適した業務を担当させることで、合理的な任務分担を可能にする意義もあると言われている。**抑制と均衡のための分立を消極的権力分立、合理的な任務分担のための分立を積極的権力分立**と呼び分けることもある。

❸民主主義

　近代国家では、立憲主義とともに、民主主義（democracy）も重視される。

　民主主義は、王や貴族だけでなく全ての民衆に政治参加を認め、公開の討論を通じて透明性の高い政治決定を行う原理である。古代ギリシアで民主主義が登場した当時、「民衆」の範囲は、武装して従軍できる市民に限られていた。歴史の中でその範囲は広がり、現在では国民全てが「民衆」に含まれると考えられている。

　民主主義の理念に基づいて統治を進めるには、国民の誰もが統治に関する情報を得て、国家機関を評価できなくてはならない。そこで、憲法は、国会の会議は公開すべきとした（憲法 57 条 1 項本文）。また、内閣はその国会に対し「一般国務及び外交関係」（憲法 72 条）、「国の財政状況」（憲法 91 条）を報告する義

240 第4編 統治機構

務を負い，各議院の国政調査権（憲法62条）に応答しなくてはならない．裁判所の対審・判決も公開の法廷で行わねばならない（憲法82条）．国民には，情報公開請求権が保障される（憲法13条・21条1項）．こうした規定は，民主主義の公開性の理念を実現するためのものといえる（渋谷・憲法521〜524頁）．

民主主義は，国民の政治参加を広く認め，公開性・透明性の高い決定を行おうとする原理である．多数決さえすれば民主主義だという素朴な理解を退け，多数決が適切な場面とそうでない場面があることを理解する必要がある．

確かに，多数決は，投票参加者が持つ知恵・情報を結集して行われる，優れた決定手段である（長谷部・理性第13章）．多数決による決定が，民主主義の理念に適合する場面も多いだろう．

しかし，判断のために専門知が必要な領域では，国民あるいは国会議員の多数決は必ずしも適切な決定方法にならない．例えば，建物を建てるのに必要な鉄骨の本数や病気の治療法は，国民の多数決よりも，担当の建築士や医師の方が適切に判断できる．また，個人の自由の領域では，個人の判断を尊重すべきである．憲法上の防御権には，多数決から個人を守る意義もある．

❹ 法の支配・法治国原理

(1) 法の支配・法治国原理の概念

民主主義に基づいて決定された国家の基本方針は，法の支配（rule of law）の原理に従い実現されていく．

法の支配は，人の支配と対置される原理である．**人の支配**とは，**権力者に限定なき裁量が認められ，恣意・感情・人間関係など権力者の主観的な基準で行われる支配**を言う（渋谷＝赤坂・憲法2・228頁）．他方，**法の支配**とは，**権力者の恣意を許さない法に則り行われる支配**を言う．法の支配における法は，一般的・抽象的な内容を持つものでなければならない．つまり，身分や権力者との関係を問わず適用される．また，恣意的な適用を排するため，法は明確に定められ，事前に公示される必要もある．さらに，複数の法は相互に矛盾せず，不可能を強いるものであってもいけない．

ドイツには，法の支配に相当する概念として，法治国（Rechtsstaat）の原理

がある．一時期は，法の支配と法治国原理の違いが強調されたが，近年は，共通性が強調されるようになってきている．

日本国憲法は，法の支配・法治国原理に基づき統治機構を組み立てている．

(2) 三権分立

法の支配・法治国原理を実現するには，**立法・行政・司法の権力を分割（三権分立）**し，それぞれ異なる機関に担当させる必要があると考えられている．

法を定立する立法機関と，それを執行する行政機関の分離とを同じ機関が担ったのでは，執行機関に都合がいいだけの立法がなされてしまう．そこで，まず，立法機関と行政機関が分離されることとなった．

また，法の執行段階で，事実認識や法の内容・適用に争いが生じた場合には，当事者双方に，「正しい法適用がなされた」と認識させるような裁断が必要である．そこで，行政機関から独立して争いを裁定する司法機関が設置されるようになった．法適用の場面で機能する点では，司法機関は行政機関の一種と理解できるが，一般的な行政とは異なる専門性や独立性が必要とされる点で，行政機関と区別される．

■第2節　国法の諸形式と相互関係

国家の法には，憲法，法律，命令など幾つかの形式がある．本節では，法形式の種類と，その相互関係を整理する．

憲法は，各種法形式と，その法形式で定めるべき事項を定めている．法律で定めるべきとされたものを法律事項，命令で定めるべきとされたものを命令事項などと言う．

また，憲法は，法形式の対象が重複した場合にどの効力が優先するかも規定している．

❶憲法の最高法規性

まず，憲法98条1項は，「この憲法は，国の最高法規であつて，その条規に反する法律，命令，詔勅及び国務に関するその他の行為の全部又は一部は，

その効力を有しない」と定め，他の法形式に対し，憲法自身が優位することを定める．

憲法 98 条 1 項に条約が挙げられていないことから，条約は憲法に優位するとの見解もある．しかし，内閣には，憲法違反の条約を締結する権能はない（清宮・憲法 I・451 頁）．条約の締結は憲法 98 条 1 項の挙げる「その他の行為」に含まれると解すべきであり，違憲な条約はその締結行為が無効であり，成立しないと解すべきだろう．

❷ 国際法と国内法

(1) 国際法の種類

国際法には「条約」と「確立された国際法規」の 2 つがある．国際法と国内法との関係について，憲法 98 条 2 項は「日本国が締結した条約及び確立された国際法規は，これを誠実に遵守することを必要とする」と規定する．

条約には広義と狭義がある．**広義の条約**とは**国家間の文書による約束一般を**言い，**狭義の条約は，広義の条約のうち，その締結に国会の承認が必要なものを**言う（国会の承認が必要になる要件については，内閣の権能を論じる第 4 節第三款にて扱う）．国際協調主義の観点から遵守すべきは狭義の条約に限られないから，憲法 98 条 2 項に言う「条約」は広義の条約と解すべきだろう．

「確立された国際法規」とは，**国際社会の慣習によって成立した国際慣習法を**言う．近年，国際慣習法の多くは，多国間条約として成文化されている．例えば，侵略戦争の禁止は，条約がなくても妥当する国際慣習法であると同時に，国連憲章などの条約にも規定されている．国際慣習法を誠実に遵守しようとするなら，それらの条約も遵守する方が適切だろう．国際慣習法を成文化する条約がある場合には，積極的に締結することが憲法 98 条 2 項の趣旨に適う．

憲法が，これらを「誠実に遵守する」としていることから，条約及び国際慣習法は，法律以下の国内法に優位するとされる．ただし，国際法の国内的効力と憲法との関係については注意する必要がある．

(2) 国際法の国際法的効力と国内法的効力

国際法は，**条約の締結国間及び国際慣習法の関係国間で，権利・義務を発生さ**

せる効力（国際法的効力）を持つ．これは，条約・国際法を実施するための**国内での個人や国家機関に対する効果（国内法的効力）**とは異なる．

　条約締結・国際慣習法成立によって国際法的効力があっても，原則として国内法的効力は生じない．例えば，関税率を引き下げる条約を締結しても，それだけで関税率が下がるわけではなく，税率の引き下げには関係法律の改正が必要である．**国際法の内容に国内法としての効力を持たせる立法を行うことを国際法の国内法への変形**と言う（山内編・371 頁）．

　条約の中には，**自動的に国内的効力を生じる効力（自動執行力）**を持つものもある．条約が自動執行力を持つかどうかは，条約の内容，趣旨，文言等を勘案して個別具体的に判断される（2016（平成 28）年 11 月 15 日・安倍晋三首相答弁書など）．

(3) 憲法と国際法の効力関係

　憲法と国際法とが矛盾するように見える場合，どのように対応すべきか．

　まず，違憲な条約は，締結行為が無効であり成立しない．例えば，侵略戦争のための同盟条約は，明白な憲法 9 条 1 項違反であり，その締結行為は無効となり，条約は有効に成立しない．

　他方で，国際慣習法の内容は，日本の憲法や日本政府の一存では変更できない．また，国際協調主義は，日本国憲法に基づく統治の国際的正統性の根源である．そうだとすれば，憲法と国際慣習法の内容が衝突するように見える場合には，国際慣習法を尊重する解釈を追求すべきである．

　例えば，外国・外国の国家元首・外交使節に対する裁判所の司法権制限は，国内で生じた全ての事件について裁判所の司法権を認める憲法 76 条に反するようにも見える．しかし，同条はそれを想定していることから，司法権制限は違憲でないとされる．

　現在の憲法と国際慣習法との間に深刻な矛盾があるわけではない．しかし，国際社会の状況が大きく変動し，国際慣習法が基本的人権の尊重や国際協調の精神からかけ離れたものになる可能性もなくはない．憲法は，そのような事態を招かないよう，国際社会に向けて外交努力を尽くすことも政府に要求していると解される．

244　第4編　統治機構

(4) 法律と国際法の効力関係

しばしば，国際法は法律の効力に優位する，と言われる．確かに，憲法は国際法の遵守を要求している（憲法98条2項）．

しかし，自動執行力のない条約は，日本国に国内法への変形の義務を生じさせるに止まり，条約に違反する法律が即座に無効になるわけではない．また，自動執行力のある条約であっても，条約締結と立法とは手続が異なるため，たとえ法律が条約違反だったとしても，法律が自動的に無効になると解すべきではない．日本国として法律を改正する対外的義務を負うに止まると理解すべきだろう．

内閣は，条約締結にあたって，事前にそれと矛盾する法律がないかを確認する義務がある．現状の実務では，日本政府は，関係する国内法を慎重に吟味し，必要な法を改正してから条約を締結するため，条約と法律の矛盾が問題となることはさほど多くない．

❸ 国内法同士の関係

(1) 法律と命令

議会が立法手続を経て制定する法形式を法律，政府が制定する法形式を命令と言う．日本国憲法下では，国会が「唯一の立法機関」とされ（憲法41条），国会のみが法律を制定できる．政府の命令は，制定の主体により，内閣の出す政令，各省が出す省令などと区分される．明治憲法下では天皇が勅令を制定できたが，日本国憲法下では天皇は政治的権能を持たず（憲法4条），勅令は存在しない．

法律は，国民の代表が厳格な手続を経て制定するもので，その効力は命令に優位する（法律の優位）．法律違反の命令は，命令で法律事項を書き換えたに等しく，国会の立法権を侵害するものとして憲法41条違反で無効となる．

明治憲法下でも法律は命令に優位したが，政府は法律に根拠を持たない独立命令を出すことができた（明治憲法8〜9条参照）．これに対し，日本国憲法73条6号は，内閣の権能を「この憲法及び法律の規定を実施するために，政令を制定すること」と規定しており，法律の規定していない事項について，内閣

が独立に命令を出すことを許さない.

なお，憲法73条6号の文言からは，憲法を直接執行する政令を想定したようにも読める. しかし，命令による直接実施を想定した憲法条項は存在しないため，法律を執行するための政令のみが許されると解されている. 省令など，政令以外の命令についての特別な規定はないが，政令同様，法律を執行する範囲でのみ命令を制定できると解すべきだろう.

命令には，**法律の執行方法が複数存在する場合に，その執行方法を統一する基準を定める命令（執行命令）**と，**法律が内容の詳細決定を政省令に委任した場合の命令（委任命令）**がある.

憲法は，罰則の内容も命令に委任できるとするが（憲法73条6号但書），その委任は具体的でなければならない（最大判昭和27年12月24日刑集6巻11号1346頁）. また，委任の趣旨に反する命令は違法無効とされる. その例としては，認知を受けた非嫡出子を児童扶養手当の対象から除外した児童扶養手当法施行令を違法とした最一判平成14年1月31日民集56巻1号246頁，インターネットを通じた医薬品の郵便販売に強い規制をかけた薬事法施行規則を違法とした最二判平成25年1月11日民集67巻1号1頁などが挙げられる.

(2) 政令と他の命令

行政機関の出す命令には，内閣の出す政令と各省庁の出す省令などがある. 内閣は，行政各部を指揮監督する権能を持つため（憲法72条），政令はその他の命令に優位する（佐藤・概説568頁）.

各省庁など行政各部の所掌事務は法定されており，省令などの命令は自らの所掌事務の範囲で出される. このため，基本的には，命令同士が矛盾・衝突することはない. もし命令同士の矛盾・衝突が生じた場合，内閣には，指揮監督権を行使して命令内容を調整する責任が生じる.

(3) 法律と予算

予算とは，**費目と金額の示された一会計年度における国の財政行為の準則**を言う. 予算は，内閣によって予算案が作られ（憲法73条5号），衆議院の先議・議決優先の下（憲法60条），国会で承認されて成立する. 歳入は予定であり，過不足が生じても違憲ではない. 他方，予算の規定のない歳出は違憲である.

予算の性質をどう考えるかについては，諸説ある．歴史的には，予算は法的拘束力のない行政内部の訓令にすぎないとされる時代もあった．しかし，現代では，予算の法的効力を否定する見解はない．

予算を法律の一種とする予算法律説もある．しかし，制定手続が法律とは異なる．また，**予算は「毎会計年度」を効力範囲としており，時間的な効力の限界を持つ（予算の年度独立原則・憲法86条）**点でも，法律と異なる．このため，通説は，予算は法律と異なる特別の法形式と理解する．

歳出を義務づける法律があるのに歳出を根拠づける予算がない場合や，逆に，予算はあるのにその支出根拠となる法律がない場合に，どのように対応すべきか．法律と予算とは異なる法規範だとする通説的見解からは，法律だけで歳出を根拠づけたり，予算の費目を法律の代わりにしたりすることはできない．法律と予算が一致しない場合，国会・内閣には，速やかな立法・補正予算により，法律と予算の不一致を解消する義務が生じる（野中他・憲法II・352-353頁）．

(4) 法律と規則

憲法は，衆参両院の「会議その他の手続及び内部の規律」について，各院に規則制定権を与える（憲法58条2項）．また，最高裁判所も「訴訟に関する手続，弁護士，裁判所の内部規律及び司法事務処理に関する事項」について規則制定権を持つ（憲法77条1項）．

これらの規則の効力が法律に劣位するとすれば，衆議院が特別多数をもって参議院の議事手続に介入したり（憲法59条2項参照），国会が裁判所の独立を脅かしたりする危険が生じる．したがって，憲法の規定する規則事項について，法律と規則の内容が矛盾する場合には，規則の効力が優先すると解するのが妥当だろう．

もっとも，衆参両院の議事手続等や訴訟手続の原則や大枠を法律で定めることは許される．最二判昭和30年4月22日民集9巻5号911頁も，刑事手続の内容を刑事訴訟法で定めることは許されるとした．

また，法律と規則が矛盾すれば，国民に混乱をきたす．衆参両院や最高裁が規則制定について国会と適切に調整することも，三権分立に反するものではなく，憲法の趣旨に適合すると解すべきだろう．

(5) 法律と条例

憲法第八章は地方自治を保障し，地方公共団体に「法律の範囲内で条例を制定する」権能を与える（憲法94条）.

条例は，その地方公共団体の範囲でのみ，立法に準じる効力を持つ法形式である．住民代表からなる議会の議決で制定される法形式であるため，命令と異なり，法律の執行に必要な場合や法律から委任を受けた場合に限らず，自律的に条例を制定できる.

他方，憲法が明示的に法律事項とした事項については，条例で定めることはできない．ただし，法律が条例に委任した場合には，その限りではない．条例への委任は，命令への委任よりも抽象的な委任が許される．最大判昭和37年5月30日刑集16巻5号577頁は，条例に罰則を設けることを認めた地方自治法の規定について，「法律の授権が相当な程度に具体的であり，限定されておればたりる」として，憲法31条に違反しないとした.

また，条例は「法律の範囲内」で定める必要があり，法律が「この事項を条例で定めてはならない」とか，「このような条例を制定してはならない」と定める場合には，それに反する条例は憲法94条違反で無効となる.

法律の条文が，条例制定を認めているのか否かが不明な場合は，どう対応すべきか．初期の行政実務は，**法律が規定した事項は，法律が独占する趣旨であり，その事項について重複する条例は憲法94条違反で無効とする理論**（法律先占論）をとっていた．しかし，高度経済成長期に公害や環境汚染が深刻になり，地方公共団体が条例によって，法律よりも厳しい基準にしたり（上乗せ条例），法律の規制していない物質などを規制対象に含めたり（横出し条例）する例が生じた．地方自治の本旨（憲法92条）からすれば，法律が先占しているという理由だけで，これらの条例を違憲とすることは適切ではない.

近年の実務は，問題となる法律の趣旨を個別に解釈して，「法律の範囲内」か否かを検討する．前掲最大判昭和50年9月10日刑集29巻8号489頁（徳島市公安条例事件）も「条例が国の法令に違反するかどうかは，両者の対象事項と規定文言を対比するのみでなく，それぞれの趣旨，目的，内容及び効果を比較し，両者の間に矛盾抵触があるかどうかによってこれを決しなければならな

い」とする．最一判平成 25 年 3 月 21 日民集 67 巻 3 号 438 頁（神奈川県臨時特例企業税事件）は，地方税に関する条例が地方税法に適合するか否かを検討する際にも，この基準を踏襲した．

　条例と命令の関係は，法律の規定による．命令は法律を執行するために定められているから，命令に違反する条例は，ほぼ必然的に法律の範囲外となる．ただし，法律から，命令を上書きするような条例の制定を認める趣旨を読み取れる場合には，命令違反の条例の制定も不可能ではないだろう．

　地方公共団体について，広域自治体（都道府県）・基礎的自治体（市区町村）の二層制がとられる場合がある．この場合，同一地域に 2 つの地方公共団体の条例が適用されることになるが，どちらが優先するかについては憲法に規定がないので，法律の定めによる．現行地方自治法 2 条 16 項但書は，「市町村及び特別区は，当該都道府県の条例に違反してその事務を処理してはならない」と定めており，広域自治体の条例が優先する．

　また，衆参両院の規則，最高裁判所規則の対象事項は，地方公共団体の事務には含まれないため，規則と条例の内容が矛盾衝突することはあり得ない．仮にそれが生じた場合，規則と条例のどちらかが，対象事項の限界を超えたという理由で違憲無効と処理される．

第9章 統治機構・各論

　第9章では，統治機構各論を検討する．多くの人が統治機構と言われてま
ず想起する国会・内閣・裁判所・地方公共団体などの他に，有権者団や天皇も
国家機関の1つである．

　国家機関に関する憲法の規定は，①その機関を設置する趣旨，②その機関の
地位・形態・構成員・活動形態を定める組織法，③その機関の権能と権能行使
手続を定める作用法，④その機関を外部から統制する方法を定める統制法に整
理して，解説する．

■第1節　有権者団

■第一款　設置の趣旨

　国民主権原理に基づいて統治機構を運用するには，主権者国民の意思表明が
必要な場面が幾つかある．主権者国民は全国民を構成員とする法人であり，法
人の意思表示にはそのための組織が必要になる．憲法は，**一定の資格を備えた
有権者の組織**（有権者団）に，主権者国民の意思を表示する権能を与えた．

■第二款　組織法

❶組織の地位──国民の意思を直接表示する機関

　有権者団は，国民の象徴や代表ではなく，直接に国民意思を表明する地位に
ある．

❷組織形態──投票の総計

　有権者団は，有権者資格を備えた国民の総体により構成される．国会や内閣
のような会議体とは異なり，選挙や国民投票における投票の総計という形で意

思を表明する．

❸ 構成員——国民

(1) 有権者資格の当然取得

　選挙や任命の手続により国家機関となる国会議員や国務大臣と異なり，国民は憲法・法律上の要件を充たせば当然に有権者資格を得て，有権者団の一員となる．

　憲法 15 条 3 項は，選挙権行使には「成人」であることを求める．成人とは，主権者国民の意思形成に参画するだけの十分な判断能力を備えた年齢に達した者を言う．この規定は，「公務員の選挙」に関するものだが，その趣旨は，最高裁判事の国民審査（憲法 79 条 2 項）や，憲法改正の国民投票（憲法 96 条 1 項）にも及ぶと理解される．

　もっとも，具体的に何歳を成人とするかについて，憲法には規定がない．主権者として求められる判断能力は社会状況や対象となる主題によって異なりうることから，具体的な成人年齢を柔軟に決定することを認めたものと解される．ただし，極端に低いあるいは高い年齢を設定した場合には，成人年齢規定が違憲と評価され得る．

(2) 政党

　有権者の中には，**政治権力の獲得・行使を目的とし，議会で議席を占めることで国政上の意思形成に直接影響を与えようとする団体**（政党）を組織する人々もいる．

　議会政治の理念は，自由な討論により合意形成し，それに基づいて政治を進めることにある．議会の内外に党派を作れば自由な討論が阻害されるので，憲法が政党を敵視することもあり得る．しかし，合意形成にはスタンスの近い人々がグループを作ることに合理性があり，禁止したところで，党派ができることは避けがたい．ドイツの法哲学者，トリーペル（Heinrich Triepel, 1868-1946）は，憲法と政党の関係を①敵視，②無視，③承認・合法化の三段階に分けた（『憲法と政党』1927 年）．近年では，ボン基本法 21 条やフランス憲法 4 条のように，④憲法に政党規定を設け編入する段階に至るものもある（大石・概

論 I ・ 140-141 頁).

日本国憲法は，政治的な結社の自由（憲法 21 条 1 項）以外に政党に関する規定を持たないが，これを敵視し，否定する趣旨でないのは明らかとされる．政党に関する特別の責任を要求したり，高度に自律権を保障したり（新井他・憲法 I ・86 頁），政党助成金制度などを設けたりすることは，それが平等原則などの憲法規定に触れない限り容認されると解すべきだろう．

■第三款　作用法

❶国会議員の選挙（憲法 43 条）・最高裁判事の罷免（憲法 79 条 2 ・ 3 項）

（1）権能の内容

憲法 15 条 1 項は，「公務員を選定し，及びこれを罷免することは，国民固有の権利である」と定める．この規定は，全ての公務員は，直接または間接に，国民により選任され，また，罷免されることを示している．

国民が直接選ぶ権能を持つのは，国会議員に限られる（憲法 43 条 1 項）．また，国民が直接罷免権を行使するのは，最高裁判事に限られる（79 条 2 項，3 項）．その他の公務員の任免は，国会やそれが任命した機関を通じて行われる．

（2）権能行使の手続

国会議員の選定は，選挙によって行われる（憲法 43 条 1 項）．他方，最高裁判事の罷免は，国民審査の手続による．最高裁判事は，任命後，最初の衆院選の際に国民審査に付され，その後も 10 年経過後の衆院選の際に審査が行われる（憲法 79 条 2 項）．審査は国民投票により行われ，罷免票が過半数を超えると裁判官は罷免される（同 3 項）．

国民審査については，直接選挙の原則に相当する規定があるのみである．しかし，選挙の五原則と同様の原則が類推適用されると解すべきだろう．

❷憲法改正（憲法 96 条）

（1）権能の内容

国民主権原理の下では，憲法改正は国民自身の意思による必要がある．国会が発議した憲法改正案を承認するか否かの判断は，有権者団の最も重要な権能

である.

憲法96条が定める憲法改正権は，あくまで日本国憲法が想定する限界内の改正について定めたものである．仮に改正限界を超える改憲が行われた場合には，憲法96条違反で無効と解される．それでもその改憲が有効と扱われた場合には，革命があったものと理解される．

(2) 権能行使の手続

憲法改正を承認するのは，国民投票の手続による（憲法96条）．この手続について，憲法は具体的な規定を置いていないが，最高裁判事の国民審査同様に，普通・平等・自由・秘密の原則が類推適用され，それを害する法令は違憲と評価すべきである．

■第四款　統制法

国民主権原理の下では，有権者団が示す主権者国民の意思は，その国家の最高かつ最終的な決定とされる．このため，国会議員の選挙・最高裁判事の国民審査・憲法改正の内容自体は，外部の機関から統制されることはない．

なお，国民主権原理に言う「国民」とは，全国籍保有者たる個人が尊重された手続により意思を形成する主体である．有権者団の意思表示が主権者の意思表示とみなされるのも，憲法・法律の定める厳格な手続を踏んで意思を表明するからである．有権者団は，その手続を尊重せねばならず，手続外での「国民投票」や「喝采」は主権者の意思とはみなされない．

▌第2節　天皇

■第一款　設置の趣旨

憲法第一章は，「日本国」と「日本国民統合」を「象徴」するため，天皇を置く（憲法1条）．

天皇制には，天皇の歴史的権威を封じ込める機能（消極的機能）と，歴史的権威によって国民主権の正統性を補完しようとする機能（積極的機能）とがあ

る．天皇制の意義を消極的機能に見るならば，天皇は憲法に規定された国事行為のみを行い，国民に天皇としての姿や行動を見せるのはできる限り抑制すべきことになる．他方，積極的機能を期待するならば，天皇は正統性補完のため，積極的に行為すべきことになる．

天皇は，国民主権や基本的人権の尊重，平和主義といった日本国憲法の諸原理に基づく国民統合を象徴するために新たに置かれた職であって，歴史的権威とは断絶されているとする見解もあり得る．しかし，この見解では，天皇の地位を「世襲」（憲法2条）とした意義の説明は難しくなる．

象徴天皇制は，主として，消極的機能を果たすために設置されたと理解するのが妥当だろう．

■第二款　組織法

❶組織の地位──国民の総意に基づく地位

(1) 国民の総意

大日本帝国憲法下では，天皇の地位は，「皇祖皇宗ノ神霊」とそれに連なる「万世一系」性に由来するものとされた．また，皇位継承のルールを定める皇室典範は法律ではなく天皇家の家法とされ，帝国議会はその内容に関与しなかった．国民の意思で天皇の地位を奪うことは許されず，地位の継承も国民代表の意向とは無関係に行われた．

日本国憲法の下では，天皇の地位は「国民の総意」に由来し（憲法1条），皇室典範は法律の1つとされ，国会の議決で定められる（憲法2条）．天皇の即位・退位は，国民代表の議決した法律により決定される．国民が，特定の者の即位を認めたくない場合や，天皇を退位させるべきと考えた場合には，国会を通じ，皇室典範の改正によりそれを実現する．また，国民は，憲法第一章の改正により天皇制自体を廃止することも可能である．

このように，日本国憲法における天皇の地位・即位・退位の正統性は国民に由来する．

(2) 断絶説と連続説

現行憲法における天皇を何代目の天皇と位置づけるかについては，議論の余

254 第4編 統治機構

地がある. 天皇の歴史的権威に基づく消極的機能・積極的機能を強調する見解
は, 天皇が, 日本国憲法制定以前から存在する歴史的権威を持つ存在と考える
(連続説). この場合, 昭和天皇で 124 代, 現在の天皇で 126 代と位置づけられ
る.

　他方, 歴史と無関係に日本国の依拠する普遍理念を象徴するための存在だと
する見解からは, 現行憲法の天皇は 1947 年 5 月 3 日以前の天皇とは断絶した
存在であり, 昭和天皇が初代, 現在の天皇が三代目と考えることになる (断絶
説という. 連続説と断絶説については, 西村裕一「『象徴』とは何か」吉田裕他編『平成
の天皇制とは何か――制度と個人のはざまで』岩波書店, 2017 年所収参照).

(3) 元首・君主

　天皇の地位については, 天皇が「元首」・「君主」に当たるのかが議論される
ことがある. **元首とは, 外交において国家を代表する単独の機関**を指す. 現行
憲法下では, 内閣が外交権を, 天皇が外交使節の接受を国事行為として行う権
能を与えられており, いずれも単独の元首とは言えないとされる (清宮・憲法
Ⅰ・186 頁). どうしても元首を確定しなければならないなら, 外交の実質的権
能を持つ内閣とすべきだろう.

　他方, 君主という言葉は多義的で意味が定まらない. 君主を象徴職にある機
関と定義すれば, 現行憲法下の天皇は君主といえる. いずれにせよ, 天皇を君
主と呼ぶことで, 実質的権威を高めようとする試みは避けるべきだろう (大
沢・入門 47 頁).

❷ 組織形態――独任制

(1) 独任制機関

　天皇は, 世襲の独任制機関である.

(2) 臨時代行・摂政

　天皇も人間であり, 海外・国内の巡幸や体調不良などによって国事行為がで
きない場合もある. そこで, 憲法は「天皇は, 法律の定めるところにより, そ
の国事に関する行為を委任することができる」(憲法 4 条 2 項) と定め, 国事行
為の臨時代行ができる旨を定めている. また, 天皇が国事行為を行えない状態

が長期にわたる場合には,「皇室典範の定めるところにより摂政を置く」ことができる（憲法5条）.

これを受け, 皇室典範16条は,「天皇が成年に達しないとき」（1項）, 及び,「精神若しくは身体の重患又は重大な事故により, 国事に関する行為をみずからすることができないとき」に, 皇室会議の議により, 摂政を置くと定める（2項）. 摂政は, 成年に達した皇族が, 皇室典範規定の順位に基づき就任する（同17条）. その第一位は,「皇太子又は皇太孫」である. 皇位継承順位を持たない者も摂政に就くことは認められ, 例えば, 皇后（第三位）や内親王（第六位）も摂政就任順位を持つ（同3号, 6号）. 現行憲法下で摂政が設置された例はない（芦部監・注釈（1）235頁）.

国事行為の臨時代行は, 国事行為の臨時代行に関する法律により定められており, 内閣の助言と承認に基づき, 摂政就任順位に基づいて委任をする（同2条）.

❸構成員──即位した皇位継承権者

天皇が崩御ないし退位したとき, 皇位継承順位の最上位者は, 即位の手続を踏み天皇となる.

現在の皇室典範は, 皇位継承資格を男系男子（父を辿ると天皇に連なる男性）に限定し（同1条）, 皇長子が継承順位の最上位である（同2条）. その時点での皇位継承順位一位の皇族を「皇嗣」と言う. 同3条は,「皇嗣に, 精神若しくは身体の不治の重患があり, 又は重大な事故があるときは, 皇室会議の議により, 前条に定める順序に従つて, 皇位継承の順序を変えることができる」と規定しており, 皇室会議による順位変更は可能である. 皇嗣が天皇即位を拒否する場合には,「重大な事故」の1つと処理されることになろう. 即位拒否には事実上多大な困難があろうが, 法的には, 皇嗣であっても即位を拒否する自由がある（蟻川恒正「立憲主義のゲーム」ジュリスト1289号, 2005年参照）.

■第三款 作用法

天皇は,「日本国」と「日本国民統合」を象徴する作用を営む（憲法1条）.

256 第4編 統治機構

国家とは憲法により国民が統合された団体であるため，一般的な見解によれば，「日本国」と「日本国民統合」は同義であり，両者の象徴の意味も変わらないとされる．

❶国事行為

(1) 権能の内容

天皇は「この憲法の定める国事に関する行為」を行う権能しか持たない（憲法4条）ので，象徴作用は国事行為を通じて行われることとなる．

国事行為には，①内閣総理大臣の任命（憲法6条1項），②最高裁長官の任命（憲法6条2項），③憲法改正，法律，政令及び条約の公布（7条1号），④国会召集（同2号），⑤衆議院の解散（同3号），⑥国会議員の「総選挙」（衆議院議員全員の交代及び参議院議員の半数改選のための選挙）施行の公示（同4号），⑦国務大臣等の任免・認証（同5号），⑧恩赦等の認証（同6号），⑨栄典の授与（同7号），⑩批准書等外交文書の認証（同8号），⑪外国の大使・公使の接受（同9号），⑫儀式（同10号）の12種類がある．

国事行為に実質的効果が伴うか否かについては議論がある．宮沢俊義教授は，国事行為の規定は大臣助言制の一種とする（宮沢＝芦部・全訂76頁）．**大臣助言制とは，君主が国政に関する実質的権能を持つものとしつつ，その権能は大臣の助言により行使するものとし，責任も大臣に帰属させる制度**である．

しかし，天皇は国政に関する権能を有しない（憲法4条）ことからすると，憲法6条・7条所定の国事行為は，いずれも形式的・儀礼的行為であり，実質的効果を伴わないと解するのが素直だろう．例えば，天皇による法令の公布や衆議院の解散がなくても，立法や解散の効果が生じる．

(2) 権能行使の手続

天皇が国事行為を行うには，①実質的決定権者の決定と②内閣の助言と承認が必要となる．例えば，法律の公布には，①国会が立法し，②内閣が公布の助言と承認を行う．官吏の任免のように，実質的決定権者自体が内閣である場合，①と②を区分する意義がないとの見解もあるが，憲法3条は「すべての」国事行為に助言と承認を要求しており，内閣の実質的決定に基づく国事行為にも

助言と承認が必要である.

　助言と承認は，事前の助言及び事後の承認という 2 つの行為であるように
も読めるが，一般的見解は「助言と承認」という 1 つの行為と理解している.

　天皇は，政治的権能を持たないため（憲法 4 条），国事行為の助言と承認があ
った場合，これを拒むことはできない. 仮に，その国事行為が違憲だとしても，
求められた通りに行う必要がある（樋口・憲法Ⅰ・120 頁）. 違憲の国事行為の
責任は，天皇ではなく，実質的決定を行った国会や内閣が負う.

　他方，憲法には，天皇が助言と承認に従わない場合の規定がない. 仮にそう
した事態が生じた場合には，皇室典範所定の手続に基づく摂政設置や退位によ
り対応せざるを得ないだろう.

❷ 象徴行為

(1) 権能の内容

　天皇は，**国事行為以外の象徴作用を営む職務行為**（**象徴行為又は公的行為**）を行
う権能を持つか.

　実務では，国会を召集するだけでなく，その冒頭で「おことば」を述べたり，
災害の被災地を慰問したりする. これらは憲法 7 条に列挙された国事行為で
はないが，散歩や歯磨きのような私的行為の一種とも言えない.

　日本国憲法第一章の意義を，天皇の歴史的権威を封じ込める機能（消極的機
能）に見出す見解からは，天皇が権威を獲得したり，あるいは，その権威を悪
用する者が現れたりする危険があるので，天皇に象徴行為を行う権能はないと
するのが素直である（象徴行為否定説・浦部 531-533 頁など）.

　これに対し，天皇は象徴としての役割を積極的に果たすべきと考える見解も
ある（清宮・憲法Ⅰ・155 頁）. 学説の多くも概ね清宮説を支持する.

　もっとも，象徴行為の名の下にいかなる行為をしてもよいということにはな
らない. 日本国民の総体を象徴することが，象徴行為をなす要件である. 多様
な意見や価値の一方に肩入れする行為や，ヘイトスピーチのように一般国民の
思いや考えとかけ離れた行為は，象徴行為の要件を欠き，違憲と評価すべきで
ある.

258　第4編　統治機構

(2) 権能行使の手続

　憲法は，国事行為と異なりその手続を規定していない．しかし，象徴行為が国家の象徴作用を営む以上，国事行為を内閣の助言と承認の下に置いた憲法3条の趣旨は，象徴行為にも及ぶと解すべきだろう．このため，象徴行為には，他の国家機関の直接・間接の補佐が必要と解されている．

　象徴行為の補佐は，広義の行政（後述）と考えられ，内閣の権能と考えられる（1975年（昭和50）年3月14日角田礼次郎内閣法制局第一部長答弁参照）．内閣は，天皇が要件を充たす象徴行為のみを行うように補佐すべきであり，万一，象徴行為に違憲あるいは政治的問題が生じた場合には，内閣の責任となる．

　他方，天皇も人間であるから，祖先を祀る宗教祭儀を行ったり，国内外の友人と会って話をしたりすることもある．そうした行為は，私的行為として，内閣の輔佐や責任に基づかずに行われる（芦部監・注釈（1）320頁）．

■第四款　統制法

❶内閣の助言と承認，補佐

　天皇の国事行為・象徴行為は，全て内閣の助言と承認，補佐の下に統制される．強力な統制があるため，憲法は，天皇がそれらを無視した場合に個人責任を問う方法を規定していない．

❷国政に関する権能の否定

　明治憲法下では，天皇は統治権の総覧者であり，立法・行政・外交・軍事・司法などの国家統治に関する権能を全て有していた．これに対し，現行憲法4条は，天皇は，「国政に関する権能を有しない」と定め，天皇の歴史的権威を封じ込めた．この規定は，天皇制の消極的機能のための中核である．

　天皇は，有権者団に加わり選挙権を行使することも，国会議員や閣僚，裁判官などとなり権能を行使することも許されない．また，憲法4条は，天皇が統治権の行使に事実上の影響を与えることも禁止していると解されている．選挙運動を行ったり，立法・行政・司法などに影響を与える言動をしたりするのは憲法4条違反である（清宮・憲法I・167頁）．

第9章 統治機構・各論　259

■第3節　国会

■第一款　設置の趣旨

　日本国憲法の下では，統治の正統性は国民主権原理によって調達される．国民主権の正統性の契機を実現するには，国民が直接選挙する国民代表を置いた上で，行政や外交を担う機関が国民代表に対して責任を負うシステムがふさわしい．

　また，民主主義に基づく統治を実現するには，国民間の対立点と一致点を明らかにした上で，熟議に基づき政治を行う仕組みが必要である．熟議には，喝采や国民投票ではなく，十分な討議時間や調査費用等の資源を与えられた議員が，公開の場で議論し，協調や妥協を踏まえて議決する議会制民主主義がふさわしい．

　そこで，憲法は，国民を代表する議員が，公開の場で議論し，議決する会議体を設置した．これが国会である．国会は，立法や予算など国政の基本となる法形式を決定するとともに，内閣への責任追及や弾劾裁判の仕組みを通じて行政・司法を監視する．

■第二款　組織法

❶組織の地位──国民の代表機関

　国会は，有権者団により選挙された議員の会議体である．有権者団の選挙は主権者国民の意思を示すものとされ，国会議員は「全国民の代表」（憲法43条）とされる．国会全体も国民を代表する機関と位置づけるべきだろう．

　憲法41条は「国会は，国権の最高機関」だと定める．この条文だけを読むと，明治憲法における天皇のように，国会が主権の担い手であり，統治権の総覧者であるようにも見える．しかし，憲法は主権者を国民だと宣言し，行政権や司法権を内閣や裁判所の権能としていることからすると，そのような意味での最高機関でないのは明らかだろう．

　通説は「最高機関」（憲法41条）の文言を法的意義のない政治的美称と捉え

る（政治的美称説）．ただし，清宮教授は，行政も司法も国会の定める法律に基づき行われ，また，行政権を担う内閣の存立は国会の意思に委ねられ，裁判官は，その内閣を通じて任命されるのだから，憲法は「国会中心政治の原則」を定めており，最高機関の文言はそれを表現したものと理解できるとする（清宮・憲法Ⅰ・202頁）．

　なお，「最高機関」の文言は，いずれの機関に属するか不明の権能は国会の権能と推定することを示したものだとの見解もあるが，国家機関の権能はその性質に応じて帰属先を解釈すべきであり，推定を置くのは不適切だろう．

❷組織形態──衆議院・参議院の二院制

(1) 二院制

　憲法42条は「国会は，衆議院及び参議院の両議院でこれを構成する」とし，衆参の二院制を定める．二院制では，下院を国民が直接選挙する議員から成る院とする一方で，上院は地域・州の代表（アメリカ上院，ドイツ連邦参議院，フランス元老院など）や特定身分の代表（イギリス貴族院，明治憲法の貴族院など）とすることが多い．しかし，日本国憲法は，参議院議員も「全国民の代表」（憲法43条）としている．

　もっとも，衆議院と参議院とが全く同じ性質だとすれば，二院制の意味がなくなる．両議院は，国会が全国民の代表機関としての機能をよりよく果たすため，それぞれ個性を発揮し，役割分担を果たすべきと言える（長谷部編・注釈(3) 507頁）．憲法は，それぞれの院の性質の詳細を規定しないため，具体的な役割分担は法律や各議院の自律に委ねられる．

　衆参の二院は同じ国民代表の院だが，独立に活動する（各院独立活動の原則）ため，両院の議員は兼職できない（憲法48条）．

(2) 衆議院

　衆議院は，諸外国における下院に相当する．憲法45条は，「衆議院議員の任期は，四年」と定めつつ，「解散の場合には，その期間満了前に終了」と規定する．

　衆議院の解散は，内閣の権能とされている．内閣は，国会の指名した内閣総

理大臣により編成される．その指名については衆議院の優越が認められており，通常，内閣と衆議院は協調関係にある．しかし，内閣と衆議院との間に政治的対立が生じた場合には，解散・総選挙によって，有権者団にその審判を求めることができる．内閣と衆議院の対立の典型例は，衆議院による内閣不信任（憲法69条）の場合だが，その他にも解散権を行使してよい場合があるとされる．

解散制度がある衆議院は，参議院に比べ有権者団の意思をより忠実に反映できるため，幾つかの点で参議院に優越した権能を与えられる．

衆議院が解散された場合，速やかに新しい議員を選挙する必要がある．憲法54条は「衆議院が解散されたときは，解散の日から四十日以内に，衆議院議員の総選挙を行ひ，その選挙の日から三十日以内に，国会を召集しなければならない」と定める．

(3) 参議院

参議院は，諸外国における上院に相当する．もっとも，日本国憲法は，参議院の性質について，解散を規定せず，議員任期を衆議院より長い6年とする他は，特段の定めを置いていない．どのような院とし，衆議院と差別化するかは，国会法や公職選挙法の規定に委ねられている（参議院については，高見勝利「参議院のあり方」同『現代日本の議会政と憲法』岩波書店，2008年，Ⅱ6参照）．

現状，衆参両院は，ともに選挙区・比例代表の並立という類似の選挙方法を採り，議員構成の政党比率も似通ったものになる場合が多い．こうした状況では，参議院は衆議院の結論を追認するだけで，非効率であるとの批判もある．

立法論としては，衆議院多数派が総選挙で公約したマニフェストに記載した政策は無審議で賛成し，公約外の政策について審議する院にしたり，憲法上の疑義がある法案を丁寧に審議する立法前の違憲審査のための院にしたりする提案もなされている．しかし，参議院議員も選挙された国民代表であることから，その権能を縮小したり，特化したりする提案には受け入れられにくい面もある．

また，参議院の憲法上の権能は，内閣総理大臣の指名・予算・条約を除けば衆議院とほぼ対等で，他国の上院に比して相当に強力である．このため各政党は，参議院での多数派獲得に衆議院並みに力を入れざるを得ず，権能の弱い各国の上院に比べ，政党の影響が強くなる．

262　第4編　統治機構

　もっとも，参議院を無意味な存在と考えるのは素朴すぎる．議題について衆議院と異なる議員が検討する機会が設けられる意義は決して小さくない．例えば，2015年の安保法制の審議では，法案に重大な憲法上の疑義があり，衆議院での審議は憲法問題に集中した．これに対して，参議院では法案の細かい内容が審議され，それを踏まえた附帯決議・閣議決定が検討された．国会の強大な権能を慎重に行使するという面において，参議院の存在意義は大きい．

(4) 両院協議会

　各院独立活動の原則は，両院に常に緊張・対立を求めるものではない．両院の衝突は，立法や予算承認の停滞を招き，国家活動全般を困難にする．両議院が適切に協力できるよう，憲法は両院協議会を設けている．

　両院協議会は，内閣総理大臣の指名・予算承認・条約承認において両議院が不一致である場合は，必ず開催しなければならない（憲法67条・60条・61条）．また，法律案の議決の不一致について，衆議院から両院協議会の開催を求めることもできる（憲法59条3項）．その他に憲法規定はないが，法律に基づき必要に応じ両院協議会を開催することは許され，国会法87〜97条に規定がある．

(5) 議院の権能

　立法権などの「国会の権能」は，衆参両院が協働して行使する．他方，各院で独自に行使する「議院の権能」は，各議院が国会の権能を行使する前提として付与されたもので，国会の権能から独立したものではなく，補助的権能と位置づけられる．

(i) 議院自律権

　一方の院が，もう一方の院に従属すれば二院制の意味がなくなる．このため，**各議院は，それぞれ自律して活動する権能（議院自律権）を持つ**．議院自律権には，自主組織権と自律的運営権とがある．

　自主組織権の中核は，議長その他の役員の選任権にある（憲法58条1項）．また，国会議員の資格に関する争訟の裁断権も各議院にある（憲法55条）．

　自律的運営権の中核は，議院規則制定権にある（憲法58条2項）．各議院は法律と議院規則によって運営されるが，各議院は独立に議院規則を制定できる．議院規則の所管事項は国政の重要事項であり，法律事項に含まれるが，議院自

律権を守るために認められている.

　法律と議院規則が矛盾する場合は，法律が優先すると解するのが多数説である．しかし，法律制定には衆議院の優越（憲法59条2項）がある．仮に，衆議院が「参議院は全議案を，議案提出から1時間以内に議決しなければならない」との法律を強行に成立させたならば，参議院の意義はなくなるだろう．したがって，憲法の定める「会議その他の手続及び内部の規律」については，規則が優越すると解すべきだろう.

　また，各議院が円滑に運営されるよう，憲法58条2項は，各議院が「院内の秩序をみだした議員を懲罰することができる」と定める．「院内」とは，必ずしも国会議事堂内部という空間的な意味ではなく，会議の運営と議院の品位全般を指す．このため，国会法116条は，議長の議員に対する警戒・静止権限は，議場外で議院の品位を傷つける行為にも及ぶとし，それに反した議員は懲罰の対象とされる．懲罰の種類や手続は法律又は議院規則に委ねられる．現在の国会法122条では，公開議場での戒告・陳謝・一定期間の登院停止・除名の4種類の懲罰が規定されている．このうち，前三者は多数決で決定できるが，除名には出席議員の3分の2以上の特別多数が必要である（憲法58条2項但書）.

(ii)　国政調査権

　国会は，行政を拘束する法律を制定する立法権を有し，行政・外交を監視する権能を持つ．これらの権能を実効的に行使するには，単に内閣や大臣に質問するだけでなく，積極的な調査権能も必要である．そこで，憲法62条は，各議院に「各々国政に関する調査を行ひ，これに関して，証人の出頭及び証言並びに記録の提出を要求する」権能（国政調査権）を認めた．証人の出頭・証言・記録の提出の詳細は，法律に委ねられる.

　「国権の最高機関」（憲法41条）との文言から，国会を国政の統括機関と位置づけ，国政調査権を国政統括のための独立権能とする見解もあり得る．しかし，一般的には「最高機関」の文言にそこまでの意味を読み込むのは適切でないとされており，国政調査権も行政・外交を監視するための補助的権能とされる．国会の権能は国政一般に及ぶため，補助的権能説を前提としても国政調査は広

範な範囲を対象とする．ただし，幾つかの例外がある．

まず，調査の目的と無関係な証言や書類の提出を求めることはできない．この制約は，この権能の目的から必然的に導かれるもので，内在的制約である．

次に，外在的制約もある．①思想・信仰告白を強制されない自由（憲法19条・20条1項）や自己負罪拒否特権（憲法38条1項）など，憲法が保障する権利を侵害する証言強制や書類提出は許されない．②三権分立の原理により，行政権・司法権の行使を妨害するような国政調査は許されない．特に，係争中の訴訟に関して調査し，証言等を求めることは，司法権への不当な干渉となる可能性が高い．行政権との関係でも，特に検察官の業務に圧力を加えることは許されない．③必ずしも憲法上の規定があるわけではないが，公務員や医師・弁護士らが職務上知り得た秘密についても，その開示を強制することはできないと解すべきだろう．

国政調査権については，内在的制約・外在的制約を踏まえ，議院証言法で具体的な手続や証言を拒める範囲が規定されている．

国政調査権は「議院」の権能であり，院内の多数派が承認しない限り調査は行われない．多数派にとって不都合な事実の調査は行われ難く，国政調査権が形骸化しているとも言われる．院内少数派が主導する調査のあり方も検討されるべきだろう．この点，ドイツのボン基本法44条には，連邦議会の4分の1の議員による調査委員会設置の規定がある．あるいは，国政調査権は情報公開制度によってもかなりの程度まで代替可能であり，これをさらに充実させる道もある．

(iii)　衆議院の内閣不信任決議権

国会には内閣を監視し，違憲・違法・不当な行政や外交の是正を求める権能がある．内閣が国会の責任追及を無視する場合には，内閣の構成員の交代を求めざるを得ない．そこで，憲法69条は，内閣に総辞職を義務づける内閣不信任決議の権能を衆議院に与えた．

内閣不信任は，不信任決議の可決又は信任決議の否決によって示される．内閣は10日以内に衆議院を解散するか，総辞職するかを選ぶ必要がある．衆議院を解散しても，総選挙後初めて国会が召集されたときは，総辞職しなければ

ならない（憲法70条）．

❸構成員——国会議員

(1) 国会議員の地位——全国民の代表

（i）全国民の代表の意義

　両議院の議員は，国民が直接選挙し，「全国民を代表する」（憲法43条）．国会議員は，特定の選挙区や世代・身分・社会階層・性別などの代表ではなく，全ての国民を代表しなければならない．これは全ての国会議員が職務を行うにあたり遵守すべき規範でもある．特定の選挙区や世代等の代表として振る舞うことを要求する法律や制度は，この規定に違反する．

　では，国会議員が代表すべき「全国民」とは何か．ナシオン主権論の純粋代表論からすれば，国民は抽象的で，代表の意思とは別に本人の意思を観念できない．したがって，議員に対し有権者団が命令委任を与え，議員に公約通り行動するよう命じたり，公約違反の議員を解職したりすることは許されない．

　他方，プープル主権論からすれば，国民は代表の意思とは独立に意思を形成する．したがって，命令委任やリコールの制度も認められ，国民投票で国民の意思が示された場合にはそれに拘束されるべきである．

　議会の外に具体的な国民の意思があるとの想定は，国民投票の多数決や群衆の喝采が議会に優位するとの考えを導きかねない．議会は，複雑な問題を熟議したり，対立点を明確にしたりする機関であり，その否定は民主主義の理念を脅かす．このため，一般的見解は，プープル主権論の採用には慎重である．

　ただ，純粋代表論からすれば，天皇や貴族院ですら国民の代表になりかねず，また，国会議員が一般国民の意見・価値を全く無視しても，国民の代表として問題ないことになる．これもまた極端であり，国会議員は，国民の様々な意見や価値をよくくみ取り，国政に反映させる憲法上の責任を負うと解される．

　こうした考慮から，現行憲法下の全国民の代表概念は，両者の中間である「半代表」と理解すべきとされる．これをナシオン主権からプープル主権への過渡期的性格の代表と表現する見解もあるが（杉原・憲法II・166頁），必ずしもプープル主権への移行を目指さなくてはならないわけではない．半代表制の

266　第4編　統治機構

下では，命令委任やリコールの制度は許されないが，国会議員は，様々な形で
表明される国民の意見，請願や世論調査の結果などを尊重し，職務を行うべき
である．

　(ii)　国会議員の身分の得喪

　国会議員の身分は選挙によって得られ，任期の間，継続する（憲法43条）．
衆議院議員の任期は4年（憲法45条），参議院議員の任期は6年（憲法46条）
である．

　憲法には，年齢などの被選挙資格や任期の起算日の規定はなく，詳細は法律
で定められる．公職選挙法は，被選挙権年齢を衆議院議員は満25歳（同法10
条1号），参議院議員は満30歳と定める（同2号）．任期の起算日は，前任議員
の任期満了前に選挙が行われた場合には任期満了日，解散による衆議院議員総
選挙や参議院議員の任期満了後の選挙などの場合には，選挙の期日となる（同
法256条・257条）．

　国会議員の身分は，衆議院議員の場合は解散と任期満了によって，参議院議
員の場合は任期満了によって失われる．また，辞職・除名（憲法58条2項），
資格争訟の決定（憲法55条），兼職禁止職等への就任（国会法39条・108条），
被選挙資格の喪失（国会法109条），選挙の無効判決（公職選挙法204条以下）の
場合も，国会議員の身分を失う．

　(iii)　議員定数と選挙の方法

　国会議員の定数や選挙の方法は，法律に委ねられている．もっとも，国民の
多様な意見・価値を国政に反映させるには，多数の，かつ多様性に富んだ国会
議員が必要であり，例えば，議員を十数名に限定するような極端な法律は，国
会設置の趣旨に反し違憲と評価すべきだろう．

　国会議員が扱う課題は多岐にわたることから，様々な専門知や職業経験，地
域事情への理解の他，性別や年齢などの点でも多様性が確保できた方がよい．
選挙に関する法律は，国会議員の多様性確保に十分配慮して制定されるべきで
ある．例えば，参議院議員選挙では各都道府県を1つの選挙区とするのが原
則となっているが，これは都道府県ごとの政治課題に明るい議員を選ぶことに
つながっていると言えよう．

(2) 国会議員の権能

国会議員は，国会に出席し，演説，討論，表決を行う権能を持つ（憲法51条参照）．もっとも，憲法は，国会議員のこうした権能を無制限に認めるものではなく，詳細は法律と議院規則によって定められる．

憲法は，委員会に分けて法案等を審議することも認めているものと解されるが，各国会議員全員が希望の委員会に配属される権利まで保障しているわけではない．

本会議への出席は全国会議員の権能であり，憲法の定める懲罰（憲法58条2項）などの手続によらず，それを制限することは違憲である．

また，国会は召集されないと活動ができないため，憲法は，国会議員に対し「総議員の四分の一以上の要求」で内閣に臨時国会を召集させる権能（憲法53条後段）を認めている．

(3) 国会議員の特権

憲法は，国会議員に3つの特権を与えている．

第1に，国会議員に報酬が払われなければ，裕福な資産家しか議員になれず，国会議員の多様性は失われる．そこで，憲法は，国会議員が相当額の歳費を受ける権利を保障した（憲法49条）．

第2に，議会の議員は，歴史的に行政権の弾圧対象となってきた．例えば，仮に行政機関が自身に都合の悪い法案に賛成する議員を逮捕したならば，議会の議決を行政の有利に歪めることができてしまうだろう．これでは三権分立原理が崩壊する．そこで，憲法50条は国会議員に対し，法律の定める例外を除き国会会期中に逮捕されない不逮捕特権と，会期前に逮捕された場合に議院の要求を条件に釈放せねばならないとする釈放特権とを保障した．国会法33条は，院外の現行犯と院の許諾のある場合を不逮捕特権の例外として定める．東京地決昭和29年3月6日判時22号3頁は，院の許諾権は逮捕の適否を判断するためのもので，逮捕許諾に期限を付けてはならないとした．

第3に，民主主義の理念を実現するには，国会議員が，自由に討論・演説・表決し，多様な意見・価値を表明し，合意点・妥協点を明らかにする必要がある．そこで，憲法51条は，国会議員に「演説，討論又は表決」に関する

院外での免責特権を保障した．ただし，これは行政罰や司法権による賠償命令・刑事罰など「院外」での責任追及を免除するもので，衆参両院内での懲罰（憲法58条2項）からの免責を保障したものではない．また，最三判平成9年9月9日民集51巻8号3850頁は，国会議員が質疑や演説で職務と無関係にあえて虚偽の事実を摘示するなどした場合には，国会議員個人は免責されても，国会の責任として，国が被害者に対して損害賠償責任を負う余地はあるとしている．

❹ 活動形態――会期と会議の準則

(1) 会期と会議

国会が活動するには，天皇による召集を要する（憲法7条2号）．**国会が召集され活動能力を持つ期間を会期**と言う．

国会には3種類ある．まず，通常国会（「常会」）は，毎年1回必ず開催しなければならない（憲法52条）．通常国会の召集月や会期は，法律に委ねられており，国会法は，毎年1月に召集し（2条），150日間を会期と定める（10条）．

次に，臨時国会は，内閣が召集を決定する（憲法53条）．各院の4分の1以上の議員から召集要求があった場合，内閣は国会召集を決定しなければならない．近年，要求があっても内閣が長期間放置する事例が多い．憲法の規定からは即座に召集するのが原則であり，召集延期には具体的な正当化事由が必要だと解すべきだろう．また，憲法や法律に，召集期限を明文化すべきとする提案も支持を広げつつある．

最後に，特別国会は，衆議院解散後の総選挙から30日以内に召集される（憲法54条1項）．臨時国会・特別国会の会期も法律に委ねられており，国会法は両議院一致の議決で決すると定める（11条）．また，国会法は，いずれの会議も両議院一致の議決で延長可能とする（12条1項）．

(2) 会議の準則

国会は，議員の議決によって意思を決する．議決のための会議を開催するには，総議員の3分の1以上の出席が必要である（憲法56条1項）．また，両議院の会議は原則公開であり，秘密会の開催には出席議員の3分の2以上の多

数の議決が必要である（憲法 57 条）.

　両議院の議事は，憲法に特別の定めがあるものを除き，出席議員の過半数で決し，可否同数の場合は議長の決するところによる（憲法 56 条 2 項）．議員の議席を失わせる資格争訟裁判（憲法 55 条），秘密会の開催（憲法 57 条），議員の除名処分（憲法 58 条 2 項），衆議院における法案の再可決（憲法 59 条 2 項）については特別多数が要求され，出席議員の 3 分の 2 が必要である．憲法改正発議（憲法 96 条）については，総議員の 3 分の 2 が必要である．

(3) 参議院の緊急集会

　衆議院が解散されると，衆議院議員全員がその身分を失う．二院制は 2 つの院がそろってはじめて国会が活動できる制度であり，一院が停止すれば全体が活動できなくなる．このため，「衆議院が解散されたときは，参議院は，同時に閉会となる」（憲法 54 条 2 項）．ただし，「内閣は，国に緊急の必要があるときは，参議院の緊急集会を求めることができる」（同項但書）．参議院の緊急集会は，国会の機能を臨時に代行するためのもので，立法や予算承認を含め，国会の全ての権能を行使できるとされる.

　緊急集会は，「衆議院が解散されたとき」と「国に緊急の必要がある」の二要件を充たさないと召集できない．多数説は，「解散」は衆議院議員不在の典型例を指すもので，任期満了後選挙完了前までの時期でも緊急集会を可能と解する.

　緊急集会は，衆議院なしに国会の権能を行使する極めて例外的な制度であることから，「緊急の必要」要件は厳格に解すべきだろう．内閣総理大臣の指名や憲法改正発議は，一般にこの要件を充たさないため，緊急集会で行うことはできない．既に内閣や憲法がある以上，それらに緊急性がある事態はあり得ないからである.

　また，緊急集会で採られた措置は，あくまで臨時のものとされ「次の国会開会の後十日以内に，衆議院の同意がない場合には，その効力を失ふ」（憲法 54 条 3 項）.

　過去に緊急集会が開かれたのは，1952（昭和 27）年 8 月 28 日の中央選挙管理委員会の委員任命のためと，1953（昭和 28）年 3 月 14 日の暫定予算・法律

270　第4編　統治機構

案4件のための2例のみである．いずれも次の国会で衆議院の同意を得た．

　上院が地域や身分の代表であったなら，下院解散中は国民代表による措置がとれないだろうが，参議院は国民代表であるため，それが可能となっている．参議院は3年ごとの半数改選とされており，衆議院の解散が参議院議員半数の任期満了と重なったとしても，一定数の国民代表を確保でき，必要に応じて緊急集会を開催できる．これは自然災害の多い日本において，参議院の重要な存在意義と言える．

■第三款　作用法

　国会には，性質の異なる複数の権能があり，それぞれ異なる作用を営む．

❶立法

(1) 権能の内容

（i）　立法の概念

　憲法41条は，国会を「唯一の立法機関」と定める．**国会以外の機関は立法権を行使してはならない**（国会中心立法の原則）．また，**立法は国会の議決のみで成立し，他の機関の同意等の行為を成立要件としてはならない**（国会単独立法の原則）．ただし，ここに言う「立法」は，法案の可否を議決することであり，他の機関が法案を作成したり，それに意見を述べたりすることを禁じるものではない．

　立法には，形式的定義と実質的定義がある．**形式的定義における立法**とは，**法律という名の法形式の規範を定めること，実質的定義における立法**とは，**法律事項を決定すること**を意味する．**法律事項**とは，**法律で定めなければならない事項**を言う．双方の定義を合わせて，**立法**とは，**法律事項を法律の形式で定めること**と定義することもできる．

　国会中心立法の原則により，内閣が法律事項を決定したり，地方公共団体が法律という名の法形式の規範を定めたりするのは，違憲である．ただし，国会中心立法の原則には幾つかの例外がある．

　まず，衆参両院は，各々内部規律等に関する規則を定められる（憲法58条2

項）．また，最高裁は訴訟手続や弁護士・裁判所の内部規律に関する規則を定められる（憲法 77 条）．これらの規則には法律事項も含まれることがあり，例外の位置づけとなる．

次に，法律の委任がある場合には，その範囲内で，罰則の内容を含め，政令で法律事項を定められる（憲法 73 条 6 号）．地方公共団体は，「法律の範囲内」で法律事項を含む条例を制定できる（憲法 94 条）．条例の効力範囲は，その領域内に限定される．

法律以外の形式で法律事項を決定するのは，国会中心立法の原則に違反し憲法 41 条違反になる．最二判昭和 33 年 3 月 28 日民集 12 巻 4 号 624 頁は，国税局が，通達で従来の法解釈を変更し，それまで課税対象としなかったものを課税対象としたことについて，通達が示す解釈が正しいのなら違憲ではないとした．仮に通達が法解釈の限界を超えたものなら，通達で法律事項を決定していることになり，憲法 41 条違反になる．

(ii) 法律事項の範囲

ある事項を法律事項の範囲に含めることを「法律（事項）に留保する」と言い，**法律に留保された事項を法律以外の法形式で決定してはならないという原理**を，**法律の留保**と言う．

では，何を法律事項に留保すべきなのか．

法律の特徴は，公開の議会で議論され，その内容が公布された法文の形で明確に示される点にある．他方，行政の決定は，公開性や明確性に劣るが，迅速性や柔軟性に勝る．ある事項を法律事項とすべきか否かは，どちらの決定プロセスに委ねるべきかで割り振られる．

大まかに言えば，重要度が高く，広く一般国民に及ぶ場合には，公開性・明確性が強く要請されるため，法律事項とされる．

(iii) 伝統的な侵害留保説

伝統的に「法規」の内容は，法律事項だとされてきた．法規とは，ドイツ語の Rechtssatz の訳語である（樋口他・注解Ⅲ・19 頁）．

法の基本的な構成要素は，要件と（強制力を持つ）法的効果とを結びつける命題である．例えば，刑法は，「窃盗をした者は（要件），10 年以下の懲役に処

する（効果）」といった，刑事罰に関する命題の総体であり，民法は，「意思表示の合致があれば（要件），契約が成立する（効果）」といった命題から成る．これらの命題が Rechtssatz である．これが，ただの命題として提示される場合は「法命題」，法規範として効力を持つ場合には「法規」と訳すことが多い．例えば，法案は未だ有効ではない法命題を記述したもので，それが可決され効力を持つと，その法命題は法規になる．

　法規の内容が法律事項に留保された結果，**法律だけが法規を創造する力を持つという原則（法律の法規創造力の原則）**が成立する（宇賀・行政法 I・31 頁）．

　法規が強制力を持つ法的効果の発生要件を定めたものであるとすれば，法規は国民の自由や権利を制限できる条件を定めたものと理解することもできる．このため，多くの教科書・体系書は，法規を「国民の自由・権利を制限し義務を課す条件を定めた法規範」と整理し，**法規が法律に留保される以上，行政権や司法権が法律の根拠なしに国民の自由や権利を制限してはならない**と説明してきた．こうした考え方は，権利侵害の根拠は法律に留保されるという意味で，**侵害留保説**と呼ばれる．なお，ここに言う「侵害」は自由・権利の制約という意味であって，違憲・違法のニュアンスはない．

　通説・実務も，国民の自由や権利を制限したり，義務を課したりする要件・効果は法律事項だとしている．最大判平成 18 年 3 月 1 日民集 60 巻 2 号 587 頁（旭川市国民健康保険条例事件）も，「国民に対して義務を課し又は権利を制限するには法律の根拠を要するという法原則」があり，憲法 84 条はそれを租税について規定したものとの見解を示した．

　侵害留保説によれば，国民の自由・権利の制限に関わらない国家活動の内容は法律事項とはならない．例えば，補助金交付や福祉活動，インフラ整備や文化活動の主催などには，法律の根拠は不要である．また，財務省や文部科学省などの省庁をどのように設置するか，自衛隊の内部組織をどのように規定するかといった，行政組織のあり様も法律事項ではない．

　(iv)　近年の発展

　しかし，現代では，補助金や福祉等の国家活動は，国民生活の必須要素となっている．その支給要件等を行政の裁量的判断に委ねれば，恣意・不公平が生

じかねない．あるいは，行政組織のあり方も国民に重大な影響を与えるから，その根幹は法律で定めるべきではないか．こうした考え方から，法律事項の範囲を拡張する見解が唱えられている．

とはいえ，**行政活動の根拠全てを法律事項とする見解**（**全部留保説**）をとると，日々変化する行政需要に応えるため，包括的な委任立法をせざるを得ず，現実的でない．

そこで，**国政の本質的に重要な事項を法律事項とする見解**（**本質性理論**）が唱えられている．この理論には，何が本質事項・重要事項であるかは曖昧であるとの批判もある．しかし，国政の重要事項は，国民の多様な価値や意見を反映できる国会で，慎重な手続を経て，民主的正統性を得る形で決定すべきである．本質性理論を基本として，重要事項の範囲を画定していくのが適切だろう（塩野・行政法Ⅰ・86頁）．

また，近年，侵害留保説も，「侵害」概念をあまり狭く解さない傾向がある．例えば，行政組織のあり方は，権利制限に重大な影響を与える．また，国民年金などの重要な給付を与えないことは，しかるべき給付を与えないという意味で「侵害」ととらえ得る．そうなると，侵害留保説を前提にしても，行政組織の基本枠組みや重要な給付・福祉の要件・効果を法律事項とすることはでき，本質性理論の結論と接近する．

法律事項の範囲が問題となった事例に，政令による褒章条例の改正（1955年）がある．褒章条例は栄典の授与基準を定めた規範で，明治政府発足当初は太政官布告，明治憲法下では勅令の形式だった．1955年以降は，政令の形式で定められている．政府は侵害留保説を前提に，栄典の授与は国民の権利義務に直接関係しないとして，その制定・改正に法律の形式は不要としている．これに対しては，時の政権与党に都合の良いことを述べる人々だけに栄典を授与することが表現の自由などに与える影響のことを考えれば，褒章条例が国民の権利と無関係とは言い難いとの指摘がある（長谷部・憲法335頁）．侵害留保説を前提とするにしても，法律の根拠を要すると解すべきだろう．

(ⅴ) 憲法の規定する法律事項

こうした一般論とは別に，憲法は，特定の事項を法律事項とする明文規定を

置いている．具体的には，皇位の継承（憲法2条），国事行為の委任（憲法4条2項），摂政の設置（憲法5条），日本国籍の取得（憲法10条），義務教育の内容（憲法26条2項前段），労働基準（憲法27条2項），財産権の内容（憲法29条2項），租税（憲法30条・84条），刑事法（憲法31条），刑事補償（憲法40条），議員定数（憲法43条2項），国会議員の選挙人資格（憲法44条本文），選挙に関する事項（憲法47条），歳費（憲法49条），両院協議会（憲法59条3項・60条2項），官吏に関する事務の基準（憲法73条4号），最高裁判事の定員（憲法79条1項），会計検査院の組織・権能（憲法90条2項），地方公共団体の組織・運営（憲法92条），地方議会の設置（憲法93条1項），地方特別法の住民投票の方法（憲法95条）である．

また，憲法第三章が保障する抽象的権利を具体化するのも，法律によらなければならない．

これらはいずれも，国政運営や国民への権利保障に関する最重要事項であり，法律事項とされるのも当然である．

(vi) 法律の一般性と措置立法

法の支配・法治国原理は，予め公示された一般的・抽象的で明確な法に則り，統治を行う原理である．**一般的・抽象的とは，固有名詞で指示される特定の者を対象とするのではなく，一般的・抽象的な要件で指定された者を対象とするという意味である．憲法41条に言う「立法」も一般的・抽象的な形式の法規範の定立である必要があり，個別的・具体的な形式で定められる法律は憲法41条に違反する（法律の一般性の原則）．**

特定の対象だけに適用される立法を措置立法と言う．措置立法の文言には，対象を特定する固有名詞ないしそれと同様の機能を果たす名詞や形容詞が用いられるので，法律の一般性の原則に反する．また，実際的に考えても，予測可能性を害し，不公平な措置になりがちである．よって，措置立法は原則として禁止される．

もっとも，財務省設置法や厚生労働省設置法のように，固有の行政組織に関する法律は措置立法にならざるを得ない（芹沢他・コメ296頁）．また，自衛隊の「イラク」派遣や「新型インフルエンザ」・「新型コロナウイルス」への対応

など，固有の事象・事件・災害・疫病などに対応するため特別の法律が必要になる場合もあり，措置立法の実例がある．措置立法の禁止はあくまで原則で，それを正当化する事情があれば許されると解されている．

ただし，措置立法の中でも，特定の個人・法人だけを対象にした行政処分に相当する内容を定めるものは，予測可能性や公平性の理念を破壊する危険が大きく，特段の事情がない限り許されないと解すべきである．

(2) 権能行使の手続

国政の重要事項を決定するには，国民の代表が十分に討議すべきである．そこで憲法 59 条 1 項は，**法案は，両議院で可決したとき法律となる**ことを原則とした．これを**両院可決原則**と呼びたい．

両院可決原則には 2 つの例外がある．

第 1 に，衆参で異なった議決をした法案は，衆議院で出席議員の 3 分の 2 以上の多数で再可決したときは法律となる（憲法 59 条 2 項）．また，衆議院は，参議院が休会期間を除き 60 日以内に議決しないときは，法案を否決したものとみなすことができる（同 4 項）．これにより，参議院が議決を延期し続けることで衆議院の再議決を拒むことはできない．

第 2 に，特定の地方公共団体にのみ適用される特別法の成立には，国会の議決に加え，その住民の住民投票の承認が必要とされる（憲法 95 条）．地方公共団体への不当な介入を防ぐためである．これは，国会単独立法の原則の唯一の例外である．

国会が制定した法律は，主任の国務大臣が署名・内閣総理大臣が連署した上で（憲法 74 条），天皇が公布する（憲法 7 条 1 号）．署名・連署は「法律を誠実に執行」（憲法 73 条 1 号）する責任者を明示するもので，国務大臣・内閣総理大臣の権能ではなく義務である（渡辺他・憲法 II・295 頁）．また，天皇の公布は，立法の成立要件ではない．

法律の運用や適用では，それが制定された趣旨や経緯の確認が必要になるため，立法過程の議論は，正確に記録され，公開されねばならない．そこで，憲法は，両院の議論は公開され（憲法 57 条 1 項本文），議事を記録し公表・頒布しなければならないと定める（同条 2 項）．

❷財政

国家の収入と支出を財政と言う．19世紀半ば，ビスマルク宰相時代のプロイセンでは，議会が予算を承認しなくても，国王は財政権を行使できるとされた（本編・講義246頁）．

これに対し，日本国憲法83条は，「国の財政を処理する権能」は「国会の議決」に基づいて行使しなければならないと規定した．**国民主権の理念を実現するために，財政が国民の意思によって処理されねばならない（国民財政主義）**．また，**国民財政主義を実現するには，国民の代表からなる国会に，財政の根幹に関する決定権が付与されねばならない（国会中心財政主義）**（清宮・憲法 I・259〜260頁）．

国家活動には資源が必要である．資源徴収方法には，労役強制・財産収用・租税の三種類がある．このうち，全ての国民に同じ労働を強要するのは一見公平に見えるが，いかなる労働に適正があるかは個人によって異なり，実質的には極めて不公平である．また，労役強制は自由への強い制限となることからも，許容し難い．財産収用は，その財産を所有していた者だけに特別の犠牲を課すもので不公平になりやすい．

これに対して，租税は担税力に応じ公平に徴収できる．このため，現代では**国家の財政収入は，労役強制や財産収用ではなく，貨幣を媒介に租税として徴収するのが原則**とされる．これを**租税国家の原理**と呼ぶことにしよう．

日本国憲法は，労役強制を18条で，財産収用を29条1項で禁じるとともに，30条で，国家活動のための資源は租税で徴収すべきことを規定する．

また，**国家の特定の収入は，特定の支出と結びつけてはならない（ノン・アフェクタシオン原則）**．例えば，自動車保有税から得た歳入は，必ず道路整備に使うといった結びつけはできない．結びつけがあると，収入が多いときには無駄な支出が生じ，収入が少なすぎると必要な支出ができないという問題が起きるからである．歳出額は必要に応じて決定されるべきであり，憲法は，財政権能を歳入権能と歳出権能に切り分け，両者を異なる権能として行使することを求めている（租税国家の原理とノン・アフェクタシオン原則については，片桐直人「財政・金融」宍戸＝林・70年24章参照）．

(1) 歳入に関する権能——租税徴収の規律

日本国憲法も租税国家の原則に則り，国家が活動資源を得る方法を租税に限定している（憲法30条，29条3項，18条参照）．また，**租税の内容は法律事項**とされている（憲法30条，84条）．これを**租税法律主義**と言う．財政の収入面（歳入）の規律は，租税法律主義により，法律によって果たされる．

もっとも，租税徴収には，租税の実体的内容の他，所得や消費の計算方法や帳簿の付け方，徴収手続，申告の書式，納税場所など詳細な規定が必要である．その全てを法律で定めるのは難しいため，憲法84条が法律事項とするのは，租税実体法・租税手続法・租税争訟法の根幹部のみだと解される．

租税実体法とは，①**納税する主体となる個人または法人**（納税義務者），②**所得・消費・相続などの課税対象となる物件**（課税物件），③**課税物件を金額で表す基準**（課税標準），④**税率を定める法**である．③課税標準に④税率を掛けたものが税額となる．

租税手続法とは，**租税徴収の手続を定めた法**である．**租税争訟法は，国家と納税者との間で，事実の有無や租税法の解釈に争いが生じた場合の裁断について定める法**を言う．これらの根幹部も，法律事項と解さざるを得ない．

(2) 歳出に関する権能 1——予算の承認

租税の内容は，厳密に定義される必要がある．これに対し，行政の必要に応じてなされる財政の支出は，予め詳細な要件を定めることが難しいものもある．このため，憲法は，国費の支出・国の債務負担に国会の議決を要求しつつ（憲法85条），その形式は，法律ではなく予算によることとした（憲法86条）．

予算とは，**費目と金額の示された一会計年度における国の財政行為の準則**であり，歳入・歳出の金額の他，公債・借入金・債務負担行為の限度額などを定める．**予算は，年度ごとに独立に定めるのが原則である**（年度独立原則）．予算は法律と異なり，一般国民の権利・義務を定めるものではなく，国家機関のみを拘束する．

予算の承認手続は，法律とは異なる．まず，法案の提出権能は内閣に限定されないが，予算案の作成・発議は内閣の専権である（憲法73条5号）．また，予算が承認されないと国家は活動ができないので，法案に比しても確実に成立

278　第4編　統治機構

させる必要性が高い．そこで，憲法は，衆議院の議決を優先させることとした．予算は，「さきに衆議院に提出しなければならない」（憲法60条1項）．予算は，原則として衆参両院の可決で成立するが，異なる議決がなされた場合には両院協議会が必須とされ，両院協議会でも衆参の議決が一致しないとき，または参議院が衆議院可決後30日以内に可決しないときは，衆議院の議決が優先する（同2項）．ただし，予算は国家活動の根幹であることからすれば，参議院の議決や国会での丁寧な審議をないがしろにしてよいわけではない．

　予算の修正について．国会が，予算を部分的に承認することで，予算を減額修正できるという点に，異論はない．他方，増額修正については，予算案の発議を含むため，国会の権能を逸脱しているとの見解もある．しかし，通説は，憲法が国会を財政処理の最高議決機関と位置づけたことから，予算の同一性を損なうような大修正でない限り，増額修正も可能だとしている（清宮・憲法I・275頁，野中他・憲法II・352頁）．

　特定の事業について，二年度以上の費用を予め議決する必要性がある場合には，どうすべきか．大日本帝国憲法68条は「特別ノ須要ニ因リ政府ハ予メ年限ヲ定メ継続費トシテ帝国議会ノ協賛ヲ求ムルコトヲ得」と定めていた．しかし，現行憲法にはそうした規定はない．憲法85条は，財政支出について国会の議決を要求するものの，全支出を単年度の予算形式で議決することまでは要求しておらず，年度独立原則の例外も許されると解すべきだろう．

　ただし，継続費を無制限に認めれば，年度ごとの厳密な国会の監視をすりぬけ，恣意的な財政支出が行われる恐れがある．年度独立原則の例外を認める条件は，国政の重要事項として法律事項とすべきである．また，「国会の議決に基づく」と評価できないほどに規律の弱い継続費等の承認は，憲法85条に違反する．こうした考慮を受け，財政法14条ノ2は，厳格な要件の下で継続費の設定を認める．

　予算の承認も「国務に関する」「行為」の1つであり，違憲な支出のための予算は違憲無効となる（憲法98条1項）．例えば，侵略戦争のための予算は憲法9条違反で無効であり，「検閲」（憲法21条2項）や「拷問」（憲法36条）など憲法第三章が保障する権利を侵害する行為のための財政支出も認められない．

また，憲法89条は，政教分離を財政面から担保している．

このように，政府の財政支出については，予算を通じた統制が及ぶ．もっとも，有権者に直接選挙される国会議員は，その時点の有権者の負担となるような増税・歳出削減に及び腰になりがちで，国会中心財政主義は構造的な財政赤字を招きやすい．憲法に財政規律条項を設けるなど，財政規律のための制度的環境を整える工夫も重要だろう（藤谷武史「憲法学における財政・租税の位置？」宍戸他・ゆくえ147-149頁）．

(3) 歳出に関する権能2——予備費の承認

憲法は，年度が始まる前または当初の予算議決を必ずしも要求しておらず，必要に応じた補正予算の議決を認める．

ただ，突発的な災害などで，国会の議決を得る余裕がない場合もある．そこで憲法は，「予見し難い予算の不足に充てるため」，国会が費目を限定しない「予備費」を設けることを認めた（憲法87条1項）．**予備費**とは，**費目を指定せず，内閣の責任で支出できる緊急用の支出の上限を示した規範**であり，通常の予算と性質を著しく異にする（樋口他・注解Ⅳ・205頁）．財政法24条は，予備費を予算中に計上すると規定するが，憲法上は，予算と予備費は別の法形式と理解すべきである．

予備費は，内閣の責任で支出するが，事後に国会の承認を得なければならない（憲法87条2項）．ただし，国会の不承認は既になされた支出を無効にしたり，内閣に原状回復の義務を課したりするものではなく，政治責任を課すに止まる．予備費の支出承認については，憲法に衆議院の優越の規定はなく，衆参両院が対等に議決すべきである．

(4) 皇室費用の議決

大日本帝国憲法下では，皇室所有の御料林などの財産から得られた収入が国家財政の一部に組み込まれたため，公私区分が曖昧で，不透明な財政が生じた．そこで，日本国憲法88条前段は，「すべて皇室財産は，国に属する」と定めた．ここに言う「皇室財産」とは，皇族の所有物全てを指すものではなく，旧憲法下で公的性格を持っていた皇室所有の財産を指す．もっとも，この規定によって国有とされた旧皇室財産について，皇室の用に供することが否定される

わけではない．例えば，皇居や離宮などは，公共的に管理すべき必要が高く国有財産とされたが，皇室の利用が認められている．

皇族も生活や愛好のための財産を所有しており，財産権に関する権利能力を否定されるわけではない．もっとも，天皇の権威が濫用されないためには，皇族の財産のあり様は国民の代表によって統制されねばならない．そこで，憲法88条後段は，皇室費用を予算に計上し，国会の議決を得ることを要求する．また，憲法8条は，皇室の財産授受についても国会の議決を要求する．

皇室費用の予算計上方法について，憲法88条後段は詳細を規定していない．皇室経済法4〜6条は，皇室費用を①内廷費・②宮廷費・③皇族費に区分する．①内廷費は，皇族の日常費用・内廷における私的諸費用に当てるもので，私費として支給される．天皇については，象徴職の給与としての性質を持つものとも説明できる．②宮廷費は，皇族の公的行為に使われる公金である．③皇族費は，皇族の品位保持・皇族が初めて独立の生計を営む際の一時金，皇族身分を離脱する者への一時金の3種類からなる特別の私費である．

憲法8条の規定する皇室の財産授受の国会承認を厳密に行うと，例えば，食料品の買い物まで逐次国会で議決することになる．それはあまりに煩雑なので，ある程度，包括的な議決も許される．皇室経済法2条は，逐次の国会議決が不要な類型を規定している．

(5) 決算・財政状況の報告

国会は，内閣から会計検査院の検査報告を踏まえた決算の提出を受ける権能を持つ（憲法90条）．**決算**とは，**一会計年度の国の収入支出の実績を示した文書**である．これと予算を照らし合わせることで，予算が適切に実現されたか否かを判断する．

憲法は，国会が決算報告を受ける権能を定めるのみで，決算を承認する権能を規定していない．しかし，予算遵守は内閣の義務であり，国会は承認・不承認の形で内閣の責任を明確化すべきである．国会の審査は，将来の予算編成の手がかりとなる（長尾・憲法511頁）．

また，国会は，決算に加え，少なくとも年に1回，国の財政状況について報告を受ける権能も持つ（憲法91条）．

内閣からの決算・財政状況の報告の受領について，憲法は特段の手続は規定していない．現在の慣行では内閣からの報告案件とされ，それ自体を承認・不承認とするのではなく，各議院でそれに対する意見や要求を決議している．

❸ 行政・外交への関与

行政権は，法律による行政の原理の下，法律に拘束される．もっとも，法律事項は国民の権利・利益の制限に関わる事項又は国政の重要事項に限られるため，行政権には選択の幅（裁量）が認められる部分が常にある．また，外交は法による拘束が困難又は不適切な権能であり，内閣の外交権行使に関する合憲・合法な選択肢の幅は非常に広い．

他方，民主主義は国政全般で実現されねばならず，行政権・外交権の担い手たる内閣は民主的に構成され，国民の代表の監視を受けなくてはならない．そこで，憲法は，国会に内閣の構成と行政・外交の監視に関する次のような権能を与えた．

(1) 内閣総理大臣の指名

国会は，内閣の長たる内閣総理大臣を指名する権能を持つ（憲法67条）．他の大臣を任命する権能を持つ内閣総理大臣がいなければ，内閣が組織できず，行政・外交全般が麻痺してしまう．そこで，内閣総理大臣の指名は，「他のすべての案件に先だつて」行う（憲法67条1項後段）．また，衆参両院の意見の不一致により意思決定ができなくなることを防ぐため，両院協議会を開いても衆参両院でなお不一致である場合，又は，衆議院の議決から休会期間を除き10日以内に参議院が議決しない場合には，衆議院の議決が国会の議決とされる（同条2項）．

(2) 行政と外交の監視

国会は，行政が誠実に法律を執行しているか，また，行政の裁量に委ねられた事項について正当な判断がなされているかを監視する権能を持つ．憲法63条は，「内閣総理大臣その他の国務大臣は」各議院で「答弁又は説明のため出席を求められたときは，出席しなければならない」とした．この規定の趣旨からすれば，大臣は単に出席すればよいのではなく，十分な説明をする憲法上の

義務を負うと解すべきである.

国会は，内閣の外交についても監視し，意見を述べて関与する．外交の中でも特に重要な条約の締結には，国会の承認が必要である（憲法73条3号但書）．ここに言う「条約」に該当するか否かの判断基準については，後述する．

条約の承認については，衆議院の優越が認められる．衆議院の先議権はないものの，両院協議会を開いても衆参両院の議決が不一致な場合又は衆議院の議決から30日以内に参議院が議決しない場合には，衆議院の議決が国会の議決とされる（憲法61条・60条2項）．条約締結については，内閣が他国と合意した内容を国会が否定するのは，外交上の信頼確保にとって好ましくない．現行憲法の下では，内閣は少なくとも衆議院の信任を得ており，内閣が締結した条約を衆議院が不承認とするのはよほどの場合に限られるため，衆議院の優越により条約承認の安定が得られる．

(3) 衆議院の内閣不信任決議

その内閣に職務を続けさせるのが国民のためにならない場合には，解任する必要がある．そこで，憲法は，衆議院に，内閣総辞職の効果を伴う内閣信任否決・不信任決議を突きつける権能を与えた（憲法69条）．衆議院にのみ権能が与えられたのは，衆議院には解散の可能性があり，主権者国民に内閣と衆議院のどちらを支持するかを問う解散総選挙の手続が用意されているからである．

内閣に信任否決・不信任決議を突きつける手続について，憲法に詳細な規定はない．倒閣のためだけの不信任による政治空白を防ぐため，ドイツのボン基本法67条では，不信任決議は次期首相の指名と同時に行うべきことを規定している．日本でも検討すべきだろう．

なお，国務大臣の任免権は内閣総理大臣にあるため，個々の大臣だけに不信任決議を出して罷免することはできない（法協・註解下1043頁）．

❹ 弾劾裁判所の設置

国会は，罷免の訴追を受けた裁判官の弾劾を審理する弾劾裁判所を設置する権能を持つ（憲法64条1項）．弾劾裁判所の裁判官は国会議員であるが，弾劾裁判所は憲法の規定する特別裁判所の一種であり，国会とは異なる国家機関で

第9章　統治機構・各論　283

ある．このため，国会閉会中でも活動でき，また，国会がその判断に議決など
を通じて影響を及ぼしてはならない．

　弾劾裁判所の具体的な組織や手続は法律事項とされ（憲法64条2項），裁判
官弾劾法で詳細が規定されている．

　裁判官には職権の独立が保障され（憲法76条3項），国民代表からも国民世
論からも独立して職権を行使しなければならない．他方，国民には，あらゆる
公務員の直接または間接の罷免権がある（憲法15条1項）．弾劾裁判は2つの
憲法規範の微妙なバランスの中にある制度であり，慎重な運用を心掛けねばな
らない（樋口他・注解Ⅲ・168頁）．

❺国民代表としての決議

　国会は国民を代表する機関であり，国民代表の意思表示が必要な場合には，
決議の形でそれを示す権能があると解される．

　このため，特に重要な国家機関の人事など，国民代表の意思が必要な事項に
ついては，法律で国会の議決又は同意を要求できる．例えば，中央選挙管理会
や政治資金適正化委員会の委員の指名には，国会の議決が必要である（公職選
挙法5条ノ2第2項，政治資金規正法19条ノ32第1項）．また，会計検査院の検査
官人事のように，国会の同意ではなく，両議院の同意とする例もある（会計検
査院法4条）．

　また，数度にわたる北朝鮮の核実験への抗議決議や，法律の運用等に関する
附帯決議など，法的効果を伴わないものの，国民代表の意思を示すための決議
もできる．

❻憲法改正の発議

（1）権能の内容

　憲法96条は，憲法改正案の発議権を国会の権能とする．憲法改正は国政に
おける最重要事項に関する決定であり，その案は厳密な手続を経て，国民代表
の広い合意の下に作成されるべきである．

　憲法改正案を承認するか否かは，国民投票により決定される．国民投票は

軽々しくなされてはならず，国民投票にかけるに値する意義のある案を整えることが，国会の責務である．

(2) 権能行使の手続

（i） 項目ごとの発議

憲法96条における「国民投票」は，主権者国民が適切に意思を表明できるものである必要がある．例えば，①憲法9条の改正と②環境権条項の創設を一括で発議したのでは，国民が「①に賛成，②に反対（又はその逆）」という意思を持っていても正しく表示できない．よって，異なる性質の憲法改正案を一括で国民投票にかけてはならないと解すべきである．

また，複数の憲法改正案の国民投票を同日に行うことは否定されない．しかし，一度に多くの案を投票にかけると，国民が熟慮の上で判断するのが困難になるおそれがある．国民の熟慮を妨げるほど多くの改正案を同時に発議することは，違憲と評価すべきである．

国会法68条ノ3も，「憲法改正原案の発議に当たつては，内容において関連する事項ごとに区分して行う」としており，国会で議員が改憲原案を発議する段階から，内容ごとに発議案を区分するよう要求している．

（ii） 総議員の3分の2

憲法改正は，国政の最重要事項に関わるため，国民代表の広範な合意が必要とされる．そこで憲法96条は，憲法改正の発議に，各議院でそれぞれ総議員の3分の2以上の賛成を要求した．

憲法改正発議については，衆議院の優越の規定はなく，衆参両院は完全に対等である．

■第四款 統制法

❶有権者団による統制

国会の権能は，重要かつ多様であり，その濫用は極めて危険な事態をもたらす．そこで憲法は，国会議員の任期を限定し，定期的に有権者団が選挙することで，国民が国会を直接統制することとした．

❷内閣による統制

現在の半代表制の下では，国会と国民の意思が乖離していても，有権者たち
が国会議員に命令を出したり，国会議員を罷免させたりはできない．これに対
して，国会が内閣と信任関係を築けず，国政を停滞させる状況に至った場合に
は，衆議院の解散総選挙によって，国民が国会に意思を伝えることができる
（憲法69条参照）．これは，内閣と国民が協働して国会を統制する制度と言える．

❸裁判所による統制

国民の代表と言えども，国民が憲法の形式で表した規範に違反してはならな
い．そこで，憲法81条は，裁判所に違憲立法審査権を与えた（憲法81条）．こ
の権能には，国会が積極的に違憲立法をした場合はもちろん，立法を行わない
こと（立法不作為）が憲法違反の評価を受ける場合にも行使され得る．

▌第4節　内閣

■第一款　設置の趣旨

❶民主的執政の歴史と類型

組織活動には，**活動の基本方針を決定し，組織全体を嚮導（リード）する権能
（執政権）**を担う機関が必要である．

国家の諸政策は，緊縮財政政策と大規模経済対策補助金のように，互いに矛
盾することがしばしばあるため，国家の執政では「両立する諸政策を総合した
プログラム」を立てる必要がある．高橋和之教授はこれを「政治プログラム」
と呼び，それを選択する領域を統治機構の「政治の領域」と呼んだ（高橋和之
『現代立憲主義の制度構想』有斐閣，2006年，64頁）．

近代までの欧州では，世襲君主や貴族などの非民主的な主体が執政権を担い，
その統制を担う機関は未発達だった．近代になり，国民を代表する議会が執政
権を統制するようになった．さらに，執政機関それ自体を民主主義に基づいて
構成し，執政権の行使段階から国民の意見を反映させる仕組みが発達した．こ

の仕組みには，大統領制・議院内閣制・議会統治制の三類型がある．

大統領制とは**執政機関の長（大統領）を国民が選挙で選ぶ制度**を言う．アメリカ合衆国がその代表例であり，大統領候補が提示した政治プログラムを，国民が大統領選挙を通じて直接選択する．大統領制のデメリットは，大統領と議会多数派が対立した場合に，その解消が困難で政治が停滞する危険があることである．また，議会は執政府を構成する責任から解放されるため，意見をまとめる努力を放棄し，小党分立しやすくなる．国家の担う業務がごく僅かな時代であればまだしも，現代では，政治の停滞は国民に大きな害を与える．大統領制の安定的運用には，大統領と議会の対立を解決する仕組みや，重要事項について与野党が柔軟に合意できる政治風土などが必要になる．

議院内閣制とは，**議会多数派が執政機関たる内閣を組織し，その内閣を信任する制度**である．イギリスやボン基本法下のドイツがその例である．議院内閣制には，内閣が議会と君主双方に信任される二元型と，議会のみに信任される一元型があるとされるが，実際にはこの区別はあいまいである（長谷部・憲法383頁）．この制度では，内閣は議会から自律して活動し，両者が対立した場合には，内閣不信任決議と下院の解散・総選挙を通じて調停する．

議会統治制とは，**議会多数派が内閣を組織する点では議院内閣制と同じだが，議会が執政権能を持ち内閣は議会に従属する**．内閣は議会に常に議会に従う必要があり，辞職の自由はない．もっとも，職を継続するには当人の意思が不可欠であり，事実上，辞職の自由が行使される場合もある．この点で，議院内閣制と議会統治制の区別は相対的である（長谷部・憲法385頁）．

❷日本国憲法下の内閣

日本国憲法は，執政機関自体を民主化し，また，政府と議会とが協調的に活動できるよう議院内閣制を採用した．

また，執政は，国家活動全般にわたって統一性をもってなされねばならない．それを計画立案するのは，一定の政見を持つ個人，または，同じ政見を共有する小規模な会議でなければ困難である．そこで，内閣は，その首班たる内閣総理大臣と政見を同じくする少人数の国務大臣からなる小規模会議体とされた．

さらに，憲法は，執政・行政（狭義の行政，後述）・外交を調和させるため，執政のみならず行政や外交も内閣の権能とした．執政と行政を別の者が担当するシステムも可能ではある．しかし，執政機関が行政を指揮監督した方が，執政機関が決定したプログラムを忠実に実行しやすいだろう．また，今日では，諸外国との外交関係が国内の執政・行政にも重大な影響を持つ．例えば，関税は，多くの場合，外国との交渉を踏まえて徴収されるが，徴税自体は国内行政の権能であり，経済・産業関係の行政とも関係が深い．このため，外交権と行政権も協調が必要となる．

❸日本国憲法の議院内閣制の実際

　議院内閣制は，議員選挙や政党の在り方によって，政治プログラムの選択方法が変わる．20世紀末までのイギリスでは，完全小選挙区と強固な二大政党制により，各政党が提示した政治プログラムを，国民が総選挙を通じて選択する形となっていた．高橋和之教授は，このような仕組みを「国民内閣制」と呼んだ（同『国民内閣制の理念と運用』有斐閣，1994年）．他方，多くの政党が乱立する状況では，総選挙だけでは政治プログラムが選択されず，議会の多数派を形成する交渉の中で，段階的に諸政党の意見が集約されていく．

　日本では，1955年以降，**保守政党が合同して結成された自民党が恒常的に衆議院の多数派を持つ一方，革新派の社会党が憲法改正阻止に必要な3分の1以上の議席を保有し続ける体制**（55年体制）が続いた．政権を担当する自民党は，傾向の大きく異なる諸派閥から成り，その合従連衡により，政治プログラムを形成していった．自民党は1つの政党ではあるが，段階的意見集約を行っていたと言える．

　日本国憲法には選挙制や政党に関する具体的規定がなく，それらは法律や政党の組織によって決定される．このため，政治プログラムの形成方法を状況に応じて柔軟にデザインできる．他方で，議会多数派が，党利党略で自らに有利な制度を立法する危険もある．

■第二款　組織法

❶組織の地位——議院内閣制と国会に対する連帯責任

　内閣は，議院内閣制に基づき組織され，国会に責任を負う．内閣の統一性を確保するため，内閣のメンバーは個別に責任を負うのではなく，「内閣は，行政権の行使について，国会に対し連帯して責任を負ふ」（憲法66条3項）．ここに言う「行政権」は最広義の行政（後述）を指し，内閣が有する全権能を意味する．

　内閣が責任を負うのは「国会」であるから，内閣不信任決議権を持つ衆議院だけでなく，参議院にも連帯責任を負う．参議院は，大臣問責決議や重要法案否決によって，内閣の責任を追及できる．他方，内閣は，参議院に対しては，解散権のような対抗手段がない．内閣が参議院の責任追及を不服とする場合には，内閣を支持する衆議院が両院協議会を通じて両者を調停するなど，何らかの解決の可能性を探ることになる．

❷組織形態——内閣総理大臣を首長とする会議体

　内閣は，内閣総理大臣を首長とし，その他の国務大臣を構成員とする会議体である（憲法66条1項）．国会のように二院に分かれることはなく，単一の会議体とされる．

　内閣を構成する大臣を国務大臣と言う．憲法上の用語としては，「国務大臣」に内閣総理大臣を含む場合（憲法66条2項参照）と含まない場合（憲法66条1項，68条参照）とがある．

　内閣を構成する国務大臣の数や，どのような補助機関を置くかは法律に委ねられる（憲法66条1項）．現行法では，国務大臣の数は14名とされ，必要に応じ3名まで増員できる（内閣法2条2項）．

❸ 構成員——国務大臣

(1) 内閣総理大臣

（i）　内閣総理大臣の指名・任命

内閣総理大臣は，国会議員の中から国会により指名され（憲法 67 条），天皇により任命される（憲法 6 条 1 項）．他方で，国会に内閣総理大臣の罷免権能がなく，それを天皇の国事行為とする規定もない（樋口他・注解 I・97 頁）．内閣総理大臣が意思に反し職を解かれるのは，衆議院の内閣不信任決議による内閣総辞職要求の場合に限られる．

（ii）　内閣総理大臣の権能

内閣総理大臣は，内閣の首長として内閣を代表し，閣内を調整し，その統一を保持する職責を担う．これを果たすため，憲法は内閣総理大臣に諸々の権能を与えた．

第 1 に，「内閣を代表して議案を国会に提出し，一般国務及び外交関係について国会に報告し，並びに行政各部を指揮監督する」権能（憲法 72 条）．この権能は「内閣を代表して」行使されるものであるから，独断ではなく，閣議にかけて決定した方針に基づく必要がある．この点は内閣法 6 条に規定されている．

もっとも，最大判平成 7 年 2 月 22 日刑集 49 巻 2 号 1 頁（ロッキード事件丸紅ルート判決）は，「内閣総理大臣は，少なくとも，内閣の明示の意思に反しない限り，行政各部に対し，随時，その所掌事務について一定の方向で処理するよう指導，助言等の指示を与える権限を有する」としており，内閣総理大臣が運輸大臣に対し大手航空会社に特定機種の航空機の選定購入に向けた行政指導をするよう働きかけたことも，その職務権限に含まれるとした．

第 2 に，他の国務大臣の任免権（憲法 68 条 1 項）．

第 3 に，国務大臣の訴追同意権（憲法 75 条）．これは，検察機関による不当な圧迫の防止が目的であるから，ここに言う「訴追」は，起訴のみならず，その前提となる逮捕・勾留などの身柄拘束も含まれると解すべきである．また，ここに言う「国務大臣」には，内閣総理大臣も含まれると解され，自らも同意なしに訴追されない．

もっとも，現行法では，公訴の提起権限は検察官に限定され（刑事訴訟法247条），法務大臣は検事総長を通じて個々の事件の取扱いを指揮できる（検察庁法14条）．したがって，現行法下では，憲法75条が活用される場面はほぼ想定されない．

(2) その他の国務大臣

内閣総理大臣以外の国務大臣は，内閣総理大臣により任免され，その過半数は国会議員でなければならない（憲法68条）．

内閣は国会に連帯責任を負うため，閣内の話し合いを経ても他の国務大臣と政見や行政の方針を共有できない国務大臣は職を解くしかない．憲法は，国務大臣の任免がスムーズに行われるように，細かな任免要件や，弾劾裁判のような厳格な手続を設けなかった．

(3) 文民の意義

国務大臣は，「文民」でなければならない（憲法66条2項）．**文民**とは，一般に**現に軍人の身分を持たない者**を言う．軍はその職務の性質上，強いまとまりを持つ組織となり，国民や他の国家機関と異なる価値観を形成しやすい．このため，**軍の最高指揮権は，軍人の身分を持たず，議会や選挙を通じ民主的に統制される文民に委ね，軍を民主的に統制すべきである**（**文民統制**）．憲法の文民条項も，それを実現するためのものと思われる．

ただ，現行憲法は軍の保有を禁じており（憲法9条2項），国民は全て文民のはずである．この点をどう解すべきか．特に，旧日本軍と自衛隊との関係が問題となる．

まず，文民条項を，旧憲法下での軍人の政治支配を反省する規定と捉え，旧日本軍の職業軍人であった者を非文民とする見解があり得る．しかし，当時は，職業軍人も合憲・合法な職業の1つであり，その人数も膨大であることから，その全てを排除するのは過剰との批判があった．

そこで，政府は，「旧陸海軍の職業軍人の経歴を有する者」のうち，「軍国主義思想に深く染まっていると考えられるもの」を非文民としている（2015（平成27）年6月9日，中谷元防衛大臣答弁参照）．この見解には，「軍国主義思想」という内心の基準は曖昧に過ぎるとの批判がある．また，旧日本軍はもはや存

在せず，その組織や組織内の価値観は存在しないことからすれば，旧日本軍の経歴を持っていても，文民と扱うのが適切だろう．

　これに対し，現在の自衛隊は行政組織の1つだが，軍と同様に強いまとまりと強力な実力を持つ．自衛隊については，憲法66条2項の趣旨を及ぼすべきだろう．政府解釈も「自衛官の職にある者」を非文民とする（同上答弁参照）．過去に自衛官だった者については争いがあるが（加藤＝植村・講義188頁），実務では，元自衛官が国務大臣になった例はある．

❹活動形態──閣議

　内閣は会議体であり，その会議によって意思決定する．**内閣の会議を閣議**，**閣議における内閣の決定を閣議決定**と呼ぶ．内閣は，国会に対し連帯責任を負うため，内閣には統一性が必要であり，閣議決定の成立には全会一致が必要である．

■第三款　作用法

　内閣の権能は，憲法第五章「内閣」の65条及び73条にまとめて規定されているが，天皇への助言と承認（憲法3条）や国会の召集（憲法53条）などにも規定がある．以下，それらを整理する．

❶行政（広義の行政）

(1) 行政の意義

　憲法65条は，「行政権は，内閣に属する」と定める．この「行政権」が内閣の権能の中心となるが，ここに言う「行政権」とは何か．

　行政権には，①最広義・②広義・③狭義の3種類の定義がある．**①最広義の行政権**とは，**憲法が内閣に授権した権能全て**を指す．例えば，「内閣は，行政権の行使について，国会に対し連帯して責任を負ふ」（憲法66条3項）との規定は，内閣は全ての権能の行使について国会に責任を負うという意味である．**②広義の行政権**とは，定められた通りに法を執行する受動的な権能に加え，国家の基本計画を立て国政全体をリードする創造的業務や，日々生じる公役務の需

要に対応する裁量性の広い業務を広く含む権能を指し，一般に，**人民支配作用を営む権能から立法権と司法権を除いた権能**と定義される．最後に，**③狭義の行政権**とは，**法律で定められたことを誠実に執行する受動的な権能**を指す．

憲法 65 条に言う「行政権」を最広義の行政権と解すると，この条項は「内閣の権能は，内閣に属する」との循環になり，無意義である．他方，憲法 73 条は，「法律」の「執行」（同 1 項前段）以外にも「一般行政事務」があると規定しており，内閣の行政権が狭義の行政権（法律の執行）に限られないことを示している．このため，憲法 65 条に言う「行政権」は，広義の行政権を指すと理解されている．

(2) 広義の行政と控除説

広義の行政権を，「**人民支配作用から立法・司法を除く**」という**消極的な形で定義する見解を控除説**という．欧州の歴史では，人民支配作用を君主が独占する時代から，立法権は議会に，司法権は裁判所にと移されていった．控除説は，この歴史的経緯にも合致する．

控除説を理解するには，「控除元」に注意が必要である．しばしば，控除説は，「およそ想定されうるあらゆる国家機関の権能」から立法・司法を控除するものと誤解される．しかし，こうした誤解に基づくなら，衆議院の解散権のみならず参議院や最高裁判所の解散権，あるいは，憲法 9 条で消去されたはずの軍事権までもが，「行政権」（憲法 65 条）に含まれることになってしまう．これは背理だろう．

控除説における控除元は，「人民支配作用」を営む権能である（小嶋＝大石・概観 215 頁）．**人民支配作用**とは，**主権者たる国民から負託された国内の支配権能を用い，国内にいる人の行動を規律し，あるいは，強制的に徴収した公的資源を用いて国内の個人や団体に利益を付与する作用**を言う．ここには，他の国家機関や外国に対する作用は含まれない．例えば，衆議院の解散権や外交権などは，「行政権」（憲法 65 条）とは別の権能と考えるべきである（芹沢他・コメ 367 頁）．

広義の行政権を，控除説のような消極的な形ではなく，積極的に説明しようとする見解もある．しかし，広義の行政権には，裁量性の低い受動的な権能から，裁量性・創造性の高い積極的な権能まで様々なものが含まれ，全てを 1

つの定義に包摂しきるのは難しい．このため，広い支持はない．

(3) 広義の行政の具体的な内容

　広義の行政権に含まれる権能は，①執政，②法律の執行（狭義の行政），③それ以外の一般行政事務に分けることができる．これは，憲法73条で列挙された，①「国務」の「総理」（同1号後段），②「法律」の「誠実」な「執行」（同1号前段），③「一般行政事務」（同柱書）に相当する．

　①「国務を総理すること」（憲法73条1号後段）とは，国家全体の基本方針を示して国政をけん引する執政権を指す．この権能の性質について，議会多数派が選挙を通じて支持を得た政策を実現する，受動的なものと捉えるべきとの見解もある（青井＝山本・憲法II・147頁）．しかし，日々新たに生じる政治課題への対応方針の提示や議会の議題設定なども期待されることからすれば，執政権は，受動的な執行権とは異なり，他の国家機関をけん引する能動的権能と理解すべきだろう（大石・概論I・312頁）．

　②憲法は，法律を誠実に執行する狭義の行政権を内閣の業務とした（憲法73条1号前段）．内閣は国会の信任を受けて成立し，その監視を受けることで，その誠実性を担保する．法律の執行についてどの行政部門が管轄するのか，責任の所在を明確にするため，憲法は，主任の国務大臣を定め法律に署名すること，また，内閣総理大臣が連署することを定めた（憲法74条）．

　内閣は，③**必ずしも法律で要件・効果を規定されない公益を実現するための業務**も行う．例えば，道路や橋などの建設や補助金の給付は，必ずしも法律の定める要件・効果に基づき行われるわけではなく，裁量の幅が大きい．こうした国家の公益実現業務を**一般行政事務**と呼ぶ．

　広義の行政権を①執政権，②法律の執行権，③一般行政事務権に分け，別々の機関に担当させることも，制度設計としてはあり得る．しかし，憲法は，これらの権能が相互に関連することから，全てを内閣の権能とした．

(4) 広義の行政のための法規範

　広義の行政権行使には，法律とは別の法規範の設定が必要になる場合がある．そこで，憲法73条6号は，内閣に命令を定める権能を与えた．**命令**とは，**行政機関が定める法規範**をいい，発令主体と内容で区分される．

命令のうち，**君主が制定するものを勅令**，**内閣が制定するものを政令**，**各省庁が制定するものを省令**と呼ぶ．現行憲法は君主制を採用せず，天皇に勅令制定権はないため，勅令は存在し得ない．

命令は，内容により，代行命令・独立命令・執行命令・委任命令の4つに区別される（清宮・憲法Ⅰ・428頁）．**代行命令**とは，**法律と同等の効力を持つ命令**，**独立命令**とは，**法律より効力は劣るが法律の執行・委任と無関係に法律事項を定める命令**である．現行憲法下では，法律事項の決定権（立法権）は国会の専権であり，代行命令・独立命令は憲法41条違反である．

執行命令とは，**憲法・法律の執行方法の細則を定める命令**を言う．憲法73条6号には，「この憲法……の規定を実施するために，政令を制定すること」とあり，法律とは独立に，憲法の規定を直接実施する政令の制定を予定しているようにも思われる．また，憲法は，内閣に法律の執行と区別された「一般行政事務」の権能を与えている．このため，一般行政事務の一般的基準を，法律から独立して政令で定めることが許されるようにも見える．実際，政府は，褒賞授与基準を定める褒賞条例を，法律と無関係の政令の形式で制定している．しかし，褒賞授与基準を含め，一般行政事務の基本原則は法律事項と解すべきであり，憲法を直接執行する政令を定めるのは許されないと考えるのが妥当だろう．

委任命令とは，**法律の委任を受けて，法律事項を含む内容を決定する命令**を言う．現代国家では，日々変化する情勢に対応したり，決定に専門的・技術的知見が必要としたりする事柄が多い．このため，全ての法律事項を国会の法律で決定すべきとは言えず，法律が一定の基準を定め，具体的内容を政令に委任すべき場合もある．そこで，憲法73条6号後段は，委任命令としての政令を予定している．もっとも，法律による委任は，相当程度に具体的かつ明確であることが必要であり，一般的包括的委任を行う法律やそれに基づく政令は憲法41条に反し無効と解すべきである．

❷外交

(1) 外交関係の処理（憲法73条2号）

外交権とは，外国との関係を処理する権能を言う．

国家主権は，あくまでその領域内の主体に対する支配権だから，外国に対しては行使できない．他方，国家は外国との関係を持つ必要があり，それは国内行政と矛盾しないように進める必要がある．そこで，憲法73条2号は，内閣に外交権を授権した．

外交は，国家主権を持つ者どうしの関わり合いであり，対話・交渉と合意に基づき遂行される．

(2) 条約の締結（憲法73条3号）

条約が成立すると，それを遵守する国際法上の義務が発生する．国際協調主義を採用する憲法も，条約の誠実な遵守を要求する（憲法98条2項）．

「条約」の締結には，国会の承認が必要である（憲法73条3号但書）．ここに言う「条約」を外国との文書約束全て（広義の条約）と解すると，国会で審議すべき対象が膨大となり，現実的ではない．また，国会で承認するほどの重要性がない文書約束も多い．

そこで，政府見解では，国会承認が必要な「条約」を，①「法律事項を含む国際約束」，②「財政事項を含む国際約束」，③「わが国と相手国との間あるいは国家間一般の基本的な関係を法的に規定するという意味において政治的に重要な国際約束であって，それゆえに，発効のために批准が要件とされているもの」の3つに限定する（1974（昭和49）年2月20日大平正芳外務大臣答弁）．**批准**とは，**国家元首や議会による条約の最終確認**のことで，批准書の作成によって行われる．日本では，天皇が国事行為として批准書を認証して行う（憲法7条8号）．

①法律事項の決定・②財政事項の承認は国会の権能であること，③国政の重要事項の決定には国民代表が関与すべきであることからすると，この3つの要件は，基本的に妥当と評価できる．この考え方からすると，国政の重要事項を含むものは，批准形式が要求されない場合も，国会承認の対象とすべきと思われる．

296 第4編 統治機構

狭義の条約以外の外国との文書での約束は，行政協定や行政取り決めと呼ばれ，内閣や行政各部の判断で締結される．

❸財政

行政には財政の裏づけが必要であることから，憲法は，内閣に財政に関する諸権能を与えた．

第1に，予算の執行権は「行政権」（憲法65条）に含まれ，法律の執行ないし一般行政事務の一環として行使される．予算も国法上の規範であり，内閣はそれを誠実に遵守すべきである．

第2に，内閣には，予算案を作成する権能がある（憲法86条）．予算案は，国政全体の総合調整の結果であり，予算案の作成は内閣の専権とされる．ただし，予算の承認権は，国会にある（憲法60条）．

国会・裁判所の予算あるいは地方公共団体に対する交付金も，予算案に含める必要がある．それらの機関が十全に活動できるよう，内閣には適切な予算を組む責任がある（杉原・憲法Ⅰ・352頁）．

第3に，予備費の支出も内閣の権能である（憲法87条）．これは，通常の予算執行と異なり，内閣の責任において支出される．

第4に，決算をまとめ国会に報告すること，国の財政状況を報告することも，内閣の権能である（憲法90条・91条）．

財政に関する権能も，他の行政同様に閣議に基づき行使される．ただし，予備費の支出には，国会の承諾が必要となる（憲法87条2項）．また，決算報告には，国会に報告する前に会計検査院の検査が必要である（憲法90条）．

❹他の国家機関に対する権能

行政権の基礎となる「人民支配作用」の「人民」に国家機関は含まれないため，内閣が他の国家機関に対し行使する権能は，行政とは区別して理解されねばならない．

(1) 天皇への助言と承認（憲法3条）

天皇の権能を民主的に統制するため，憲法は，天皇の国事行為は全て内閣の

助言と承認を必要とした（憲法 3 条）．

「助言と承認」とは，事前の助言・事後の承認という 2 つの行為ではなく，閣議に基づく「助言と承認」という 1 つの行為と解すべきであり，実務もそう解している．

国事行為には，それぞれ実質的決定権を持つ機関がある．例えば，法律の公布（憲法 7 条 1 号）は，国会の立法権の行使に基づき決定され，恩赦（憲法 7 条 6 号）は内閣が決定する．内閣の助言と承認は，国事行為の実質的決定権が行使されたことを前提に，天皇に国事行為を行うよう求める形式的・儀礼的行為にすぎない．

(2) 国会の召集（憲法 53 条参照）

国会は会期が設定されないと活動できず，会期外の国会は，自らの召集を含め，能動的に活動できない．このため，国会以外の機関に召集権能を与える必要がある．

憲法 7 条 2 号は，国会召集を天皇の権能とするが，これは形式的・儀礼的権能にすぎない．では，国会召集の実質的決定権の所在はどこにあるのか．臨時会召集の実質的決定権を内閣の権能とする憲法 53 条を類推適用し，常会・特別会の召集も，内閣が実質的決定権を持つと理解すべきだろう（清宮・憲法 I・177 頁）．

内閣は，国会召集を閣議決定し，天皇にその助言と承認を行う．

(3) 国会への議案の提出（憲法 72 条）

内閣には，執政権者として国会に議案を提示し，議論をリードすることが期待されることから，憲法 72 条は内閣に議案の提出権を与えた．ここに言う「議案」に限定はなく，原則として，国会の議決権の対象となる事項全てについて，内閣は議案を提出できると解される．憲法が明示で認める予算案・条約案はもちろん，法律案や決議案も提出可能である．憲法改正発議案については議論があるが，行政経験や行政各部の調査能力などを前提に立案すべき憲法改正案も存在することから，これを認めるのが通説である．

他方，議院自律権を尊重するため，憲法 58 条所定の院内の役員選定，議院規則の制定，国会議員の懲罰については，内閣が議案として提出することは許

されない.

国権の最高機関たる国会に議論を求める以上，内閣のメンバーは，議案提出に際し，その可決を求める意思を明確に一致させておく必要がある．そこで，憲法72条は，内閣総理大臣が内閣を代表する形でのみ，この権能を行使することとした.

(4) 衆議院の解散（憲法69条他）

（ⅰ）解散の要件

憲法は，衆議院の解散を想定する（憲法45条但書参照）．ただ，憲法には，衆議院の解散を天皇の国事行為とする規定（憲法7条3号）があるだけで，その実質的決定権の規定はない.

この点，政府は，国事行為規定たる憲法7条を根拠に，天皇に解散の「助言と承認」を行うことで，内閣が衆議院を解散させることができる，との解釈（7条解散説）を採用している．しかし，先にも述べた通り，天皇の国事行為は形式的・儀礼的行為なもので，それに対する「助言と承認」権能に実質的決定権はない.

あるいは，日本国憲法が議院内閣制を採用していることを根拠に，衆議院の内閣不信任決議権と対応させるため，内閣に衆議院の解散権が与えられるとする見解（制度説）もある（清宮・憲法Ⅰ・235頁）．しかし，議院内閣制において，内閣の解散権が必須要素であるとは言えない．また，仮に必須要素だとすれば，日本国憲法が議院内閣制を採用しているか否かの判断それ自体が，内閣に解散権が付与されているか否かによって決すべき事項となるはずである．これでは，結論の先取りにすぎない.

憲法69条は，衆議院による内閣不信任の場合に，内閣が衆議院解散か総辞職を選択し得る旨を規定している．この文言を素直に読むならば，解散権行使は，内閣不信任の場合に限定すべきだろう（憲法69条限定説）.

しかし，衆議院の解散は，衆議院の構成について国民の審判を仰ぐ制度である．衆議院と内閣の対立以外にも，先の総選挙では主題とならなかった重要な政治的争点が生じた場合や，政権与党の連立の組み換えなどで内閣の基本的性格が変更した場合には，解散総選挙により国民の審判が必要とも思われる．こ

のため，一般的な見解は，内閣不信任の場合以外にも，国民の審判が必要な場合に解散権の行使を認める（憲法69条非限定説）．こうした見解は，憲法69条が内閣に内閣不信任の場合の解散決定権を与えていると解し，国民の審判が必要な場合，類推を認めるものと理解できる．

　もっとも，解散権を含む国会機関の権能は，公共の福祉を実現するために行使すべきものであり，党利党略や国務大臣の私的利益のための解散は当然違憲だとするのが通説である．裁判所は，最大判昭和35年6月8日民集14巻7号1206頁（苫米地事件）にて，解散権行使の合憲性は司法審査の対象としない姿勢をとった．違憲な解散の責任は，その後の総選挙を通じて国民から直接追及されるとする．

（ii）　解散の手続

　解散権の行使を閣議決定した内閣は，憲法7条3号の規定に基づき，天皇に解散の助言と承認を行う．天皇の国事行為としての衆議院解散は，解散詔書の発布の形で行われる．実務では，衆議院議長が解散詔書を読み上げた段階で解散と扱われる．ただし，憲法7条の規定からすると，天皇による解散詔書発布の段階で，衆議院議員は議席を失うはずであり，解散詔書の読み上げは，前衆議院議員たちによる解散の確認と公示の手続にすぎない．たとえ衆議院議長が解散詔書の読み上げを拒否しても解散は成立しており，解散詔書発布後，読み上げ前に議案を処理しても無効と考えるべきだろう．

　解散権の行使により，内閣は選挙のタイミングを決定できてしまう．党利党略・私利私欲で，政権与党に有利なタイミングを選んで解散権が行使される危険は常にある．

　この危険を避けるためには，解散権行使にあたって，内閣総理大臣が内閣を代表して衆議院で解散の理由を説明し，それについて衆議院議員から質疑を受ける機会を設けるべきだろう．危険をゼロにすることはできないが，総選挙に臨む国民は，その質疑応答の様子を見て，解散が合憲・妥当であったか否かを判断しやすくなる．憲法に規定はないが，法律で解散の理由説明手続を規定することは否定されず，むしろ説明責任の観点から望ましいものと言える．

(5) 行政各部の指揮監督（憲法72条）

実際の行政は行政各部（後述）により担われる．内閣の方針の下に基づき，調和した行政を実現するため，内閣は，行政各部を指揮監督する権能を持つ（憲法72条）．

行政各部は，それぞれの部局を担当する国務大臣・副大臣・政務官や事務次官・局長・部長といった責任者の指揮監督の下，通常の業務を進める．それが内閣の方針と調和している場合には，内閣による逐一の指揮監督が必要になるわけではない．

行政各部の指揮監督は，内閣の明確な方針の下に行われるべきであることから，憲法72条は，内閣総理大臣が「内閣を代表して」行使するものとした．これを受け，内閣法6条は，「内閣総理大臣は，閣議にかけて決定した方針に基いて，行政各部を指揮監督する」と定める．

(6) 官吏に関する事務（憲法73条4号）

大日本帝国憲法10条は，「天皇ハ行政各部ノ官制及文武官ノ俸給ヲ定メ及文武官ヲ任免ス」と定めていた．「官制」とは，官庁の組織・定員や文武官の任免基準を定める勅令のことであり，行政各部を構成する公務員の任免は，その基準も含め天皇大権とされていた．

これに対し，日本国憲法73条4号は，「官吏に関する事務を掌理すること」を内閣の権能とした．ここに言う「官吏」とは，内閣の指揮監督下にある行政各部の職員（国家公務員）を言うと解され，国会・裁判所の事務官や地方公共団体の職員（地方公務員）は含まれない．「官吏に関する事務」には，その任免や俸給の決定，懲戒・分限の判断などが含まれる．

また，「官吏に関する事務」は「法律の定める基準」（憲法73条4号）に従って行う．

もっとも，国家公務員の任免や処分など全ての事務を内閣が直接行う必要まではなく，法律で任命権者を設定してもよい．現行法では，各省庁の長が任命権者とされている（国家公務員法55条）．任命権者が内閣の意思に反して任免することは憲法73条4号違反となり，許されない．内閣は，必要があれば，各任命権者に対し任免に関する指揮監督を行うことができる．

(7) 裁判官の指名・任命（憲法6条2項・79条・80条）

　裁判官は，政治部門からの独立が要求される．他方で，国民主権原理の下では，少なくとも間接的には主権者国民によって任命される必要がある．そこで，憲法は，裁判官の指名・任命を内閣の権能とした．

　最高裁長官は内閣の指名により天皇が任命し（憲法6条2項），最高裁判所の長官以外の裁判官と下級裁判所の裁判官は内閣が任命する（憲法79条1項，80条1項）．

　最高裁長官の指名・最高裁判事の任命について，憲法は特に必要な手続を定めていない．ただし，最高裁判事は，任命後に，最初の衆議院議員総選挙に際し国民審査を受ける（憲法79条2項）．国民審査は，裁判官自身の能力や適正の審査とともに，内閣の任命行為の事後的な審査手続でもあると解される（芦部・憲法361-362頁）．

　下級裁判所の裁判官の任命は，「最高裁判所の指名した者の名簿」による（憲法80条1項）．内閣が最高裁の指名を拒否できるかについては議論がある．司法の独立を守る観点からすると，内閣の任命権は形式的なもので，任命にあたり審査できるのは，裁判官候補の法律上の資格要件など形式上の瑕疵の有無に限られると解すべきだろう．

(8) 恩赦

　恩赦とは，**司法手続によらず，刑事罰の全部又は一部を消滅させることを言う**．司法権の効果を消滅させる点で，司法作用としての性質を，法律に規定された刑罰や公訴権を消滅させる点で，消極的な立法作用としての性質を持つ．

　ある時点では犯罪とされていた行為が，価値観や社会状況の変化により非犯罪化されることはある．それにともない，過去の有罪判決による刑罰を消滅させた方がよい場合もある．典型的には，裁判所が刑事法に違憲判決を出した場合，その法律に基づいて有罪判決を受けた者には恩赦を与えるべきだろう．

　憲法73条7号は恩赦を内閣の権能とし，恩赦の種類として「大赦，特赦，減刑，刑の執行の免除及び復権」を挙げる．**大赦**とは，**政令で定められた要件に基づき，一律に有罪言渡及び公訴権を消滅させること**，**特赦**とは，**特定の有罪言渡を消滅させること**，**減刑**とは，**政令で定められた要件に基づき刑を減じるこ**

と，刑の執行免除は，刑の執行を免除することを言う．復権は，有罪言渡により喪失した資格を回復することを言う．

恩赦権の行使は，司法権・立法権への介入であり，相応の理由がないと許されないと解すべきである．しかし，実際には，1952（昭和27）年4月28日のサンフランシスコ講和条約発効の日や，1972（昭和47）年5月15日の沖縄返還に際し，選挙違反者に対する大量の恩赦が行われており，公正性に疑義が出されている．

恩赦権の行使について，憲法は特に手続を定めていない．これも，不透明な恩赦権の行使につながっている．立法論的には，憲法を改正し，恩赦権に厳格な要件や手続を求めることも考えられよう．

恩赦を決定した場合，内閣は，天皇に助言と承認を行い，国事行為として恩赦の認証を求める（憲法7条6号）．

❺ 軍事権のカテゴリカルな消去

(1) 軍事権のカテゴリカルな消去

他の主権国家に対し，その主権を尊重せず，実力を行使する作用を軍事作用と言う．軍事は，次のような点で，行政・外交と性質を異にする．まず，行政（広義の行政）は，主権を背景に領域内の国民を支配する作用であるのに対し，軍事は，主権による基礎づけがなく，実力のみに依拠して相手国を制圧する作用である．また，外交は，互いの主権を尊重し合意に基づき行われる作用であるのに対し，軍事は，相手国の合意なしに遂行される．

大日本帝国憲法は，軍の設置を想定しており，軍事に関する権能を天皇大権としていた．軍事権は，軍を組織し編成する軍政権と（大日本帝国憲法12条），軍に命令を出し，実際の軍事活動を統帥する軍令権（統帥権とも言う）からなった（同11条）．

他方，日本国憲法は，軍の組織編成を認めていない（憲法9条2項）．このため，内閣を含め，いかなる国家機関の権能にも，軍事権が含まれていない（軍事権のカテゴリカルな消去）．

立憲的意味の憲法であるならば，軍を保有しようとする場合，軍事権行使に

関する手続や責任者・海外派兵の議会同意権などの規定を置き統制する．これに対して，日本国憲法は，軍事権をカテゴリカルに消去したため，それらの規定を一切欠いており，無理に軍を創設すれば，憲法上の統制ができなくなる．2014 年〜2015 年の集団的自衛権の行使容認にも，そのおそれがある．

軍事作用を担う組織を創設しようとするなら，憲法改正を通じ，主権者国民がその意思を示す必要がある．その際には，軍を統制するための責任や手続などの規定の整備も必須である．

(2) 自衛隊の位置づけ

自国の主権の及ぶ範囲で，治安を維持し，侵略を防ぐために実力を行使することは，行政権の範囲内にある．従って，そのための行政各部を組織し，実力を行使することは，軍事権のカテゴリカルな消去（憲法 9 条 2 項）の趣旨に反しない．

政府は，自衛隊を「行政各部」（憲法 72 条）の 1 つと位置づけ，自衛隊の防衛出動（自衛隊法 76 条）は「一般行政事務」（憲法 73 条柱書）に含まれるとする（1986（昭和 61）年 5 月 20 日加藤紘一防衛庁長官答弁等参照）．

また，軍事作用とされる実力行使の対象は他の主権国家であり，海賊や犯罪者などを対象にした実力行使は，軍事作用ではない．このため，国際法に基づき公海上の海賊に実力を行使したり，あるいは，その国の同意や要請に基づき，犯罪やテロを抑圧するための警察活動に協力したりすることは，警察行政又は外交の範囲に含まれると解される．このような考え方に基づき，自衛隊が，国外での海賊対策や国連 PKO 活動に参加する場合がある．

これに対し，日本国自身が武力攻撃を受けていない段階での集団的自衛権の行使は，軍事作用に含まれると言わざるを得ない．集団的自衛権の行使容認は，憲法 9 条のみならず，内閣の権能の観点からも違憲と評価すべきだろう．

■第四款　統制法

内閣の権能は強大で，活動範囲も多岐にわたるため，内閣に対しては様々な統制法が用意されている．

❶国民による統制

憲法は，国民の知る権利を保障し，メディアの報道の自由も手厚く保障する．国民が内閣を監視するため，政府の行政活動の内容は，知る権利の最重要な対象の1つとされる．また，近年急速に整備された情報公開制度は，国民が直接，政府から情報を得る重要な手段となっている．

❷国会による統制

内閣の監視は，国会の重要な責務の1つである．国会は，質問権（憲法63条）や議院の国政調査権（憲法62条）により，政府の情報を獲得し監視を行う．また，衆議院は，内閣の政治方針が国民のためにならないと判断したときや，内閣が行政を担当する資質を欠くと判断した場合は，内閣不信任決議（憲法69条）を用い，内閣総辞職を求めなければならない．

❸裁判所による統制

法律は内閣の決定や命令に優位するため，政府が行政作用を営む際には，関連する法律の規定を遵守しなければならない．政府が違法行為をした場合には，法律が司法的救済を認めているならば，裁判所はその権能を行使しなければならない．

裁判所の違憲審査権は，行政に対しても及ぶ（憲法81条参照）．多くの場合，行政作用には法律上の根拠や授権があるので，違憲審査の対象もそれらの法律となる．根拠法が違憲無効と判断された場合，それに基づく行政は「それ自体が違憲」という理由ではなく，「根拠法がない」という理由で無効とされる．これに対して，法律の根拠なしに行われた違憲な行政があった場合には，行政活動が直接違憲の評価を受けることもあり得る．

❹会計検査院による統制

内閣は，巨大な予算の執行権と，国の財産の管理権を持つ．これを統制するには，内閣から独立した会計の専門機関が必要である．そこで，憲法90条は，会計検査院を設置することとし，内閣の予算執行の結果である「国の収入支出

の決算」を検査することとした.

❺ 地方公共団体による統制

　地方公共団体は，中央政府との関係では，地域の住民の声をまとめ，届ける役割を期待される．内閣が，住民の自由や利益を不当に害する行政を行おうとする場合には，地方公共団体は，住民の意思を内閣に伝え，その是正を求めるべきだろう.

　また，内閣とそれが率いる中央の行政各部だけで完結する行政はさほどなく，多くの行政は，地方公共団体の協力により実現される．地方公共団体は，内閣に協力するにあたり，地域の事情や住民の意思を踏まえ，行政がより適切なものになるよう努力する責任を負う．これも内閣の行政権に対する統制の１つだと理解できる.

■第五款　内閣以外の行政組織

❶ 行政各部

　内閣の膨大な担当業務を遂行するため，憲法は，内閣の下に「行政各部」を設けることとした（憲法72条参照）.**行政各部**とは，**内閣の指揮監督（憲法72条）の下に，（最広義の）行政を実現する官僚機構**を言う．具体的には，財務省や文部科学省，消費者庁などの省庁を指し，その構成員は国家公務員と呼ばれる．先述したように，自衛隊も，行政各部の１つである.

　内閣と行政各部を合わせた行政組織全体を**政府**と言う．政府は，地方政府たる地方公共団体と対比して，「中央政府」または「国」と呼ばれることもある.

❷ 独立行政委員会

　内閣から独立して行政を行うことを職務とする委員会を**独立行政委員会**又は行政委員会と言う．人事院，公正取引委員会，公害等調整委員会，中央労働委員会などがその例である．独立行政委員会は法律で業務の独立性が認められている．ただし，内閣は，委員長・委員の任命権を持ち，予算執行にも一定の権能を持つ.

独立行政委員会の設置については，「行政権」は内閣とその指揮監督下にある行政各部により行使されねばならないと定める憲法65条との関係が問題となり得る．しかし，違憲説はさほど強くない．

なぜなら，行政の中には政治勢力からの中立性が求められる権能があるからである．例えば，人事院は，国家公務員の労働基本権を制限する代償として，国家公務員の利益を保護するために設置された．議会多数派や内閣が国家公務員の雇用条件を不当に切り下げようとしたときに，人事院が適切に異議を示すには，内閣からの独立性が不可欠だろう．

もちろん，統制法の面から考えたとき，独立行政委員会が民主的コントロールを全く受けないとすれば問題である．しかし，現行法では，国会が人事の同意などを通じて，独立行政委員会に一定のコントロールを及ぼす仕組みが採用されている．

形式的に考えても，憲法は独立行政委員会の設置を認めていると解される．憲法41条は国会を「唯一の」立法機関とし，憲法76条は「すべて」司法権は裁判所に属すると規定するが，憲法65条は行政権の帰属について，そうした強い限定の文言を採用していない（青井＝山本・憲法II・155頁）．

以上の論拠から，独立行政委員会の設置は，①職務の性質上，内閣からの独立性が要求され，②国会がコントロールの機会を持つ場合には，違憲と評価すべきではないと解される．

❸国立の学術機関

学術機関を国が設置している場合がある．その運営や研究職の研究は，定義上は「行政権」（憲法65条）の一部となる．しかし，憲法23条の学問の自由によって，その独立性が保障される．国立大学の場合には，憲法23条で大学の自治が保障される．大学以外の国立の研究所等についても，研究や研究者人事について自律性が保障されるべきだろう．

大学以外の独立した学術機関としては，日本学術会議が挙げられる．日本学術会議は，形式的には行政機関でありながら，内閣から独立して職務を行うと定められている（日本学術会議法3条）．

❹会計検査院

　国家の会計検査も「行政権」（憲法 65 条）の一部だが，内閣に対する会計統制は，内閣から独立した機関でないとできない．そこで，憲法 90 条 1 項は「国の収入支出の決算は，すべて毎年会計検査院がこれを検査し，内閣は，次の年度に，その検査報告とともに，これを国会に提出しなければならない」と定め，会計検査院を設置した．

　憲法 90 条 2 項は「会計検査院の組織及び権限は，法律でこれを定める」として，会計検査院に関する詳細を法律事項としている．憲法 90 条の趣旨からすると，会計検査院を内閣に完全に従属させたり，決算審査に必要な権能を十分に与えなかったりする法律は，同条に反すると解される．

　現在の会計検査院法は，会計検査院を内閣から独立の組織とし（同 1 条），会計検査官は両議院の同意の下で内閣が任命するとする（同 4 条 1 項）．検査官は，その意に反し罷免されない身分保障を受ける（同 8 条）．また，会計検査院は，会計検査に関し規則を制定する権能も与えられている（同 38 条）．これらは，憲法 90 条の趣旨を受けたものと言える．

308　第4編　統治機構

■ 第5節　裁判所

■第一款　設置の趣旨

❶法の支配と法律上の争訟

　法の支配の下では，国家権力は事前に公示された明確な法に基づいて行使される．法には明確性が求められるので，多くの事例では，法の内容に争いが生じることはない．例えば，消費税率は 10% と定められているので（消費税法 29条・地方税法 72条ノ 83），100 円のものを購入したときに払うべき消費税の額が「10 円」であることについて，事業者・消費者・税務署の間に争いは生じないだろう．

　しかし，法適用の前提となる事実認識が一致しないことはある．また，どんなに明確に法文を書いたつもりでも，現実世界は複雑性であふれており，その解釈や適用の仕方に争いが生じることは避けられない．特に，法的な権利義務の有無について争いが生じると，権利が実現されなかったり，義務のないことを強制されたりと，深刻な事態が生じる．こうした**法的な権利義務の有無に関する争いを，法律上の争訟**という．

　法律上の争訟を裁断するため，憲法は裁判所を設置した．

❷法律上の争訟の状況

　法律上の争訟が生じるということは，当事者の間で法適用の理解が異なるということであり，少なくとも当事者の間では法の支配の理念は貫徹していない．そうした状況下での裁断権能行使には，大変な緊張を伴うことに注意が必要である．

　国会が立法権を行使する時には，直接に当事者を対象とすることはない．行政権を行使する時には，法により統制される．これに対して，裁判所は，法による統制ができていない状況下で，当事者を相手に権能を行使する．裁判官は，やろうと思えば，自分の好みや邪心に従った判決を書けてしまうだろう．裁判所の裁断が，そうしたむき出しの「人の支配」にならないようにするため，裁

判官には，真摯かつ精密に事実を認定し，当事者や法律家共同体の構成員から「それこそが正しい法解釈・適用である」と認められるような判断をすることが求められる．

■第二款　組織法

❶組織の地位──裁判所の独立

憲法76条3項は「すべて裁判官は，その良心に従ひ独立してその職権を行ひ，この憲法及び法律にのみ拘束される」と定める．

公平な裁判を実現するためには，裁判官は，あらゆるものから独立して職権を行う必要がある（裁判官の独立）．裁判官の職務は法を基準として行われるのであって，国家権力を持つ国会議員や政府，巨大な経済力を持つ営利法人，社会的権力を持つマスメディアや宗教団体などの意向や圧力を基準としてはならない．

裁判官の独立を守るためには，裁判官の組織する裁判所の独立も守られなければならない．したがって，憲法76条3項は，裁判官のみならず，裁判所の独立も保障していると解すべきである．

❷組織形態──最高裁判所と下級裁判所

裁判所は，「最高裁判所及び法律の定めるところにより設置する下級裁判所」により構成される（憲法76条1項）．また，「特別裁判所は，これを設置することができない」（同2項）．**特別裁判所とは，最高裁判所以下の通常裁判所の系列に属さず，その判断に対し最高裁判所に上訴する手続のない裁判所**を言う．特別な事件だけを扱う下級審裁判所を設置しても，最高裁への上訴手続が確保されているならば，同項には違反しない．最大判昭和31年5月30日刑集10巻5号756頁は，家庭裁判所も通常裁判所の系列に属するものであり，その設置や裁判は違憲ではないとした．

憲法が，例外として特別裁判所の設置を認める場合が2つある．まず，議員の資格争訟の裁判は各議院で行われる（憲法55条）．また，裁判官弾劾のための弾劾裁判所は国会内に設置される（憲法64条）．これらの裁判は，最高裁

310　第4編　統治機構

判所への上訴はできない.

❸構成員——裁判官と裁判員

(1) 裁判官

(i)　任命と任期

　最高裁長官は, 内閣の指名により天皇が任命する (憲法6条2項). また, 最高裁判所の長官以外の裁判官と下級裁判所の裁判官は内閣が任命する (憲法79条1項, 80条1項). 下級裁判所の裁判官の任命は,「最高裁判所の指名した者の名簿」による (憲法80条1項).

　最高裁判所の裁判官に任期はないが, 法律で定年が定められる (憲法79条5項). 任命後最初の衆議院議員総選挙において国民審査を受け, それから10年経過すると, 再度, 国民審査を受けなければならない (憲法79条2項).

　下級裁判所の裁判官の任期は10年で, 再任され得る (憲法80条). 再任時の指名権・任命権の行使に自由裁量が認められるとすれば, 裁判官の身分保障は著しく弱くなる. そこで通説は, 一度任命された裁判官の再指名・再任を拒否することは特別な事情がない限り許されないとする (清宮・憲法Ⅰ・356頁). 再指名・再任を拒否できる事由としては, 裁判官資格の喪失・罷免に相当する事由の存在などが挙げられる.

　任期の規定があるのは, 法曹一元制 (一定の任期ごとに弁護士の中から裁判官を登用し, 任期を終えた裁判官は再び弁護士となる制度) の選択肢を可能にするためである. 憲法に任期規定がなければ, 裁判官の職を解くことができず, 法曹一元制は採用しにくい. 法曹一元制が採用された場合には,「法曹一元制の運用のため」という理由が再指名・再任を拒否する特別な事情になると解される.

(ii)　身分保障

　裁判官の独立には, 報酬の減額や罷免を通じた圧力からの保護が必要である. そこで, 憲法は, 裁判官に「定期に相当額の報酬を受ける」特権を保障し, また,「この報酬は, 在任中, これを減額することができない」と, 他の公務員よりも手厚い報酬保障を規定している (憲法79条6項・80条2項).

　また, 裁判官の罷免も限定される. 裁判官は, 裁判所の裁判で「心身の故障

のために職務を執ることができないと決定された場合」及び，弾劾裁判所による「公の弾劾」でなければ罷免されない（憲法78条）．最高裁判所の裁判官は，これらに加え，国民審査によって罷免される場合がある（憲法79条2項・3項）．

　これらの規定の帰結として，裁判官に対する懲戒は極めて限定される．一般の公務員に対しては，公務員組織の規律を維持するため，免職・停職・減給・戒告の懲戒処分がなされ得る（国家公務員法82条参照）．これに対し，裁判官に対する免職及び部分的罷免である停職は，弾劾裁判以外の場合は許されない．また，減給処分は，報酬減額の禁止に違反するため，許されない．裁判官に対する懲戒は，戒告及び1万円以下の過料に限定されている（裁判官分限法2条）．

(iii)　職権の独立

　裁判官は，憲法に基づき職権の独立を保障される（憲法76条3項）．

　裁判官の独立には，2つの意義が含まれると解されている．第1は，裁判所外の権力からの独立である．裁判官は，国会や内閣の国家権力や政党・営利企業・宗教団体などの社会的な権力から独立して職務を行わねばならない．第2は，他の裁判所や裁判官からの独立である．裁判官は事件を判断するにあたって，厳格な手続的制約の下に置かれている．たとえ最高裁長官でも，担当していない事件について他の裁判官の職権に介入してはならない．

(iv)　裁判官の良心

　その事例に法をどう適用すべきかが誰の目にも明らかなケースであれば，裁判官は，良心のあり様を深く考えるまでもなく，単に法に従えばよいだろう．しかし，裁判官が取り扱うケースは，少なくとも当事者の間に何らかの不一致がある．単に「法に従え」との規範を示しただけでは，裁判官は当事者の紛争を裁断できない．そこで，憲法76条3項は，裁判官が職権を行う場合には「その良心」に従わなくてはならないと定めた．

　では，「良心」とは何か．最大判昭和23年11月17日刑集2巻12号1565頁は，「裁判官が有形無形の外部の圧力乃至誘惑に屈しないで自己内心の良識と道徳観に従う」という意味だとする．しかし，この説明は，良心を良識・道徳観と言い換えているだけで，トートロジーにすぎない．

　「良心」の理解について，学説では，主観的良心説と客観的良心説との対立

があったとされる.「主観的良心」とは,個人の主観的な価値観のこと,「客観的良心」とは,法に従う意思を指す.しかし,いずれの理解にも問題がある.主観的良心に従った権力行使は恣意的であり,典型的な人の支配となってしまう.他方,あるべき法適用の理解が一致しない場面では,法(=客観的良心)に従えと言っても意味がない.

「良心」とは何かを考える上で重要なのは,裁判官は,法の支配が崩壊しかねない状況で職務を行っているという認識である.裁判官に求められる「良心」とは,そのことを自覚し,それでもなお法に基づく判断と評価し得る裁断を生もうとする姿勢を言うと理解すべきではないか.

この点,法適用に関する判断は,事実認定・法的判断の二段階からなり,いずれの段階でも不一致が生じ得る.事実認定にあたっては,丁寧な証拠の吟味や詳細な推論の説明が要求される.他方で,法的判断にあたっては,①法文の文理解釈の帰結,②憲法や他の法律の条項との体系的整合性,③過去の判例・権威ある学説・評価の高い政府解釈などとの無矛盾性などを尊重する必要がある.

司法権が行使される状況では,裁判官がいかなる判断をしても,それが受け入れられる保証はない.このことを指して,「裁判は暗闇への跳躍だ」と表現される.しかし,優れた司法判断がなされると,それまでの争いの存在が不思議に感じられるくらいに,当事者や法律家共同体の中で自然に受け入れられるのも事実である.司法は,暗闇の中で新しい判断を生む創造的な作用でありながら,それが巧みであればあるほど非創造的に見えるという,不思議な作用である.

裁判官の職務が困難を極めるのは,法の内容が明確に見えても,それが明らかに良識や道徳に反する場合である.例えば,「政府が必要と考えるならば,拷問をしてもよい」と憲法と法律が改正されたとしよう.人の心のある裁判官であれば,それを法と扱うことを躊躇するだろう.こうした場面では,通常の法解釈を越えて,人としていかに生きるか,いかに行動すべきかを,その理由に照らして吟味する必要がある.裁判官の良心の規範は,そうした作業を行うことをも求めている(長谷部恭男「裁判官の良心・再訪」同『憲法の円環』岩波書店,

2013 年所収).

(2) 裁判員

抽選で選ばれた一般国民が司法に参加する制度は，諸外国に広くみられる．こうした制度には，英米法系の**国民から選ばれた陪審員だけで「陪審」を構成し，事実認定を担当する制度**（陪審制）と，大陸法系の**国民から選ばれた参審員が裁判官とともに法廷を構成し，その合議で司法権を行使する制度**（参審制）とがある．

日本では長らく，法廷を裁判官のみで構成し，国民の司法参加の制度を設けてこなかった．しかし，2004 年に「裁判員の参加する刑事裁判に関する法律」が制定され，重大な刑事訴訟について裁判員制度が導入された．

制度導入の目的は，「司法に対する国民の理解の増進とその信頼の向上」とされている（同法 1 条）．この文言には，従来の制度の問題点は「刑事司法そのもの」ではなく，それに対する「国民の理解」だったという認識が示されている．

しかし，国民の理解だけの問題なのなら，広報を充実させればよいはずである．抽選で選ばれた人に裁判員になる義務を課すことを正当化したいのなら，国民と裁判官との間に乖離があり，その改善には，国民一般の感覚を考慮するような制度改革が必要だった，と説明すべきだろう（毛利他・憲法 I・297 頁）．

裁判員制度は，①憲法の司法権に関する規定との関係，②裁判員裁判を受ける被告人の権利，③裁判員となる国民の権利の 3 つの観点から吟味を要する．

①について，前掲最大判平成 23 年 11 月 16 日刑集 65 巻 8 号 1285 頁は，裁判を受ける権利を規定する憲法 32 条・37 条が「裁判官による裁判」ではなく「裁判所による裁判」・「裁判所における裁判」と規定していることから，「憲法上国民の司法参加がおよそ禁じられていると解すべき理由はな」いとした．もっとも，仮に憲法が「裁判官による裁判」を保障していると解したとしても，現行法では，裁判員の関与は第一審のみで，最終的には裁判官のみの法廷で判決が出されるため，違憲とはならないだろう．

また，この判決は，②裁判員を含む裁判も「憲法が定める刑事裁判の諸原則を確保」できるため被告人の権利は侵害されず，③相当な理由があれば柔軟に

314　第4編　統治機構

辞退が認められることから裁判員になる国民の権利の侵害もないとした．しかし，②被告人の「迅速な裁判を受ける権利」，③裁判員の「意に反する苦役」との関係で疑問がある（第7章第1節第一款，第2節第二款参照）．

❹活動形態——裁判

　裁判所は，「裁判」を通じて活動する．現在の法律では，「裁判」は，口頭弁論を含む対審手続を経て出される「判決」，口頭弁論を含まなくてもよい手続で出される「決定」，裁判官による裁判である「命令」の3種類に区分されている．

■第三款　作用法

　裁判所は，法の領域において法律上の争訟を裁断する作用のみを担う．国会や内閣のように，国家の政治プログラムの創設に関与し，執政やその統制の作用を担うことはない．

❶司法

(1) 権能の内容

　法律上の権利義務に関して争いがあると，法が人々の行動を整序する機能を果たせなくなる．このような場面では，当事者の紛争を裁断し，終局的に解決する権力作用が必要となる．そこで，憲法76条1項は「すべて司法権は，最高裁判所及び法律の定めるところにより設置する下級裁判所に属する」と定めた．**司法権**とは，**法律上の争訟を裁断する権能**を言う．先述したように**法律上の争訟**とは，**法律上の権利義務の有無に関する当事者間の紛争**と定義される．具体的な争訟ないし（純然たる）訴訟事件とも言う．

　また，憲法32条は，裁判を受ける権利を保障した．この権利は，法律上の争訟の当事者が裁判所による司法判断を求める権利であり，憲法76条1項の内容を国民の権利として規定したものとも理解できる．

(2) 権能行使の手続

　立法権や行政権は，国会・内閣が自律的に行使するのに対し，司法権は，当

事者の訴えを受け，それに対し裁判を示すことで行使される．当事者の訴えが
ないと，法律上の争訟が生じているか否かを判断できないからである．

裁判とは，広義では裁判所の判断一般を言う．これに対し，**狭義では法律上
の争訟を裁断する裁判所の決定**を言う．憲法 82 条 1 項は「裁判の対審及び判
決は，公開法廷でこれを行ふ」と定める．ここに言う「裁判」は狭義の裁判を
指し，法律上の争訟の裁断は対審・判決・公開の三要素を含む手続を経て行う
べきことを定める．

対審とは，**裁判官の面前で行われる事件の審理と当事者の弁論**を言う．対審
において，裁判所は中立公正であることが要求され，訴訟上の主張・立証は当
事者の主導で進められねばならない．**判決**とは，**裁判所による終局的な判断**を
言う．判断主体が裁判所ではない場合や，いつでも覆せる判断をした場合には，
判決にはならない．**公開**とは，**誰もが傍聴する可能性を与えられること**を言う．
必ずしも希望者全員を傍聴させる必要はないとされ，傍聴が抽選になる場合も
ある．もっとも，極端に傍聴席を狭くするなどの措置は，憲法 82 条 1 項の趣
旨に反する．公開の対象は対審と判決であり，訴状の提出や訴訟進行の整理，
裁判官の評議や判決の起案などは含まれない．

憲法 82 条 1 項の公開の要請には例外があり，「裁判所が，裁判官の全員一
致で，公の秩序又は善良の風俗を害する虞があると決した場合には，対審は，
公開しないでこれを行ふことができる」（同 2 項）．ただし，「政治犯罪，出版
に関する犯罪又はこの憲法第三章で保障する国民の権利が問題となつてゐる事
件の対審」は公開必須である（同但書）．

上記以外の訴訟手続の内容は，裁判を受ける権利（憲法 32 条）を具体化する
ものであり，法律事項と解される．他方で，憲法 77 条 1 項は，「最高裁判所
は，訴訟に関する手続」「について，規則を定める権限を有する」と規定する．
通説は，訴訟手続の原理や大枠は法律で定め，詳細な内容は最高裁規則で定め
るべきとする．

司法権の行使に関する憲法上の要請は厳格だが，証人保護などのための工夫
を禁じるものではない．最一判平成 17 年 4 月 14 日刑集 59 巻 3 号 259 頁は，
被害者の尋問におけるビデオリンク方式，証人の遮蔽措置について，審理自体

は公開されていることから，公開原則を定める憲法 82 条には違反せず，被告人自ら質問でき，弁護人が証人の供述態度を確認できることから憲法 37 条 2 項前段にも違反しないとした．

❷司法の限界

司法権には限界がある．まず，**法律上の争訟以外の争いは対象にできない**（**司法権の内在的限界**）．また，**法律上の争訟であっても，特別な理由で司法権の対象にすべきでない争訟もある**（**司法権の外在的限界**）．以下，整理しておこう．

(1) 司法権の内在的限界

（i） 主観訴訟の原則

法は，全ての人に開かれた公共的利益を実現するために存在する．したがって，法は必ずしも人々の権利・義務を規定しているとは限らない．例えば，憲法 9 条の戦争放棄は，国際平和の実現という公共的価値を実現するためのもので，戦争放棄を求める国民の権利を保障したものではないとされる．公共的利益は，個人の主観的利益と区別され客観的公益と呼ばれることがある．**客観的公益を実現するための法**は**客観法**と呼ばれる．全ての法には客観法としての側面がある．これに対し，**個人や法人など法的意思の主体の権利・義務を規定した法を主観法**という（第 7 章第 1 節第二款❹参照）．

主観法に規定された主観的権利・義務の有無に関する争いを主観訴訟という．司法権の定義からして，その対象は原則として主観訴訟に限られる．裁判所が主観訴訟の裁断を拒否することは，当事者の裁判を受ける権利（憲法 32 条）の侵害となり許されない．

もっとも，直接に権利・義務の有無を争う訴訟でなくとも，法律上の争訟の解決に資する事実関係（証書の真否等）や過去の法律関係（遺言や株主総会決議の有効性）を争う訴訟も，主観訴訟として司法権の対象となる．

（ii） 非法的紛争

当然のことながら，法と関係のない紛争は司法権の対象とならない．例えば，「野球のボール／ストライクの判定」や「どちらの絵画がより美しいか」，「2 つの学術論文のうちどちらがより学問的に優れているか」といった事柄に関す

る争いは，裁判所にその裁断を求めることはできない．

(iii) 客観訴訟

客観法に関する争いは，厳密には訴訟事件ではないが，一般に**客観訴訟**と呼ばれる．

客観法の内容に関する争いとしては，国務大臣同士の権能の帰属に関する争いや，ある公職の選挙が憲法・法律の規定に従い合憲・適法に実施されたかに関する争い，それを適用する具体的事件が生じていない段階での法律の憲法適合性に関する争いなどが挙げられる．

客観訴訟は法律上の争訟ではないので，原則として裁判以外の方法により裁断される．例えば，国務大臣同士の権限争議は，行政全体の調整を担う内閣が裁断すべきだろう（憲法 65 条参照）．内閣法 7 条も「主任の大臣の間における権限についての疑義は，内閣総理大臣が，閣議にかけて，これを裁定する」と定める．

もっとも，客観訴訟のうち，主張の対立する主体が存在し，公開法廷での対審・判決というプロセスになじむものであれば，裁判所に客観訴訟を裁断させる仕組みを法律で設けることも違憲ではないとされる．現行法では，住民訴訟（地方自治法 242 条ノ 2 以下），地方公共団体に関わる機関訴訟（地方自治法 176 条 7 項，同法 251 条ノ 5 以下等参照），選挙訴訟（公職選挙法 203 条，204 条）などが定められている．

(iv) 非訟事件

法律上の争訟は，法的権利義務の有無に関する争いである．この争いは，権利・義務が現に存在している／いないことを確認することで裁断される．これに対し，夫婦の同居義務など抽象的な権利・義務の存在を前提に，どこでどう同居するかなどの具体的な内容を決定したり，意思能力が不十分な者の後見人を選任したりするなど，裁判所に**将来に向けた権利・義務の内容の画定，あるいは法律関係の形成を求める事件を非訟事件**という．

非訟事件の処理は行政処分の一種であるが，これを法律で裁判所の権能とすることも禁じられないとされる．また，非訟事件の処理では，法律上の争訟の裁断に要求される厳密な訴訟手続によらなくてもよい，とされる．学説上，そ

の明確な理由が解明されているとは言い難いが（安念潤司「司法権の概念」『憲法の争点［第3版］』1999年参照），行政権は必ずしも内閣に独占させる必要がない一方，非訟事件は訴訟事件と関連が強く，その処理に第三者性が要求されるため，裁判所に委ねた方が適切な処理ができるから，と理解すべきだろう．

(v) 裁量問題

立法と行政を担う機関に与えられた合憲・合法な選択肢の幅のことを**立法裁量・行政裁量**という．裁量内の選択肢は，定義上，全て合憲・合法だが，政策的な効果や必要な財政出動の量などに大きな差異があるため，当・不当の評価は問題となる．もっとも，裁量内の選択の当・不当に関する争いは法律上の争訟ではないため，司法権の対象にはならない．不当な裁量行使は，民主的な政治過程の中で是正すべきである．

(2) 司法権の外在的限界

司法権の外在的限界には，以下のようなものがある．

(i) 統治行為

統治行為とは，**国家統治の基本に関する高度に政治性を持つ国家行為**を言う．「高度に政治性を持つ」とは，国民が広く正統性を認めなければ，国家統治の基本を危うくするという含意をもつ．裁判所は法的判断について高い専門性を有する一方で，国民主権原理に基づく正統性調達機能に長けているわけではない．このため，**統治行為に関しては，たとえ法律上の争訟であったとしても，その合憲性・適法性の判断を，主権者国民に直接選ばれる国会議員やその信任を受けた内閣に委ね，裁判所は司法判断を行わないのが適切だと言われる**（**統治行為論**）．

前掲最大判昭和35年6月8日民集14巻7号1206頁（苫米地事件）は，「直接国家統治の基本に関する高度に政治性のある国家行為」に関する争いは，法律上の争訟だったとしても司法権の対象外とし，衆議院の解散は高度に政治性のある国家行為に該当し司法権の対象にならないとした．

他方，前掲最大判昭和34年12月16日刑集13巻13号3225頁（砂川事件）は，日米安保条約は「わが国の存立の基礎に極めて重大な関係をもつ高度の政治性を有するもの」とし，「一見極めて明白に違憲無効」でない限り司法審査

の対象にならないとした．この判決は，一見明白に違憲かどうかは司法権の対象としており，また，一見明白違憲とそれ以外の違憲との違いがあいまいなことから，どこまで統治行為の理論を認めたのかは定かではない．

統治行為論に対しては，批判も強い．裁判所が，主権者国民自身が制定した憲法や，その代表者の定めた法律に基づき判断を行う以上，その判断には，国民主権原理に基づく正統性が十分に備わっている．統治行為も司法権の対象にすべきだとする見解も説得的だろう．

もっとも，裁判所が司法判断を避ける手法は，統治行為論だけではない．憲法9条適合性が問題となる事案において，裁判所は，原告適格や法文の限定解釈などを通じて，判断を回避してきた．そうした事案で司法審査が積極的になされるようにしたいのであれば，統治行為論を否定するだけでなく，憲法9条問題を扱う特別の訴訟形態を法定する道も考えられる（宍戸常寿『憲法裁判権の動態［増補版］』弘文堂，2021年，補論3）．

(ii)　国会・内閣・地方議会の自律

国会の両院の議決や閣議決定は，国会法・両院規則や内閣法などに定められた手続に則って行われる．したがって，その手続的な適法性に関する紛争は法律上の争訟になり得る．しかし，裁判所にその審査を認めると，裁判所が立法や行政に深く関与したり，裁判所を統制する立法について手続的不備を理由に無効にしたりするなど，三権分立の趣旨を害するおそれがある．

このため，国会・内閣の自律的な決定の手続的適法性の判断は，それぞれの機関に委ねられるべきで，裁判所は，それに関する法律上の争訟があっても裁断を避け，国会・内閣の判断を尊重すべきとされる．議場混乱における国会の会期延長決定の適法性が問題となった最大判昭和37年3月7日民集16巻3号445頁（警察法改正無効事件）で，判決は「裁判所は両院の自主性を尊重すべく同法制定の議事手続」を「審理してその有効無効を判断すべきでない」として，両院の議決を経て公布された警察法改正を有効として扱った．

住民自治の趣旨を全うするには，地方議会が外部から介入されることは好ましくない．地方議会の懲罰議決の適否が争われた場合，司法権は抑制的であるべきだろう．最大判昭和35年3月9日民集14巻3号355頁は，議員の除名

処分を司法権の対象としたが，最大判昭和 35 年 10 月 19 日民集 14 巻 12 号 2633 頁は，地方議会の出席停止決議について，団体の「内部規律の問題として自治的措置に任せ」るべきで，司法権の対象にならないとした．

しかし，近年の濫用的な懲罰議決の増加を受け，裁判所は昭和 35 年判決を変更した．最大判令和 2 年 11 月 25 日民集 74 巻 8 号 2229 頁は，「出席停止の懲罰は，議会の自律的な権能に基づいてされたものとして，議会に一定の裁量が認められるべきであるものの，裁判所は，常にその適否を判断することができる」とした．

(iii) 国際法的限界

日本の司法権が，国際法により制限されることがある．国際法のうち国際慣習法については，憲法が「確立された国際法規」つまり国際慣習法を「誠実に遵守する」としていることから，憲法は，それによる司法権の制限を想定していると解すべきである．他方，条約については，憲法に違反する条約を締結することは認められないため，憲法が裁判所に与えた司法権を制限する条約は，原則として違憲である．もっとも，条約が国際慣習法を明文化したものと認められる場合には，この限りではない．

例えば，他の主権国家・国家元首について司法権は行使できないのは，国際慣習法である．また，外交関係に関するウィーン条約 31 条は，外交官は接受国の一切の刑事裁判権と一定の例外を除く民事裁判権・行政裁判権から免除されると定めるが，国際慣習法の明文化であり，合憲と理解されている．

日米地位協定 17 条 3 項は，駐留米軍の構成員・軍属について，日本の法令で罰することができる罪に関し，もっぱら米国の財産・安全のみに対する罪，もっぱら米国軍・軍人・軍属等の身体・財産の身に対する罪（同(a)(i)），公務執行中の作意・不作意から生ずる罪（同(a)(ii)）について，米国側が第一次的裁判権を有すると定める．日米安保条約や日米地位協定を国際慣習法と説明することはできない．

この点，外交関係においては，複数国の裁判権が交錯することが想定される．憲法が外交関係を想定する以上（憲法 73 条 2 号参照），その調整のために司法権に一定の制限をかけることを認めていると理解すべきだろう．もっとも，司法

権の制限は，外交上の合理性，必要性が認められる範囲に限られる．日米地位協定17条3項（c）は，第一次的裁判権を行使しない場合の速やかな通告，第一次的裁判権の放棄要請の仕組みを定めており，日本の司法権も尊重されるように定めている．ただし，その適用のあり方によっては，日米地位協定17条が違憲とされる可能性も否定できない．

　(iv)　天皇の地位にある者

　天皇が天皇として行った行為により何等かの損害などを生じた場合には，国が国家賠償責任等を負うため，被害者は天皇の地位にある個人を訴える必要はない．他方で，天皇の私的な行為が犯罪となったり，民事上の責任を生じさせたりする場合には，法律上の争訟が生じ，司法権の対象となり得る．

　もっとも，刑事責任を負う主体が，国民統合を象徴することは難しい．このため，憲法は，天皇の地位にある者の行為の刑事責任を免除しており，天皇の行為に裁判所の刑事裁判権は及ばないとされる．他方，民事責任について免責する理由はないはずだが，最二判平成元年11月22日民集43巻10号1160頁は，「日本国の象徴であり日本国民統合の象徴であることにかんがみ，天皇には民事裁判権が及ばない」としている．

(3) 部分社会の法理

　部分社会の内部規範に関する争いには司法権は及ばないとする法理（部分社会の法理）がある．部分社会とは，国家内部にある様々な団体（いわゆる中間団体）を指す．一口に「部分社会の法理」と言っても，そこには4つの異なる法理が含まれる．

　(i)　司法権の内在的制約——団体の内部規範の争い

　まず，団体の内部規範は法ではないので，それに関する争いは法律上の争訟にならない．「プロ野球の試合におけるボールとストライクの認定」や「日本将棋連盟の基準に照らし初段と認定できるか」等に関する争いがその例である．これは司法権の定義からくる当然の帰結であり，特別な法理ではないが，部分社会の法理と呼ばれることがある．これを①純粋内部規範型の部分社会の法理と呼んでおこう．

　最三判昭和52年3月15日民集31巻2号234頁（富山大学事件判決）は，大

学の単位認定義務確認訴訟を不適法とした．大学の単位認定は大学内部の単位認定基準によって行われるため，それに関する争いは法律上の争訟ではないという判断に基づく．

また，**法律上の争訟が仮装にすぎず，その実質が団体内部規範に関する紛争である場合も，その紛争は法律上の争訟ではないとされる**．これは，②**法律上の争訟仮装型の部分社会の法理**と呼ぶことができる．

最三判昭和56年4月7日民集35巻3号443頁（板まんだら事件）では，この事案における寄付金返還請求訴訟は，形式的には法律上の争訟だが，宗教上の教義に関する判断が「本件訴訟の帰すうを左右する必要不可欠のもの」であり，訴訟記録からは「本件訴訟の争点及び当事者の主張立証も右の判断に関するものがその核心となっている」ため，「実質において」「法律上の争訟にあたらない」として，訴訟自体を不適法とした．

(ii)　司法権の外在的制約——法律上の争訟の前提問題

団体内部規範に関する争いは司法権の対象にならないが，法律上の争訟を裁断する前提として，団体内部規範の争いに関する判断を示さなくてはならない場合もある．例えば，「ホームランを打ったら賞金10万円を支払う」という契約を巡る争訟では，裁判所は債権の有無を認定する前提として「打球がホームランだったか」を認定しなければならない．

もっとも，高度の専門性・政治性・宗教性など，その団体の自律権を強く保障すべき理由がある場合には，法律上の争訟の裁断を求める訴え自体を不適法としたり，裁判所の事実認定権能を大幅に縮小したりする判断が示されることがある．このような**団体の自律権尊重のために，司法権に外在的な制約を加える法理**を，③**自律権尊重型の部分社会の法理**と呼ぼう．これには，訴訟自体不適法型と審査範囲縮減型とがある．

訴訟自体不適法型の事例として，最三判平成5年9月7日民集47巻7号4667頁（血脈相承事件）がある．宗教法人Y1の構成員Xは，Y1とY1の代表役員Y2に対し，代表役員就任のための「血脈相承」という儀式を経ていないことを理由として，Y2が代表役員の資格を有していないことの確認を求めた．最高裁は，「宗教上の教義ないし信仰の内容にかかわる事項についてまで

裁判所の審判権が及ぶものではない」とし，「特定の者の宗教活動上の地位の存否を審理，判断するにつき，当該宗教団体の教義ないし信仰の内容に立ち入って審理，判断することが必要不可欠である場合には，裁判所は，その者が宗教活動上の地位にあるか否かを審理，判断することができず，その結果，宗教法人の代表役員の地位の存否についても審理，判断することができない」と判示した．

　判決は，この事案の紛争は裁判所法3条に言う「法律上の争訟」ではないとするが，法人の代表者資格の有無に関する紛争が法律上の争訟であることは否定できない．宗教団体の自律性を尊重するために，司法権を外在的に制約したものと読むべきだろう．

　この判決については，「中間団体の自律性を尊重することは，その反面で，各団体内部の少数者の権利を裁判所は原則として保護しないということであり，それが憲法を支える個人の尊重という理念と果たして整合するかという疑問を生む」ので，「主張立証責任の原則」に基づき，「前提となる宗教上の教義に関する判断について宗教団体の自律的判断を尊重」し，宗教団体多数派の前提に従って紛争を裁断すべき，との批判がある（長谷部・憲法417頁）．

　審査範囲縮減型の事例として，最三判昭和63年12月20日判時1307号113頁がある．判決は，家屋明渡請求訴訟の前提問題として政党による除名処分の有効性を判断することについて，「政党の自律的に定めた規範が公序良俗に反するなどの特段の事情のない限り右規範に照らし，右規範を有しないときは条理に基づき，適正な手続に則ってされたか否かによって決すべきであり，その審理も右の点に限られる」とした．これは「法律上の争訟」であることを認めた上で，司法権の審査範囲を外在的に制約したものと解される．

　審査範囲縮減型に対しては，内部の自律問題は団体に認められる裁量が広いだけで，司法審査の範囲が縮減しているわけではないとの指摘がある（長尾・憲法455頁）．また，団体の自治を尊重すべき理由は団体の性質によって様々で，画一的にあらゆる団体の自律権を尊重するのは不適切である（川岸他・憲法345頁）．

324　第4編　統治機構

❸ 違憲審査

(1) 権能の内容

（ⅰ）　抽象的審査制と付随的審査制

　憲法81条は，「最高裁判所は，一切の法律，命令，規則又は処分が憲法に適合するかしないかを決定する権限を有する終審裁判所である」と定める．ここで定められたような，**議会や政府から独立した裁判所が立法や命令・処分など国家行為の憲法適合性を審査する制度を違憲立法審査制**ないし**司法審査制**という．

　違憲立法審査制の下で国家行為の合憲性を判定する権能を違憲審査権と呼ぶ．国家行為の合憲性を巡る争いは，必ずしも法律上の争訟とは限らないので，違憲審査権は司法権とは異なる権能である．憲法81条を読むと，最高裁のみが違憲審査権を持つかのように感じるかもしれないが，下級審裁判所を含めた裁判所が違憲審査権を持つことを前提に，「終審」として違憲審査権を行使するのは最高裁であることを定めたものである．

　憲法81条には，条約が列挙されていないが，多数説は条約も違憲審査の対象となるとする（野中他・憲法Ⅱ・279頁）．条約を執行するための法律や命令が違憲審査の対象となるのだから，条約を外す理由はないだろう．

　違憲立法審査制には，**司法裁判所が法律上の争訟を裁断する前提として，その事件で適用される法令の憲法適合性を審査**する**付随的審査制**と，**特別に設けられた憲法審査機関が具体的な事件と関係なく法令の憲法適合性を審査**する**抽象的審査制**とがある．前者の典型はアメリカの連邦裁判所における違憲立法審査，後者の典型はドイツの憲法裁判所である．2つの制度は対比的に描かれるが，付随的審査制の下で意図的に事件を作り出して違憲審査を求める事例がある一方，抽象的審査制のドイツでも具体的な事件を前提として違憲審査がされることも多く，実際の機能は近接・合一化する傾向がある（渡辺他・憲法Ⅱ・347頁）．

　憲法81条の文言は「一切の法律」の憲法適合性を判断するとしており，抽象的審査制を採用しているようにも読める．しかし，抽象的な違憲立法審査は司法作用ではない．第6章「司法」の規定として憲法81条が置かれていることからすると，同条は付随的審査制を採用したものと解すべきである．最大判

昭和 27 年 10 月 8 日民集 6 巻 9 号 783 頁（警察予備隊違憲訴訟）も，裁判所が「抽象的に法律命令等の合憲性を判断する権限を有するとの見解には，憲法上及び法令上何等の根拠も存しない」とした．

付随的審査制の下では，裁判所は，その事件を裁断する前提となる法律の憲法適合性を判断する．法律の合憲性は，事実認定の対象ではなく，法律問題と位置づけられる．

付随的審査制の下では，違憲審査ができるのは，本来の司法権の対象である主観訴訟のみとすべきとの見解もある．しかし，具体的な国家行為がある客観訴訟については，その適法性を判断する前提として違憲審査を行うことも，付随的審査制の枠内にあるとされている（渡辺他・憲法Ⅱ・350 頁）．

(ⅱ) 立法事実と司法事実の認定権

司法権を行使する前提として認定すべき事実を司法事実という．例えば，〈被告人 A が犯行当日，どこで何をしていた〉とか〈原告 B が被告 C に貸し付けの意図で金銭を渡した〉といった事実である．司法事実の認定権は司法権そのものではなく訴訟法の規定によって制約され得る．例えば，当事者の主張していない事実を裁判所が職権で認定することは制限される（弁論主義）．

他方，違憲審査権の行使にあたって，**立法の合憲性を裏づけ支える事実（立法事実）**の認定が必要となる場合がある．例えば，〈この規制は町の美観を維持する目的に役立っている〉とか〈この規制方法なら，立法目的を同じ程度に達成できる〉といった事実である．立法事実の認定権は違憲審査権に含まれ，当事者の主張などに拘束されることなく，裁判所が職権で行う．

(ⅲ) 一般的効力説と個別的効力説

最高裁判所が裁判の理由の中で法律を違憲無効と判断した場合の効力については，違憲とされた法律を一般に無効とする消極的立法の効力があるとする説（一般的効力説）と，その事件を処理する範囲で効力を持つだけで，法律を無効にする効力は生じないとする説（個別的効力説）とがある．

一般的効力説では，違憲無効判決は，国会が法律を廃止したのと同様の効力が生じる．つまり，その法律は廃止され，裁判所自身も後に合憲判断に改め，適用することはできない．また，判決内容を法律として公布する必要も生じる．

しかし，憲法には，それを想定した手続や公布の規定はない．違憲審査が司法権の行使の中で行われることからも，個別的効力説が妥当だろう．

(2) 作為の違憲と不作為の違憲

国家行為の違憲には，①**違憲な法律や処分等がある場合（作為の違憲）**と，②**あるべき立法や処分等がない場合（不作為の違憲）**の2種類がある．裁判所は，①作為の違憲があると判断すれば，憲法98条2項に基づきその無効を宣言する．他方，②不作為の違憲の場合には，法律や処分を無効にする方法では違憲状態を解消できない．そこで，不作為状態が違憲であることを確認し，それを前提に立法・処分を義務づけたり，国家賠償を命じたりする．

違憲審査権は，個人の権利侵害だけでなく，政教分離違反や憲法9条違反などの客観法原則適合性についても及ぶ．もっとも，事件解決に必要な範囲でのみ違憲審査をする付随的審査制の下では，個人の権利義務に直接の影響を与えない客観法原則違反は，審査対象にならないことも多い．

(3) 自由権の違憲審査

(i) 法規の違憲審査

自由を制限する国家行為には，その根拠となる法律が必要である．根拠法がない場合には，法律の留保原理違反で憲法41条違反となる．

他方，根拠法がある場合，その法令の合憲性の審査が必要になる．

違憲審査は，法律から導かれる法規を単位としてなされる．法規は，1か条の法文で示されているとは限らない．例えば，ある法律の第10条で「Aをしてはならない」と定め，第30条で「第10条に違反した者は，B罰を科す」などと定める場合もある．この場合，違憲立法審査の対象は，第10条と第30条から導かれる「AにB罰を科す」という法規である．

逆に，1つの法文から導かれる法規を，憲法判断に影響を与える要素によって，複数に分けて審査すべき場合もある．例えば，「国家公務員の政治活動は，地位を利用したか否かにかかわらず罰する」という法文を審査する場合，地位利用の有無で憲法上の評価はかなり変わってくるため，「地位利用をした政治活動は罰する」と「地位利用をしていない政治活動は罰する」に分けて審査する．

ある法文から導かれる法規を区分して審査する必要がある場合には，2つの審査方法がある．第1は，**その法令から導かれる全ての法規を審査する方法**である．これを，法令の**全体審査**という（法令審査とも呼ばれる）．第2は，**その法令から導かれる法規のうち，その事件に適用される部分だけを審査する方法**である．これを，法令の**部分審査**と呼ぶ（その法令の一部の適用例ないし処分例の審査であるため，適用審査・処分審査とも呼ばれる）．

付随的審査制の性質からすれば，事案の処理に必要な部分審査で十分なはずだが，日本の裁判所は全体審査を行うことが少なくない（市川・憲法139頁）．

(ii) 違憲部分の除去方法

違憲審査により法令の違憲部分が認定されたなら，次に，違憲部分の除去方法を決定する．違憲部分の除去方法には，**その法令から導かれる全ての法規が違憲の評価を受け，法令全体が無効になる全部無効**と，**その法令から導かれる一部の法規のみが違憲無効となる部分無効**とがある．

全部無効は，しばしば法令全体を違憲無効にするものとして「法令違憲」と呼ばれる．他方，部分無効は，その法令の一部の「適用」例，あるいはその法令のうち特定の「処分」を根拠づける部分のみを無効とするものだから「適用違憲」ないし「処分違憲」と呼ばれる．もっとも，厳密には部分無効も「法令の」一部を違憲無効とするものであり，法令違憲・適用違憲・処分違憲なる言葉は適切とは言い難い（木村・急所46-47頁も参照）．また，全体審査をして一部だけを違憲とする場合を「部分違憲」，部分審査をしてその部分を違憲とする場合を「適用違憲」と呼び区別する見解もある（曽我部他・教室74〜75頁）．しかし，審査方法の違いは審査方法の呼び名で区別すればよいはずである．

法令から導かれる法規の一部が違憲の評価を受ける場合，部分無効の処理をするのが原則である．ただし，通説は，その法文からあまりに多種多様な法規が導かれ，どの部分が違憲なのかを明確に特定できない場合には，違憲部分と合憲部分が不可分に結びついた過度に広範な法文として全部無効の処理をすべきとする（渋谷・憲法707頁参照，第7章第2節第二款①参照）．

複数の法令から導かれた法規が違憲である場合，どの法令を無効にすべきか特定できない場合もある．前掲最大判昭和37年11月28日刑集16巻11号

1593頁（第三者所有物没収事件）では，当時の関税法と刑訴法から導かれた〈所有者への手続保障なしに，その物を没収してよい〉という法規が違憲とされた．手続保障を規定するのは，関税法でも，刑訴法その他の法律でもよいため，判決は，関税法・刑訴法のいずれも無効とせず，単に，没収刑を無効とする処理をした．これは，関税法・刑訴法から導かれる法規の一部を無効とする部分無効判決の一種と理解すべきだろう．

法律が解釈の幅を持つ場合がある．例えば，解釈の幅にαとβが含まれる法律は，「①α解釈をしてαという法規を導いてもよいし，②β解釈をしてβという法規を導いてもよい」という選択的な法命題を定めていることになる．このとき，α解釈を採れば合憲で，β解釈を採れば違憲となる場合には，「②β解釈をしてβという法規を導いてもよい」という部分だけが違憲無効になり，α解釈のみが許される．つまり，①命題だけが残る．**法令に含まれる違憲な解釈の可能性を無効にした上で，合憲的な解釈をすることを合憲限定解釈**という．合憲限定解釈は，その法令のうち特定の解釈を許す部分だけを無効にするもので，部分無効の一種である．

他方，法令が全部合憲でも，誤って解釈・適用し，その法令で根拠づけられないはずの違憲な処分が行われる場合もある．これを部分違憲の一種とする議論もあるが（芦部・憲法414頁），違法な処分と処理すれば足りるだろう．

このようにして，その事案で適用される法規の合憲性が判定される．あとは，違憲無効な部分を除去した法令を前提に，事案を処理すればよい．例えば，刑罰の根拠法のうち，その事案に適用される部分が違憲無効となった場合には，刑罰の根拠法が存在しないという理由で無罪判決を出す．

自由権の違憲審査の手順を整理すると，次の図のようになる．

第 9 章　統治機構・各論　329

【図 5　自由権の違憲審査】

Ⅰ　根拠法の画定：作為（命令・処分・刑罰等）の根拠法は何か？

　　・根拠法なし→法律の留保原理違反で憲法 41 条違反
　　・根拠法あり→Ⅱへ

Ⅱ　適用例の区分：根拠法を憲法判断に影響を与える要素に基づき区分する

　　例：法律 X からは，法規 A・法規 B・法規 C の 3 つが導かれる

Ⅲ　法規の違憲審査：違憲審査基準に従い法規の合憲性を判定する

　　その事案に適用されるのが法規 A の場合
　　・全体審査→法規 A〜C の全てを審査する（法令審査）
　　・部分審査→法規 A だけを審査する（適用審査・処分審査）

Ⅳ　違憲部分の除去：実体判断に従い無効範囲を画定する

　　・法律から導かれる法規の全てが違憲→全部無効
　　・法律から導かれる法規の一部が違憲
　　　├─ その法規を導かない解釈が可能→合憲限定解釈
　　　└─ その法規を導かない解釈が不可能→部分無効

Ⅴ　事案の処理：違憲無効処理を前提にした司法判断

　　その作為を根拠づける法規の無効→命令・処分の違法無効，無罪など

(4) 請求権の違憲審査

（ⅰ）　請求権の要件・効果の認定

　請求権に基づく違憲審査では，まず，①当事者たる国民が，求める作為を根拠づける憲法上の請求権の行使要件を充たしているかを判定する．要件を充たしている場合には，続いて，②憲法上の請求権の効果が実現しているかを判定する．例えば，①「成人の国民」が②「投票権を行使できない」とか，①「その人の生活は最低限度未満」なのに②「国家の援助を受けられない」といった事情があれば，その不作為は違憲と評価される．

（ⅱ）　請求権の実現方法

　国民が請求権の行使要件を充たすにもかかわらず，国家がそれを実現していない場合には，請求権の実現方法を画定する必要がある．問題となった請求権が具体的権利ならば，裁判所は，憲法規定を直接の根拠として，権利の実現を命じてよい．他方，抽象的権利ならば，権利具体化法律の状況により処理が異なる．

330 第4編 統治機構

第1に，憲法の趣旨に適合する権利具体化法律が既に制定されており，行政機関がそれを誤って解釈・適用した事例の場合には，裁判所は権利具体化法律の憲法適合解釈をして，その法律に基づく処理を命じる（憲法適合解釈）．

第2に，憲法の趣旨に適合する権利具体化法律が存在せず，権利実現のために立法が必要な場合には，立法不作為の違憲確認を行う．

違憲状態を解消するために特定の条文の改正が必要な場合には，その条文の違憲性を認定する．違憲状態を解消する方法が，特定条文の改正に限られない場合には，単に立法不作為状態の違憲が認定される．例えば，前掲最大判平成17年9月14日民集59巻7号2087頁（在外邦人選挙権判決）は，公選法のどの条文が違憲だったかを特に示さず，在外邦人の選挙権行使のために「何らの立法措置も執られなかった」「立法不作為」が違憲だとして賠償を命じた．前掲最大判令和4年5月25日民集76巻4号711頁（在外国民審査訴訟）も，在外国民審査を認めなかったことについて国家賠償を命じたが，違憲な条文の指定はない．同性婚を認めない立法不作為への国賠請求などでも，同様に，立法不作為状態を違憲と宣言すればよいだろう．

第3に，権利具体化法律（一般法）があるにもかかわらず，それを制限する特別法によって違憲状態が生じている場合には，その特別法を違憲無効として，一般法を適用する．例えば，前掲最大判平成14年9月11日民集56巻7号1439頁（郵便法違憲判決）は，国家賠償請求権（憲法17条）を具体化した国家賠償法を一般法とし，国家賠償請求を制限する内容を定めた郵便法の部分を違憲無効とした．また，前掲最大判平成20年6月4日民集62巻6号1367頁（国籍法違憲判決）は，旧国籍法3条を届出国籍取得の一般法と解した上で，同条に，非準正子の届出国籍取得を制限する特別法的な部分が含まれているとして，その部分のみを無効として原告の国籍を認めた．

以上をまとめると，次の【図】のようになる．

【図 6　不作為の違憲審査】

Ⅰ　請求権行使要件の認定：当事者が憲法上の請求権の行使要件を充たすか？

・要件を充たさない→違憲審査は終了
・要件を充たしているのに，権利が実現できない→Ⅱへ

Ⅱ　権利実現の処理：権利具体化法律の状況に応じ処理する

・具体的権利→憲法を直接の根拠に権利実現
・抽象的権利
　　　── 権利具体化法律あり→憲法適合解釈
　　　── 権利具体化法律なし／不十分→立法不作為の違憲確認
　　　── 権利具体化法律の一般法を特別法が制限→特別法を無効とし，一般法適用

❹ 司法行政

法律上の争訟を裁断するには，裁判所の建物の管理，資料の保管，裁判官や裁判所職員の人事，会計など，様々な事務が必要である．司法に関する事務は，司法権そのものではないので，行政権に分類される（司法行政）．

明治憲法下では，司法行政は司法省が管轄した．現行憲法では，行政権は内閣に属するとされるが（憲法 65 条），司法行政を内閣の専権とする趣旨ではないとされる．これを受け，現行法では，司法行政は裁判所の権能とされ，各裁判所に事務局が設置されている．

■第四款　統制法

裁判所は，当事者の人生を左右しうる判断を下す．これは恐るべき権力であり，厳密な統制が必要である．

❶ 有権者団による統制

憲法 15 条 1 項は，国民に公務員の選定罷免権を保障する．もっとも，ほとんどの場合，罷免権は国会や内閣を通じて間接的に行使するに止まる．これに対して，最高裁判事には国民審査の制度があり，国民が有権者団の投票を通じて直接に罷免権を行使する．

憲法 79 条 2 項は「最高裁判所の裁判官の任命は，その任命後初めて行はれる衆議院議員総選挙の際国民の審査に付し，その後十年を経過した後初めて行

はれる衆議院議員総選挙の際更に審査に付し，その後も同様とする」と定める．最高裁判事の定年は70歳で（裁判所法50条），多くの判事は60代で任命されるため，最高裁判事が国民審査を受けるのは任命直後の衆院選の1回だけとなるのが通常である．

国民審査では，投票用紙記載欄に「○記号をつけなかった者の合計」ではなく，「積極的に×記号をつけた者の合計」で罷免の是非を決する（国民審査法15条1項）．最大判昭和27年2月20日民集6巻2号122頁は，罷免権の行使は積極的な意思に基づく必要があるため，この方式は憲法79条2項に適合するとした．

国民審査の日程が最高裁判事任命から日が経っている場合には，その判事の示した判決内容を踏まえて審査を受ける．そうでない場合には，任命までの法律家としての実績から，内閣の任命行為が適切であるかを審査するものとなろう．

❷ 国会による統制

(1) 立法

司法権は法律に従って行使されるため，国会の立法は，司法権の内容を統制する重要な手段となる．国会が裁判内容に問題があると考えるなら，法律を改正し，そのような判断をしないように促すことになる．

(2) 弾劾裁判

裁判官には手厚い身分保障があり，懲戒処分として免職することは許されない．しかし，賄賂で不公正な判決を書いたり，重大な犯罪を行い裁判所の信頼を大きく傷つけたりするなど，その地位にふさわしくない裁判官は弾劾されねばならない．

そこで，憲法64条は「国会は，罷免の訴追を受けた裁判官を裁判するため，両議院の議員で組織する弾劾裁判所を設ける」と定める．弾劾裁判所は国会に設置されるが，国会とは異なる特別裁判所である．

弾劾は，裁判所の内部規律を維持するための懲戒処分ではなく，「国民の信託に反する者を糾弾する制度」である（樋口他・注解Ⅳ・50頁）．このため，弾劾

第9章　統治機構・各論　333

に関する権能は，裁判所自身ではなく，国民の代表が集まる国会に与えられた.

❸内閣による統制

　裁判所の独立を守るには，裁判官の人事は裁判所の自律に委ねるべきである. 他方で，国民主権の原理からすれば，裁判官も直接または間接に国民によって任命されねばならない. そこで，憲法は，最高裁の長官は内閣の指名・天皇の任命（憲法6条2項），最高裁の他の裁判官は内閣の任命（憲法79条2項）によるとした. また，下級裁判所の裁判官は，「最高裁判所の指名した者の名簿」によって，内閣でこれを任命する（憲法80条）.

　内閣は，裁判官の職責を果たすに相応しい人物を見極める責任を負い，それによって裁判所の公正を守る. 他方で，裁判官の任命権が，裁判所への圧力手段になり得ることにも注意が必要である. 裁判の内容を理由に裁判官の再任を拒否したり，政治的な都合で最高裁判事を任命したりすることは，憲法が内閣に任命権を与えた趣旨に反し違憲と解すべきだろう.

　内閣は，裁判所の自律を尊重した上で，法令上の資格要件を充たさない者が搭載されていたり，裁判所が何者かから圧力を受けて不適切な者を裁判官候補の名簿に加えたことが明らかになったりした場合のみ理由を付して任命を拒否すべきである.

　最高裁判事の任命は特に重要な内閣の権能であるが，❶に述べたように，国民審査は内閣の任命権に関する統制手段でもある.

❹法律家共同体による統制

　司法権の適否を評価するには法学専門知が必要となる. 法学専門知を持つ法律家共同体の構成員には，不当な裁判を批判する責任がある.

　もしも，虐待被害者への冷淡な態度や，個人の人権を軽視する思想が法律家共同体に広まれば，裁判の内容が歪んでも是正のきっかけが与えられなくなる. その意味で，法律家共同体の構成員には，司法権を統制する重大な責任がある（木村草太「裁判官の良心と法律家共同体の責任——片親疎外論を素材に」現代思想, 2023年8月号）.

334 第4編 統治機構

▌第6節 地方公共団体

■第一款 設置の趣旨

❶地方公共団体の正統性

　地方公共団体は，日本国の立法権や行政権の行使を部分的に担う．ただ，その長・議員・公務員を直接・間接に任免するのは，国民ではなく住民である．こうした組織は，憲法の国民主権原理や国会・内閣の権能規定に抵触するため，法律や命令だけを根拠に設置することはできない．

　明治憲法には，地方自治を保障する規定はなかった．地方政府は中央政府の下部組織と位置づけられ，内務省が府県知事を派遣した．これに対し，日本国憲法は，第八章に地方自治を制度として保障する規定を置く．

　日本国憲法は連邦制を採用していないので，住民は主権者ではない．つまり，地方公共団体は，住民から信認を得たというだけでは，自らの正統性を根拠づけることができない．**地方公共団体が正統性を持つのは，憲法第八章の規定により，国民が憲法を通じて設置したからである．**このような考え方を（国民からの正統性の）**伝来説**と呼ぶ．

❷地方自治の意義

　地方自治を保障する意義について，前掲最三判平成7年2月28日民集49巻2号639頁は，「民主主義社会における地方自治の重要性に鑑み，住民の日常生活に密接な関連を有する公共的事務は，その地方の住民の意思に基づきその区域の地方公共団体が処理するという政治形態を憲法上の制度として保障しようとする趣旨」と説明し，民主主義と，地方ごとの権能の分担を強調する．これを，より詳細に説明すると次のようになる．

　まず，地方自治には，民主的な意義がある．国家の領域はあまりに広大で，国民にとって中央政府は遠い存在である．これに対し，国民が身近に感じる地域の問題を，その地域の住民の自治に委ねれば，国民は政治に積極的に参加できるようになる．

次に，地方自治には，積極的な権力分立としての意義がある．中央政府と地方政府には，それぞれ得意な業務と苦手な業務がある．全国一律で一定の水準を確保すべき義務教育のカリキュラム決定や，県境を越えた調整の必要なインフラ整備，国家として統一した方針が求められる外交などは，中央政府が担うのが相応しい．これに対し，地域の災害対策や，その地方独特の天候・自然への対応，地域に密着したインフラ整備などの業務は，地方政府の方がより適切に遂行できるだろう．

最後に，地方自治には，消極的な権力分立としての意義もある．国家権力が中央政府に集中していたのでは，中央政府が特定地域の住民を弾圧したり，国民の自由や権利をないがしろにしたりするような政策をとったとしても，地方から声を上げることは難しい．これに対して，地方自治を保障すれば，中央政府は地方政府と協力して政策を進めざるを得ない．中央政府の横暴は地方政府が抑制し，地方政府の暴走は中央政府が抑制することになる．さらに，憲法が居住移転の自由を保障していることから（憲法 22 条 1 項），自分の居住する自治体に不満を持つ住民は移住を選択できる．各地方は，それぞれに魅力ある政策を実現し，住民を呼び込もうとする．このように，地方自治には，中央政府と地方政府，また地方政府同士で権力の抑制と均衡を図る意義もある．

■第二款　組織法

❶組織の地位──地方自治の本旨

（1）地方自治の本旨と独立性の保障

憲法 92 条は「地方公共団体の組織及び運営に関する事項は，地方自治の本旨に基いて，法律でこれを定める」とする．GHQ 案では，地方公共団体の組織・運営に関する事項は，各団体の住民の定める住民憲章（Charter）で定める構想だったが，日本政府内で革新的すぎると受け止められ，国会が法律で定める形になった．

地方自治体の存立や組織のあり方が中央の議会の決定に依存するのでは，地方公共団体の地位は脆弱なようにも思われる．そこで，憲法 92 条は，「地方自治の本旨」に基づくことを求めた．地方自治の本旨については様々な解釈が

あったが，現在では，団体自治と住民自治の2つの原理を指すものとの解釈が定着している（木村草太「地方自治の本旨」安西他・論点第9章）．

　団体自治とは，**地方公共団体が中央政府から独立した団体として組織され，運営されることをいう**．また，**住民自治**とは，**地方公共団体は，その住民の意思によって組織・運営されるという民主的な原理をいう**．この2つの原理により，地方公共団体は中央政府からの独立性・自治性を備えた地位が与えられる．

(2) 地方公共団体の設置に関する原理

　地方自治の本旨を実現するには，**日本国の領土は必ずいずれかの地方公共団体に管轄されなければならない**（**中央政府直轄地否定の原則**）．中央政府直轄地では，団体自治も住民自治も実現できないからである．

　憲法第八章は，地方自治を制度として保障するのみで，特定の地方公共団体の存続権を固有の権利として保障するものではない．法律やその定める手続によって，地方公共団体を廃置分合すること自体を禁じる憲法規定もない．

　もっとも，住民同士の間に「1つの住民や地域を構成している」という意識がなければ，1つの団体として独立することも，住民が共同で意思形成することも難しい．このため，地方公共団体の廃置分合は，歴史的経緯や住民の意識を尊重して行わない限り，地方自治の本旨に反する．住民の意思を全く無視した強制的な廃置分合が合憲と評価されることは希だろう．

　現在の地方自治法では，広域自治体（都道府県）と基礎的自治体（市区町村）の二層制が採用されている．これを改め，一層制にしたり，逆に，より多くの層を置いたりしても，地方自治の本旨は実現できるため，違憲ではないとされる．これまで，人口の集中する都市部で特別市の一層制としたり，広域自治体を現在よりもさらに拡大する道州制などが提案されたりしてきた．それらは実際の妥当性はともかくとして，違憲とは言い難い．

　ただし，基礎的自治体の扱いには注意が必要である．住民自治の理念は，市区町村のような基礎的自治体でこそ，よりよく実現できる．このため，基礎的自治体を廃し，全てを都道府県に吸収するような一層制は，原則として住民自治の原理に反し，違憲と解すべきである．

第9章　統治機構・各論　337

❷組織形態──大統領型の組織

(1) 長と議員の直接公選

地方公共団体の組織の大枠は，憲法によって規定されている．

まず，地方公共団体には，議事機関として地方議会が置かれる（憲法93条1項）．執行機関たる長の設置も要求され，長と地方議員は住民が直接に選挙する（同2項）．議会が条例や予算，行政監視に関する議決を行い，長は行政権を担当する．これは，大統領型の組織といえる．

また，憲法93条2項は「法律の定めるその他の吏員」を選挙することも認める．これは長からの独立性を確保するために，選挙にふさわしい職がある場合の規定であり，教育委員会などが想定されていた．

(2) 憲法93条との関係が問題となる諸制度

(i) 町村総会

地方自治法94条は，「町村は，条例で」「議会を置かず，選挙権を有する者の総会を設けることができる」と定める．地方公共団体に議会を置くとする憲法93条1項との関係が問題となるが，住民全員が参加する総会でも住民自治は実現できること，また，単純な住民投票と異なり，参加者同士が議論を行い熟議の上で決定する機関となることから，町村総会の制度は違憲ではないとされている．

(ii) 住民投票

近年，様々な施策について，住民投票の実施が増えている．もっとも，憲法93条は，地方議会に議事機関としての権能を与え，長に執行機関としての権能を与えている．住民投票といえども，憲法の与えた権能を制限することには問題がある．

このため，住民投票は，その効果を定める条例に「長は事務遂行にあたり住民投票の結果を尊重しなければならない」などと定め，議会や長の権能を拘束しない諮問型・非拘束型で行われるのが一般的である．

(iii) 特別区

かつて，東京都の23の特別区では，区長を都知事同意の下に区議会が選任する仕組みを採用しており，首長公選を定める憲法93条2項との関係が問題

となった．最大判昭和38年3月27日刑集17巻2号121頁は，「地方公共団体といい得るためには，単に法律で地方公共団体として取り扱われているということだけでは足らず，事実上住民が経済的文化的に密接な共同生活を営み，共同体意識をもっているという社会的基盤が存在し，沿革的にみても，また現実の行政の上においても，相当程度の自主立法権，自主行政権，自主財政権等地方自治の基本的権能を附与された地域団体であることを必要とする」とした．そして，この時点での東京都特別区は自治体としての歴史も浅く，「地方公共団体」に該当しないため，区長選任制も憲法93条2項に反しないとした．

しかし，その後の住民運動などを経て，1974（昭和49）年の地方自治法改正により，特別区でも区長公選制が採用されるに至った．

❸構成員——住民

地方公共団体は，住民によって構成される団体である．では，地方議会議員・長を選挙し，住民投票や行政への住民参加プロセスなどを通じ，住民自治を実現する「住民」とは，いかなる範囲の人を言うのか．

これまで，地方公共団体を構成する住民は日本国民に限られ，住所を有する外国人はそれに含まれないとされてきた．判例も，国民主権原理を参照し，地方公共団体の長・議員の選挙権を持つ「住民」（憲法93条2項）とは「地方公共団体の区域内に住所を有する日本国民を意味するものと解するのが相当」とする（前掲最三判平成7年2月28日民集49巻2号639頁）．

確かに，住民を国民に限定すれば，住民による選挙は「国民間の権能分担」として国民主権の原理と接続可能である．国民以外の住民を含めた選挙が，「国民からの権能の負託」としてしか国民主権原理との関係を説明できないのと比べれば，国民に限定された住民の選挙は正統性を確保しやすい．判例の解釈が不当とは言い難いだろう．

しかし，現在，約290万人の外国人が国内に居住し，地域活動，職業，納税など，様々な面で地方公共団体を支えている．選挙を行う「住民」が国民に限定されるとしても，住民自治の原理に言う「住民」をより広く理解し，その地方公共団体の管轄地域に住所を有する者全員とすることにも理由がある．選

挙はできずとも，住民自治での主体たることはあり得る．

憲法は，外国人の住民が，地方公共団体に意思を伝える制度を用意しておらず，その整備は今後の重要な課題だろう．外国人住民に諮問型住民投票の投票資格を与えたり，地方議会の公聴会で外国人住民の要望を聞いたりするなど，現行憲法下でも実現可能な取り組みは多くある．

❹ 活動形態——住民の積極的な参加

地方公共団体の住民は，小さな町村でも相当な人数がおり，大規模な団体では数百万にものぼる．地方公共団体の業務を住民全員で常に決定することは困難であり，長の執行と議会の議決を中心に活動することになる．

憲法は，国会議員や内閣総理大臣については，その解職の仕組みなどを明確に規定している．これはそれ以外の手続での解職を許さない趣旨である．他方，地方議会議員や地方公共団体の長については，そうした規定はない．このため，法律で住民の請求による解職を定めることも許されると解され，実際，地方自治法にはそうした規定がある．また，憲法・法律上，住民が主導して地方議会に議案を提出することも許される．

このように，地方公共団体においては，国政における国民よりも，住民が積極的に活動に関与できる．

■第三款　作用法

❶ 中央政府と地方政府の役割分担

連邦制の国家では，連邦憲法に連邦管轄事項が規定され，州管轄事項との役割分担が明確にされる．これに対し，国民主権原理に基づく単一国家では，中央政府と地方政府の権限配分は，主権者国民とその代表である中央の議会によって決定されるのが一般的である．

日本の場合も，憲法に地方公共団体管轄事項の明文はなく，教育や都市計画，廃棄物の処理などの様々な国家の業務のうち，地方公共団体に何を管轄させるかは，「地方公共団体の組織及び運営に関する事項」に関する「法律」で定められる（憲法92条）．

340　第4編　統治機構

国民主権の理念から，国家の事務は国民に最も近い基礎的自治体が担当するのが原則で，憲法から市区町村最優先で事務を配分すべしとする原則が導かれるとの見解もある．しかし，国民主権の原理からすれば，国家の業務は国民の代表の集まる国会やその信任を受ける内閣が処理すべきであり，この見解は妥当でない．

　もっとも，地方公共団体の事務を意味のないものに限定したのでは，地方自治の本旨は実現できない．その地域の住民自治に委ねるのに相応しい事務は，その地域を管轄する地方公共団体に配分すべきであり，地方自治の制度を無意味化するような極端な中央集権は憲法92条違反になると解すべきだろう．

　また，事務の配分は，中央か地方いずれかの専権とする必要はなく，両者が協力して遂行する仕組みをも認められる．例えば，初等・中等教育については，例外はあるものの，カリキュラムや教育内容の決定を中央（文部科学省），教員人事や高校の設置・運営を都道府県，小中学校の設置・運営を市区町村と役割分担している．

❷ 自治権

　地方公共団体が，団体自治・住民自治の原理に基づき行使する権利を自治権と呼ぶ．これには，いくつかの種類がある．

(1) 自主組織権

　憲法は，地方公共団体に長と議会を設置すること（憲法93条），また，その他の組織のあり方は法律で定めるべきこと（憲法92条）を規定する．

　憲法・法律の原則を踏まえた上で，どのような組織を構築するかは，地方公共団体の自治に委ねられる．この権能は，自主組織権と呼ばれる．

(2) 自主立法権

　憲法94条は，地方公共団体に「法律の範囲内で条例を制定する」権能を付与する．条例は，管轄地域での効力を持つ．条例制定権は，立法に準ずる権能とされ，「法律の範囲内」であれば法律事項について規定を設けることも可能である．

　法律の範囲内かどうかは，国法の諸形式について解説したように，前掲最大

判昭和 50 年 9 月 10 日刑集 29 巻 8 号 489 頁（徳島市公安条例事件）が「両者の対象事項と規定文言を対比するのみでなく，それぞれの趣旨，目的，内容及び効果を比較し，両者の間に矛盾抵触があるかどうかによつてこれを決」する，との基準を示した．

国籍配分の要件（憲法 10 条）や刑事手続の内容（憲法 31 条）など，憲法が国会の専権とする趣旨で法律事項としたものについては，条例で定められない．憲法が国会の専権事項とする趣旨かどうかは，その憲法条項の解釈による．

(3) 自主行政権・自主財政権・自主課税権

憲法 94 条は，「地方公共団体は，その財産を管理し，事務を処理し，及び行政を執行する権能を有」すると定める．財産管理権のことを自主財政権，行政執行権のことを自主行政権という．また，行政・財産管理には徴税権の行使が必要であることから，自主課税権もあるとされる．

(4) 権能行使の手続

憲法は，地方公共団体の自治権行使について詳細な規定を置いていない．ただし，条例の制定については，「議事機関」たる地方議会の議決によるものと解すべきだろう（憲法 93 条 1 項）．

自治権の行使手続は，「地方公共団体の」「運営に関する事項」として法律で大枠が決定され（憲法 92 条），その枠を踏まえ，地方公共団体の条例や長の規則や決裁によって，詳細が定められる．住民自治の理念からすれば，事柄の性質に応じ，諮問型住民投票，住民説明会や意見交換会，住民から委員を募る住民参加の手続も活用されるべきだろう．

❸ 地方特別法の承認権

(1) 権能の内容

国会は，地方公共団体の組織・運営に関する事項についての立法権を持ち，法律は条令に優位し，自治権を拘束する．憲法は，特殊な事情のある地方公共団体について，特別法を制定した上で介入することも想定している．ただ，特定の自治体を狙い撃ちにするような介入を許せば，団体自治の理念が危ぶまれる．

342　第4編　統治機構

　そこで，憲法95条は，「一の地方公共団体のみに適用される特別法は」「その地方公共団体の住民の投票においてその過半数の同意を得なければ，国会は，これを制定することができない」と定めた．住民投票の承認を要求することで，不当な介入を防止する趣旨である．憲法95条に言う「一の」とは「特定の」という意義であり，複数の地方公共団体に適用されるものも対象となる．

　また，「地方公共団体のみに適用される特別法」とは，特定の「地方公共団体」に適用される特別法を言う．例えば，東京都に対し国に特別な負担金の支払いを義務づける法律や，沖縄県だけに特別な補助金の受給資格を認める法律などが，「特別法」の例となる．

　他方，国の所掌事務について，特定地域の「住民」を特別扱いする法律は，ここに言う特別法に該当しない．例えば，横浜市民だけ所得税の税率を上げたり，豪雪地域居住者の生活保護について豪雪対応のために支給額を上乗せしたりする法律は，憲法95条の適用対象にならない．ただし，特定地域住民の特別扱いに合理的根拠がなかったり，差別に起因したりする場合には，住民の平等権・差別されない権利（憲法14条1項）の侵害となる．

　また，憲法95条は既存の地方公共団体に適用される特別法に関するもので，干拓や占領地の復帰などで，従来，地方公共団体が存在しなかった特殊な地域に特例を定める法律には適用されない（樋口他・注解Ⅳ・284頁）．

　憲法95条の趣旨は，地方公共団体への不当な介入の防止である．不当な介入は，特別な不利益付与（弾圧）だけでなく，特別な利益付与によっても生じる．例えば，国から巨額の補助金を受ければ，その打ち切りが制裁のように機能してしまう．このため，不利益付与だけでなく，利益付与型の法律にも憲法95条は適用される．

　地方特別法の廃止は，対象の地方公共団体と他の団体を平等の状態に戻すものであるから，住民投票の承認は不要とされる（伊藤・憲法662頁）．

(2) 権能行使の手続

　憲法95条に基づく住民投票の手続の詳細は「法律の定めるところによ」るとされ，地方自治法に詳細が定められている．

　現行憲法下で初めて実施されたのは，1949年の広島市平和記念都市建設法

第9章 統治機構・各論 **343**

である．これは，原爆投下で巨大な被害を受けた広島市に対し，国が土地の無償貸与などの特別な復興援助をすることを認めた法律である．

以降，1951年まで15回の実施例があり，全て利益付与型である．不利益付与型については，形式的に全ての地方公共団体に適用される文言とした上で，実質的には特定の地方公共団体にしか適用されない内容にすることで住民投票を回避できるためとされる．

ただし，不利益付与型の法律について，憲法95条が意義を発揮した事例はある．1968年に小笠原諸島がアメリカ合衆国から返還されたとき，小笠原諸島のいくつかの島をミサイル試射場として中央政府直轄地にする法案が計画された．しかし，この法案には東京都ないし小笠原村の住民投票が必要と批判されたことで，成立には至らなかった．また，2015年には，東京五輪のメインスタジアムとなる国立競技場の建設費用について，東京都に500億円の負担金を課す特別法の構想が示された．しかし，その制定には都民投票が必要と批判され，結局，法律は制定されなかった．

■第四款 統制法

❶住民による統制

地方公共団体は，住民自治の理念に基づき運営される．地方公共団体の運営に問題がある場合にまず期待されるのは，地方議会を通じた住民代表による統制，住民自身による批判やリコール，住民の行政参加や住民投票などを通じた統制である．

❷国会・内閣による統制

地方公共団体の組織・運営に関する事項は法律事項であり（憲法92条），また，地方公共団体の条例は法律の範囲内で定めなくてはならない（憲法94条）．さらに，国会は，予算承認権などの財政権能によって，地方公共団体への支援や補助金の内容を決定することもできる．このように，国会には，立法や財政を通じ，地方公共団体の権力濫用を防止するための統制を行う責任がある．

国会が法律・予算を通じて，内閣や中央省庁，中央政府に設置された委員会

（国地方係争処理委員会等）に地方公共団体の統制権能を付与したり，地方公共団体への補助金などを給付する財政権能を与えたりすることもできる．

ただし，これらの統制は，「地方自治の本旨」（憲法 92 条）を尊重して行わねばならない．

❸裁判所による統制

地方公共団体は法令や自ら定めた条例を遵守しなければならない．アメリカでは，各州の州法に関する紛争は，州裁判所で裁断される．他方，日本国憲法は，「すべて司法権は，最高裁判所及び法律の定めるところにより設置する下級裁判所に属する」と定め（憲法 76 条），地方公共団体は，その条例に関する紛争を含め，司法権を持たない．

裁判所は，地方公共団体が当事者となる紛争の裁断を行うことで，その統制を行う．また，地方自治法は，住民訴訟という特別の訴訟形態を規定しており，これも地方公共団体に対する統制の重要な手段である．

第 5 編
憲法の変動と保障

　憲法は，突き詰めれば，諸々の現象を認識する枠組みである．「ある現象を，日本国憲法で認識しなければならない」という自然法則があるわけではなく，ただ，私たちの「頭の中」でのみ存在する．このため，何かをきっかけに，強固に見えていた憲法が他の憲法に置き換わる可能性もないわけではない．

　こうした「憲法の変動」の仕組みを理解することは，不当な憲法変動を防ぐためにも重要だろう．

第10章 憲法の変動

　ある国で妥当している実質的意味の憲法の内容が変わることを憲法の変動という．憲法の変動には，憲法の定める手続による憲法改正と，それ以外の方法による憲法の変動の2つがある．

■第1節　憲法の改正

❶憲法改正の手続

　ある憲法の定める改正手続に従い憲法の内容を変更することを憲法改正という．憲法96条は，「この憲法の改正は，各議院の総議員の三分の二以上の賛成で，国会が，これを発議し，国民に提案してその承認を経なければなら」ず，「この承認には，特別の国民投票又は国会の定める選挙の際行はれる投票において，その過半数の賛成を必要とする」と定める．

　ドイツのボン基本法は議会内の特別多数で改正でき，フランス第五共和制憲法の改正には必ずしも国民投票の承認を要しない．独仏の手続と比べると，議会内の特別多数と国民投票の承認を要求する点で，日本国憲法は比較的，改正手続が厳格と言える．もっとも，独仏の憲法は統治機構に関する規定が日本国憲法よりも詳細で，日本法では国会法・内閣法・公職選挙法などの改正で変更できる内容が，憲法改正の対象となるなどの違いもある．

　一般に，改正手続が厳格な憲法ほど，内容は抽象的になる傾向がある．そういう国では，他の国なら憲法改正が必要となる事項であっても，法律改正で実現できたりする．つまり，改正手続だけを比較しても，さほど意味はない．

　憲法96条は手続の必須要素を定めるのみで，国会内での手続のあり方や，国民投票の方法，成立要件などは法律に委ねている．

　国会法では，憲法改正発議案の原案は，衆議院100人，参議院50人の賛成がないと発議できないとされ（国会法68条ノ2），発議原案は憲法審査会で審査

された後，本会議にかけられる（国会法第 11 章ノ 2）.「憲法改正原案の発議に当たつては，内容において関連する事項ごとに区分して行うものとする」（国会法 68 条ノ 3）とされる．例えば，9 条の改正と環境権条項の付加のように，無関係な項目を一括の発議案として原案にすることは許されない．その 2 つを発議するには，9 条改正案で 1 つ，環境権付加案で 1 つ，合計 2 つの発議案と国民投票が必要になる．ただし，投票日を同日に設定するのは禁止されていない．

　国会が憲法改正を発議すると，国民投票法に基づき国民投票が行われる．国民投票について，現在，最低投票率や可決のために必要な可決票の最低数の定めなどはない．しかし，主権者国民の意思が問われる投票である以上，「投票率 2％，賛成票が有権者の 1％ 強」などという数値で憲法改正を成立させてはいけないという考え方から，国民投票の成立に必要な最低投票率・最低可決票数の規定を設けるべきとの主張も有力である．これに対しては，最低投票率などの規定は，憲法に規定されていない要件を付加するもので，憲法 96 条に違反するとの指摘もある．

　憲法 96 条は国民投票手続の詳細を規定しておらず，国民投票の成立要件をどう定めるかには一定の立法裁量を認める趣旨と理解される．とすれば，最低投票率などの規定も，それが合理的である限り憲法 96 条に反しないと解される．ただし，あまりにハードルが高く，国民が十分な意思を示したのに憲法改正が阻害されるような内容であれば，憲法 96 条に違反すると考えるべきだろう．

　憲法改正が成立した場合，「天皇は，国民の名で」「直ちにこれを公布する」（憲法 96 条 2 項）．憲法を改正できるのは主権者国民だけであり，それゆえ，日本国民の統合を象徴する天皇が「国民の名で」公布することとなる．

❷憲法改正の限界

　憲法が，**憲法所定の憲法改正手続を経ても改正できない内容**を規定する場合がある．これを**憲法改正限界**という．

　フランス第五共和制憲法には共和政体の変更を許さない旨の規定（89 条 5

項）が，ボン基本法には基本権や連邦制の根幹を憲法改正限界とする明文の規定（79条3項）がある．アメリカ合衆国憲法には，上院における各州平等の議席の原則は，不利益を受ける州の同意が必要との規定がある（第5編）．その同意を得ることは困難だろうから，事実上の改正限界となっている．

日本国憲法には，憲法改正限界を明示する規定はない．しかし，国民主権の原理（前文・1条），侵略戦争の禁止（憲法9条1項），個人の尊重（憲法13条），三権分立規定など，平和主義と立憲主義の根幹になる内容は憲法改正の限界だと理解されている．

条文の文言も，「国際紛争解決」のための武力行使・武力による威嚇・戦争は「永久に」放棄するとされ（憲法9条1項），基本的人権は「将来の国民に対し」ても「侵すことのできない永久の権利」（憲法97条）と規定されており，「永久」の文言に改正限界とする趣旨を読み込むことは可能だし，自然な読み方でもあるだろう．

ただし，こう考えたとしても，外国が侵略を受けた場合に，安保理決議や国連憲章の認める集団的自衛権など，国際協調の理念に沿って行われる武力行使を容認するように憲法を改正することや，基本的人権の規定を増やし権利保障を拡充するように憲法を改正することなどは，改正限界には触れない．また，天皇制の改廃も憲法改正限界に含まれないとされている．

憲法96条は，同条に基づいて改正された条項もオリジナルの日本国憲法と「一体を成すもの」とする（同2項）．逆に言えば，日本国憲法と「一体を成すもの」とは言い難いような改正は，憲法96条に基づく憲法改正とはみなせない．「一体を成すもの」という表現は，憲法改正限界の存在を示唆したものと読むべきだろう．

▌第2節　革命

憲法が妥当するとは，国民の多くがその憲法を憲法とみなし，それを前提に行動しているということである．国民の多くが憲法の認識を変えるには，通常は，憲法改正手続が必要である．

第 10 章　憲法の変動　349

　しかし，憲法改正手続によらなくても，戦争や暴動などの結果，憲法に関する国民の認識が変わることがある．また，改正手続を経た憲法改正が改正限界を超える内容だったとしても，国民の多くが「有効な改正である」と受け取る場合もある．特に，憲法改正手続に国民投票を要求する場合には，たとえ改正限界を超えていても，「国民投票を経た」という理由で正統性を獲得しやすい．このように，**憲法改正手続以外の出来事による憲法の変動，または形式的には憲法改正手続を踏んでいても，その内容が改正限界を超える憲法の変動のことを革命**と呼ぶ．ハンス・ケルゼンは，憲法やそれに基づき定められた法律に従う人々が思惟の上で前提とする「この憲法に従うべきだ」という規範を根本規範と呼んだ．革命は根本規範の変動とも定義できる．

　革命は，当然のことながら憲法違反である．しかし，道路交通法を破って赤信号を渡る人がいるように，憲法に違反して革命が成立することは事実としてあり得る．「革命は憲法違反」との言説は，「革命は事実として起きえない」という意味ではなく，「革命を革命前の憲法によって規範的に正統化することはできない」という意味である．

▌第 3 節　憲法の保障

❶憲法保障の制度

　憲法は，立憲主義の理念に基づき，権力を制限するように作られている．これに対して，時の権力者は権力の制限を嫌う．そうだとすれば，憲法を破る〈革命〉は，権力者の私的利益に都合がよい方向に進み，人権保障などに悪影響があるのが一般的である．このため，立憲主義的な憲法は，**革命を防ぎ，憲法を維持するための制度**（**憲法保障の制度**）を備えている．

　国民には公務員の選定罷免権があり，憲法に違反した公務員を直接または間接に罷免できる．憲法を無視する国会議員は除名対象であり（憲法58条2項），内閣が違憲行為を繰り返せば，衆議院の不信任決議の対象にもなる（憲法69条）．裁判官に対しても弾劾裁判の規定がある（憲法64条）．違憲な職権行使は，職権濫用罪や賄賂罪などの対象になり（刑法25章），公務員の不法行為に対し

350　第5編　憲法の変動と保障

ては損害賠償も請求できる（憲法 17 条・国家賠償法）.

　公務員が公然と憲法を無視すれば，憲法の実現は極めて困難になる．そこで，憲法 99 条は，「天皇又は摂政及び国務大臣，国会議員，裁判官その他の公務員は，この憲法を尊重し擁護する義務を負ふ」として，公務員に憲法尊重擁護義務を課した.

　当然のことながら，私人としての個々の国民は，憲法尊重擁護義務を負わない（渋谷・憲法 526 頁）．では，有権者団の一員として選挙や国民投票に参加する場面では，「公務員」に含まれるのだろうか．確かに，投票の場面では，一国民も権力を行使している．しかし，憲法は，そうした投票については，自由に投票すること，またはしないことを要求するに止まっている．投票も棄権も自由なのだとすれば，あえて憲法尊重擁護義務を観念する必要はない．また，憲法を制定した主権者国民が，自ら憲法を破壊することを想定する必要もない．このため，通説は，憲法 99 条は有権者団の一員としての国民に義務を課したものではないとする（法協・註解下 1496 頁）.

　裁判所による憲法保障の制度として，違憲立法審査（憲法 81 条）がある．さらに，憲法改正手続の国民投票において政府による脅迫が行われたり，改正限界を超える改憲案が発議されたりした場合には，裁判所は，改正手続の合憲性を審査し，裁判的統制を行うべきだろう（新井他・憲法Ⅰ・244 頁）.

　他にも，国民代表の議会による行政の統制，定期的に行われる国会議員の選挙，自由な政治批判が許される環境なども，憲法保障の制度としての意義がある.

❷ 国家緊急権と抵抗権

　憲法保障に関連し，国家緊急権と抵抗権について説明する.

　国家緊急権とは，**公権力が緊急時にやむを得ず憲法を逸脱する行動をするのを正統化する権能**，**抵抗権**とは，**民衆が公権力に対しやむを得ず法令に違反しつつ抵抗するのを正統化する権利**をいう．国家緊急権・抵抗権の概念は，現に妥当する憲法を破り，革命を導く権能・権利として機能させることもできる一方，現に妥当する憲法を保障する憲法保障のための権能・権利として機能させるこ

ともできることに注意が必要である（南野・世界 113-118 頁）.

国家緊急権と抵抗権を認めるかどうかは，法実証主義と自然法論の影響を受ける．**法実証主義**とは，**現に妥当している実定法を超える効力を持つ法を観念しない考え方**であり，他方，**自然法論**とは，**実定法の上位の自然法を想定し，自然法に違反する実定法の効力を否定すべきとする考え方**をいう．大学の授業で，「大学当局の決めた 3 限の時間は 14 時 30 分までだから」と定刻で授業を終わらせるのは法実証主義的態度，「講師の情熱の尊重は，当局の時間制限に優越する自然法だから」と何時間でも延長するのが自然法論的態度の例である.

法実証主義からすれば，実定法を破壊するような国家緊急権や抵抗権は認められない（松井・憲法 141 頁）.ただし，実定法が一時的に破壊されたとき，実定法を復旧するための国家緊急権や抵抗権を認める余地はある（立憲民主制の政体を抵抗権の根拠とする見解として大石・概論Ⅱ・15 頁）.

他方，自然法論からすれば，日本国憲法遵守が自然法に反する場合には，公権力の緊急措置や民衆の蜂起が許されねばならない．どのような国家緊急権・抵抗権が認められるかは，その論者の想定する自然法の内容による．もっとも，日本国憲法の人権保障規定は十分に網羅的であり，人権保障のために憲法破壊をする国家緊急権・抵抗権を自然権として認める必要は乏しい．現行の憲法が実現する人権尊重，侵略戦争の禁止，独裁の禁止といった事柄の重要性に鑑みれば，革命を導く権能・権利としての国家緊急権・抵抗権という概念を立てることは推奨すべきではないだろう.

人名・事項索引

［あ行］

「悪徳の栄え」事件 …………………… 105
旭川学テ事件判決 …………………… 160
朝日訴訟 ……………………………… 157
新しい人権 …………………………… 204
アファーマティブアクション ………… 191
アメリカ合衆国憲法 …………………… 12
あんま師 ……………………………… 126
イェリネック（Georg Jellinek）………… 62
生きる自由 …………………………… 79
違憲状態 ……………………………… 171
違憲審査基準 ………………………… 71
違憲審査制 …………………………… 20
違憲立法審査制 ……………………… 324
萎縮効果 ……………………………… 99
泉佐野市民会館事件 ………………… 112
イスラム教徒情報収集事件 ………… 197
板まんだら事件 ……………………… 322
1条校 ………………………………… 159
一般行政事務 ………………………… 293
一般的行為の自由 …………………… 211
伊藤博文 ……………………………… 22
意に反する苦役 ……………………… 80
委任命令 ………………………… 245, 294
犬養毅 ………………………………… 25
医療における自己決定権 …………… 211
岩手教祖学テ事件判決 ……………… 227
ヴェーバー（Max Weber）…………… 40
宇治橋事件 …………………………… 226
疑わしき区別 ………………………… 183
「宴のあと」事件 ……………………… 108
上乗せ条例 …………………………… 247
栄典 …………………………………… 186
営利広告 ………………………… 100, 106
エスマン（Adhémar Esmein）………… 33
NHK受信料事件 ………………… 115, 132
愛媛玉串料訴訟 ……………………… 94
エホバ証人剣道受講拒否事件 ……… 94, 197
LRAの基準 …………………………… 72
欧州人権規約 ………………………… 57

［か行］

オウム真理教解散決定 ……………… 89
OECDガイドライン …………………… 205
OECD8原則 …………………………… 206
大分県屋外広告物条例事件 ………… 110
尾高朝雄 ……………………………… 35
恩赦 ……………………………… 297, 301

会期 …………………………………… 268
会計検査院 ……………………… 304, 307
外交権 ………………………………… 295
外国人 …………………………… 184, 212
　——の選挙権 ……………………… 216
　——の地方参政権 ………………… 216
　——の被選挙権 …………………… 216
各院独立活動の原則 ………………… 260
閣議 …………………………………… 291
学生無年金訴訟 ………………… 158, 187
革命 …………………………………… 349
学問 …………………………………… 116
学問の自由 …………………………… 116
鹿児島大嘗祭訴訟 …………………… 94
加持祈禱事件 ……………………… 88, 89
過少保護 ……………………………… 230
過剰保護 ……………………………… 230
過度に広範な法文 ……………… 140, 327
神奈川県臨時特例企業税事件 ……… 248
カレ・ド・マルベール
　（Raymond Carré de Malberg）……… 32
川崎民商事件 …………………… 144, 146
間接差別 ……………………………… 193
間接適用説 …………………………… 231
完全補償説 …………………………… 131
関連性 ………………………………… 69
議案 …………………………………… 297
議院自律権 …………………………… 262
議員定数 ……………………………… 266
議院内閣制 ……………………… 20, 286
議会主権 ……………………………… 11
議会統治制 …………………………… 286
貴族 …………………………………… 185

規則制定権	246	元首	254
基礎的自治体	336	現に有する財産権	128
吉祥寺駅事件	110	憲法	242
既得権	128, 132	憲法改正	251, 284, 346
岐阜県青少年保護育成条例事件	106	憲法改正限界	347
君が代不起立訴訟	85, 197	憲法改正国民投票権	181
義務教育	159	憲法上の義務	235
義務教育の無償	160	憲法制定権力	33
客観訴訟	317	憲法適合解釈	330
客観法	90	憲法保障	349
救助活動	81	憲法問題調査委員会	26
旧優生保護法違憲判決	192, 211	権利具体化法律	74
教育を受けさせる義務	235	権利者の同意	68
教育を受ける権利	158	権力性の契機	36
教科書検定	112	権力分立	19, 239
行政各部	300, 305	言論の名義	98
強制加入団体	86	5・15事件	25
行政権	291	広域自治体	336
行政裁量	318	公開性の理念	240
共有林分割禁止規定違憲判決	131	公共的財産法請求権	127, 131
極東委員会	26	公共の福祉	68, 239
居住・移転の自由	81	公共の利害に関する事実	107
緊急逮捕	142, 144	皇居外苑事件	111
勤労義務	152, 236	合憲限定解釈	328
勤労の権利	161	公権力行使等地方公務員	217
具体的権利	64	皇嗣	255
区長公選制	338	皇室財産	279
軍事	302	公衆衛生	163
君主	254	公衆浴場事件判決	126
軍政権	302	控除説	292
軍令権	302	硬性憲法	4
警察法改正無効事件	319	公正な論評	107
警察予備隊違憲訴訟	325	公然性を有する通信	135
形式的意味の憲法	3	皇祖皇宗ノ神霊	253
刑事補償請求権	150	交通事故の報告義務	147
継続費	278	公務員	237
ゲームルール理論	178	公務就任権	180
「月刊ペン」事件	107	拷問	144
決算	280	小売市場事件判決	123, 126
結社の自由	133	合理性の基準	182
血脈相承事件	322	合理的期間内	171
ケルゼン（Hans Kelsen）	45, 349	合理的配慮の欠如	194
検閲	134	国際慣習法	242
減額修正	278	国際協調主義	43
厳格審査基準	72	国際人権規約	57
現行犯	142	国際法	242

国際連合憲章	46	裁判官の任命	301
国政調査権	263, 304	裁判官の良心	311
国籍	58	裁判所の独立	309
国籍法違憲判決	188, 330	裁判の公開	164, 315
国籍離脱の自由	79	裁判を受ける権利	163
国民財政主義	276	歳費	267
国民主権	31, 238	在留許可更新	214
国民審査	310	在留資格	213
国民内閣制	287	差別	192
国務請求権	73	差別されない権利	192
国務大臣	288	差別助長	193
国立大学	306	サラリーマン税金訴訟	187
国連 PKO	52	猿払事件	225
55 年体制	287	参議院	261
個人情報コントロール権	206	参議院の緊急集会	269
個人の尊重	61	残虐な刑罰	144
国歌	85	三権分立	241
国会単独立法の原則	270	参政権	73, 168
国会中心財政主義	276	サンフランシスコ講和条約	28
国会中心立法の原則	270	GHQ	26
国会に対する連帯責任	288	GHQ 案	27
国会の召集	297	GDP1% 枠	54
国家機関	237	GPS 捜査事件	143
国家緊急権	350	シェイエス（Emmanuel-Joseph Sieyès）	31
国家賠償請求権	166	自衛官合祀訴訟	94
国家法人説	31	自衛隊	291, 303
子ども	229	歯科医師免許	125
個別的自衛権	47	死刑	144
婚姻	198	自己実現の価値	97
		自己情報開示請求権	208
[さ行]		自己統治の価値	97
		自己負罪拒否特権	146
在外国民審査訴訟	179, 330	自主課税権	341
在外邦人選挙権判決	171	自主行政権	341
罪刑均衡	138	自主財政権	341
最高機関	260	自主組織権	340
最高裁判事の罷免権	178	自主立法権	340
最高裁判所	309	事情判決の法理	185
再婚禁止期間	189	私人間効力	230
財産権	126	静岡県美術展「死亡届」事件	112
財政	276	自然権思想	56
再入国許可	214	事前差止	109
裁判	315	事前抑制	99
裁判員	313	思想・良心の自由	82
裁判員制度	81, 145	執行命令	245, 294
裁判官	310	実質的意味の憲法	3
裁判官に対する懲戒	311		

356 人名・事項索引

執政権 ………………………… 285, 293
自動執行力 ……………………… 243
児童の酷使されない権利 …………… 161
児童扶養手当法施行令 ……………… 245
自白 ……………………………… 147
司法 ……………………………… 314
司法官憲 ………………………… 141
司法行政 ………………………… 331
司法権の内在的限界 ………………… 316
司法事実 ………………………… 325
司法書士 ………………………… 125
司法審査制 ……………………… 324
指紋押なつ制度 ………………… 217
社会権 ……………………… 73, 151
社会福祉 ………………………… 163
社会保障 …………………… 163, 187
釈放特権 ………………………… 267
謝罪広告 …………………………… 85
ジャニーズ・ゴールド・マップ事件 …… 108
集会 ……………………………… 98, 111
衆議院 …………………………… 260
衆議院の解散 …………………… 298
宗教活動 ………………………… 134
宗教的活動の自由 ………………… 88
宗教的結社の自由 ………………… 88
宗教法人 …………………………… 89
住居・所持品の不可侵 ……………… 143
自由権 …………………………… 63
自由主義経済 …………………… 121
収税官吏の調査 ………………… 146
自由選挙 ………………………… 170
集団安全保障 ……………………… 46
集団的自衛権 ……………………… 47
住民自治 ………………………… 336
住民投票 …………………… 217, 337, 342
主観訴訟 ………………………… 316
主観法 …………………………… 90
主権 ………………………………… 6
主権国家 …………………………… 6
取材の自由 …………………… 219, 220
酒税 ……………………………… 125
シュミット（Carl Schmitt） …… 8, 234
純粋代表 …………………… 32, 265
消極的権力分立 ………………… 239
消極目的規制 …………………… 123
上告理由の制限 ………………… 166

証拠能力 ………………………… 147
象徴行為 ………………………… 257
象徴天皇制 ……………………… 39, 40
情報公開請求権 ………………… 208
証明力 …………………………… 147
条約 ……………………………… 242
条例 ……………………………… 247
昭和女子大事件 ………………… 233
職業選択の自由 ………………… 121
助言と承認 ……………… 256, 297
女子若年定年制事件 ……………… 233
女性再婚禁止期間規定違憲判決 … 189, 200
処分違憲 ………………………… 327
処分審査 ………………………… 327
署名狂やら殺人前科事件 ……………… 107
白山ひめ神社事件 ………………… 96
知る権利 ………………………… 208
知る自由 ………………………… 115
侵害留保説 …………………… 271, 272
信教の自由 ………………………… 87
親権 ……………………………… 229
人権 ……………………………… 19, 56
信仰の自由 ………………………… 88
人事委員会 ……………………… 226
人事院 …………………………… 226
迅速な裁判 ……………………… 145
水準均衡方式 …………………… 156
砂川事件 ………………………… 318
生活保護 …………… 154, 216, 218
生活保護老齢加算廃止判決 …… 153, 157
請願 ……………………………… 167
税関検査事件 …………………… 134
請求権 …………………… 63, 72, 151
政教分離 …………………………… 90
成人 ……………………………… 250
生存権 …………………………… 152
政党 …………………… 24, 250, 323
性同一性 ………………………… 209
性同一性不適合扱い ……………… 209
正当性 …………………………… 29
正統性 …………………………… 29
正統性の契機 ……………………… 36
正当補償請求権 ………………… 129, 131
制度後退 …………………………… 75
制度準拠審査 ……………………… 76
制度体保障 …………………… 222, 234

制度的保障	234
政府	305
政府言論	102
成文憲法	3
世界人権宣言	57
積極的権力分立	239
積極目的規制	123
摂政	255
絶対平和主義	49
選挙	251
選挙運動	177
選挙権	169
選挙の方法	266
全国民の代表	259, 265
全司法仙台事件判決	227
選択助成	112
選択助成の法理	101
全逓東京中郵事件判決	227
全逓名古屋中郵事件判決	227
せんどう	104
全農林警職法事件判決	227
全部無効	327
全部留保説	273
戦力	53
増額修正	278
争議権	162
総合考慮基準	93
相当性	70
遡及処罰	147
訴訟事件	165
租税国家の原理	276
租税法律主義	277
空知太神社事件判決	93, 95
尊属殺	186
尊属殺重罰規定違憲判決	186
存立危機事態	50

［た行］

第一次家永教科書裁判	112
第一次夫婦別姓訴訟	189, 200
大学の自治	119
代行命令	294
対審	164, 315
大臣助言制	11, 256
大統領制	20, 286
第二次夫婦別姓訴訟	189

大日本帝国憲法	22
太平洋戦争	25
逮捕	141
高田事件	145
滝川事件	118
滝川幸辰	118
立川ビラ事件	110, 197
単一国家	42
弾劾裁判	332
弾劾裁判所	283
段階理論	122
団結権	162
男女の本質的平等	202
団体交渉権	162
団体自治	336
地方議会	337
地方議会の懲罰議決	319
地方自治の本旨	335
地方特別法	341
嫡出子	188
チャタレイ事件	105
中央政府直轄地否定の原則	336
中間団体	5, 38
抽象的義務	236
抽象的権利	64
抽象的審査制	18, 324
懲戒処分	224
超然主義	24
町村総会	337
直接差別	193
直接選挙	170
著作権	131
沈黙の自由	83, 88
通常国会	268
通信	135
津地鎮祭判決	91, 93
定義づけ考量	104
抵抗権	350
帝国	4
TBS ビデオテープ押収事件	221
敵基地攻撃能力	54
適正手続	137
適用違憲	327
適用審査	327
デフレ調整	157
デモ行進	98, 111

358 人名・事項索引

寺西判事補事件 …………………… 226
天皇 ……………… 22, 221, 252, 321
天皇・皇族の離脱の自由 …………… 222
天皇コラージュ事件 ………………… 113
東京都公安条例事件 ………………… 111
統帥権 ………………………………… 302
同性婚 ………………… 190, 198, 201
東大ポポロ事件 ……………………… 120
統治行為 ……………………………… 318
投票価値 ……………………………… 171
都教組事件判決 ……………………… 227
トクヴィル（Alexis de Tocqueville）… 38
徳島市公安条例事件 ………… 139, 247
特定行為排除権 ……………………… 64
特別権力関係 ………………………… 223
特別国会 ……………………………… 268
特別裁判所 …………………………… 309
独立行政委員会 ……………………… 305
独立命令 ……………………… 244, 294
苫米地事件 …………………………… 318
富平神社事件 ………………………… 95
富山大学事件判決 …………………… 321
囚われの聴衆 ………………………… 85
トランスジェンダー ………………… 209
奴隷的拘束 …………………………… 80

［な行］

内閣総理大臣 ………………… 281, 289
内閣不信任決議 ……………………… 282
内申書 ………………………………… 86
内心の自由 …………………………… 83
長沼ナイキ事件 ……………………… 52
ナシオン主権論 ……………… 32, 265
ナショナリズム ……………………… 37
那覇市至聖廟事件 …………………… 96
ナポレオン（Napoléon Bonaparte）… 15
ナポレオン 3 世（Napoléon Ⅲ）…… 15
軟性憲法 ……………………………… 4
新潟県公安条例事件 ………………… 110
二院制 ………………………………… 260
西陣ネクタイ事件 …………………… 125
二重刑罰 ……………………………… 148
二重処罰 ……………………………… 148
二重訴追 ……………………………… 148
二重の基準論 ………………………… 65
日米地位協定 ………………………… 320

日中戦争 ……………………………… 25
2・26 事件 …………………………… 25
日本学術会議 ………………… 120, 306
日本新党繰上補充事件 ……………… 175
入国・在留の自由 …………………… 79
人間の尊厳 …………………………… 56
年度独立原則 ………………………… 277
納税の義務 …………………………… 236
農地改革事件 ………………………… 132
農地法改正事件 ……………………… 128
ノモス主権論 ………………………… 35
ノン・アフェクタシオン原則 ……… 276
ノンフィクション「逆転」事件 …… 108

［は行］

博多駅事件決定 ……………………… 220
八月革命説 …………………………… 34
パブリックフォーラム ……………… 110
パブリックフォーラムの法理 ……… 100
パリ不戦条約 ………………………… 45
判決 …………………………………… 315
半大統領制 …………………………… 20
半代表 ………………………………… 33
非核三原則 …………………………… 54
非差別原則 …………………………… 195
被収容者 ……………………………… 228
批准 …………………………………… 295
非訟事件手続法 ……………………… 165
ビスマルク（Otto von Bismarck）… 17
ビスマルク憲法 ……………………… 17
被選挙権 ……………………………… 179
非嫡出子 ……………………………… 188
非嫡出子の法定相続分 ……………… 188
必要性 ………………………………… 69
人および市民の権利宣言 …………… 14
人の支配 ……………………………… 240
ヒトラー（Adolf Hitler）…………… 17
一人別枠方式 ………………………… 172
秘密会 ………………………………… 269
秘密選挙 ……………………………… 170
百里基地訴訟 ………………………… 52
表現内容規制 ………………………… 99
表現の自由 …………………………… 96
平等権 ………………………… 76, 181
平等原則 ……………………………… 181
平等選挙 ……………………………… 170

人名・事項索引　359

比例代表 …………………………………… 175
広島市暴走族追放条例事件 …………… 140
ヒンデンブルク（Paul von Hindenburg）
　………………………………………………… 17
夫婦別姓 …………………………………… 189
プープル主権論 ………………………… 32, 265
福岡県青少年保護育成条例事件 ……… 139
腹話術的言論 …………………………… 85
付随的審査制 …………………………… 13, 324
不逮捕特権 ……………………………… 267
普通選挙 ………………………………… 170
船橋市図書館蔵書廃棄事件 …………… 113
部分違憲 ………………………………… 327
不文憲法 ………………………………… 4
部分社会の法理 ………………………… 321
部分無効 ………………………………… 327
プライバシー …………………………… 143
プライバシー権 ……………… 108, 205-207
フランス第五共和政憲法（1958 年憲法）
　………………………………………………… 16
武力攻撃事態 …………………………… 50
武力不行使原則 ………………………… 46
プログラム規定 ………………………… 63
文化専門職 ……………………………… 101, 113
分限裁判 ………………………………… 166
文民 ……………………………………… 290
文民統制 ………………………………… 290
ヘイトスピーチ ………………………… 114
平和主義 ………………………………… 44
偏見 ……………………………………… 192
帆足計事件 ……………………………… 82
包括的基本権 …………………………… 203
法規 ……………………………………… 271, 326
防御権 …………………………………… 64, 78
防御権の制約 …………………………… 67
褒章条例 ………………………………… 273
法人 ……………………………………… 218
法制度保障 ……………………………… 234
法曹一元制 ……………………………… 310
法治国 …………………………………… 240
法の支配 ………………………………… 240
法命題 …………………………………… 272
法律 ……………………………………… 244
法律事項 ………………………………… 270, 274
法律上の争訟 …………………………… 163, 308
法律先占論 ……………………………… 247

法律の一般性 …………………………… 274
法律の範囲内 …………………………… 247
法律の法規創造力の原則 ……………… 272
法律の優位 ……………………………… 244
法律の留保 ……………………………… 271
法令違憲 ………………………………… 327
法令の全体審査 ………………………… 327
法令の部分審査 ………………………… 327
保護範囲 ………………………………… 65
ボダン（Jean Bodin）………………… 6
ポツダム宣言 ………………… 25, 26, 34
ホッブズ（Thomas Hobbes）………… 6
北方ジャーナル事件 …………………… 109
堀木訴訟 ………………………… 158, 187
堀越事件 ………………………………… 226
ボン基本法 ……………………………… 18
本質性理論 ……………………………… 273

[ま行]

マーケットバスケット方式 …………… 156
マグナ・カルタ ………………………… 10
マクリーン事件判決 …………… 213, 217
マスメディア …………………………… 219
麻薬管理の記帳義務 …………………… 146
三菱樹脂事件 …………………………… 233
南九州税理士会事件 …………………… 85
美濃部事件 ……………………………… 118
美濃部達吉 ……………………………… 118
宮沢俊義 ………………………………… 34
宮本から君へ事件 ……………………… 113
民主主義 ………………………………… 239
民主主義的な社会秩序 ………………… 97
無差別戦争観 …………………………… 45
明確性の要請 …………………………… 138
明白性の基準 …………………………… 123
明白性の原則 …………………………… 123
名誉権 …………………………………… 106
命令 ……………………………………… 244, 293
メディアの部分規制 …………………… 103
免責特権 ………………………………… 268
目的効果基準 …………………………… 93
目的二分論 ……………………………… 123
黙秘権 …………………………………… 146

[や行]

薬事法違憲判決 ………………… 122, 125

薬事法施行規則 ……………………… 245
八幡製鉄事件判決 …………………… 219
唯一の立法機関 ……………………… 270
有害図書 ……………………………… 106
有権者団 ……………………………… 249
郵便法違憲判決 ………………… 167, 330
ゆがみ調整 …………………………… 157
要指導医薬品 ………………………… 125
横出し条例 …………………………… 247
予算 …………………… 246, 277, 296
予算の年度独立原則 ………………… 246
吉田茂 ………………………………… 27
「四畳半襖の下張」事件 …………… 105
よど号ハイジャック記事抹消事件 … 228
予備費 ………………………………… 279
予防接種ワクチン禍事件 …………… 132

[ら行]

立憲君主制 …………………………… 20
立憲主義 ……………………………… 8
立憲的意味の憲法 …………………… 9

立法 …………………………………… 270
立法裁量 ………………… 75, 185, 318
立法事実 ………………………… 70, 325
立法不作為の違憲確認 ……………… 330
両院可決原則 ………………………… 275
両院協議会 …………………………… 262
両性の合意 …………………………… 199
臨時国会 ……………………………… 268
臨時代行 ……………………………… 255
ルソー（Jean-Jacques Rousseau）………… 38
令状 ……………………………… 141, 143
レペタ訴訟 …………………………… 115
連邦国家 ……………………………… 42
労働基本権 …………………………… 162
ロエスレル（Karl Friedrich Hermann Rösler）
………………………………………… 22
ロンドン海軍軍縮条約 ……………… 24

[わ行]

わいせつ ……………………………… 105
ワイマール憲法 ………………… 17, 62

判例索引

昭和 20 年〜29 年

最大判昭和 23 年 3 月 12 日刑集 2 巻 3 号 191 頁 ································· 145
最大判昭和 23 年 11 月 17 日刑集 2 巻 12 号 1565 頁 ··························· 311
最大判昭和 24 年 5 月 18 日刑集 3 巻 6 号 839 頁 ······························ 104
最大判昭和 24 年 12 月 21 日刑集 3 巻 12 号 2062 頁 ·························· 150
最大判昭和 25 年 3 月 15 日刑集 4 巻 3 号 366 頁 ······························ 150
最二判昭和 25 年 4 月 14 日刑集 4 巻 4 号 587 頁 ······························ 150
最大判昭和 25 年 9 月 27 日刑集 4 巻 9 号 1805 頁 ···························· 148
最一判昭和 26 年 5 月 10 日刑集 5 巻 6 号 1026 頁 ···························· 105
最二決昭和 26 年 10 月 6 日刑集 5 巻 11 号 2173 頁 ·························· 149
最大判昭和 27 年 2 月 20 日民集 6 巻 2 号 122 頁 ······························ 332
最二判昭和 27 年 9 月 12 日刑集 6 巻 8 号 1071 頁 ···························· 149
最大判昭和 27 年 10 月 8 日民集 6 巻 9 号 783 頁（警察予備隊違憲訴訟）················ 325
最大判昭和 27 年 12 月 24 日刑集 6 巻 11 号 1346 頁 ·························· 245
最大判昭和 28 年 4 月 8 日刑集 7 巻 4 号 775 頁 ······························ 223
最大判昭和 28 年 12 月 9 日刑集 7 巻 12 号 2415 頁 ··························· 149
最大判昭和 28 年 12 月 23 日民集 7 巻 13 号 1523 頁（農地改革事件）··········· 131, 132
最大判昭和 28 年 12 月 23 日民集 7 巻 13 号 1561 頁（皇居外苑事件）············· 111
東京地決昭和 29 年 3 月 6 日判時 22 号 3 頁 ·································· 267
最二判昭和 29 年 7 月 2 日刑集 8 巻 7 号 1009 頁 ······························ 149
最二判昭和 29 年 7 月 16 日刑集 8 巻 7 号 1151 頁 ···························· 146
最大判昭和 29 年 11 月 24 日刑集 8 巻 11 号 1866 頁（新潟県公安条例事件）·········· 110, 111

昭和 30 年〜39 年

最大判昭和 30 年 1 月 26 日刑集 9 巻 1 号 89 頁（公衆浴場事件判決）················· 126
最大判昭和 30 年 2 月 9 日刑集 9 巻 2 号 217 頁 ······························ 171
最二判昭和 30 年 4 月 22 日民集 9 巻 5 号 911 頁 ···························· 246
最大判昭和 30 年 4 月 27 日刑集 9 巻 5 号 924 頁 ···························· 143
最大判昭和 30 年 12 月 14 日刑集 9 巻 13 号 2760 頁 ·························· 142
最大判昭和 31 年 5 月 30 日刑集 10 巻 5 号 756 頁 ···························· 309
最大判昭和 31 年 7 月 4 日民集 10 巻 7 号 785 頁 ······························· 85
最大判昭和 32 年 3 月 13 日刑集 11 巻 3 号 997 頁（チャタレイ事件）·············· 105
最二判昭和 32 年 5 月 24 日刑集 11 巻 5 号 1540 頁 ·························· 149
最二判昭和 33 年 3 月 28 日民集 12 巻 4 号 624 頁 ···························· 271
最大判昭和 33 年 4 月 30 日民集 12 巻 6 号 938 頁 ···························· 149
最大判昭和 33 年 9 月 10 日民集 12 巻 13 号 1969 頁（帆足計事件）·············· 82
最大判昭和 33 年 10 月 15 日刑集 12 巻 14 号 3305 頁 ······················· 184
最一判昭和 34 年 4 月 9 日刑集 13 巻 4 号 442 頁 ···························· 150
最大判昭和 34 年 7 月 8 日刑集 13 巻 7 号 1132 頁 ···························· 125
最大判昭和 34 年 12 月 16 日刑集 13 巻 13 号 3225 頁（砂川事件）·············· 53, 318

362 判例索引

最大判昭和 35 年 3 月 9 日民集 14 巻 3 号 355 頁 ································ 319
最一判昭和 35 年 3 月 10 日刑集 14 巻 3 号 326 頁 ····························· 150
最大判昭和 35 年 6 月 8 日民集 14 巻 7 号 1206 頁（苫米地事件）········ 299, 318
最大決昭和 35 年 7 月 6 日民集 14 巻 9 号 1657 頁 ····························· 165
最大判昭和 35 年 7 月 20 日刑集 14 巻 9 号 1243 頁（東京都公安条例事件）··· 111
最大判昭和 35 年 10 月 19 日民集 14 巻 12 号 2633 頁 ························· 320
最三判昭和 35 年 11 月 1 日集刑 135 号 679 頁 ································· 149
最大判昭和 36 年 2 月 15 日刑集 15 巻 2 号 347 頁 ····························· 106
最大判昭和 36 年 6 月 7 日刑集 15 巻 6 号 915 頁 ······························ 144
最大判昭和 37 年 3 月 7 日民集 16 巻 3 号 445 頁（警察法改正無効事件）····· 319
最大判昭和 37 年 5 月 2 日刑集 16 巻 5 号 495 頁 ······························ 147
最大判昭和 37 年 5 月 30 日刑集 16 巻 5 号 577 頁 ···························· 247
最大判昭和 37 年 11 月 28 日刑集 16 巻 11 号 1593 頁（第三者所有物没収事件）··· 137, 327
最大判昭和 38 年 3 月 27 日刑集 17 巻 2 号 121 頁 ····························· 338
最大判昭和 38 年 5 月 15 日刑集 17 巻 4 号 302 頁（加持祈禱事件）········· 88
最大判昭和 38 年 5 月 22 日刑集 17 巻 4 号 370 頁（東大ポポロ事件）······ 120
最大判昭和 38 年 12 月 25 日民集 17 巻 12 号 1789 頁 ························· 131
最大判昭和 39 年 2 月 26 日民集 18 巻 2 号 343 頁 ····························· 160
最二判昭和 39 年 6 月 5 日刑集 18 巻 5 号 189 頁 ······························ 150
東京地判昭和 39 年 9 月 28 日下民集 15 巻 9 号 2317 頁（「宴のあと」事件）··· 108, 205
最二判昭和 39 年 10 月 16 日集刑 152 号 1035 頁 ······························ 150
最大判昭和 39 年 11 月 18 日刑集 18 巻 9 号 579 頁 ······················· 184, 217

昭和 40 年～49 年

最大決昭和 40 年 6 月 30 日民集 19 巻 4 号 1089 頁 ···························· 165
最大決昭和 40 年 6 月 30 日民集 19 巻 4 号 1114 頁 ···························· 165
最大決昭和 41 年 3 月 2 日民集 20 巻 3 号 360 頁 ······························ 165
最一判昭和 41 年 6 月 23 日民集 20 巻 5 号 1118 頁（署名狂やら殺人前科事件）··· 107
最大判昭和 41 年 10 月 26 日刑集 20 巻 8 号 901 頁（全逓東京中郵事件判決）··· 227
最大決昭和 41 年 12 月 27 日民集 20 巻 10 号 2279 頁 ························· 165
最大判昭和 42 年 3 月 8 日刑集 21 巻 2 号 423 頁 ······························ 149
最大判昭和 42 年 5 月 24 日民集 21 巻 5 号 1043 頁（朝日訴訟判決）······ 152, 157
最一判昭和 42 年 5 月 25 日民集 21 巻 4 号 937 頁 ····························· 89
旭川地判昭和 43 年 3 月 25 日下民集 10 巻 3 号 293 頁 ························ 225
最大判昭和 43 年 11 月 27 日刑集 22 巻 12 号 1402 頁（河川附近地制限令事件判決）··· 130
最大判昭和 43 年 12 月 18 日刑集 22 巻 13 号 1549 頁（大阪市屋外広告物条例事件）··· 109
最大判昭和 44 年 4 月 2 日刑集 23 巻 5 号 305 頁（都教組事件判決）······ 227
最大判昭和 44 年 4 月 2 日刑集 23 巻 5 号 685 頁（全司法仙台事件判決）···· 227
最大判昭和 44 年 4 月 23 日刑集 23 巻 4 号 235 頁 ····························· 177
最大判昭和 44 年 6 月 25 日刑集 23 巻 7 号 975 頁 ····························· 107
最大判昭和 44 年 10 月 15 日刑集 23 巻 10 号 1239 頁（「悪徳の栄え」事件）··· 105
最大決昭和 44 年 11 月 26 日刑集 23 巻 11 号 1490 頁（博多駅事件決定）··· 220
最大判昭和 45 年 6 月 24 日民集 24 巻 6 号 625 頁（八幡製鉄事件判決）··· 219
静岡地判昭和 47 年 6 月 2 日判時 671 号 26 頁（静岡県美術展「死亡届」事件）··· 112
最大判昭和 47 年 11 月 22 日刑集 26 巻 9 号 554 頁（川崎民商事件）······ 144, 146
最大判昭和 47 年 11 月 22 日刑集 26 巻 9 号 586 頁（小売市場事件判決）··· 123, 124, 126

最大判昭和 47 年 12 月 20 日刑集 26 巻 10 号 631 頁（高田事件）‥‥‥‥‥‥‥‥‥‥‥ 145
最大判昭和 48 年 4 月 4 日民集 27 巻 3 号 265 頁（尊属殺重罰規定違憲判決）‥‥‥‥‥‥ 186
最大判昭和 48 年 4 月 25 日刑集 27 巻 4 号 547 頁（全農林警職法事件判決）‥‥‥‥‥‥ 227
札幌地判昭和 48 年 9 月 7 日民集 36 巻 9 号 1791 頁（長沼ナイキ事件第一審判決）‥‥‥‥ 52
最大判昭和 48 年 12 月 12 日民集 27 巻 11 号 1536 頁（三菱樹脂事件）‥‥‥‥‥‥‥‥‥ 233
最三判昭和 49 年 7 月 19 日民集 28 巻 5 号 790 頁（昭和女子大事件）‥‥‥‥‥‥‥‥‥‥ 233
最大判昭和 49 年 11 月 6 日民集 28 巻 9 号 393 頁（猿払事件）‥‥‥‥‥‥‥‥‥‥‥‥‥ 225

昭和 50 年〜59 年

神戸簡判昭和 50 年 2 月 20 日刑月 7 巻 2 号 104 頁 ‥‥‥‥‥‥‥‥‥‥‥‥‥‥‥‥‥‥ 89
最大判昭和 50 年 4 月 30 日民集 29 巻 4 号 572 頁（薬事法違憲判決）‥‥‥‥‥‥‥‥‥‥ 122
最大判昭和 50 年 9 月 10 日刑集 29 巻 8 号 489 頁（徳島市公安条例事件）‥‥‥‥ 139, 247, 341
最大判昭和 51 年 4 月 14 日民集 30 巻 3 号 223 頁 ‥‥‥‥‥‥‥‥‥‥‥‥‥‥ 171-173
最大判昭和 51 年 5 月 21 日刑集 30 巻 5 号 615 頁（旭川学テ事件判決）‥‥‥‥‥‥‥‥‥ 160
最大判昭和 51 年 5 月 21 日刑集 30 巻 5 号 1178 頁（岩手教組学テ事件判決）‥‥‥‥‥‥ 227
水戸地判昭和 52 年 2 月 17 日民集 43 巻 6 号 506 頁（百里基地訴訟第一審判決）‥‥‥‥‥ 52
最三判昭和 52 年 3 月 15 日民集 31 巻 2 号 234 頁（富山大学事件判決）‥‥‥‥‥‥‥‥‥ 321
最大判昭和 52 年 5 月 4 日刑集 31 巻 3 号 182 頁（全逓名古屋中郵事件判決）‥‥‥‥‥‥ 227
最大判昭和 52 年 7 月 13 日民集 31 巻 4 号 533 頁（津地鎮祭判決）‥‥‥‥‥‥‥‥‥ 91, 93
最大判昭和 53 年 7 月 12 日民集 32 巻 5 号 946 頁（農地法改正事件判決）‥‥‥‥‥ 128, 132
最大判昭和 53 年 10 月 4 日民集 32 巻 7 号 1223 頁（マクリーン事件判決）‥‥‥‥‥‥‥ 213
最二判昭和 55 年 11 月 28 日刑集 34 巻 6 号 433 頁（「四畳半襖の下張」事件）‥‥‥‥‥‥ 105
最三判昭和 56 年 3 月 24 日民集 35 巻 2 号 300 頁（女子若年定年制事件）‥‥‥‥‥‥‥‥ 233
最三判昭和 56 年 4 月 7 日民集 35 巻 3 号 443 頁（板まんだら事件）‥‥‥‥‥‥‥‥‥‥ 322
最一判昭和 56 年 4 月 16 日刑集 35 巻 3 号 84 頁（「月刊ペン」事件）‥‥‥‥‥‥‥‥‥‥ 107
最三判昭和 56 年 6 月 15 日刑集 35 巻 4 号 205 頁 ‥‥‥‥‥‥‥‥‥‥‥‥‥‥‥‥‥‥ 177
最三判昭和 56 年 7 月 21 日刑集 35 巻 5 号 568 頁 ‥‥‥‥‥‥‥‥‥‥‥‥‥‥‥‥‥‥ 178
最大判昭和 57 年 7 月 7 日民集 36 巻 7 号 1235 頁（堀木訴訟判決）‥‥‥‥‥‥ 153, 158, 187
最一判昭和 57 年 9 月 9 日民集 36 巻 9 号 1679 頁（長沼ナイキ事件）‥‥‥‥‥‥‥‥‥‥ 52
最三判昭和 57 年 11 月 16 日刑集 36 巻 11 号 908 頁 ‥‥‥‥‥‥‥‥‥‥‥‥‥‥‥‥‥ 111
最大判昭和 58 年 4 月 27 日民集 37 巻 3 号 345 頁 ‥‥‥‥‥‥‥‥‥‥‥‥‥‥‥‥‥‥ 174
最大判昭和 58 年 6 月 22 日民集 37 巻 5 号 793 頁（よど号ハイジャック記事抹消事件）‥‥ 228
最大判昭和 58 年 11 月 7 日民集 37 巻 9 号 1243 頁 ‥‥‥‥‥‥‥‥‥‥‥‥‥‥‥‥‥ 173
最三判昭和 59 年 3 月 27 日刑集 38 巻 5 号 2037 頁 ‥‥‥‥‥‥‥‥‥‥‥‥‥‥‥‥‥ 146
最一判昭和 59 年 5 月 17 日民集 38 巻 7 号 721 頁 ‥‥‥‥‥‥‥‥‥‥‥‥‥‥‥‥‥‥ 176
東京地判昭和 59 年 5 月 18 日訟月 30 巻 11 号 2011 頁（予防接種ワクチン禍事件）‥‥‥ 132
最大判昭和 59 年 12 月 12 日民集 38 巻 12 号 1308 頁（税関検査事件）‥‥‥‥‥‥‥‥‥ 134
最三判昭和 59 年 12 月 18 日刑集 38 巻 12 号 3026 頁（吉祥寺駅事件）‥‥‥‥‥‥‥‥‥ 110

昭和 60 年〜64 年

最大判昭和 60 年 3 月 27 日民集 39 巻 2 号 247 頁（サラリーマン税金訴訟）‥‥‥‥‥‥‥ 187
最大判昭和 60 年 7 月 17 日民集 39 巻 5 号 1100 頁 ‥‥‥‥‥‥‥‥‥‥‥‥‥‥ 172, 173
最大判昭和 60 年 10 月 23 日刑集 39 巻 6 号 413 頁（福岡県青少年保護育成条例事件）‥‥ 139
最一判昭和 61 年 3 月 27 日判時 1195 号 66 頁 ‥‥‥‥‥‥‥‥‥‥‥‥‥‥‥‥‥‥‥ 174
最大判昭和 61 年 6 月 11 日民集 40 巻 4 号 872 頁（北方ジャーナル事件）‥‥‥‥‥‥‥‥ 109
最三判昭和 62 年 2 月 17 日判時 1243 号 10 頁 ‥‥‥‥‥‥‥‥‥‥‥‥‥‥‥‥‥‥‥ 176

364　判例索引

最三判昭和 62 年 3 月 3 日刑集 41 巻 2 号 15 頁（大分県屋外広告物条例事件）……………………… 110
最大判昭和 62 年 4 月 22 日民集 41 巻 3 号 408 頁（共有林分割禁止規定違憲判決）…… 131, 132
最一判昭和 62 年 9 月 24 日判時 1273 号 35 頁 ……………………………………………………… 174
最大判昭和 63 年 6 月 1 日民集 42 巻 5 号 277 頁（自衛官合祀訴訟）……………………………… 94
最二判昭和 63 年 7 月 15 日判時 1287 号 65 頁 ……………………………………………………… 86
最二判昭和 63 年 10 月 21 日判時 1321 号 123 頁 …………………………………………………… 174
最二判昭和 63 年 10 月 21 日民集 42 巻 8 号 644 頁 ………………………………………………… 173
最三判昭和 63 年 12 月 20 日判時 1307 号 113 頁 …………………………………………………… 323

平成元年〜9 年

最大判平成元年 3 月 8 日民集 43 巻 2 号 89 頁（レペタ訴訟）……………………………………… 115
最三判平成元年 6 月 20 日民集 43 巻 6 号 385 頁（百里基地訴訟）………………………………… 52
最三判平成元年 9 月 19 日刑集 43 巻 8 号 785 頁（岐阜県青少年保護育成条例事件）………… 106
最二判平成元年 11 月 22 日民集 43 巻 10 号 1160 頁 ………………………………………………… 321
最一判平成元年 12 月 14 日刑集 43 巻 13 号 841 頁（どぶろく裁判）…………………………… 212
最一判平成元年 12 月 21 日民集 43 巻 12 号 2252 頁 ………………………………………………… 107
最三判平成 2 年 2 月 6 日訟月 36 巻 12 号 2242 頁（西陣ネクタイ事件）………………………… 125
最二決平成 2 年 7 月 9 日刑集 44 巻 5 号 421 頁（TBS ビデオテープ押収事件）……………… 221
最二判平成 2 年 9 月 28 日刑集 44 巻 6 号 463 頁 …………………………………………………… 104
最三判平成 3 年 4 月 23 日民集 45 巻 4 号 554 頁 …………………………………………………… 176
最大判平成 4 年 7 月 1 日民集 46 巻 5 号 437 頁（成田新法事件）…………………………… 137, 184
最三判平成 4 年 12 月 15 日民集 46 巻 9 号 2829 頁 ………………………………………………… 125
東京高判平成 4 年 12 月 18 日高民集 45 巻 3 号 212 頁 …………………………………………… 132
最大判平成 5 年 1 月 20 日判時 47 巻 1 号 67 頁 …………………………………………………… 173
最二判平成 5 年 2 月 26 日判時 1452 号 37 頁 ……………………………………………………… 216
最三判平成 5 年 3 月 16 日民集 47 巻 5 号 3483 頁（第一次家永教科書裁判）………………… 112
最三判平成 5 年 9 月 7 日民集 47 巻 7 号 4667 頁（血脈相承事件）……………………………… 322
最三判平成 6 年 2 月 8 日民集 48 巻 2 号 149 頁（ノンフィクション「逆転」事件）…… 108, 205
最大判平成 7 年 2 月 22 日刑集 49 巻 2 号 1 頁（ロッキード事件丸紅ルート判決）………… 289
最三判平成 7 年 2 月 28 日民集 49 巻 2 号 639 頁 ………………………………… 216, 334, 338
最三判平成 7 年 3 月 7 日民集 49 巻 3 号 687 頁（泉佐野市民会館事件）……………………… 112
最一判平成 7 年 5 月 25 日民集 49 巻 5 号 1279 頁（日本新党繰上補充事件）………………… 175
最一判平成 7 年 6 月 8 日民集 49 巻 6 号 1443 頁 …………………………………………………… 173
最大決平成 7 年 7 月 5 日民集 49 巻 7 号 1789 頁 ………………………………………… 188, 196
最三判平成 7 年 12 月 15 日刑集 49 巻 10 号 842 頁 ………………………………………………… 217
最一決平成 8 年 1 月 30 日民集 50 巻 1 号 199 頁（オウム真理教解散決定）………………… 89
最二判平成 8 年 3 月 8 日民集 50 巻 3 号 469 頁（エホバ証人剣道受講拒否事件）…… 94, 197
最三判平成 8 年 3 月 19 日民集 50 巻 3 号 615 頁（南九州税理士会事件）…………………… 85
仙台高判平成 8 年 7 月 8 日高民集 49 巻 2 号 38 頁 ………………………………………………… 177
最大判平成 8 年 9 月 11 日民集 50 巻 8 号 2283 頁 ………………………………………………… 174
最二判平成 8 年 11 月 18 日刑集 50 巻 10 号 745 頁 ………………………………………………… 148
最大判平成 9 年 4 月 2 日民集 51 巻 4 号 1673 頁（愛媛玉串料訴訟）…………………………… 94
東京地判平成 9 年 6 月 23 日判時 1618 号 97 頁（ジャニーズ・ゴールド・マップ事件）…… 108
最三判平成 9 年 9 月 9 日民集 51 巻 8 号 3850 頁 …………………………………………………… 268

平成 10 年〜19 年

最二判平成 10 年 3 月 13 日集民 187 号 409 頁 ……………………………… 216
最大判平成 10 年 9 月 2 日民集 52 巻 6 号 1373 頁 ……………………… 174
最三判平成 10 年 10 月 13 日判時 1662 号 83 頁 ………………………… 150
東京地判平成 10 年 11 月 30 日判時 1686 号 68 頁（『ジャニーズおっかけマップ』事件）…… 205
最大決平成 10 年 12 月 1 日民集 52 巻 9 号 1761 頁（寺西判事補事件）…… 166, 226
最大判平成 11 年 3 月 24 日民集 53 巻 3 号 514 頁 ……………………… 142
最大判平成 11 年 11 月 10 日民集 53 巻 8 号 1577 頁 ……………… 173, 175
最大判平成 11 年 11 月 10 日民集 53 巻 8 号 1704 頁 …………………… 175
最二判平成 11 年 12 月 16 日刑集 53 巻 9 号 1327 頁（電話傍受判決）…… 135
最三判平成 12 年 2 月 8 日刑集 54 巻 2 号 1 頁 ………………………… 125
名古屋高判（金沢支部）平成 12 年 2 月 16 日判時 1726 号 111 頁（天皇コラージュ事件）… 113
最三判平成 12 年 2 月 29 日民集 54 巻 2 号 582 頁（エホバ証人輸血拒否事件）…… 211
最大判平成 12 年 9 月 6 日民集 54 巻 7 号 1997 頁 ……………………… 174
最三判平成 13 年 2 月 13 日判時 1745 号 94 頁 ………………………… 166
最三判平成 13 年 9 月 25 日集民 203 号 1 頁 …………………………… 218
最三判平成 13 年 12 月 18 日民集 55 巻 7 号 1712 頁 …………………… 173
最一判平成 14 年 1 月 31 日民集 56 巻 1 号 246 頁 ……………………… 245
最大判平成 14 年 2 月 13 日民集 56 巻 2 号 331 頁 ……………………… 131
最三判平成 14 年 6 月 11 日民集 56 巻 5 号 958 頁 ……………………… 131
最一判平成 14 年 7 月 11 日民集 56 巻 6 号 1204 頁（鹿児島大嘗祭訴訟）…… 94
最大判平成 14 年 9 月 11 日民集 56 巻 7 号 1439 頁（郵便法違憲判決）…… 75, 167, 330
最二判平成 14 年 9 月 27 日判時 1802 号 45 頁 ………………………… 217
最大判平成 16 年 1 月 14 日民集 58 巻 1 号 1 頁 ………………………… 175
最大判平成 16 年 1 月 14 日民集 58 巻 1 号 56 頁 ……………………… 174
最三判平成 17 年 1 月 26 日民集 59 巻 1 号 128 頁 ……………………… 217
最一判平成 17 年 4 月 14 日刑集 59 巻 3 号 259 頁 ……………………… 315
最一判平成 17 年 7 月 14 日民集 59 巻 6 号 1569 頁（船橋市図書館蔵書廃棄事件）…… 113
最大判平成 17 年 9 月 14 日民集 59 巻 7 号 2087 頁（在外邦人選挙権判決）…… 170, 171, 330
最大判平成 18 年 3 月 1 日民集 60 巻 2 号 587 頁（旭川市国民健康保険条例事件）…… 272
最大判平成 18 年 10 月 4 日民集 60 巻 8 号 2696 頁 …………………… 174
最大判平成 19 年 6 月 13 日民集 61 巻 4 号 1617 頁 …………………… 173
最三判平成 19 年 9 月 18 日刑集 61 巻 6 号 601 頁（広島市暴走族追放条例事件）…… 140
最二判平成 19 年 9 月 28 日民集 61 巻 6 号 2345 頁（学生無年金訴訟）…… 153, 158, 187

平成 20 年〜30 年

最三判平成 20 年 2 月 19 日民集 62 巻 2 号 445 頁 ……………………… 105
最二判平成 20 年 4 月 11 日刑集 62 巻 5 号 1217 頁（立川ビラ事件）…… 110, 197
最大判平成 20 年 6 月 4 日民集 62 巻 6 号 1367 頁（国籍法違憲判決）…… 185, 188, 330
最三判平成 21 年 9 月 30 日民集 63 巻 7 号 1520 頁 …………………… 174
最大判平成 22 年 1 月 20 日民集 64 巻 1 号 1 頁（空知太神社事件判決）…… 90, 93, 95
最大判平成 22 年 1 月 20 日民集 64 巻 1 号 128 頁（富平神社事件判決）…… 95
最一判平成 22 年 7 月 22 日判時 2087 号 26 頁（白山ひめ神社事件判決）…… 96
最大判平成 23 年 3 月 23 日民集 65 巻 2 号 755 頁 …………………… 172, 173, 178
最二判平成 23 年 5 月 30 日民集 65 巻 4 号 1780 頁（君が代不起立訴訟）…… 84, 85, 197

366 判例索引

最一判平成 23 年 9 月 22 日民集 65 巻 6 号 2756 頁 ··· 129
最大判平成 23 年 11 月 16 日刑集 65 巻 8 号 1285 頁 ······································· 81, 313
最大判平成 24 年 2 月 16 日民集 66 巻 2 号 673 頁（空知太神社再上告審判決）············ 95
最三判平成 24 年 2 月 28 日民集 66 巻 3 号 1240 頁（生活保護老齢加算廃止判決）······ 153, 157
最大判平成 24 年 10 月 17 日民集 66 巻 10 号 3357 頁 ·································· 172, 174
最二判平成 24 年 12 月 7 日刑集 66 巻 12 号 1337 頁（堀越事件）·························· 226
最二判平成 24 年 12 月 7 日刑集 66 巻 12 号 1722 頁（宇治橋事件）······················ 226
最二判平成 25 年 1 月 11 日民集 67 巻 1 号 1 頁 ·· 245
最一判平成 25 年 3 月 21 日民集 67 巻 3 号 438 頁（神奈川県臨時特例企業税事件）······· 248
最大決平成 25 年 9 月 4 日民集 67 巻 6 号 1320 頁 ·································· 188, 197
最大判平成 25 年 11 月 20 日民集 67 巻 8 号 1503 頁 ··· 173
最三判平成 25 年 12 月 10 日民集 67 巻 9 号 1847 頁 ··· 190
最二判平成 26 年 7 月 18 日訟月 61 巻 2 号 356 頁 ·· 218
最大判平成 26 年 11 月 26 日民集 68 巻 9 号 1363 頁 ··· 174
東京高判平成 27 年 4 月 14 日 LEX/DB25506287（イスラム教徒情報収集事件）············ 197
最大判平成 27 年 11 月 25 日民集 69 巻 7 号 2035 頁 ··· 173
最一判平成 27 年 12 月 3 日刑集 69 巻 8 号 815 頁 ·· 148
最大判平成 27 年 12 月 16 日民集 69 巻 8 号 2427 頁（女性再婚禁止期間規定違憲判決）
··· 189, 200, 203
最大判平成 27 年 12 月 16 日民集 69 巻 8 号 2586 頁（第一次夫婦別姓訴訟）············ 189, 200
大阪高判平成 28 年 3 月 25 日裁判所ウェブサイト ·· 86
最三決平成 29 年 1 月 31 日民集 71 巻 1 号 63 頁 ·· 109
最大判平成 29 年 3 月 15 日刑集 71 巻 3 号 13 頁（GPS 捜査事件）······················ 143
最大判平成 29 年 9 月 27 日民集 71 巻 7 号 1139 頁 ··· 174
最大判平成 29 年 12 月 6 日民集 71 巻 10 号 1817 頁（NHK 受信料事件）············ 115, 131
最大判平成 30 年 12 月 19 日民集 72 巻 6 号 1240 頁 ··· 173

令和元年～6 年

東京高決令和元年 11 月 25 日 LEX/DB25591728 ·· 190
最三判令和 2 年 3 月 10 日刑集 74 巻 3 号 303 頁 ·· 148
最二決令和 2 年 3 月 11 日裁判所ウェブサイト ·· 210
最大判令和 2 年 11 月 18 日民集 74 巻 8 号 2111 頁 ··· 174
最大判令和 2 年 11 月 25 日民集 74 巻 8 号 2229 頁 ··· 320
大阪地判令和 3 年 2 月 22 日判時 2506＝2507 号 20 頁 ····································· 158
最大判令和 3 年 2 月 24 日民集 75 巻 2 号 29 頁（那覇市至聖廟事件判決）················ 96
札幌地判令和 3 年 3 月 17 日判時 2487 号 3 頁 ·· 191
最一判令和 3 年 3 月 18 日民集 75 巻 3 号 552 頁 ·· 125
最大決令和 3 年 6 月 23 日集民 266 号 1 頁（第二次夫婦別姓訴訟）·················· 189, 199
最三決令和 3 年 11 月 30 日判時 2523 号 5 頁 ·· 210
最二判令和 4 年 2 月 7 日判タ 1497 号 51 頁 ·· 126
最三判令和 4 年 2 月 15 日民集 76 巻 2 号 190 頁 ·· 114
最大判令和 4 年 5 月 25 日民集 76 巻 4 号 711 頁（在外国民審査訴訟）·············· 179, 330
熊本地判令和 4 年 5 月 25 日裁判所ウェブサイト ·· 158
大阪地判令和 4 年 6 月 20 日判時 2537 号 40 頁 ·· 190
東京地判令和 4 年 6 月 24 日裁判所ウェブサイト ·· 158
東京地判令和 4 年 11 月 30 日判時 2547 号 45 頁 ·· 203

最大判令和 5 年 1 月 25 日民集 77 巻 1 号 1 頁 ……………………………………… 174
名古屋地判令和 5 年 5 月 30 日裁判所ウェブサイト ………………………………… 191, 203
福岡地判令和 5 年 6 月 8 日裁判所ウェブサイト …………………………………………… 203
最大判令和 5 年 10 月 18 日判タ 1516 号 26 頁 ……………………………………… 175
最大決令和 5 年 10 月 25 日民集 77 巻 7 号 1792 頁 ……………………………… 210
最二判令和 5 年 11 月 17 日裁判所ウェブサイト（宮本から君へ事件）……………… 113
名古屋高判令和 5 年 11 月 30 日裁判所ウェブサイト ……………………………… 155, 158
札幌高判令和 6 年 3 月 14 日 LEX/DB25598384 …………………………………… 191, 202
最大判令和 6 年 7 月 3 日裁判所ウェブサイト（旧優生保護法違憲判決）……………… 192, 211

著者について

木村草太（きむら・そうた）

1980 年　神奈川県生まれ.
2003 年　東京大学法学部卒業. 同大学法学政治学研究科助手を経て,
現　　在　東京都立大学大学院法学政治学研究科教授.

［主要著書］
『平等なき平等条項論——equal protection 条項と憲法 14 条 1 項』（東京大学出版会，2008 年）
『憲法学の現代的論点　［第 2 版］』（共著，有斐閣，2009 年）
『憲法の急所——権利論を組み立てる』（羽鳥書店，2011 年，第 2 版 2017 年）
『キヨミズ准教授の法学入門』（星海社新書，2012 年）
『憲法の創造力』（NHK 出版新書，2013 年）
『憲法学再入門』（共著，有斐閣，2014 年）
『テレビが伝えない憲法の話』（PHP 新書，2014 年）
『未完の憲法』（共著，潮出版社，2014 年）
『憲法の条件——戦後 70 年から考える』（共著，NHK 出版新書，2015 年）
『集団的自衛権はなぜ違憲なのか』（晶文社，2015 年）
『いま，＜日本＞を考えるということ』（編著，河出ブックス，2016 年）
『憲法という希望』（講談社現代新書，2016 年）
『子どもの人権をまもるために』（編著，晶文社，2018 年）
『社会をつくる「物語」の力——学者と作家の創造的対話』（共著，光文社新書，2018 年）
『自衛隊と憲法』（晶文社，2018 年，増補版 2022 年）
『AI 時代の憲法論——人口知能に人権はあるか』（編著，毎日新聞出版，2018 年）
『離婚後の共同親権とは何か——子どもの視点から考える』（共著，日本評論社，2019 年）
『憲法を学問する』（共著，有斐閣，2019 年）
『ほとんど憲法——小学生からの憲法入門』上・下（河出書房新社，2020 年）
『憲法学者の思考法』（青土社，2021 年）
『むずかしい天皇制』（共著，晶文社，2021 年）
『対話からはじまる憲法』（共著，河出文庫，2022 年）
『「差別」のしくみ』（朝日選書，2023 年）

憲法

2024 年 9 月 12 日　初　版

［検印廃止］

著　者　木村草太

発行所　一般財団法人　東京大学出版会

代表者　吉見俊哉

153-0041　東京都目黒区駒場 4-5-29
https://www.utp.or.jp/
電話 03-6407-1069　Fax 03-6407-1991
振替 00160-6-59964

印刷所　大日本法令印刷株式会社
製本所　牧製本印刷株式会社

©2024 Sota Kimura
ISBN 978-4-13-032399-4　Printed in Japan

JCOPY 〈出版者著作権管理機構　委託出版物〉
本書の無断複写は著作権法上での例外を除き禁じられています．複写される場合は，そのつど事前に，出版者著作権管理機構（電話 03-5244-5088，FAX 03-5244-5089，e-mail: info@jcopy.or.jp）の許諾を得てください．

木村草太著	平 等 な き 平 等 条 項 論 equal protection 条項と憲法 14 条 1 項	A5	5800 円
芦部信喜著	憲 法 と 議 会 政	A5	7500 円
奥平康弘著	なぜ「表現の自由」か ［新装版］	A5	7200 円
長谷部恭男著	憲 法 の 理 性 ［増 補 新 装 版］	A5	3800 円
長谷部恭男著	比較不能な価値の迷路 ［増補新装版］ リベラル・デモクラシーの憲法理論	A5	4000 円
田 中 英 夫 編 集 代 表	BASIC 英 米 法 辞 典	菊	2800 円
田 中 亘 著	会 社 法 ［第 4 版］	A5	3800 円
水町勇一郎著	詳 解 労 働 法 ［第 3 版］	A5	7800 円
川出・谷口編	政 治 学 ［第 2 版］	A5	2200 円

ここに表示された価格は本体価格です．ご購入の
際には消費税が加算されますのでご了承下さい．